民族旅游新业态规划案例教程

陆 军◎著

中国旅游出版社

前　言

我国民族文化丰富多彩，各地区各民族在发展旅游过程中，民族文化成了旅游发展的核心吸引物，民族旅游得到了蓬勃发展，尤其是每年一届的中国民族旅游论坛，更是推动和引领了我国民族旅游健康持续发展，民族旅游的理论和实践研究得到了学术界的持续关注、观照。近年来，民族旅游规划、开发、利用、管理、营销等已成为国内外旅游研究领域的热点和重点，在中国人类学民族学研究会民族旅游专业委员会的推动下，在旅游市场需要和社会需求的导向下，我国不少高等院校已逐渐意识到民族旅游开发与管理对旅游人才的巨大市场需求，在旅游管理专业下设置了少数民族旅游经济、民族文化旅游、民族旅游等硕士研究生研究方向，并设置了相应的课程，不少高等院校旅游管理本科专业也开设有民族旅游课程。旅游是文化的载体，文化是旅游的灵魂，没有文化的旅游难以可持续发展。近年来我国民族旅游涌现了不少新业态，诸如民族旅游综合体、民族康养旅游、民族文化旅游小镇、乡村旅游等，如何将民族旅游新业态融入课堂，培养创新型、应用型民族旅游方向人才，是各高校都关注的核心问题。目前，市场上该类教程不多。本书在学术界前辈积淀的基础上，希冀在民族旅游教学与人才培养上做出一些有益的尝试。

本书是作者在长期从事旅游教学与实践的基础上进行编写的，作为一本旅游专业教程，从框架结构到教材内容都具有一定的创新性和研究性。本书对民族旅游新业态进行了理论探索，也通过规划实践检验了理论成果。本书中所选取的规划案例都在实践中进行了应用，并取得了应有的经济社会效益和文化效益。本书既重视理论的分析，又关注民族旅游研究的最新成果，以具体案例为纲目，选取业界最新的民族文化旅游综合体、民族康养旅游小镇、民族区域旅游、民族村寨乡村旅游、民族县域特色旅游等新业态进行比较全面、深入的分析，拓宽了传统民族旅游发展的思路，丰富了民族旅游产品体系，具有一定的前瞻性和引领性，有利于培养学生创新思维和分析、辨别、思考能力。本书具有以下两方面主要特点：

一方面，内容丰富，应用性强。本书所节选的案例均为作者主持编制的民族地区规划案例，这些案例内容涉及旅游“吃、住、行、游、购、娱、商、学、养、闲、情、奇”等几乎所有的要素，并在相应的案例中对这些要素进行了比较深入的研究，确保在每个案例中所涉及的旅游要素规划研究和应用研究具有针对性、可操作性、实践应用性。实践证明，这些案例实施后均取得了预期效果，证明了案例的理论研究与应用实践是相统一的。

另一方面，体例新颖。教程体例中安排有各章节需要掌握的教学关键词，让学生学会如何通过关键词学习、思考；同时，设计有案例思考、案例实训、案例延伸知识，引导学生学会收集资料，分析资料和思考问题。

本书注重方法的训练和技能、思维的培养，可读性强，既可以作为高等院校旅游管理硕士、本科等相关专业的教材，也可以作为旅游企业岗位培训、政府旅游部门工作人员及旅游从业管理者学习和研究参考用书。

本书倾注了作者和作者团队任冠文教授、王林教授、张燕副教授、韦达老师、姚良振设计师、梁勇强设计师等老师的热情与汗水，也是我们团队多年从事民族旅游理论研究与教学实践、业界实践的一个总结。本书“第三章瑶族康养：旅游小镇规划”内容汇聚了广西大学杨永德教授、苏振博士的观点和智慧，“第五章　苗山秀水：乡村旅游规划”桂林学院的韦达老师做出了重要贡献，“第六章　情醉仫佬：县域旅游规划”桂林旅游学院周刚刚教授贡献了大量精力与智慧。本书还参考了国内外有关文献和资料，来宾、巴马、港南、融水、罗城等县市区的业主单位及政府相关部门和参与规划评审的专家等给予了大力支持与指导，中国旅游出版社段向民编辑也为本书倾注了心血，在此一并向所有参考文献的作者、业主单位和相关部门、专家表示最真挚的感谢！

由于水平有限，书中不妥之处在所难免，敬请同行专家和广大读者不吝赐教。

陆　军

2022 年 7 月 18 日于桂林

目 录

第一章　绪论

本章需要掌握的内容：

1. 民族旅游；2. 旅游新业态；3. 旅游规划理论框架

第一节　澳大利亚发展旅游新业态的实践及启示

发展全域旅游，实施机制体制改革，促进广西旅游业跨越式发展，是广西旅游发展的重大战略[1]。为贯彻落实广西壮族自治区党委、政府的战略部署，加快广西旅游业跨越发展，广西壮族自治区党委组织部、自治区人社厅和旅游发展委，从自治区旅发委、自治区人社厅、自治区政府发展研究中心等部门以及旅游企业、旅游院校和科研院所选派了 21 名学员，组成广西高层次紧缺人才赴国（境）外培训“生态旅游业可持续发展专题培训班”，于 2014 年 11 月 8 日至 12 月 13 日赴澳大利亚悉尼、布里斯班、凯恩斯进行了为期 35 天的学习培训。笔者作为学员之一，全程参与了培训，培训主要是通过聆听 14 位专家授课、13 场现场业务交流、拜访 15 个政府部门、召开 17 次座谈会和研讨会，参观 9 家相关企业、实地考察 6 个生态旅游景区等多种形式进行。通过培训与实地考察学习，了解到澳大利亚在传统观光旅游的基础上，通过不断创新，培育了一批适合旅游市场发展的新业态，顺利地推动了澳大利亚从传统观光旅游向多元化旅游方向转型升级，不仅有效地避免了旅游资源同质化带来的产品同质性问题，还有效地保护了脆弱的生态和海洋资源，延长了游客的停留时间，大幅度增加了旅游经济收入，这些经验对广西发展旅游新业态具有很高的借鉴价值。

一、澳大利亚发展旅游新业态的主要实践

（一）开发低空旅游，改变传统观光游览方式，促进了休闲度假新业态发展

澳大利亚在对悉尼港湾、新南威尔士州蓝山世界自然遗产、凯恩斯大堡礁世界遗产、布里斯班黄金海岸等传统观光旅游进行转型升级，陆续开发了直升机、热气球、高空跳伞、翼飞、滑翔伞等低空旅游，创新性地开发了“水、陆、空”三维视野旅游新方式，从而大大地延长了游客停留时间，促进了悉尼、凯恩斯、布里斯班等主要旅游城市滨海休闲度假、邮轮游艇休闲度假新业态的发展。

（二）开发游艇邮轮，创新海洋旅游模式，催生了婚庆蜜月、海上休闲度假娱乐等旅游新业态

结合海洋岸线的港湾、码头、桥梁、生态植物园、休闲度假等旅游产品，开发了海上游艇邮轮旅游新产品，设计海陆交叉互动旅游新方式，即将邮轮设计为集“吃、住、行、游、购、娱”为一体的移动的大型休闲度假观光旅游综合体，结合滨海岸线的观光、游览、休闲度假进行海上与陆上交叉旅游，打造了“水陆”二维旅游新方式，极大地改变了单一的海洋旅游方式，并催生了在滨海婚庆蜜月、海上休闲度假娱乐等旅游新业态。

（三）开发保健养生旅游，加快了旅游与相关产业融合发展

澳大利亚依托其优质的畜牧业、海洋资源，以旅游为导向，融合一产、二产等旅游相关产业发展，大力研发了绵羊油、深海鱼油、蜂胶、葡萄籽、护肝片、维生素、护心片、驼羊油、袋鼠精、海洋化妆品、防晒护肤品等畜牧业、海洋产业的医疗保健品，使其成为特色旅游商品。辐射带动了家庭牧场旅游新业态发展，壮大了畜牧业和海洋产品深加工业。据澳大利亚旅游购物协会统计，仅医疗保健品旅游购物销售额就占了澳大利亚旅游商品销售总额的85%以上，年销售额达380亿澳元以上。

（四）开发房车汽车营地旅游，培育了旅游新市场，催生了休闲度假与银发养老新业态

由于私家车的普及，澳大利亚创新了旅游出游新方式，开发了房车和汽

车营地旅游新产品，培育了家庭周末休闲度假游、情侣休闲度假游、银发养生旅游等新业态，尤其值得一提的是，澳大利亚许多退休人员，购买房车或拖挂车长年居住在生态环境优美的国家公园汽车营地或者生活便利的滨海度假区汽车营地养老，形成了澳大利亚独特的房车汽车营地银发养老新业态。

（五）开发自助旅游，创新生态旅游方式，培育了户外旅游新业态

澳大利亚依托绿色旅游资源和散客市场，在一些世界遗产景区和众多的国家公园、生态牧场、城市植物园等创新了生态观光旅游方式，遵循生态理念，测算好环境容量，在绿色旅游中设计了参与性、体验性、生态性强的露营、森林竞走、徒步探险、蹦极、骑马、海钓、沙滩漫步、漂流、自行车骑行等旅游新产品，培育了一批人与自然和谐共处的户外休闲运动旅游新业态，极大地促进了自助旅游尤其是背包客自助旅游的发展，满足了旅游个性化、体验化的多层次需求。

二、澳大利亚发展新业态的基本经验

澳大利亚开发新产品，培育新业态归纳起来至少有4个方面的基本经验可供广西借鉴：重视体验设计，重视旅游公共服务体系建设，重视人才培养、培训，重视产业融合等。

（一）重视旅游体验设计

旅游体验是旅游发展的较高层次业态。澳大利亚在灌输生态理念的基础上，十分重视旅游体验设计。无论是低空旅游、游艇邮轮，还是保健品养生旅游、自助旅游等，澳大利亚在视觉、触觉、味觉、听觉、心理感受等感官体验上均做了深度的体验设计，如低空旅游突出了“水、陆、空”三维立体旅游视觉效果体验，游艇邮轮突出了水陆交叉游览的旅游体验，自助旅游突出参与度高的感官旅游体验设计等，这些体验设计，正是澳大利亚旅游新产品和旅游新业态得以不断创新发展的源泉。

（二）重视旅游公共服务体系建设

公共服务体系是支撑旅游新产品、新业态发展的基础。澳大利亚十分重视旅游公共服务体系建设，全澳有460多家政府认证的游客咨询中心，布局有14个国际专用机场、10个国内专用机场，凯恩斯等主要旅游城市修建有专用的骑行绿道和专用的港湾旅游码头，修建有完善的标识系统、旅游呼叫中心、旅游厕所、垃圾处理厂和污水处理厂，建立有全行业各类旅游行业协会和健全的行业认证体系，以及随处可见的游客休息桌椅和观光休闲设施，此外还有房车汽车营地、各类旅游购物点、免税店等。

（三）重视旅游人才的技能培养

专业技能人才是旅游新产品和旅游新业态可持续发展的关键。澳大利亚在开发旅游新产品和培育旅游新业态方面，十分重视专业技术人才的技能培养，不但实施“学徒计划”培训方式，而且上岗人员必须拿到从业技能认证书后方能从业。以低空旅游为例，凯恩斯目前拿到从事直升机、无动力滑翔、高空跳伞等专业技能认证书的人才就达2000多人，确保了低空旅游可持续发展和旅游安全，而且州政府和旅游协会每年在旅游淡季还组织低空旅游从业人员进行年度专业培训，提高低空旅游行业人员素质，促进低空旅游安全有序发展。

（四）重视旅游相关产业融合发展

澳大利亚十分重视旅游新业态与相关产业的融合发展，努力延长旅游产业链，增加旅游经济收入。重视旅游与畜牧业融合发展，促进了家庭农场旅游的发展，丰富了旅游活动的内容，催生了以畜牧业产品为原料的旅游商品开发。旅游与海洋产业融合发展，提高了海洋产业的附加值，带动和促进了海洋旅游的深度发展，海洋休闲度假旅游和海洋观光旅游方兴未艾。

三、旅游新业态的启示

旅游新业态的发展需要推进旅游发展战略，用旅游的理念，从景区发展模式向全业态旅游发展模式转变，用体制机制创新推动旅游跨越式发展[2]，我国与澳大利亚在绿色旅游资源、海洋旅游资源等方面具有许多相似之处。借鉴澳大利亚开发新产品、培育新业态的实践经验，有利于加快促进旅游产业升级转型、提质增效，实现跨越式发展。

（一）主要启示

1. 开发低空旅游，转变传统观光旅游方式，延长游客停留时间

一是可结合旅游通用机场和一批通勤停机坪，将低空旅游（直升机、热

气球、无动力滑翔、高空跳伞、翼装飞行）重点布局低空旅游基地；实现空中观光、陆地观光游和内河、海洋水上观光。二是结合工业选址开发低空装备业，促进旅游装备工业发展。

2. 开发游艇邮轮旅游，培育休闲度假新业态，服务国家“海上丝绸之路”发展战略

一是在港湾和海域，投资开发集“食、住、行（机载直升机）、游、购、娱”多种功能为一体的邮轮游艇旅游，并结合滨海岸线休闲度假观光旅游，打造“水陆、山海并进”的旅游新产品，与沿海旅游城市、东盟国家沿海城市合作，打造“海、陆”交叉、多国合作的海上风情之旅的邮轮游艇休闲度假产品。二是依托内河水道，加强合作，在内河旅游开发区建设国际水准的旅游码头，开发内河游轮游艇休闲度假旅游，并在内河两岸重要旅游节点建设自驾车营地，促进内河旅游新发展。

3. 开发健康养生新产品，培育银发旅游新业态，加快特色旅游产业发展

一是依托各地规划建设集“保健品研发、养生旅游、护理营养学校、养老、疗养、食疗、壮瑶医”等为一体的“国家中医药民族医药健康旅游示范区”，开发国际健康养生“培训、研发、旅游、会展、养老”基地。二是依托特色中草药如两面针、田七、火麻等资源优势，大力开发药食同源养生食品、保健品、中草药护肤品等中草药养生食品、保健品。三是中国长寿养生生态资源和中草药资源，并结合壮医、瑶医等传统民族医学，构建特色健康养生旅游商品研发基地，开发健康养生旅游商品。

4. 开发跨国自驾车房车营地线路，加快国际特色旅游发展

一是依托桂林—南宁—崇左—凭祥——越南—马来西亚、新加坡（东盟国家）的公路网，支持开发一批集“休闲度假、观光娱乐、购物、信息服务、医疗救护、汽车养护”等多种功能国际标准的自驾车房车营地，构建中国—东盟无障碍旅游国际旅游通道。二是依托高铁、高速公路、机场服务站以及口岸城市，建设一批适合不同消费需求的自驾车房车营地。三是以自驾车房车营地为导向，依托我国汽车企业研发房车装备，增强汽车产业实力[3]。

5. 开发自助游产品，培育户外旅游新业态，丰富广西旅游产品

一是抓住欧美背包客新兴市场和国内逐渐兴起的背包客市场，大力发展背包客自助旅游，树立国际旅游新形象。二是以自助旅游市场为导向，依托特色绿色旅游资源，打造一批深潜、徒步探险、森林竞走、溯溪戏水、攀岩、露营、自行车骑行、漂流、丛林竞走、游泳等自助旅游产品。

6. 开发研学旅游产品，培育生态旅游新业态，拓展旅游发展空间

一是加快健康养生旅游开发，建设研学旅游培训基地，培育国际绿色旅游新业态；

二是依托森林公园、乡村旅游、生态植物园、自然保护区和旅游景区，支持各地依托自然和文化遗产资源、大型公共设施、知名院校、工矿企业、科研机构，建设一批研学旅行基地，逐步完善接待体系，开发夏令营、见习、缅怀感恩、冬令营、科普、国情、地情等研修旅行产品，以此培育绿色旅游新业态，使之成为学生综合素质教育的重要基地，拓展旅游发展空间。

（二）借鉴经验的启示对策

1. 加强规划引导，科学谋划旅游新发展

编制旅游新业态发展专项规划，并进行专题研究报告，强化规划的引导功能，研究旅游新业态发展的重点、模式、运作、经营、市场等问题，科学谋划旅游新发展。

2. 加快旅游公共服务体系建设

一是规划建设一批旅游通用机场、通勤停机坪和骑行绿道，加快低空旅游和自助旅游新业态发展；

二是加快公共游客服务中心建设，建设一批国际水准的获得政府或行业协会认证的综合性旅游服务中心，以为游客提供独立、无偏见、资信发达的旅游服务空间；

三是配套完善自行车租赁、骑行驿站、游客休息设施、垃圾收集、旅游厕所、救援呼叫系统、旅游标识系统建设，以增强旅游新业态发展动力。

3. 加快旅游产业融合

一是加快旅游业与生态农业、生态林业、海洋业融合，发展特色观光生态旅游和保健品、养生旅游产品，增强广西旅游经济实力；

二是加快旅游业与工业融入，促进旅游装备、工业旅游的发展；

通过推进全域旅游发展战略，加快旅游产业融合，提升一产、壮大二产、做大三产，加快旅游新发展。

3. 加快专业技术人才培养

澳大利亚经验表明，专业技术人才是旅游新产品和旅游新业态得以成功开发的保障，建议：

一是依托区内外高等医学学校以及科研机构和国内外生物基因公司，研发健康养生旅游专业护理、食疗、营养、民族医学等方面的人才；

二是与汽车企业、航空企业和机电职业技术学校合作，或者引入国外专业培训机构，培养一批旅游装备技术人才，为低空旅游、游艇邮轮旅游和自驾车房车营地旅游服务；

三是依托各高等院校旅游院系，培养实用性的旅游专业技术人才。

参考文献

[1] 中共广西壮族自治区委员会，广西壮族自治区人民政府．关于加快旅游业跨越发展的决定［Z］．政府文件．

[2] 彭清华．用体制机制创新推动旅游业跨越发展［N］．广西日报，2015—10—26（001）．

[3] 陆军．广西自驾车旅游营地发展研究［J］．旅游学刊，2007（3）．

第二节　旅游规划理论框架

旅游规划是运用一定的理论和技术方法对一定时间和空间范围内的旅游资源、劳动力、资金、技术、产品、环境、文化、经济等方面的发展以及它们之间持续协调发展所作的具有预见性的总体安排与战略部署，它对发挥政府宏观调控、区域协调发展和企业资源优化配置都有着重要作用。但是，这项工作若没有科学的理论指导，就不会形成科学合理的规划方案，不仅不会发挥其应有的作用，实施后反而会造成不良的后果。同时，旅游规划不仅具有相关学科理论，而且具有自身基础理论和实践理论等三重理论结构，相关学科理论只是旅游规划理论的基础。目前，我国对旅游规划相关理论的研究成果丰硕，但对旅游规划自身理论和实践理论研究不足，因此，有必要对旅游规划理论进行研究。

一、国内旅游规划基础理论研究进展简述

中国期刊全文数据库、中文科技期刊全文数据库（维普 VIP）和优秀博硕士学位论文全文数据库检索结果表明：虽然我国对旅游规划研究的成果很多，但是对旅游规划本身的理论（基础理论）的研究却不足，研究旅游规划基础理论的文献只有 29 篇，而专题论述的只有 19 篇。刘德谦（1993）[1] 较早研究了旅游规划的性质、层次、内涵、内容等问题。吴承照（1994）[2] 也研究了旅游规划的性质与方法。范家驹，孙大明（1995）[3] 提出了从总体思路、旅游市场需求研究、旅游产品、旅游规划程序四个方面进行优化旅游规划的一些理论。林越英（1999）[4] 分析了旅游规划的定义、目的、分类和特征的基本理论。在旅游规划的基础理论方面，吴人韦对旅游规划的任务[5]、作用[6]、性质[7]、基本功能[8]、目标和指标[9]、定向与定位[10]、理论的结构[11] 以及指标设置[12] 作了较系统的研究，对旅游规划的发展起源[13]、发展历史[14]、现状及其理论发展方向[15] 进行了探讨。冯维波（2000）[16] 比较系统地阐述了旅游规划设计应遵循的基本理论，并对其指导意义进行了归纳总结。刘德谦（2001）[17] 和王建军（2001）[18] 探讨了概念性规划的性质、特点及其推广运用。刘滨谊（2001）[19] 提出了旅游规划三元论，即旅游规划理论研究要从产业经济为主的一元扩展为产业经济、游客心理行为、时空形态格局的三元。李强（2001）[20] 在其硕士论文中比较深入地分析了旅游规划的宏观、中观和微观三个层次的规划编制结构理论。侯志强[21] 分析了旅游发展规划的理论渊源、基本认识、原则和技术路线等基本理论。顾朝林（2003）[22] 对旅游规划目标、理论演变、规划层次以及规划设计技术路线等基本理论进行了探讨。叶文（2003）[23] 从旅游规划的伦理层面研究对旅游规划的价值取向。孙淑英（2004）[24] 在其硕士学位论文中对旅游概念规划的理论进行了比较系统的研究。罗文（2005）[25] 从哲学角度对旅游规划的一些基本命题，如规划的性质、目的、对象、依据、内容、方法和评价标准等要素进行了探讨，并在本体观、运动观、系统观、价

值观和方法论五个方面展开论述有助于将规划的理论研究引入哲学的范畴。在旅游研究专著方面，王兴斌、吴人韦、吴必虎、马勇、辛建荣等国内著名旅游专家学者都曾出版过旅游规划专著（包括教材），但在专著中更多的是论述旅游规划相关学科理论，经验总结性的东西较多，对旅游规划本身的基础理论论述较少。

综上所述，从学术上而言，尽管对旅游规划的重要性已达成共识，但其理论研究方面，并未建立起系统的旅游规划理论、技术和操作体系。突出表现在两个方面："一是常用风景园林规划和城市规划的理论和方法来进行旅游规划；二是旅游理论界往往局限于现有的认识，而未能就其规划体系展开系统的研究和思考。"[26] 旅游规划理论研究薄弱，缺少旅游特色，难以有效地指导规划实践；对旅游规划理论结构以及旅游规划的定位、层次划分、每个层次规划内容的详尽程度与衔接、技术路线、编制方法、文本样式以及技术经济指标的设置和量化等基本理论都没有进行系统的研究。

旅游业快速发展迫使旅游规划理论快速发展，但从涉及旅游规划的论文和著作来看，我国对旅游规划自身的基础理论研究还是比较少，因此，对旅游规划基础理论研究应是今后一段时期旅游学者们有待深入研究的重点课题。

二、旅游规划理论结构框架

旅游规划理论属应用性交叉学科理论，是对于旅游系统在规划范畴的系统化的理性认识。"旅游"与"规划"的结合，不是两者理论的相加，而是至少同时需要旅游学、规划学、系统学三种以上的学科知识，并需要研究、发展形成新的理论内容与形式。"旅游规划理论来源于众多科学理论知识，各种理论层面之间、各板块之间、各层次之间的'接口'问题十分突出"[27]。因此，旅游规划理论结构的研究，是系统认识与科学指导旅游规划实践的充分必要条件，也是目前旅游规划领域的薄弱环节，需要突破各传统学科之间的专业壁垒，建构旅游规划本学科的理论结构，改善理论研究的布局，把握主线，少走弯路，以便构建科学的旅游规划理论体系。

旅游规划理论体系结构包括哪些内容，目前学术界尚无定见，从有利于贯彻理论来源于实践又反过来指导实践这一基本原理出发，文章将旅游规划理论结构分为三个层次、三大理论、五大板块、七个层面，简称“三三五七”理论结构。即整个旅游规划理论体系可分为理论基础、基本理论和应用理论三个层次，相对应的是旅游规划相关学科理论、学科自身基本理论和实践理论三个理论子体系。由于旅游规划的理论基础涉及诸多领域，与许多学科有着密切关联，因此，构成这个层次的理论，又可分为经济、环境、人文、规划和技术五大板块的理论，其中人文板块理论属于认知层次理论，经济与环境板块理论属于基础理论板块，规划与技术属于应用（操作）层面的理论；旅游规划的基本理论，按其对旅游规划的指导层面和作用的不同，又可分为五个层面的理论，即战略层面的理论、战术层面的理论、动力层面理论、内容层面和技术层面的理论，其中战略和战术层面属于认知理论层面、动力层面属于系统理论层面、内容和技术层面属于应用理论层面。而实践理论依据其在旅游规划实践中实际应用情况，可分为监控层面和运行层面两个理论层面。

旅游规划理论结构是辩证统一的，在结构层次上相关学科理论是旅游规划学科基本理论和实践理论的基础，相关学科理论为旅游规划理论的形成奠定了基础，是旅游规划理论的来源，并为实践理论提供了理论指导；同时，旅游规划学科基础理论最终目的也是为实践理论提供理论指导；而实践理论则是在旅游规划实践中对相关学科理论基础和旅游规划理论的忠实检验，是衡量这些理论正确与否的唯一标准，通过实践检验结果反馈给旅游规划相关学科理论和基础理论，为它们进一步修正完善提供理论素材，从而再运用于实践，实现了理论与实践的互动统一（见图 1–1）。

三、旅游规划理论结构内涵

（一）旅游规划的理论基础

旅游规划的理论基础是指旅游规划依据的理论都有哪些。旅游规划“涉及政治、经济、文化、环境等众多研究领域，不仅在规划内容上具有广泛性和综合性，在旅游规划过程中也要进行综合分析论证，积极协调旅游活动过程中的各项要素。这一特点决定了旅游规划的理论、方法研究也应该是一个开放型领域，能积极地利用其他学科的原理和技术”[28]。依据旅游规划中所

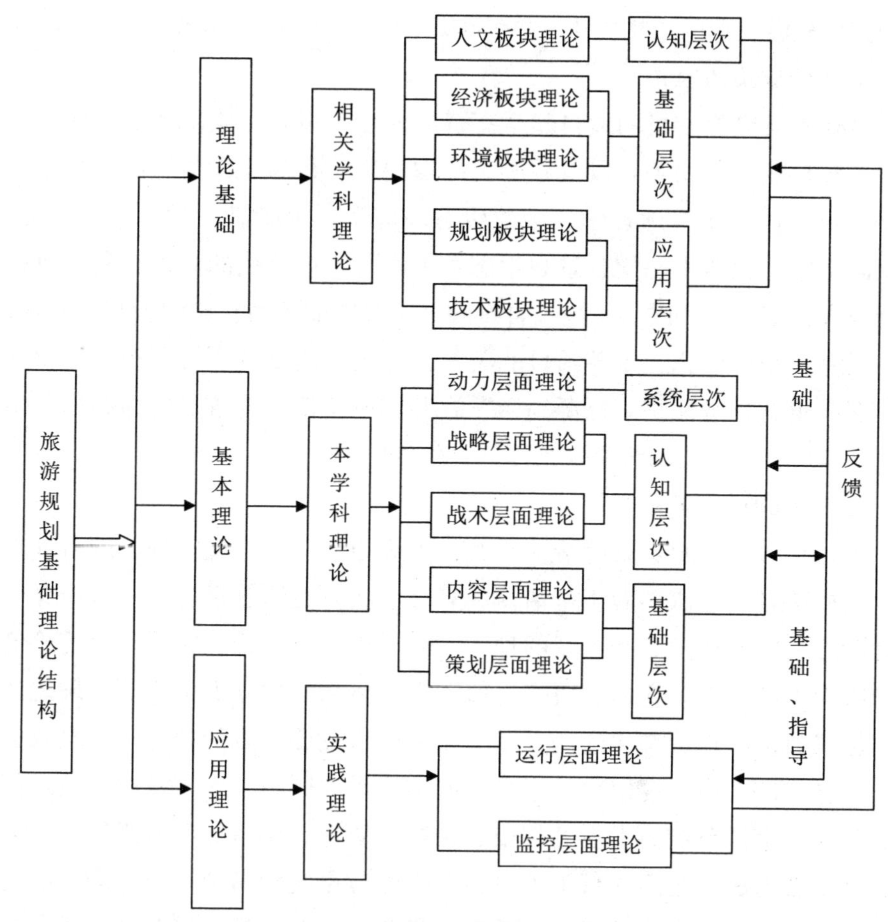

图 1–1　旅游规划理论结构

运用到的学科理论范畴领域，将其归纳为经济板块、环境板块、人文板块、规划板块、技术板块五大板块理论，构成旅游规划理论基础的板块。

1. 经济板块的理论

主要是研究旅游资源分配、旅游生产、旅游加工、旅游服务、旅游经济现象的生产过程中，各类人与人相互作用的效益和效用关系，如旅游经济学、旅游市场学、旅游统计学、金融学、企业管理、旅游营销学、旅游商品学、旅游景观房产学、旅游会计学等经济领域的理论。旅游规划理论通过经济板块的参与，有助于科学地把握旅游者与旅游企业的关系，优化旅游资源的开发利用、旅游行业的结构优化、旅游市场划分、旅游产品定位和营销等。

2. 环境板块的理论

主要是研究旅游目的地自然生态资源演变与赋存、旅游者与自然生态环境（人与自然）之间关系以及旅游者的空间环境行为规律与组织旅游空间关系的理论。涉及旅游地理学、旅游生态环境学、旅游景观学、森林旅游学、风景园林学、旅游生态学、景观生态学等学科。该板块的介入有利于研究旅游者与大气圈、生物圈、水圈、岩石圈、符号圈的关系；旅游者与旅游资源、基础设施、服务设施、旅游项目的关系，为旅游规划的资源调查与评价、资源配置、生态环境保护、资源利用、旅游环境营造、旅游目的地布局、工程建设、项目开发、旅游线路安排提供工程依据。

3. 人文板块的理论

主要是研究旅游者旅游活动及其行为规律、旅游人文关怀、旅游人本主义以及旅游者与非旅游者（包括社区居民、旅游经营管理者、旅游中介等与旅游者相关的介体）之间关系的理论。人文板块的理论，关系到旅游价值取向和吸引力的塑造，它通过研究价值和意义体系，树立人生或社会理想的精神目标或典范，塑造文化内涵，从文化层面激发旅游者的智慧、正气或创造性，引导旅游者向往高层次的高尚的旅游活动。同时，人文板块理论还能够从更高层次上调节旅游发展的规模、结构与质量，调节旅游者之间、法人之间、旅游者与法人之间的行为关系，保障旅游系统和谐地运行，为旅游规划的人文资源评价、发展预测、旅游项目优化、线路选择、游览经历优化、社会关系协调、特色与品位的塑造等方面提供不可或缺的思想、理论和技术。包括旅游政策法制学、旅游社会学、旅游心理学、旅游文化学、历史学、考古学、文化学、人类学、休闲游憩学、教育学、体育学、旅游美学等。

4. 规划板块的理论

主要是运用系统理论和统筹理论研究旅游发展的规律，旅游规划运作以及协调人与人、人与自然、旅游业与其他行业之间关系的理论。涉及的学科有规划学、策划学、未来学、系统工程学、建筑学、交通规划学、土地规划学、风景园林规划学等。规划板块理论的介入有助于在总体指导思想、程序、方法、手段、规划审批与评审以及旅游建筑物布局、土地利用布局、功能战略布局和旅游业与其他产业关系协调等方面提供理论支持。

5. 技术板块的理论

主要是研究完成旅游规划所需要提供的技术支持方面的理论。涉及的学科有摄影学、计算机科学、遥感学、勘查学、测量学、网络工程、地理信息系统等学科领域。技术板块理论在旅游资源调查与分析、客源市场调查与分析、工程规划、建筑与景观设计、旅游项目实施建设、文本的制作与设计等方面发挥着重要的作用，是完成旅游规划和实施旅游规划必不可少的理论基础。

（二）旅游规划的基本理论

旅游规划的基本理论是旅游规划本学科的理论，它是对旅游系统及其规划范畴，以概念、原理、方法等抽象形式进行普遍的、系统化的理论认识的学科理论。它的基本功能是通过认识各分支学科之间的作用与发展影响，判断哪些学科分支尚处于低级阶段，哪些探索已进入高级阶段；预见理论整体会出现何种变化，把握各发展阶段的重大问题和突出问题，预见研究成果对于旅游规划分支学科发展的意义以及对旅游发展实践的影响，它有助于把握旅游规划理论的总体现状，洞察发展趋势，预见问题、任务及成果，确定成果鉴定标准，从而能动把握旅游规划理论的发展。依据其内涵及功能，可将旅游规划的基本理论划分为战略层面、战术层面、动力层面、内容层面和技术层面五个层面的理论。

1. 战略层面理论

旅游规划战略层面的理论，是指从宏观上研究旅游规划本身需要运用哪些理论完善旅游规划编制及规划认知层面的依据问题，探讨旅游地发展潜力及对未来发展态势判断所依附的理论，它决定着旅游规划能否具有竞争力、生命力和发展潜力的重大理论问题。实际上是指导一切发展的世界观与方法论的集中表现，它们对旅游发展长远全局都具有重要的指导作用，旅游规划所涉及的各阶段、各方面、各环节的问题，都是应予贯彻的。具体来说，旅游规划战略层面理论主要研究的内容包括旅游规划的性质、层次、任务、指导思想、定性、定位、原则、布局、目标、目的、理论演变、基本功能、理论体系、理念、价值取向、技术路线等宏观理论。比如，旅游规划的性质是什么？按照层次划分，旅游规划分为哪些类型规划？旅游发展中应以哪些理论作为规划的指导思想等。又比如，旅游规划中的指导思想可以把科学发展观的理论、“五个统筹发展”的理论、天人合一的生态理论及可持续发展的理论等作为指导思想。

2. *战术层面理论*

旅游规划战术层面的理论，是指从中观或微观上研究旅游规划所涉及的各个环节所需要运用的理论，探讨的是旅游规划内容取舍及具体设置所依附的理论问题。它所涉及的是旅游发展的某阶段、某方向、某环节的某个特定问题的解决所应遵循的基本原则和思路，只对某些特定问题起指导作用。具体而言，就是从多方面深入分析旅游地的发展环境、发展历程、现阶段开发与建设情况及其发展中的限制因素，在新的形势下对旅游地的区位优势和资源优势、发展潜力等进行评估。如以资源为基础、以市场为导向的发展观的理论，围绕旅游业两重性进行开发建设的理论及旅游开发建设中文化取向的理论、优化旅游规划的理论、旅游地演变的生命周期理论、旅游地资源配置与设施建设的门槛理论、旅游地和谐发展的社区思想理论等。

3. *动力层面理论*

旅游动力层面理论，是指利用动力原理，从摆脱“就资源论开发，就旅游讲发展”发展旅游的老套路出发，从“跳出旅游看旅游，跳出旅游发展旅游”的战略高度，研究影响旅游规划的各种动力理论，涉及系统论、整体论、结构论等理论内核，是研究旅游规划科学性、合理性、系统性的理论。可分为内外两层动力。

外部动力主要研究的是外部条件影响旅游规划的各种因素所形成的各种力源，包括驱动力、牵引力、吸引力等。驱动力是研究旅游规划供需因子方面的理论，牵动力是研究牵动（影响）旅游规划因素方面的理论，而吸引力是研究吸引旅游规划进行方面的理论。比如，驱动和吸引旅游规划的原因很多，有人为驱动的也有属于需求驱动、综合驱动的，有资源吸引的也有经济吸引的等，牵制旅游规划能否成功的因素包括“官（政府）、产（企业）、学（专家）、民（社区居民）”各方利益因素，规划中需要深入研究这些利益相关者才能做出具体的规划安排。这些都需要进行深入研究以便对症下药，规划出适合旅游发展的优秀规划成果。

内部动力主要研究的是内部条件影响旅游规划的各种因素所形成的各种力源，包括生命力、竞争力等。生命力是指如何在规划中体现本规划的特色，规划旅游地在经济、社会、环境三方面持久地生存成长、发展壮大的能力所需要的理论。比如，规划项目策划有无生命力、规划的服务有无特色等。竞争力是指研究规划本身是否具有竞争实力所需要的理论，比如，竞争合作理论等。

4. 内容层面理论

规划内容层面的理论，是指研究旅游规划过程中产生的各种现象、关系、活动和规律，特别是要研究旅游规划主体（旅游规划师）与旅游规划客体（旅游发展）互动关系的理论，是研究旅游规划系统化和可操作性的理论。研究的包括旅游规划主体的素养、专业知识结构、团队精神、规划文本内容设计、规划手段与技术以及旅游规划客体的经济层次（客源市场预测、投入产出、融资、营销、旅游商品……）、环境层次（保护、园林、景观、环卫……）、基础依据层次（区域社会经济发展、资源、客源、发展系统、法制法规及行业标准、区位……）、软件层次（法制政策体系、人力资源、服务设施、信息系统、管理系统……）、规划层次（土地利用规划、城镇规划、基础设施……）、社会文化层次（相关利益者、就业、旅游对社会的影响……）等内容理论。

5. 技术层面理论

旅游规划技术层面的理论，是有关旅游规划的一些客体基础方法的论述，是对旅游规划理论量化、标准化和具体化的理论探析，是研究旅游规划可操作性和可行性层面的理论。研究的理论内容有旅游规划的指标设置，旅游承载量的测算、旅游规划的标准化设计、旅游资源产品化策划、旅游规划文本设计、图件设计、建筑设计、工程建设设计、资源的调查与分析、遥感技术在旅游规划中的应用、网络工程等，它对旅游规划中一些具体问题的解决起指导作用。

（三）旅游规划的实践理论

旅游规划的实践理论，是指导旅游规划编制及将其成果转化为生产力过程所采用的理论。现代旅游规划应是动态的规划过程，并非完成规划编制后就万事大吉了，由于实施环节涉及相关利益实体多，加上旅游规划自身的某些缺陷，导致实施力度落后于编制力度，因此，从规划委托到规划编制再到规划的实施都需要一套成熟的操作理论体系。同时，旅游规划实践理论又是对旅游规划自身基础理论的检验与反馈，这一检验与反馈也需要完善成熟的理论作为指导。目前，我国在旅游规划的实践理论研究上成果凤毛麟角。

1. 监控层面的理论

旅游规划监控层面理论，是指研究旅游规划的监控、旅游规划前期组织、编制程序、编制过程、评审等监控层面的理论。它是确保旅游规划是否合法、是否具有相应的质量和是否符合相关技术标准的关键。研究的理论系统包括对旅游规划前期组织（对旅游规划单位的资质评定与考核、招标、对委托单位的选用标准、评标标准、组织程序……）、编制程序（编制人员的组成、编制程序、技术路线、理论与指标的选取、征求意见、修订……）、评审（评审程序、专家组合、评审公正公平性、评审意见、评审结果……）等如何进行监控以及旅游规划监控理论体系如何构建方面的理论内容。

2. 运行层面理论

旅游规划运行层面理论，是指研究旅游规划成果转化为生产力过程的理论，它是旅游规划的终极目标。研究的理论体系包括报批、实施组织体制、实施措施、运行的机制、运行的管理机制、信息反馈、规划效应、修编和重新编制规划等多层次的运行理论。

随着我国旅游业的发展，"发展旅游，规划先行"的理念深入旅游行业各个环节。因此，这几年来从文化和旅游部到省、市、县旅游部门乃至旅游区、旅游企业都编制了相应的旅游发展规划，以全面安排协调旅游发展的各个环节，出现了"旅游规划热"的现象，然而，旅游界对旅游规划自身理论和实践理论研究却不足，因此，"建构与完善旅游规划理论结构，将加速旅游规划理论的操作性、科学性与合理性相互结合的进程，提高研究课题的可行性并把握技术转化的时机"[29]，众多的旅游规划理论，通过层面结构，板块结构和层次结构，建构成为旅游规划理论的基本结构。通过梳理旅游规划的理论结构，将有助于旅游规划理论体系的研究。

参考文献：

［1］刘德谦．旅游规划刍议［J］．旅游学刊，1993（3）：17–20.

［2］吴承照．旅游规划的性质与方法［J］．城市规划汇刊，1994（3）：52–56.

［3］范家驹，孙大明．关于优化旅游规划的理论思考—参加编制《海南省旅游发展规划大纲》的体会［J］．旅游学刊，1995（3）：42~45.

［4］林越英．关于旅游规划学科建设的思考．桂林旅游高等专科学校学报·旅游学科建设与旅游教育增刊，1999（10）：52–54.

［5］吴人韦．旅游规划的任务［J］．城市规划汇刊，2000（5）：61–62.

［6］吴人韦．旅游规划的作用［J］．桂林旅游高等专科学校学报，2000（1）：70–73.

［7］吴人韦．论旅游规划的性质［J］．地理学与国土研究，1999（4）：50–54.

［8］吴人韦．旅游规划的基本功能［J］．地理学与国土研究，2000（2）：53–56.

［9］吴人韦．旅游规划的目标与指标［J］．城市规划汇刊，1999（3）：67–68.

［10］吴人韦．旅游规划的定位与定向［J］．人文地理，2000（2）：38–40.

［11］吴人韦．旅游规划的理论结构［J］．地理学与国土研究，2000（1）：50–53.

［12］吴人韦．旅游规划的指标设置［J］．旅游学刊，1999（4）：46–48.

［13］吴人韦．旅游规划的发展［J］．经济地理，2000（3）：101–104.

［14］吴人韦．旅游规划的发展历程与趋势［J］．旅游科学，1999（4）：11–13.

［15］吴人韦．旅游规划理论的发展［J］．城市规划汇刊，2000（2）：62–64.

［16］冯维波．试论旅游规划设计的理论基础．旅游科学，2000（1）：31–34.

［17］刘德谦．概念性规划讲求“四高”“四宽”［N］．中国旅游报，2001–4–6.

［18］王建军．对概念性旅游规划的认识［J］．旅游学刊，2001（3）：53–56.

［19］刘滨谊．旅游规划三元论——中国现代旅游规划的定向·定性·定位·定型［J］．旅游学刊，2001（5）：55–58.

［20］李强．理论与实践：旅游规划编制结构的比较研究［D］．西安建筑科技大学硕士研究生学位论文，2001.

［21］侯志强．旅游发展规划理论探讨．华侨大学学报（哲学社会科学版）［J］，2002（4）：27–32.

［22］顾朝林，张洪，徐逸伦．旅游规划理论与方法的初步探讨［J］．地理科学，2003

（1）：52–59.

［23］叶文，谢军．旅游规划的价值取向［J］．人文地理，2003（12）：40–43.

［24］孙淑英．旅游概念规划的理论与实践研究［D］．河南大学研究生硕士学位论文，2004：5.

［25］罗文，陈国生．旅游规划的哲学思考［J］．南华大学学报（社会科学版），2005（4）：39–43.

［26］李艳娜．我国旅游规划内容综述［J］．重庆商学院学报，2002（3）：39.

［27］吴人韦．旅游规划的理论结构［J］．地理学与国土研究，2000（1）：50.

［28］孙淑英．旅游概念规划的理论与实践研究［D］．河南大学研究生硕士学位论文，2004：4.

［29］吴人韦．旅游规划原理［M］．北京：旅游教育出版社，1999：77.

案例思考：1. 国内外有哪些旅游新业态？它们新在哪些方面？ 2. 旅游规划技术层面有哪些要素与基本理论？ 3. 旅游规划基本原理是什么？

案例实训：学习国家标准《旅游规划通则》（GB/T 18971—2003），并选择一项旅游新业态编制一个小规划。

案例延伸知识：查询并了解国内外旅游新业态发展动态、概念性规划、修建性详细规划、控制性详细规划、旅游发展规划、旅游总体规划。

第二章　壮瑶风情：旅游综合体规划

——来宾市金龟岛民族风情园规划

本章需要掌握的内容：

1. 旅游综合体；2. 壮族文化；3. 瑶族文化；4. 主题公园

第一节　来宾壮族和瑶族文化调查分析

一、壮族文化调查分析

壮族文化深厚且具有广泛的国际性，壮族与越南岱族、泰国泰族等东南亚一些民族同宗同源，塑造了壮族文化开放的国际性。

（一）壮族文化与来宾壮族文化总览

壮族在历史的长河中，形成了自成体系的“话壮”（壮族）的民族语言文化、以“那”为代表的那文化（重点是稻作文化、服饰文化、饮食文化以及节日文化）、以“咽”（铜鼓）为代表的青铜文化、以岜莱（花山崖壁画）为代表的艺术文化、以《布洛陀》（智慧祖神）为代表的神话文化、以“诺鸡”（鸡骨卜）和“麽”（麽教）为代表的原始宗教文化、以宇宙“三盖”（三界），说和万物“波乜”（公母）观为基础的朴素哲学思想、以“观敢”（岩洞歌）和“欢娅圭”（蛙婆歌）为代表的歌谣文化、以“依托”（土医、土药）为特征的医药文化，民族文化璀璨多彩。

来宾壮族文化除了具有壮族文化的共同特征外，还具有自身的特色文化，包括盘古文化、考古文化、民居文化、布伢文化、师公文化、歌谣文化、土司文化等众多具有地域特色的文化体系。

（二）盘古文化

盘古文化，是指以盘古神话、盘古信仰为核心所产生的包括神话传说、民间故事、歌谣、麽教和师公唱本、庙宇、祭祀活动及地名等文化现象，构成了原生态的文化体系。专家发现广西境内的来宾、河池、贵港等地市都保留有十分丰富的盘古文化，其中包括盘古庙、盘古神话传说、盘古歌谣、盘古师公戏以及盘古命名的村庄、山岭、岩洞等，形成了历史悠久、原生态型、独具特色的盘古文化体系与群落。

（三）考古文化

考古工作队在来宾市发现了一批新石器时代文化遗址以及汉墓群、古窑址、岩洞葬等，这些考古成果中，最重要的考古文化是麒麟山人文化，1956年考古学家在该市兴宾区桥巩乡麒麟山的卡姆头洞发现距今三万余年的古人类头骨化石，称之为“麒麟山人”，是广西迄今为止发现最早的人类化石。据考证，“麒麟山人”属于旧石器时代晚期的古人类，是来宾一带壮族和其他兄弟民族的先民。旧石器时代文化遗物的发现表明，大约在三万年至一万年前，来宾境内已有人类居住，他们开辟了祖国的南疆，创造了来宾及周边的原始文化。

（四）民居文化

壮族的民居建筑形式多样，既有形态原始古朴的全木结构或石、砖、木混合结构的干栏式建筑，也有受汉式民居建筑影响下发展起来的硬山或封山搁檩地居式建筑，还有规模宏大、结构复杂的城堡式庄园建筑群以及造型美观别致的欧式院落建筑。其中最有代表性的是干栏式建筑，包括全木结构高脚全楼居干栏以及石、砖、土、木混合结构干栏和硬山搁檩地居式。

民居建筑讲究装饰、聚落风水、以势而建或傍水而建，并且大多数都植有风水林，建寺庙和桥等文化景观。

（五）布伢文化

布伢即花婆，是壮族地区保存着的一种形态古老、形式多样、内涵丰富的崇拜信仰及其习俗。现在来宾、武鸣、邕宁等县（区）还大量的保存着。

形成了布伢信仰、神话传说、布伢庙、布伢塑像、布伢神位、求花和安花架桥仪式、布伢诞日节庆活动以及其他崇拜仪式，构成了内涵丰富、积淀深厚、特色鲜明的布伢文化体系。

（六）师公文化

师公文化流传于壮族地区，其中在兴宾区、象州、武宣、忻城、合山、金秀及相邻的柳江、贵港、上林等县市最为盛行。

师公文化集多神信仰、祀神仪式、盼神舞蹈、唱诗祝颂、鼓乐技艺等为一体的综合性民族文化体系。师公有整套的法事仪式，一系列的舞仪，佩戴神灵面具进行演唱。师公唱本内容丰富，有宣扬祖师圣行、叙述民族历史、生产知识、伦理道德、生活习俗、神话传说、民间故事等，其仪式又集歌舞技艺于一体，既是壮汉文化融合的产物，又是壮族传统文化升华的体现。到近代，在师公宗教歌舞的基础上又发展成师公戏，形成具有地方特色的师公文化体系。

（七）歌谣文化

壮族及其先民以好歌善唱而著称。春秋战国时期，瓯骆民族的歌谣就以独特的形式、韵律与风格而享有盛誉。作为骆越后裔的壮族，承传了这种歌唱风习。他们“自幼习歌”“乡村唱和成风”“皆临机自撰”，并且有定期的唱歌活动，歌谣文化尤为发达。主要形式：一是“欢敢”。“欢”是山歌，“敢”为岩洞。“欢敢”意为岩洞歌。在右江河谷田东县的仰岩和田阳县的敢壮，自古以来每年都举行由数以万计群众参加的岩洞歌会活动，流传有著名的壮族传统长篇排歌《欢敢》和《欢僚》（译为《僚歌》）。《欢僚》和《欢敢》是源于母系氏族社会的自然崇拜和生殖崇拜活动的产物，后经历代发展演变为以情歌为主干的传统歌式。二是“欢娅圭”。“欢”是山歌，“娅圭”是蛙婆，俗称蚂（虫另）。“欢娅圭”即“蛙婆歌”，是流传红水河一带蚂（虫另）节活动的勒脚歌体的仪式歌。在节日中往往举行隆重的宗教祭祀活动欢歌狂舞，给青年男女提供了交往择偶的机会。这种祭祀性的歌唱活动，后来便发展成为男女会唱为主体的“圩蓬”，意为欢乐的圩场，成为歌圩。

（八）土司文化

忻城莫氏土司始于明代。明弘治九年（1496 年）十月降忻城为土县，由莫氏任土知县治理，并钦准世袭。忻城莫氏土官世袭统治到光绪三十二年（1906年）被废除，历明清两朝470多年。若从其始祖莫保协理算起，时间跨度500年。土司衙署在全国都有，但始建于明朝万历十年（1582年）的忻城莫氏土司衙署，是目前亚洲保存最完整、规模最大的土司建筑群，被誉为"壮乡故宫"，1996年被国务院列为全国重点文物保护单位，是研究土司文化不可多得的实物资料。电视剧《刘三姐》《一代廉史于成龙》等10余部作品都曾在此拍摄内外景。忻城莫氏土司在沿袭、土地制度、赋税、教育文化、军事、司法、习俗、礼制等方面反映的文化现象和文化内涵，具有十分鲜明的特点，受到众多国内外专家学者的极大关注。

二、瑶族文化调查分析

瑶族是一个迁徙民族，在历史长河中，瑶族不仅分布在全国各地，而且在全世界都有大量的瑶族后裔分布，形成了瑶族独特的民族文化体系，也使瑶族文化具有国际性。

（一）瑶族文化与来宾瑶族文化总览

瑶族在长期的历史发展中创造了具有鲜明民族特色的文化艺术，他们的服饰、节日、婚嫁盛典、礼仪习俗、耕牧方式、饮宴组合、音乐歌舞乃至文字经典、宗教信仰都呈现出丰富性。

瑶族的工艺美术有印染、挑花、刺绣、织锦、竹编、雕刻、绘画、打造等，形式多样，内涵丰富，其中尤以蜡染、挑花出名。

来宾的瑶族主要分布在金秀，金秀瑶族自治县是广西乃至全国有名的瑶族同胞聚居地。金秀境内的人文景观也比较突出和集中，这里居住着五个瑶族支系，他们各自保持着本民族的语言、文化和生活习俗。梦村、古占村、十八家盘瑶等瑶族村寨，则有着典型的山野田园风光。

来宾市金秀大瑶山的瑶族因其源流、习俗、语言、文化和服饰不同，分为盘瑶、茶山瑶、山子瑶、坳瑶、花蓝瑶等五个支系，构成了世界上瑶族支系最多的县份，形成了五彩缤纷的瑶族风情。

（二）歌舞文化

瑶族音乐、舞蹈与其民间歌谣一样，起源于劳动与宗教。其著名舞蹈如长鼓舞、铜鼓舞，系祭祀盘王、密洛陀的大型舞蹈。民间盛行的舞蹈还有狮舞、草龙舞、花棍舞、上香舞、求师舞、三元舞、祖公舞、功曹舞、藤拐舞等数十种。《盘王歌》有24种曲牌，唱腔相当复杂。民间流传的生产歌、酒歌，曲调平缓而喜悦；苦歌、哀歌曲调悲痛深沉；情歌欢快动人。现在，瑶族的长鼓舞、铜鼓舞已搬上了舞台，深受广大群众欢迎。

（三）服饰文化

瑶族过去因其居住和服饰等方面的特点不同，曾有“过山瑶”“红头瑶”“大板瑶”“平头瑶”“蓝靛瑶”“沙瑶”“白头瑶”等自称和他称。在风俗习惯方面一直保持本民族传统特点，尤其在男女衣着上更为明显。瑶族妇女善于刺绣，在衣襟、袖口、裤脚镶边处都绣有精美的图案花纹。发结细辫绕于头顶，围以五色细珠，衣襟的颈部至胸前绣有花彩纹饰。男子则喜欢蓄发盘髻，并以红布或青布包头，穿无领对襟长袖衣，衣外斜挎白布“坎肩”，下着大裤脚长裤。瑶族男女长到十五六岁要换掉花帽改包头帕，标志着身体已经发育成熟了。

（四）建筑文化

瑶族的民居善于因地制宜，有“半边楼”“全楼”和“四合院”之分。“半边楼”一般为五柱三间，两头附建偏厦，或一头偏厦，或一头偏厦前伸建厢房。此种建筑多为红瑶所建。“全楼”相对“半边楼”而称；一般建于沿河一带或半山较平坦的一层地基上。规模及附属建筑与“半边楼”相同。花瑶、盘瑶多居“全楼”。“四合院”在较平坦的地面上连接修建四幢“全楼”合成的房屋，中间有一小块方形空地庭院，故称“四合院”。这种建筑仅为沿河一带红瑶的富裕人家所居。

（五）饮食文化

瑶族主要从事农业，兼营林业和狩猎业。瑶族以大米、红薯、芋头为主食，喜喝甜酒。瑶族地区常吃的蔬菜有各种瓜类、豆类、青菜、萝卜、辣椒，还有竹笋、香菇、木耳、蕨菜、香椿、黄花等。蔬菜常要制成干菜或腌菜。一些瑶族喜欢将蔬菜做得十分清淡，基本上是加盐的白水煮食。有的直接用白水煮过之后，蘸用盐和辣椒配制的蘸水，以保持各种不同蔬菜的原味；而肉类则要做成味道十分浓郁的菜肴，鲜肉或腊肉先炸烤焦黄，然后再煮。广西的瑶族烹调肉类一般用于炒、水煮，放盐调味，用佐料的较少。

盐在瑶族食俗中有特殊的地位，瑶区不产盐，但又不能缺少盐。盐在瑶族中是请道公、至亲的大礼，俗叫“盐信”。凡接到“盐信”者，无论有多重要的事都得丢开，按时赴约。

瑶族老人也喜欢饮茶，故茶水也是待客饮料。广西地区的瑶族还喜用桂皮、山姜等煎茶，认为这种茶有提神、消除疲劳的作用。

瑶族地区有严格的饮食禁忌。例如，崇拜盘王的瑶族过去普遍禁食狗肉；崇拜“密洛沱”的瑶族过去则禁食母猪肉和老鹰肉。绝大部分瑶族禁食猫肉和蛇肉。有的地方产妇生产后头几天禁食猪油。

此外，瑶族人口较多，分布较广，各地均有独具一格的风味食品，其中的典型食品有油茶、粽粑、荷包扎、鸟酢、兽肉酢、熏猪肉、熏牛肉等。

（六）节庆文化

瑶族的节日较多，有大节日、小节日之分。大节日有盘王节、春节、达努节、中元节、社王节、清明节等，小节日几乎每月都有。广西都安瑶族的达努节比较隆重，相传是纪念先人反抗土司斗争的节日。盘王节，俗称“跳盘王”“还盘王愿”。每隔三五年举行一次，时为农历十月十六日，一般由一户、数户或一村进行。主要仪式由师公跳神祈祷，唱盘王歌，跳长鼓舞，祷告盘王（盘瓠）保佑赐福。盘王节，一般是自称“勉支”的瑶族的节日，十分隆重。

瑶族自己的节日有盘王节、祭春节、达努节、耍歌堂、啪嗄节等。

第二节　国内同类项目分析

目前，我国的模拟文化村主要以深圳中国民俗文化村、昆明云南民族村和北京中华民族园最具有代表性。另外，还有上海民族文化村、海南中华民族文化村和台湾九族文化村等。

一、深圳锦绣中华

荟萃我国21个民族的居民建筑、民间艺术和民族风情于一“村”，村中分布着24个各异的小村寨建筑点，导游人员和文艺节目表演者基本上来自民族地区。开放以来，不仅吸引了两千多万普通游客，还吸引了数十个国家和地区的政界首脑前往参观。

二、昆明云南民族村

以建筑、服饰、礼仪、歌舞、饮食和专题活动等各方面集中展示云南各少数民族历史文化风情为基本特色，融民族村落、园林景观、秀山绿树为一体。现已建有白族、傣族、纳西族、佤族、布朗族、基诺族、景颇族等12个村寨和“摩梭之家”。

三、北京中华民族园

以“民族之光”为主题游园的北京中华民族园位于北京亚运村，也称中华民族博物院，是中国第一个原状展示56个民族的民族博物馆，也是世界上最大的露天人文博物馆园。园中花树环绕，庭轩错落，曲径通幽，水声潺潺。它把中国56个民族的生态环境引入园中，使游客走进每一处民族景区，都会亲身感受到该民族的历史文化和生活习俗。这里同时也是国家奥林匹克公园的文化组成部分，体现北京举办2008年奥运会提出的“人文奥运”“绿色奥运”的主题。

四、上海民族文化村

1996年兴建的大型景区，占地300亩，位于上海大观园东侧，已形成“建筑民族化、活动风情化、环境生态化、餐馆乡土化”的鲜明特色。重点展示10大民族村寨风情，有傣家竹楼、白塔、缅寺、“女儿国”摩梭人、白族民居雕花楼、苗族吊脚楼、佤族的鼓声、苗族的芦笙、景颇族的歌声、侗族鼓楼的飞檐斗拱等民族文化气息。

五、海南中华民族文化村

位于海南岛五指山南麓通什镇，是一个集各民族民居建筑、民俗风情、民间艺术于一体的大型民族文化游览区，也是我国目前规模最大的民族风情旅游区。村里的建筑物完全按照各民族民居特色建造，有竹楼、船形屋、木楞房、三坊一照壁、土掌房、蒙古包、四合院等20多个民居群落。

六、台湾“九族文化村”

台湾省日月潭附近的“九族文化村”，按雅美、阿美、泰雅、赛夏、邹、布农、卑南、鲁凯、排湾9族（大陆一般称为支系）的部落景观，分为9个村寨，每个村寨都有高山族同胞进行各种生活风情的表演。

上述各民族文化村，均是以观光为主的民族文化村，基本上没有休闲度假功能。另外，这些民族文化村，都是以部分民族作为自己的文化卖点。来宾市金龟岛民族风情文化博览园与之相比，除了观光功能之外，更着重商旅文一体化，休闲度假以及体验参与功能，并且博览园选择的民族文化不仅具有国际性、开放性，而且具有很强的地域特色及民族性，博览园壮瑶文化在全世界都是独一无二的，具有资源的唯一性，也是其特色所在。

第三节　总体战略定位

一、宏观总体战略定位：民族城市

总体战略定位基于对宏观尺寸的定位，博览园开发成功与否的一个重要因素与宏观环境以及所在地的地脉、文脉有着密切关系，作为来宾市城市功能定位的重要组成部分，博览园的总体战略定位与来宾市的城市定位有着直接的关联作用。

来宾市是一个民族聚居区域，拥有壮、瑶、侗、汉等11个民族，总人口250多万人，其中少数民族人口为74.6%，民族文化底蕴非常深厚，是闻名中外的“世界瑶都”“壮乡故宫”“盘古文化之都”“奇石之乡”。根据《来宾市城市总体规划（2009—2025）》的城市发展定位，来宾市定位为“广西新兴现代化工业城市，区域性商贸物流基地，西江黄金水道上的内河枢纽港，富有浓郁地方文化和民族特色的园林宜居城市”。

来宾市城市定位中的“区域性商贸物流基地，富有浓郁地方文化和民族特色的园林宜居城市”突出了来宾城市的特色，一是商贸，二是文化城市。基于这两大功能定位，从旅游营销城市的战略出发，规划组认为，来宾城市旅游功能定位以商旅文一体化、地域文化和民族文化为核心的“民族城市”。

要打造成为全国乃是全世界首创的“民族城市”将是本项目对来宾市城市旅游的战略定位基础。

“民族城市”的支撑体系包括：城市LOGO、城市地标性建筑、民族街区、民族美食街区、城市民族广场、民族文化步行街、民族建筑、民族文化公园、民族博览园、民族体育场馆、民族城市论坛、民族社区、城市民族工作、城市景观民族化、城市形象民族化等从多维度展示民族特色，让游客一进入来宾，就感受到、体验到、参与到浓浓的民族文化氛围中，把来宾市真正打造成为“世界瑶都、壮乡故宫、少数民族博览”的名副其实的民族城市。

作为民族城市的核心载体，博览园承担着全面展示和体现民族城市的功能，成为游客来宾后体验民族城市的必游景区和全国民族工作的楷模示范区。

【案例】

桂林国际旅游城与临桂世界旅游城

桂林市在城市定位方面，除了定位为生态园林城市、山水园林城市之外，在旅游营销城市方面，提出了建设国际旅游城市的战略定位，得益于国际旅游城市定位，2009年国务院41号文件中明确批准桂林建设“桂林国家旅游综合改革试验区”战略方案，为了落实这些旅游营销城市的战略定位，2011年，桂林市人民政府在临桂启动了建设“世界旅游城”项目。世界旅游城是一个旅游综合体，是具体体现桂林市作为国际旅游城市战略定位的载体。

2011年8月20日，《桂林世界旅游城概念规划》被审议通过，桂林世界旅游城是桂林国家旅游综合改革试验区的建设重点，是桂林作为世界著名风景旅游城市的新突破，是广西旅游改革创新的先行先试区，是桂林建设国家服务业综合改革试点区域的重要载体，也是桂林加快转变经济发展方式的重要措施。规划中，桂林世界旅游城建设将突出“旅游、生态、创新、低碳”四大理念，形成以“大旅游”为统领，以“新产业”和“大物流”为支撑的新城发展动力体系，通过打造功能完善的综合性旅游新城区，建设世界级的旅游产业集群区，使桂林成长为国际旅游目的地和游客集散地的新增长极。

二、博览园中观战略定位：商旅文一体化的民族文化博览园

商旅文一体化（城市文化旅游综合体）的概念，实际上来自我们所熟悉的“城市综合体”，但是两者有着明显区别。城市综合体是以建筑群为基础，融合商业零售、商务办公、酒店餐饮、公寓住宅、综合娱乐五大核心功能于一体的“城中之城”（功能聚合、土地集约的城市经济聚集体）。而商旅文一体化（城市文化旅游综合体），有时也称之为“休闲综合体”或“度假综合体”，是指基于一定的旅游资源与土地基础，以文化为核心，以旅游休闲为导向进行土地综合开发而形成的，以互动发展的度假酒店集群、综合休闲项目、休闲地产社区为核心功能构架，整体服务品质较高的文化旅游休闲聚集区。作为集聚综合旅游功能的特定空间，商旅文一体化是一个泛旅游产业聚集区，也是一个旅游经济系统，并有可能成为一个旅游休闲目的地。

商旅文一体化重点突出的是“以商带旅，以旅促商，以商养文，以旅传文，商旅文结合”，与第一、第二、第三产业相结合，走旅游综合体之路。商旅文一体化项目策划的重大理念是“来源于生活，高于生活”。

内涵为：通过发展民族文化商业项目（文化产业项目），带动旅游发展；通过旅游的辐射带动功能以及聚集人气功能，带来人流和商机，促进商业更加旺盛；利用商业所带来的经济功能，反哺文化，让文化通过旅游方式得以传承弘扬。通过商旅文一体化的模式构建，确保园区成功。

商旅文一体化的开发项目要求不但具有商业功能，而且具有很强的旅游功能以及文化产业功能，形成产业集群以及产业链，再通过产业集群以及产

业链增强旅游功能和传承发展民族优秀文化。

目前，国内在实践商旅文一体化模式上，以杭州、黄山为代表的旅游城市，以华侨城、港中旅、海昌为代表的大型旅游企业，以万达、雨润、恒大为代表的地产集团，都把商旅文一体化（城市文化旅游综合体）作为未来旅游休闲产业升级或土地综合开发创新的战略抓手，目前已经形成多个成功典型，且释放出来的巨大效应正在凸显。

三、商旅文一体化战略框架规划

（一）商旅文一体化的基本理念

商旅文一体化战略框架是以土地为基础，以休闲地产为核心，以旅游休闲功能为主导，以文化为核心，以高品质服务作为配套保障，以土地综合开发作为手段的，融合了文化产业、旅游产业、休闲产业甚至工业、农业在内的综合性旅游体（见图 2–1）。

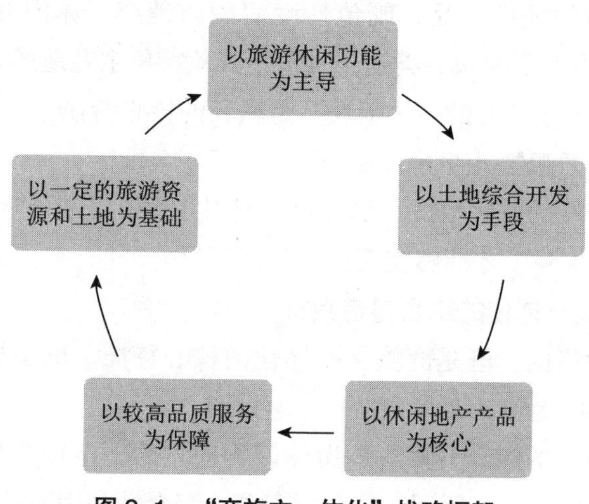

图 2–1　“商旅文一体化”战略框架

1. 以一定的旅游资源和土地为基础

这是商旅文一体化打造的前提所在，需要指出的是，这里说的旅游资源，是包括人工打造的资源在内的泛旅游资源的概念，如何将壮瑶民族文化转化成具有独特吸引力的旅游产品是其核心指向。土地资源，可大可小，它决定了商旅文一体化的规模大小，影响着产品的配比结构。

2. 以文化为核心，以旅游休闲功能为主导

作为商旅文一体化，文化是核心要素，是增加旅游和土地附加值的核心载体，旅游休闲功能必须是主导，基于泛旅游产业综合发展的构架，融合观光、游乐、休闲、运动、会议、度假、体验、居住等多种旅游功能在内的“综合旅游休闲”的概念。当然，在实际开发中的功能综合配置，不是多种功能简单的大糅合，而是要根据具体情况，侧重打造其中某一项或几项功能。

3. 以土地综合开发为手段

商旅文一体化，实际上根本就是以旅游休闲为导向的土地综合开发利用的一种手段，其目标是通过综合开发，进行多功能、多业态的集聚，以旅游发展提升土地价值、推动衍生产业发展、多元文化互动，最终实现开发回报的最优化。

4. 以休闲地产产品为核心

在此说的休闲地产产品，既包括度假酒店地产、休闲商业地产（商业街）、休闲住宅地产三大核心类别，也包括其他特色主题地产如创意地产，这是旅游综合体开发最核心的一个板块，是赢利的核心所在。

5. 以较高品质服务为保障

作为旅游开发的升级模式，商旅文一体化必须拥有超越一般景区的较高品质的服务作为保障，才能够实现良好的运营。

（二）商旅文一体化的综合打造目标

综合打造的指向，既是商旅文一体化的核心特征，也是打造旅游综合体的第一要领。实际上包括四大含义：

其一，是土地的综合开发。旅游休闲导向型的土地综合开发，是商旅文一体化打造的本质所在，所谓“复合型资源、综合性利用”的思想。

其二，是产业的综合发展。旅游综合体，是从单个旅游项目到综合旅游聚集区的转变，实际上是包括地产、商业、会展、创意、体育、文化等在内的泛旅游产业的综合发展架构，当然，不同的旅游综合体，产业的侧重将不同。

其三，是功能的综合配置。旅游综合体，区别于传统旅游景区的特色之一，聚集了多种旅游功能，既要突出某项功能，又能够一站式满足游客全方位的旅游体验需求。

其四，是目标的综合打造。一个成功的旅游综合体，实际上完全有可能发展成为“城市特色功能区、旅游休闲新地标、城市文化新名片”，这是一个综合目标的构架，已经超越了一般旅游区而对城市、文化同样有着巨大影响。

（三）商旅文一体化运营支撑

商旅文一体化由于是一个复杂的综合旅游发展模式，它对于运营的要求极高，也具有相当的难度。在此，我们立足推进项目操作的角度，从两个方面来谈初步的操作建议：

1. 寻求专业化、落地化的高水平的智力支持

目前，由于竞争相对激烈，从前期拿地到实际开发，都需要一个高水平的开发方案。这就要求政府或开发企业十分重视商旅文一体化开发方案（包括策划、规划、设计和运营咨询）的编制，在实际操作中，要靠高水平的智力支持来实现。我们认为，对于相对复杂的旅游综合体来说，高水平的智力支持应当具备以下两项能力：

第一，具备多专业配合的团队构架——透析泛旅游产业的团队大构架，特别是旅游产品、度假酒店、休闲地产、投资运营和土地综合开发的专业人才。第二，具备全程化咨询的服务能力——即要具备从创意策划到落地运营的综合能力，因为一个成功的旅游综合体开发方案，必须有灵魂、有骨架、有血肉、能成长，缺一不可。而“策划找灵魂、规划搭骨架、设计长血肉、运营促成长”各有不同，因而能够落地的规划设计机构必须是策划、规划、设计、运营咨询一体化的构架。

2. 选择特色化、创新化的高水准的运营模式

真正的商旅文一体化，对旅游综合运营的要求非常高，要体现全局性、长期性、品质性，在实际的操作中，应该有两种这样的选择。其一，是独立开发，独立运营的模式。在全国，能够这样做的企业并不多，主要是大型旅游集团或已经转型旅游领域多年的大型地产集团，如华侨城、港中旅、国旅、龙城控股、方特、卓达等。其二，是统筹开发，合作运营的模式。这里面就会形成一个新的运营主体——旅游综合体运营商，类似于城市运营商、区域

运营商，主导地块的规划与开发，并且是一个招商平台、融资平台、营销平台，做一级开发，除了开发并独立运营自身比较擅长的项目外，综合体内的其他项目则通过战略合作的方式来落实具体运营，如酒店、商业街、娱乐项目等。

【成功案例】

目前，在实践商旅文一体化方面国内形成了十大成功案例品牌，主要是：

1. 温泉商旅文一体化案例，如：珠海海泉湾、北京温都水城、柏联SPA。
2. 滨海商旅文一体化案例，如：海南清水湾。
3. 主题公园商旅文一体化案例，如：深圳华侨城、成都温江国色天香。
4. 乡村旅游商旅文一体化案例，如：成都五朵金花。
5. 高尔夫旅游商旅文一体化案例，如：深圳观澜湖、杭州富春山居高尔夫。
6. 文化创意旅游商旅文一体化案例，如：杭州南宋御街、上海新天地、楚雄彝人古镇。
7. 休闲商业旅游商旅文一体化案例，如：上海豫园。
8. 主题酒店旅游商旅文一体化案例，如：西溪天堂、澳门威尼斯人度假村。
9. 生态休闲旅游商旅文一体化案例，如：东部华侨城、恩龙世界木屋村。
10. 休闲新城旅游商旅文一体化案例，如：甘肃冶力关、京津新城。

这些成功案例大多数以旅游休闲为导向，突出某一产业核心功能，融合多功能产业元素，延伸发展其他产业链条，形成强大的产业集聚以及产业链效益。

四、商旅文一体化产业项目定位

商旅文一体化战略项目作为民族博览园建设的核心项目，以饮食文化、民俗文化、养生文化为根据，以文化延承、文化创意为内涵，以文化体验、文化参与为载体，推动民族文化的产业化进程，并以此打造城市文化旅游综合体，集聚性地展示着壮瑶民族文化，建成壮瑶民族文化传承保护和创新利用基地。

（一）民族美食博览园——吃（美食）

1. 规划基本思路

民族美食博览园集民族特色食品生产、饮食习俗展示、特色餐饮品尝、民族饮食礼仪、民族饮食原生态作坊等功能于一体，与民族食品生产企业、旅游商品生产企业合作，从创意、研发、展销到体验，全面展示、体验以壮瑶为主兼顾其他民族的特色饮食文化。

2. 商业运作

在园区内设立美食作坊，精选壮瑶最具有市场价值的瑶族火麻、油茶、山泉水（瑶族大多数居住在大山中，以大瑶山作为水源基地，开发“瑶族山泉”品牌矿泉水等）以及壮族五色饭、水酒、糖品（杨头糖、卜柚糖等），经过创新改良后生产投放到市场，使园区成为全国民族特色食品的“创意研产销”基地。

3. 旅游方式

作坊设置除了具有生产功能外，在建筑外观、风格、庭院景观等方面，还需要景观、旅游功能，利用美食博览园开发美食节、歌舞伴餐、美食品尝、体验美食作坊生产流程、参与美食制作、参观民族美食街等。

【案例】

巴马——旅游商品

巴马通过发展和宣传养生旅游，使得原来默默无名的瑶族自治县一夜成名，巴马县借助旅游的传播功能，大力发展养生产业，目前开发的养生茶油、瑶族火麻、瑶王养生酒、巴马丽琅矿泉水、巴马瑶族养生食品等都逐步成为区内外著名的瑶族食品品牌。通过这些瑶族食品品牌的销售，反过来进一步促进了旅游发展。

（二）民族文化景观地产——（住）

1. 规划基本思路

民族文化景观地产需要按照民族民居布局、功能、风格、体量、装饰等设计，突出民族文化元素，重点开发壮瑶民族风格酒店、商业街、民居客栈、休闲度假别墅等，在全国都在打造山水地产、田园地产、景观地产、休闲地产……之时，园区结合民族文化打造民族文化地产不失为一种创新。

2. 商业运作

壮瑶民族文化地产打造，不仅服务于园区旅游需要，也可以作为城市接待功能配套，这些民族文化地产融入了民族文化元素。

酒店方面重点打造铜鼓大酒店、绣球商务大酒店以及牛角大酒店，突出壮瑶文化核心元素；

在商业街布局方面，商业街建筑风格以壮瑶建筑风格为主体，以壮瑶地区最具有民族特色的商业街坊作为商业氛围，在经营方面以民族商品为主，经营者在服饰、门面布置与内部装饰方面要体现民族特色；

在民居客栈和休闲度假别墅方面，客栈的布局要按照壮瑶民族村落风水布局、景观布局进行设计，在客栈及别墅总平面布局方面要遵循“来源于生活，高于生活”的理念设计，平面布局不仅满足居住功能，而且需要全方面体现壮瑶民居使用功能、内部布设、装饰、服务等功能。

3. 旅游方式

直接利用壮瑶民族文化地产作为壮瑶风格的壮村瑶寨社区以及民居文化展示基地。供游客参观、体验壮村瑶寨风情和生活场景，全面了解壮瑶的生活习俗文化和壮瑶独特的居住文化。

【案例】

彝人古镇

彝人古镇位于云南楚雄市经济技术开发区永安大道以北、太阳历公园以西、龙川江以东、楚大高速公路以南。占地约1740亩，总建筑面积100万平方米，总投资25亿元，是集商业、居住和文化旅游为一体的文化旅游地产项目，是可旅游、可商住、可经营、可买可卖、可赚钱的地产。彝人古镇是以古建筑为平台、彝文化为“灵魂”的大型文化旅游地产项目。

彝人古镇前期占地243亩，总投资3.2亿元，于2005年年初动工，已于

2006年年底如期开发成功，获得了一致好评，成为楚雄旅游文化的新亮点。其旅游文化特色主要有：

1. 水源广场：水是生命之源，景因水活，广场展示了彝族水的文化；

2. 梅葛广场：通过雕塑形式，再现了彝族创世史诗《梅葛》的精髓以及彝族先民太阳历文化；

3. 桃花溪：溪水碧流贯穿古镇（1期、2期）中部，通过溪上各式石桥、栏杆、水景设施等展示了彝族历史上重要的史实和对歌习俗。

4. 望江楼：是（宋）大理国“德江城”的标志性建筑，荟萃了楹联文化及书画艺术，还可登高远眺；

5. 火塘会广场：彝族是一个“尊左、尚黑”，崇拜火的民族，主要展示了彝族的火文化，是彝家兄弟踏歌娱乐的最好去处；

6. 古戏台：又名“彝风园”，主要用来展示彝族原生态的歌舞、毕摩特技及饮食文化；

7. 德运广场：通过“德运石”、《德运碑》等表述了（宋）大理国高氏相国的功绩，突出了以德治国的理念，也号召世人不忘祖训，以德为人，同时，为后期开发德江城找到了历史依据；

8. 咪依鲁广场：通过雕塑讲述了《咪依鲁》的传说，展现了彝族人民勇敢、机智、不畏强暴的精神；

9. 整个古镇的建筑外观集中展示了滇、川、黔、桂等省区彝族土司头人的建筑文化。

彝人古镇后期（3~7期）的旅游文化要素

由于“彝人古镇”是一项大型的文化旅游地产项目，3、4、5、6、7期旅游文化要素主要展示为：

1. 彝文化主题园（彝人部落）：

（1）展示彝族原生态建筑文化：如瓦房、土展房、垛木房、闪片房、茅草房等彝族民居建筑。

（2）展示彝族原生态市井文化：在正大门入口规划一条市井商业街展示彝族原生态市井文化，布置酒铺、酿酒（白酒、米酒）工艺展示、彝族酒具展示、游客品酒活动；豆腐房（豆腐制作工艺展示及其他特色食品制作）；刺绣房（织布、染布、刺绣工艺展示）；木器、竹器、乐器、银器、漆器、铁葫芦等工艺品制作和展示；药铺（制药、看病）展示彝族的医药文化；茶铺（制茶、品烤茶）展示彝族的茶文化等。

（3）展示彝族原生态生活文化：在市井商业街北面规划一个原生态村落，布置民居、打谷场、姑娘房、婚房、土主庙、村社广场等生活环境，并通过碾米、磨面、纺织、刺绣、婚礼等活动展示彝族原生态生活文化。

（4）展示彝族历史文化：采用雕塑的形式展示彝族历史文化，如用一组从猿进化到人的雕塑展示楚雄是东方人类发源地的历史；用一组六祖雕塑展示彝族六祖分支的传说历史；用一组马邦雕塑展示楚雄是盐马古道和茶马古道的历史等。

2. 威楚楼（彝王宫）：用于展示彝族大型的歌舞文化和服饰文化，与之配套的还有户外火塘会广场的原生态的歌舞，这将是中国彝文化歌舞艺术的精华所在。

3. 毕摩文化广场：大型“火塘会广场”。广场设立毕摩文化长廊，广场将集民俗文化和园林为一体，主要用于展示彝族的各种节庆活动。

4. 土司府：土司是历代封建王朝用于少数民族的地方统治机构，也是上层文化较为集中之地，用于展示彝族的土司文化，是电影基地室内戏拍摄的场所。

5. 德江城：为（宋）大理国名门望族相国高明量封地，在修建威楚城时，在西北二里建的德江城（外城），后成为“俨如山中宰相，后理国的政治中心”，现恢复“德江城”的风貌，展示（唐）南诏、（宋）大理国宫廷和民俗文化。

6. 高氏相府：为二进院布置建筑，前院展示高家的相府文化和宗祠文化，后院用作婚宴馆。

7. 祖庙：彝族、有“六祖分支”“九隆神话”之说，彝族民间有“土主崇拜”的习俗，设“六祖庙”用于彝族民众对先民、对祖先崇拜，成为广大彝族同胞寻根祭祖的场所。

8. 庙会广场：广场东边是祖庙，西边是高氏相府，广场边设有戏台，该广场是室外戏曲和歌舞活动场所，也是庙会活动场所。

9. 清明河：河宽 8~12 米，可划船，水较深，流速较慢，主要展现江南水乡风韵。

10. 茶花溪：溪宽 2~2.5 米，水较浅流速较快，主要展现西部古镇水乡风韵。

11. 游客酒店住宿接待区：在“彝人古镇”中规划一个酒店住宿区，该酒店区规划五星级会务酒店 300 个标间、三星级产权式酒店 300 个标间。另外三期和四期德江城中布置古色古香的四合院式、客栈式 40 院，每院客栈式“会员酒店”标间 25~30 间，共计 1100 个标间。加上一、二期已建成的 400 多个标间，建成后的彝人古镇每天将能够接待 4000 多名游客住宿。

12. 大型彝族特色饮食区：在三期规划一个大型饮食接待区，布置古色古香的四合院式餐馆 8 院、独栋式餐馆三至五家，主要接待旅游团队。另外，德江城内每隔一定距离布置一家中小型餐馆，接待旅游散客。

13. 旅游商品集散地：彝人古镇的部分街区将打造成云南最大的旅游商品集散地。古镇的部分街区建成后，将集旅游商品加工、批发、直销、零售于一体，每年在该区域举行二至三次全国性的旅游商品展销会，成为今后云南乃至全国旅游商品交易的最佳区域。

14. 各种文化雕塑：彝族民间的很多生活情趣及很多民间传说故事用雕塑的形式来展示。

15. 其他旅游要素：饮食文化街、古镇水系、水系两边的酒吧、茶室、小吃街、洋人街、民族手工艺品街、旅游商品街、彝人竞技馆、彝人水疗馆、彝家婚宴（可在高氏相府考虑）、彝族医药一条街等旅游元素都要在彝人古镇中体现。

（三）民族文化创意产业园——购（产业）

1. 规划基本思路

壮瑶民族文化创意产业园以壮瑶深厚的服饰文化、民族手工艺品、神话故事、音乐、歌舞、艺术、民族古籍以及建筑文化作为创意元素，从创意、研发、设计、生产、销售、展示等全方位发展民族文化创意产业。

2. 商业运作

通过招商引资，重点招引从事民族影视制作、动漫产业、民族服饰、民族工艺品、文学创作、民族出版业等文化创意产业领域的企业落户园区，形成“创意、设计、原材料供应、生产、展销”一条龙式的文化产业链条，打造成为东盟少数民族文化创意与产业孵化、交易基地。

3. 旅游方式

以这些文化产业企业为载体，以壮瑶民族文化为元素，设计游客参与、体验、观赏的旅游产品，重点开发民族文化5D体验馆（动漫体验馆）、民族服饰展示与表演、民族歌舞演艺、数字影视（水幕电影）、民族文化高科技展示馆或博物馆、企业成果展厅、民族作坊等。

（四）壮瑶民族养生基地——养（保健养生）

1. 规划基本思路

壮瑶民族养生基地重点挖掘开发壮医瑶药，打造民族医学品牌。壮瑶民族养生基地的医务技术人员和养生保健技术人员全部面向民族地区招收真正懂得壮瑶民间医术的人员，医务技术人员不论学历、不论年龄，只要懂得利用壮瑶医术、保健、养生技术就行。

2. 商业运作

壮瑶民族养生基地通过招商，与民族医药公司、饮料公司、中草药公司以及大型医院、疗养机构合作，选取最具有壮瑶养生特色的产品、保健品进行设计开发，如瑶族药浴（中草药干料）、壮族药酒、壮瑶养生茶、壮瑶保健配方中成药或饮料、药膳（包装设计后推向市场），打造瑶族药浴、壮族药膳等民族养生品牌，建设成为全国少数民族养生产品集散、零售与展销基地。

3. 旅游方式

根据壮瑶医药所需要的中草药，设计生态养生药园，既可以作为壮瑶民族医院的部分原材料供应基地，又可以开发生态养生项目；利用壮医瑶药开发药浴、中医中药养生保健、药膳、养老等旅游项目。

【案例】

藏药

近年来，民族医学得到了快速发展，尤其是民族民间医学由于其治疗保健功效的神奇性，使其通过民间医务技术人员的传播以及民族医药公司大力扶持，更是使得民族医学医药得到了前所未有的发展。

藏药就是成功个案。藏药这两三年在民间传播非常快，并广泛地应用于药浴、足浴以及保健品开发，几乎在所有大大城市以及旅游城市都可以找到藏药的影子，成为民族医药推广发展的典范。

（五）民族文化传承基地——文化旅游展示

1. 规划基本思路

2011 年 10 月 11 日，中国共产党第十七届中央委员会第六次全体会议审议通过的《中共中央关于深化文化体制改革推动社会主义文化大发展大繁荣若干重大问题的决定》，特别强调："加强文化典籍整理和出版工作，推进文化典籍资源数字化。……抓好非物质文化遗产保护传承。深入挖掘民族传统节日文化内涵，广泛开展优秀传统文化教育普及活动。发挥国民教育在文化传承创新中的基础性作用，加强优秀传统文化教学研究基地建设。""积极发展文化旅游，促进非物质文化遗产保护传承与旅游相结合，发挥旅游对文化消费的促进作用。""重视发现和培养扎根基层的乡土文化能人、民族民间文化传承人特别是非物质文化遗产项目代表性传承人。"民族文化传承已上升到国家发展战略高度。

民族文化传承基地以培养民族文化民间传承人和传承民族文化为己任，重点培养在壮瑶民族物质文化和非物质文化遗产方面的民族文化民间传承人。

民族文化传承基地根据民族文化的特色设计歌圩、歌堂、作坊等文化传承设施，这些设施可以直接利用作为旅游设施。

2. 商业运作

民族文化传承基地的商业运作方面，重点在民族雕刻、民族木工、民族歌舞、民族手工艺、民间信仰（师公等）、医学等领域进行商业化开发，同时在涉及非物质文化遗产、物质文化遗产方面也开展一些商业性和公益性民族文化传承项目开发。

与国家民委、文化部与旅游局、教育部以及地方政府民委、文化、教育、高校部门或学校合作，将园区建成为全国民族文化传承示范基地。

与民族医院、民族文化生产企业、演艺公司、音乐影视公司等合作，为他们培养民族文化技能人才，建设成为全国乃至东盟少数民族民间艺人、民族文化传承人培养培训基地。

同时，民族文化传承基地也是来宾金龟岛民族文化博览园人才培养及输送基地，为园区建设提供优质的各类人才。

3. 旅游方式

以民族工艺作坊、民族歌舞表演、民族节庆、庙会、歌堂、歌圩等方式开发旅游项目，供游客参与、体验、观赏、娱乐。

【案例】

丽江纳西古乐与宣科

丽江纳西古乐是游客到丽江必游的项目，纳西古乐得益于旅游发展以及纳西古乐民间传承人——宣科及其团队的传承，“纳西古乐”在传承人的努力下，成为国家级非物质文化遗产，以旅游为载体，使得濒临消失的纳西古乐得以传承发展。

“丽江古乐”是往昔士林借道教仪式所做的礼乐活动，兼有孔门敦睦人伦及道家颐养身心的功能。经宣科君及和毅庵（1906—1993 年）等行家重建乐队，研求原旨，培训新手及出版盒带，并公开演奏。数年之间，仅西方之远驿来聆者已逾三万余人，莫不欢喜顶礼，认为未世之元音。

国际音乐论坛亦纷纷著文，对其文、其人、其乐予以崇高之估价。世人所知丽江“纳西古乐”，则宣科先生之功不可没也。

（六）少数民族体育运动基地——体（运动）

1. 规划基本思路

休闲体育是现代生活潮流，少数民族具有丰富多彩的体育运动项目，这些项目具有很强的参与性、体验性和互动性。少数民族体育运动基地重点突出少数民族休闲体育、竞技体育方面的内容，以“来源于生活，高于生活”的理念，对少数民族体育进行创新改良，以适应现代体育的发展需要。

2. 商业运作

少数民族体育运动基地与国家体育总局、东盟秘书处以及省市体育局、民委合作和体育装备用品生产公司合作，打造全国最专业的少数民族体育运动基地，作为少数民族体育运动乃至东盟少数民族体育运动赛场、体育训练基地、民族体育用品装备生产基地。

3. 旅游方式

精选壮瑶以及其他少数民族竞技类、休闲娱乐类项目如：龙舟、撑竹竿、打陀螺、抛绣球、蹴鞠、马球、舞龙舞狮、舞麒麟、斗鸡斗狗等，作为旅游体验、参与的项目。

第四节　规划总体定位

一、指导思想

依据旅游市场发展态势和市场定位，以商旅文一体化为目标，以“国际化，民族性”作为总的规划理念，以“来源于生活，高于生活”为灵魂，以旅游为导向，以文化为核心，以地产为利益保障，以夜间休闲娱乐和高科技体验为突破，突出服务设施的“四性五化一标准”（四性：亲水性、生态性、民族性和环保性；五化：设施休闲化、活动体验化、景观生态化、配套多元化、项目情景化；一标准：国际化标准）；以布局合理化、科学化为出发点；以完善服务配套设施为重点；以信息化、数字化、智能化园区为市场走向；突出服务设施的民族文化特色；完善旅游线路设计和旅游形象主题设计，丰富个性化服务项目；循序渐进，逐步推进，滚动发展，有粗有细地推进旅游项目开发工作，努力将其建设成为集“创意、研发、设计、生产、交易、展示、体验”多元产业功能为一体的民族文化博览园。

二、微观总体定位

微观总体定位可以从两个方面进行：一方面是作为旅游目的地的性质和特色定位，另一方面是企业的发展方向。

（一）特色定位

特色是旅游目的地的生命线，特色定位必须突出优势、突出重点，要具有不可替代性。旅游目的地主要性质和特色定位要根据国际国内旅游发状况，趋势和当地旅游资源、旅游区位等方面的优势和特点。因此，博览园作为旅游目的地的特色定位应该是：

1. 壮瑶民族的迪士尼乐园

博览园服务及其配套设施要围绕“充满活力与魅力的风情文化博览园”这一整体定位进行设计，以“休闲、欢快、娱乐、热烈、激情、体验”作为本专项规划总的主题定位，倾力打造具有浓郁壮瑶文化内涵的主题文化博览园，打造一个制造欢快的壮瑶民族迪士尼乐园。

2. 世界壮瑶第一园（城市文化旅游综合体）

壮族是中国人口最多的少数民族，壮族有自己独特的文化语境和文化体系，具有丰富而独特的特色文化。瑶族广泛地分布在广西各地，并且保留着众多具有自己民族特色的文化符号，是广西第二大少数民族。然而，综观国内外，已开发的壮瑶文化旅游项目中，尚未有一个以壮瑶文化形成产业链的窗口性项目，广西作为壮瑶民族聚居地，需要有一个全面反映壮瑶民族文化的窗口，尤其是来宾，来宾的金秀县作为“世界瑶都”，更需要有一个集中展示瑶族文化的窗口。因此，依托壮瑶民族文化，金秀县倾力打造壮瑶文化第一园，作为博览园建设战略目标。

（二）园区功能与企业定位

1. 园区功能定位

园区功能总定位为：以文化为核心，以地产为利益回报点，以旅游休闲功能为主导，以商旅文一体化为抓手，融合非遗保护、文化传承、娱乐休闲、艺术会展、创意基地、文化地产、休闲度假、健身运动、高科技体验等功能在内的城市文化旅游综合体，将其打造成为中国壮瑶文化新地标、广西人文旅游新标杆、广西休闲新标杆、广西最大的民族体育公园、桂中水城拳头产品；环境优美、文化品位高、现代服务设施配套齐全的人居环境社区。

园区具有卓越的区位与市场优势，具有对接和承接广西三大国际旅游目的地（北部湾国际旅游目的地——以南宁为核心、桂林国际旅游目的地、红水河国际旅游目的地）客源优势，并处于广西最重要的黄金旅游带——桂（林）（北）海黄金旅游带的中间节点，因此，完全有可能打造成为“桂海旅游黄金带上的璀璨明珠”。

广西是壮族人口最多的省份，也是瑶族人口最多的省份，壮瑶民族不仅具有跨国性，还具有鲜明的民族性，具有打造国际品牌的民族基础。并且壮瑶也是广西最大和第二大的少数民族，来宾金秀是世界瑶族研究的中心，具有“世界瑶都”之美誉，因此，博览园建设是落实“文化广西”“桂中水城”发展战略的重大举措，园区担负着建设“旅游强区”“文化广西”的重要使命，应努力将其建设成为中国壮瑶文化新地标、广西人文旅游新标杆。

未来休闲、体验、度假、养生将成为旅游的主流趋势，这些旅游产品需要有高品质的文化水准、优良的环境意境、人性化的服务环境以及完善的服务设施，因此，园区在服务及其配套设施建设方面，将努力建成环境优美、文化品位高、现代化设施配套齐全的人居环境社区。

2. 企业定位

作为经营博览园的民营企业，需要具有应对市场激烈竞争和国际视野的思维，为保障园区建设成功，企业定位为：

善于开拓、管理规范、效益良好、与国际接轨的具有产业集团素质的模范民营企业；

来宾市旅游业和第三产业中的“领头羊”；

民族文化企业的示范单位；

三、规划目标

（一）总目标

规划的总目标为："国际化　民族性　全国一流　西南特有。"

建设以壮瑶民族特色文化为主要特征，以非遗保护、文化传承、娱乐休闲、艺术会展、创意基地、文化地产、休闲度假、健身运动为内容，国际化、民族性、全国一流、西南特有的城市文化旅游综合体标志性项目。

（二）质量建设目标：达到国家 5A 级旅游景区标准

以中华人民共和国国家标准《旅游景区质量等级的划分与评定》（GB/T 17775—2003）为依据，按照国家 5A 级旅游景区服务及其配套设施建设标准进行建设开发。

（三）文化建设目标：国家文化产业示范基地标杆

在文化目标方面，规划建设成为世界壮瑶文化产业研发与交易中心、世界壮瑶文化展示与体验基地和国家级文化产业示范基地的标杆。

（四）市场开拓目标

规划到 2015 年接待游客量达到 141.95 万人次，2020 年年末接待游客 282.47 万人次。

（五）旅游经济目标

规划到 2015 年旅游总收入达到 60403.95 万元（不包括产权式地产销售收入），2020 年年末旅游总收入达到 114796.97 万元（不包括产权式地产销售收入）。

（六）社会效益目标

2015 年，旅游直接从业人员人数为 2839 人。

2020 年，旅游直接从业人员人数为 5649 人。

五、规划策略

（一）文化取胜策略

园区服务及其配套设施建设要重视文化软实力建设，通过核心文化和特色文化作为园区建设的灵魂，在园林景观、建筑风格、游乐项目等服务设施方面，要突出壮瑶文化符号，提炼适合市场需要的文化元素，塑造文化品牌，实施文化取胜策略。

（二）主题引领策略

主题是旅游开发的灵魂和竞争优势所在，是旅游产品创新的切入点。随着旅游的不断完善，旅游者变得越来越理智化和个性化，为了满足不同人群的不同需求，需要针对不同的客源群体设计特色鲜明、个性突出、主题鲜明的服务及其配套设施项目。

（三）品牌主导策略

旅游从最初的景点建设，逐步过渡到以服务为主导，再发展到以形象主导阶段。现在，进入市场竞争阶段，旅游亦进入了以品牌主导发展阶段，因此，需要十分重视服务细节、服务设施布局的人性化、服务设施及其配套设施的休闲化设计、设计具有自主品牌的服务项目，从品牌营销、品牌形象塑造、品牌明星产品、品牌推广以及品牌增值等多方面实施品牌主导策略。

（四）项目情景化策略

项目情景化突破以静态、静止的游览方式，突破了传统主题园重视硬件建设而对服务、活动内容重视不足的弊端，它强调的是参与性、体验性、还原场景、场景设置，规划的项目和产品以具有持续的生命力和体验式为根本出发点，以市场为导向，充分体现世界旅游发展趋势与时代潮流，产品和项目均突出生态环保、可持续发展和生态休闲、度假体验、情景演绎的理念。旅游产品和项目开发针对游客需求，通过场景设计，将原本平淡的观光游憩活动变成参与性较强的体验式旅游。

（五）管理信息化策略

园区需要重视信息化、数字化建设，园区验票、售票、自动售货、电子导游、体验馆、办公管理、视频、灯光控制、声控等全部实现电子化、数字化，采用现代科技手段，对园区旅游产品如民族演艺、民族体育运动、商业游憩、灯光、音乐、祭祀、人造动态景观等融入现代科技元素，以科技提升园区建设，以信息化逐步实现国际化。

六、规划实施战略

对于相对复杂的商旅文一体化，究竟如何打造？不同类别的商旅文一体化，打造模式也必然有所不同。针对来宾市金龟岛壮瑶民族文化博览园是一个以文化地产为盈利点、以文化产业为核心、以旅游休闲为导向的总体特征，本规划提出以下实施战略。

（一）定位突破为先导

在旅游综合体未来的发展中，必然面临激烈的竞争，赢得竞争的关键，在于定位的突破，主要包括两个方面：

其一，是区域功能定位。就是要跳出地块，从整个来宾乃至国际视野来定位园区功能，本规划认为，园区作为来宾市打造民族城市（旅游营销城市定位）的重要载体和游客到来宾乃至广西游览民族文化必游的景区，要与来宾市城市功能紧密地结合在一起，打造成为“城市特色功能区、旅游休闲新地标、城市文化新名片”，通过发挥自身的比较优势，明确自身在区域发展格局中的定位，这是金龟岛民族文化博览园融入大区域城镇发展与旅游发展的前提。

其二，是开发主题定位。实际上就要面向市场需求，以创造差异化的吸引力与感召力为指向，整合自然旅游资源、文化旅游资源和社会旅游资源三大资源，凸显放大比较优势，形成一个独特性的主题（案名），即要找到“旅游综合体”打造的灵魂，这个灵魂将指导旅游综合体个性文化与特色意境的构建，是非常重要也极具难度的一个环节。

基于来宾市金龟岛战略定位，我们认为，金龟岛民族文化博览园的独特性主题（案名，园区名称）定位为：来宾市金龟岛壮圩瑶寨国际旅游城（采取“地名 + 主题 + 打造目标”的筛选主题法定位）作为园区对外营销名称。（主题诠释详见旅游形象规划章节内容）

（二）确立功能构架为核心

功能构架的确立，是旅游综合体打造的核心所在。

商旅文一体化（城市文化旅游综合体）在功能构架上，绝不是各种功能简单的堆砌和罗列，而是要充分研究其主要作用、内在关系和互动模式。

根据实践的总结，我们提出，任何一个成功的旅游综合体，在功能构架上无不是由“核心吸引中心、休闲聚集中心和延伸发展中心”三大板块构成。开发旅游综合体，实际上就是要“打造核心吸引中心、构造休闲聚集中心、创造延伸发展中心”：

1. 打造核心吸引中心

打造核心吸引中心，是面向市场需求，创新整合开发核心资源，目的是创造一个或多个独特的核心吸引物，这是创造核心吸引力的基石所在，可以是一个或多个核心旅游休闲项目——观光景区、主题公园（乐园）、赛马场、赛车场、影视城、特色街区、温泉养生中心、高尔夫球场、特色酒店、主题博物馆。

本规划认为，金龟岛民族文化博览园核心吸引中心功能是打造一个集“文化创意、研发、设计、生产、交易、展示、体验”为一体的突出具有国际性的“壮圩瑶寨”作为核心吸引中心。“壮圩瑶寨”是壮瑶民族最具有核心吸引力的文化元素，壮族的歌圩名扬天下，瑶寨风情传播四方，“圩”和“寨”这两个字将壮瑶的民族文化核心全部凸显，重点策划作为园区的核心竞争力。

核心吸引中心的打造是吸引人流、提升土地价值的关键所在。这是旅游综合体打造的关键，需要对旅游产品有着深入的研究与创新能力，才能实现。

2. 构造休闲聚集中心

构造休闲聚集中心，是为满足由核心吸引物带来的客源各种休闲需求而创造的综合休闲产品体系，实际上是在泛旅游产业构架下各种休闲业态的聚集，主要包括主题酒店群、特色商街、主题演艺、高尔夫球场、水上游乐项目、滑雪场、马球场、温泉 SPA 等。

核心吸引中心把人流吸引进来，也形成了最初的消费，但要留住人流并扩大其消费，就需要创造更多的休闲产品，激发并满足人流的休闲消费需要，让其成为旅游休闲目的地，即构造休闲聚集中心。这是旅游综合体的主体功能部分。

本规划认为，来宾金龟岛民族博览园休闲聚集中心重点打造的是铜鼓主题酒店、壮瑶民居客栈、壮瑶主题演艺、民族休闲体育公园、公共绿地空间以及各种休闲娱乐场。

3. 创造延伸发展中心

创造延伸发展中心，主要是延伸发展地产业（利润主要来源）、泛旅游产业、现代服务业等相关产业，这是获取土地开发巨大收益的重中之重。

对于城市文化旅游综合体，核心吸引中心与休闲聚集中心是关键所在，也是旅游经营的主要依托，这两部分的成功开发将极大地提升土地价值与品牌价值，也能够创造可持续的现金流。但是，要真正获得土地开发上的巨大回报，必须进行延伸发展，主要是休闲地产社区、会议会展和文化创意产业的开发，以及现代农业、现代服务业的开发等，最终形成一个泛旅游产业的发展构架。尤其休闲地产是最重要的延伸发展中心，包括高端居住小镇、度假公寓、养生社区、研发园区、文化创意产业园区、企业总部基地等多种形态。

本规划认为，金龟岛民族文化博览园 A 地块休闲养生地产，除高层建筑外，低层别墅、街区全部规划为具有壮瑶风格的民族景观地产。还包括“壮圩”的核心是民族文化休闲商业街区，“瑶寨”的核心是“文化产业创意园、民族景观房产”等。

第五节　重大创意项目概念策划

重点创意项目针对大众市场、老年市场、青年市场以及儿童少年市场进行策划，并突出民族文化特色内涵。

一、“鼓”壮天下

鼓在古代常用于战争中指挥军队进退，也常用于宴会、乐舞中。是一种流行于广西、广东、云南、贵州、四川、湖南等少数民族地区的打击乐器。铜鼓是中国古代悠久而灿烂文化的结晶，是中国少数民族先民智慧的象征，它具有东方艺术的特色，是世界文化艺术宝库之珍藏。铜鼓在越南、老挝、缅甸、泰国和印度尼西亚诸岛流传。

铜鼓还是权力与财富象征，在壮族和瑶族地区广泛流传、使用，富有深厚的民族文化内涵，铜鼓还是壮族重要的文化符号和民族吉祥象征物，瑶族也流行跳铜鼓舞以及长鼓舞。

以铜鼓作为壮族文化的象征符号，以中国各个少数民族铜鼓文化为依托，策划壮瑶文化园标志性旅游项目和来宾市地标性建筑，作为园区的核心吸引物。

（一）铜鼓主题国际大酒店

以铜鼓造型作为酒店建筑造型，酒店内部装潢、厅堂客房命名、器皿用具、家私等均以铜鼓造型及铜鼓纹饰文化作为设计元素，打造全世界独一无二的铜鼓文化主题酒店。

（二）大型参与性娱乐项目《鼓舞》——主要是晚上演出

策划一台以铜鼓为载体的少数民族歌舞舞台剧，重点突出壮族的铜鼓舞、叮鼓舞以及瑶族的长鼓舞等。在保持民族传统鼓舞的基础上，创新民族铜鼓歌舞，策划一台集合壮瑶民族具有较强表演性质的乐器类歌舞。

（三）大型文化演艺项目《鼓魂大乐》

《鼓魂大乐》作为白天体验演艺项目。

一是策划大型参与性鼓楼大乐，打造民族音乐听觉盛宴，以铜鼓作为舞台，策划铜鼓乐阵、铜鼓游戏、铜鼓表演（分为祈福——出征——搏斗——庆祝等）。

二是策划以鼓楼作为标志性建筑，以铜鼓作为舞台，设计一台《鼓魂大乐》。《鼓魂大乐》以数百面定音铜鼓、羊角编钟、锣作为主体表演乐器，适当融入一些相应乐器，将壮族天琴、八桂民族器乐、民族舞蹈、民族服饰等融入铜鼓大乐的艺术表现之中。

同时，《鼓魂大乐》以200名身穿壮瑶服饰的少女一会儿擂鼓，一会儿吹箫，一会儿吹葫芦丝，一会儿弹天琴，一会儿抖手铃，一气呵成，浑然天成。并把广西最有名的“喊山”等融进去，打造一台精彩绝伦的壮瑶听觉盛宴。

全剧五个乐章：《回应》《天问》《天籁》《欢乐》《星河》。其相应时间轴为：旧新石器时代——青铜（巫文化时代）——歌圩（刘三姐时代）——现当代（盛世）——宇宙无限（未来）。

叙述结构、写意手法、史诗感、大制作、阳刚气。

（四）铜鼓礼品研发展销基地

以世界各种铜鼓作为研发创意元素，设计一系列实用美观、具有珍藏价值和馈赠价值、园林造景价值的铜鼓礼物，并打造成为西南最大的铜鼓研究、生产、交易、展示基地。

（五）铜鼓文化展览馆

以铜鼓文化为载体，设计铜鼓陈列厅、铜鼓高科技展示厅、铜鼓研究中心以及铜鼓作坊厅等，全面展示壮族青铜器文化及铜鼓文化习俗。

（六）铜鼓文化广场

以铜鼓纹饰作为广场设计元素，通过雕塑、景观等突出铜鼓文化内涵，作为达人秀、服装秀、灯光秀等文艺活动演艺舞台。

（七）国际鼓文化节

国际鼓文化节，策划有开幕式、鼓文化系列主题活动、铜鼓论坛等板块，通过看鼓、听鼓、赛鼓、玩鼓、制鼓等完整的立体的鼓文化体验活动，使铜鼓文化更加深入人心。

国际鼓文化节是由铜鼓文化引领的，以壮族铜鼓为核心的，世界五花八门的鼓的大聚会、大联欢，国际绚丽多彩的鼓文化的大交流、大碰撞。它将不断丰富铜鼓文化内涵，增强铜鼓文化的国际性、时尚性，打造世界级的铜鼓文化品牌。

邀请中国高水平的鼓乐表演团体和名家高手，除重点表演壮族铜鼓外，还将展演西安鼓乐、陕北腰鼓、湖北渔鼓、湖南花鼓舞、广东苏锣鼓（又称八音）、东北八角鼓、辽南鼓吹、山东花鼓、凤阳花鼓、鼓吹乐、梨花大鼓、花鼓舞及扁鼓、板鼓、车鼓、铃鼓、皮鼓、法鼓、垒鼓等，伴以民间传统的铜鼓舞、长鼓舞、花鼓舞等，展示各民族、各区域的鼓文化的精髓，形成中华鼓文化博览。

国际鼓文化节，是世界性的鼓聚会，如美国钢鼓、日本太鼓、科威特鼓乐、非洲鼓等，把“鼓”集中在一起，让人们体验丰富多彩的世界鼓文化。

二、长寿瑶

瑶族地区的瑶民一般都很长寿，无论是巴马、还是金秀、都安、大化或是其他地区的瑶族人民，大多数都是很长寿的。同时，追求健康长寿是现代旅游的需求热点，瑶族的瑶医瑶药中很多都具有保健、养生功能，因此，利用瑶族的养生文化，开发长寿文化产品，以突出园区特色。

（一）大型歌舞生命风情剧《长寿瑶》

《长寿瑶》作为白天和晚上巡游性体验项目。

以瑶族长寿文化资源和丰富的民族文化积淀为题材，深入挖掘长寿文化在当代和谐社会建设中的主题意蕴，并以一种最具品牌形象感染力、传播力、记忆力的独特的舞台视觉形象，艺术地再现、表现和反映瑶族具有世界声誉的生命奇观和独特的文化现象。本项目拟以“风情剧”的可室内可实景的有较大舞台适应性的形式，同时，在保证艺术质量的前提下，考虑尽量降低今后旅游商演各个环节的成本，又便于日常的管理和临时调整。

本项目将形成三大亮点：主题亮点、艺术视觉亮点、品牌亮点。

本项目将导入全程品牌策划，在产品设计、艺术创作、舞台打造、品牌推广与营销等环节引进专家和人才并形成合力。特别在创编环节，拟请区内外水平高的编导、音乐、舞台设计进入，保证艺术质量在较高的品位上。

以瑶族瑶医瑶药为依托，引入覃德坤瑶医集团，开发瑶医瑶药特色医院，作为长寿文化的重要支撑，并作为康疗保健、养生坊，推出瑶医瑶药保健中心、养生中心，兼顾中医中药养生研发中心。

（三）瑶族养生保健产品基地（借鉴义乌模式进行打造）

策划重点开发瑶族壮族保健养生产品，诸如瑶族的药浴粉、瑶药药酒以及壮药药酒、壮药保健品等，建设西南最大的少数民族保健养生产品交易基地，举办全国性的保健品博览会等。

（四）世界瑶族养生论坛

策划一个永久性的世界瑶族养生论坛遗址，作为世界瑶族寻根、恳亲、商务洽谈的平台，同时，以此为载体，举办世界养生论坛、保健品洽谈以及养生大讲坛。

三、情人歌圩

爱情与长寿是人类永恒的追求，少数民族当中，拥有非常丰厚且多姿多彩、奇风异俗的爱情文化表现方式。而歌圩是壮族青年男女择偶的最有代表性的文化产物。

各族的择偶方式不同，演绎出不同的爱情文化。加上现代生活节奏快、交际空间狭窄等因素，衍生了一系列相亲电视节目、各种婚介活动。可见，爱情文化在市场中具有极大的拓展空间和市场价值。

为适应市场需要，立足壮瑶爱情文化的基础上，策划一系列的具有市场卖点的爱情文化旅游产品。策划“相识—相知—相爱—相恋—相守”的爱情主题文化项目。

（一）刘三姐·情人对歌台

策划全国最大的对歌台，作为以“歌”为主题的文化展示基地；同时，与婚介公司以及电视台相亲节目组等合作，策划一系列相亲派对活动。

（二）海誓山盟台

建桃花源（缘）、月下老人神坛等爱情文化项目，并与婚庆公司、摄影公司合作，推出结婚旅游、婚纱摄影基地、传统民俗结婚庆典基地。

（三）各少数民族奇异婚俗娱乐项目

以各族不同的婚俗为基础，不定期举办各少数民族婚俗娱乐项目，持续不断地吸引游客。

（四）艳遇街

策划一条以爱情为文化的艳遇街，创设独特的相亲情景、场景和项目，为单身男女，在这里来一场邂逅的艳遇，打造全国最有民族特色的爱情街。

（五）婚庆旅游

以爱情文化旅游项目为依托，打造婚庆策划、婚庆承办、婚纱摄影（婚纱租赁）、婚庆用品、爱情信物等产业链，建成全国最大的婚庆用品及爱情信物交易基地。

四、童话世界——葫芦娃

在壮瑶民族文化元素当中，有许多神话文化元素，最为著名且适合儿童和青少年益智娱乐的项目是“葫芦”神话故事。在壮瑶民族文化当中，葫芦神话内容丰富，并且来宾的盘古文化当中，葫芦文化占有相当分量，这些神话文化在探索自然、利用自然、创造自然、对人生的思考等方面，都具有诸多益智知识，也是目前世界各国开发儿童娱乐与益智、娱教项目的重要素材，无论是美国迪士尼乐园还是国内其他游乐场，或动漫、影视、寓言、故事等大多是以民族的神话故事作为吸引物开发儿童、青少年益智素材。

以《葫芦娃》作为园区青少年儿童吸引项目，已具有成熟的市场，1986年上海美术电影制片厂制作的《葫芦娃》动画片，已深入人心，一直深受青少年儿童的喜爱，为本项目奠定了市场基础。每个人都有一个美好的童年，每个人都希望有自己童年美好的回忆。因此，应以童话世界作为项目载体，以民族神话传说作为依托，引入国内外顶级的儿童和青少年益智旅游项目，开发园区具有强大品牌吸引力的童话世界。

在产业链设计方面，延伸开发或销售与项目相关的卡通、吉祥物、影像音像制品、纪念品等商品。

（一）儿童职业体验馆

儿童职业体验馆是一个极具价值的体验式品牌营销传播平台，在国外创造了许多成功的品牌植入合作案例，目前，深圳华侨城已经开发有此类产品，极受市民和游客的欢迎。

儿童职业体验馆从探索动漫、网络社区、儿童职业体验与衍生品的独特产业链，打造线上、线下一体化的中国儿童文化教育领导品牌，盈利渠道较为丰富，从门票收入到品牌植入、餐饮零食、广告位、活动、礼品、衍生品、文化创意等。园区可以创建广西首个儿童职业体验馆，作为园区的核心吸引项目之一。

（二）大型家庭娱教体验中心

通过开发娱教项目，如：儿童艺术、涂鸦、音乐馆、舞蹈、拼图等，丰富童话世界内容。

（三）家庭亲子 DIY 创意馆

引进国内目前流行的儿童 DIY 项目，增加园区儿童娱乐内容。

（四）儿童游乐新天地

策划最炫最酷的儿童游乐项目，如：木马、小航海家等。

（五）葫芦娃卡通剧场

以国际流行的卡通、动漫作为剧场演播项目，制造卡通梦幻乐园。

（六）葫芦娃卡通城堡儿童乐园

以经典流行的卡通作为设计元素，开发参与性、娱乐性强的卡通城堡乐园，如《花园宝宝》、儿童卡通动漫体验馆之类，让儿童真正进入美轮美奂的神话世界。

（七）海洋馆

以海洋知识作为依托，海洋小动物作为展品，设计蓝色海洋，让儿童认知和了解海洋知识，丰富旅游内容。

（八）宝宝花园

以一些经典的国内外神话故事、童话作为设计元素，设计如花似梦、莺飞蝶舞的植物世界。

（九）农趣乐园

以乡村趣事如：农事、农俗作为设计元素，让儿童回归乡村，回归自然，享受质朴恬静的乡村大世界。

第六节　空间布局与综合项目规划

一、功能组团布局

（一）布局思路

布局的总体思路是“依势就势　动静结合　天人合一　功能有别”。

1.“依势就势”是依据根据水系、地势走向、风向等地理要素以及土地利用性质，布局相关项目。

2.“动静结合”是依照本规划的市场定位和游客旅游活动规划，将园区划分为静态区、过渡区以及动态区，静态区为游客提供文化展示、文化产业集群区域，过渡区介于动静区之间，作为动静区的缓冲地段，重点布局休闲度假、养生养老产品；而动态区则为大众游客区，是人流集中和喧闹的区域，重点布局娱乐、购物、美食等项目。

3. “天人合一”理念是遵循中国传统风水学“天人合一”理论和古代园林建设的“道法自然”原则，按照江南水乡　构思布局园林景观、水景景观、文化项目以及旅游项目和其他绿化美化、景观建设，营造江南水乡意境和桂中水城格局。

4. “功能有别”是根据地形地貌和土地用地性质，来考虑闹区与静区及项目的不同类别，布局功能不同的项目群体。

（二）三大地块布局框架

为了保持功能区的连续性和布局产品需要，将整个规划区划分为三个空间地块区域，这三个空间地块区域分别布局动态、静态、过渡区段功能，满足不同业态发展需求，突出功能布局理念。

1. 相对静态区

相对静态区属于 B 地块，相对静态区作为文化产业、文化展示以及养生养老功能区。

2. 过渡地段区（半闹半静区）

过渡地段区属于 D 地块，该区域布局休闲度假以及生态旅游产品，主要是园林景观为主和酒店度假设施。

3. 动态区

动态区主要位于 B 和 E 地块，布局为大众市场，以服务性、娱乐性、管理项目为主。

三大功能区体现了动静结合，从低端旅游产品逐步过渡到中高端旅游产品，通过功能区的划分有针对性地满足不同游客的消费需求。

（三）功能组团规划

根据三大区块，布局九大功能组团：一园六区一街一基地。

1. 一园

是指文化产业园，作为文化产业研发、生产、交易基地，并作为丰富园区旅游内涵及外延，增加园区功能内容，重点布局的文化产业项目，内容包括民族作坊、壮瑶保健品、民族文化传承基地、烹饪学院——旅游食品、民族旅游工艺品交易展示基地、国学文化评估交易基地等。

2. 六区

是指休闲度假区、娱乐竞技区、文化体验区、文化展示区、养生保健区、生态休闲区。

休闲度假区，以休闲度假项目为主题，包括规划民族会馆、铜鼓主题酒店、产权式酒店、演艺、展览、露天商务餐厅等项目。

娱乐竞技区以现代娱乐元素为主体，以民族娱乐项目为内涵，规划现代大型游乐区、大型儿童乐园、壮湖水上乐园、情人歌圩、民族竞技场等项目。

文化体验区以满足游客体验、参与为诉求，开发具有很强文化体验的旅游项目，包括盘古大广场、民族服装灯光秀、神坛、民族歌舞秀、达人秀、创意工坊、动漫、文化创意涂鸦坊、互动影院、高科技文化体验馆、实景演艺等。

文化展示区重点展示壮瑶民族的民俗文化以及建筑文化，以村寨方式加以展示，包括民居文化展示——民居客栈、博物馆群、同心楼、壮圩瑶寨等。

养生保健区以养生产业为导向，以壮瑶神奇的养生保健内容为载体，大力发展壮瑶养生堂、壮瑶生态 SPA 水疗中心、壮瑶医药研发中心——科技大厦、康疗养老基地——银发公社、中医中药养生堂等项目。

生态休闲区以生态为设计理念，融入现代时尚与环保的消费观念，开发生态垂钓基地、生态练功气场、宝宝花园、生态农趣园、生态影院、生态营地（包括汽车营地、露营地和生态养生药园）。

3. 一街

是指风情商务街，以展示民族风情文化及购物、饮食文化为主题，重点开发创业大厦、民族手工艺品购物街、洋人街、民族风情街、世界小吃街、民族美食街、中华老字号美食节、东盟旅游商贸街等。

4. 一基地

是指体育运动基地，重点作为民族体育基地。

二、城市文化旅游综合体项目规划

（一）民族文化创意产业园

民族文化创意产业园布局于 B 地块，作为各民族物质文化与非物质文化展示基地，展示壮瑶民族获得国家级物质和非物质文化遗产，作为集中研究、创意、设计、生产、展示、交易、体验中心。

1. 核心项目——民族文化传承基地

民族文化传承基地重点以作坊方式，直接利用壮瑶民族文化创意产业园设施，与政府以及企业合作，作为政府培养民族民间文化传承人以及为各类文化公司培养民族文化艺人的摇篮基地。

民族文化传承基地借鉴《印象·刘三姐》景区的人才培养模式，将人才培养与培训与园区开发的各类项目结合起来，园区项目直接成为学员的实习、技艺学习基地，园区也可以直接利用学员作为园区的员工，实现产学研一体化的培养模式。比如，培养或培训的民族歌舞演艺传承人，这些演艺传承人可以直接作为园区民族歌舞演艺人员，演艺传承人通过园区这个舞台，真正学到地地道道的民族民间传统文化，并得以将本民族文化传承下来。

2. 旅游项目

创意产业园以国家公布的壮瑶非物质文化遗产、有形物质文化遗产两大部分，通过雕塑、浮雕、大型电子屏幕滚动播放宣传片（LED 视频）、展示馆、文化长廊、场地实景展示（真人真物展示，如：壮瑶锦制作、蜡染）等手段，充分展示壮瑶文化遗产，并策划壮瑶保健品研发交易基地、民族美食烹饪技艺展演中心、民族旅游食品研发交易基地、民族旅游工艺品研发交易展示基地、民族文化评估交易基地，以形成产业集群和产业链条。

民族文化创意产业园重点利用壮瑶等民族神话、历史文化、歌舞文化等开发动漫产业，利用民族文物、艺术品、古董等开发文化交流交易，利用民族歌舞、节庆开发演艺产业，利用民族典籍开发民族出版业等。

（二）养生保健区

1. 核心项目——壮瑶医药研发中心（民族医药科技大厦）

壮医瑶药研发中心面向市民及游客，突破传统医院以治病为主要功能的经营模式，壮医瑶药研究法中心以保健、壮瑶民族医药研发、疗养、养老为主要功能，兼顾治病功能。

壮医瑶药研发中心为民间具有真正特长医术的民族医务技术人员，提供一个施展才华和展示民族神奇医术的平台，正式聘任的医术人员不论出身、学历和年龄，只要真正掌握民族医术即可作为聘任对象。

同时，作为传承民族优秀医学文化基地，着力打造一批壮瑶医药民族品牌，打造成为广西最大的民族医学保健、民族中医、民族医药的研发交易基地。

2. 旅游项目

以养生产业为导向，以壮瑶神奇的养生保健内容为载体，大力发展壮瑶养生堂、壮瑶生态SPA水疗中心、康疗养老基地——银发公社、中医中药养生堂等项目。

（三）文化体验区（高科技旅游项目）

1. 核心项目——5D互动影院

5D互动影院是在4D影院的基础上发展起来的一种电影艺术表现形式，它包含了4D影院的所有功能，利用座椅特效和环境特效，以超现实的视觉感受配以特殊的、刺激性的效果同步表现，以仿真的场景与特别的机关设置来模仿实际发生的事件，在产生呼之欲出、栩栩如生的立体画面的同时，随着剧情变化，模拟了电闪雷鸣、风霜雨雪、爆炸冲击等多种特技效果，将视觉、听觉、嗅觉、触觉和动感完美地融为一体，再加入剧情式互动游戏，并充分利用互动道具，使观众参与其中并全身心地融入剧情之中，体验虚幻仿真、惊心动魄的冒险旅行。

由此可见，观众互动参与到电影中来是5D影院有别于以往电影的最大特点，电影中角色与观众进行的互动游戏，使观众具有置身于影片中的使命感与成就感，加之在观众与电影中角色互动的同时，还存在着观众之间互动游戏成绩的竞争，从而诱发相当一部分观众重复观看同一电影的冲动与欲望。这正是5D影院所独有的魅力，也是其商业价值远高于其他影院之所在。

随着经济的多元化发展、娱乐市场通过市场的自然考验成为唯一在经济危机中可以逆市坚挺发展的行业，被经济学界公认为“娱乐盈利”模式。电影是在众多娱乐模式中，普及率最快的一种可盈利载体，3D电影一票难求的局面在这几年更是司空见惯，一部《阿凡达》创造了百亿元票房神话。4D/5D电影技术的产生，在3D的基础上有着更先进、更真实的超强体验与无与伦比的局面，市场前景可见一斑。国内也不断涌现出一批5D影院公司，如：广州希力5D立体影院。

规划在广西引进首家5D互动影院，聘请国际一流制作团队设计以壮瑶神话故事为剧本的5D互动电影，以引爆园区娱乐项目。

2. 旅游项目

文化体验区以满足游客体验、参与诉求，开发具有很强文化体验的旅游项目，包括盘古大广场、民族服装灯光秀、神坛、民族歌舞秀、达人秀、创意工坊、动漫、文化创意涂鸦坊、高科技文化体验馆、实景演艺等。

（四）文化展示区（部分高科技旅游项目）

1. 核心项目——民居客栈

民居客栈既可以作为壮瑶民族民居博览馆，又可以直接利用作为民居客栈，供游客居住、体验壮瑶生活习俗和居住文化。

民居客栈的布局、外形、建筑风格、内部装饰、接待礼仪、用具、器皿、村落布局等均按照壮瑶民居及生活习俗来设计。

2. 旅游项目

重点展示壮瑶民族的民俗文化以及建筑文化，以村寨方式加以展示，包括民居文化展示——民居客栈、博物馆群、同心楼、壮圩瑶寨等。

（五）娱乐竞技区（部分高科技旅游项目）

1. 核心项目——童话世界、情人歌圩

——童话世界（葫芦娃）

童话世界重点以现在国际流行的青少年、儿童益智和游乐项目为主体，融入民族文化元素，打造独具特色的娱乐世界，营造欢快、热烈、幽默和积极向上的游园气氛。

通过青少年及儿童旅游项目，吸引家庭旅游，增强园区的经济收入及品牌扩展效应。

——情人歌圩

策划为全国最大的婚介类游乐项目，借鉴“非诚勿扰”电视节目经验，与电视台、婚介公司合作，打造一个以民族择偶方式为特色的征婚游乐项目，并建成全国最大的情人歌圩，包括开发壮族三月三歌圩、仫佬族走坡、摩梭人阿注走婚等少数民族独特的情人择偶文化。

2. 旅游项目

以现代娱乐元素为主体，以民族娱乐项目为内涵，规划现代大型游乐区、大型儿童乐园、壮湖水上乐园、情人歌圩、民族竞技场等项目。

（六）一街：是指风情商务街

1. 核心项目——民族美食博览园

全面展示中国各少数民族的特色饮食以及与饮食有关的作坊，以参与性、体验性作为设计理念，划分为美食演艺区、美食习俗展示区、美食作坊区和美食品尝体验区等。全面展示各个少数民族美食的制作过程、饮食习俗、饮食礼俗、美食作坊、饮食演艺以及歌舞伴餐等内容。

同时，重点发展世界著名的小吃、东南亚美食以及中华老字号餐饮，争取一些著名的餐饮公司入驻园区，经常性地开展美食品尝、美食节、美食竞技大赛等活动。

2. 旅游项目

以展示民族风情文化及购物、饮食文化为主题，重点开发创业大厦、民族手工艺品购物街、洋人街、民族风情街、世界小吃街、民族美食街、中华老字号美食节、东盟旅游商贸街等。通过洋人街和世界美食来吸引国人，通过民族文化来吸引洋人，达到国际市场与国内市场互相促进互相带动的作用。

（七）生态休闲区

1. 核心项目——汽车营地

汽车营地按照《汽车旅游营地星级的划分与评定》（DB45/T 566—2009）标准，在民族体育公园（C 地块和 D 地块）各布局一个五星级汽车营地，汽车营地配套有自助厨房、停泊场、自助加油加水站、帐篷区、户外运动区以及汽车美容站、汽车旅馆等配套设施，满足自驾车旅游需要。

同时，布局户外素质拓展运动项目，如：信任背摔、毕业墙、空中断桥、定向运动等，晚上，可以作为露营基地，开展篝火晚会和住宿。

2. 旅游项目

布局在 D 地块。以生态为设计理念，融入现代时尚与环保的消费观念，开发生态垂钓基地、生态练功气场、宝宝花园、生态农趣园、生态影院、生态营地（包括汽车营地、露营地、汽车旅馆等）和生态养生药园、生态餐厅、汽车文化公园。

（八）休闲度假区

1. 核心项目——铜鼓大酒店

布局于D地块。铜鼓大酒店以五星级酒店标准进行设计建设，酒店的造型以铜鼓为参照物，将其主体建筑设计成为壮族鼓王造型，附属建筑设计为瑶族长鼓造型，其他室内装饰以世界各类铜鼓作为设计元素，包括酒店的园林景观、桌椅、餐具器皿、文化景观等全部以铜鼓文化作为设计元素。真正把铜鼓大酒店打造成为来宾地标性建筑和民族文化标志性符号，作为园区的核心吸引物。

2. 旅游项目

布局在D地块。以休闲度假项目为主题，包括民族会馆、商务酒店、产权式酒店、演艺、展览、露天商务餐厅等项目。

（九）一基地

一基地主要是作为民族体育公园，策划作为市民、游客休闲运动场所。

1. 核心项目——少数民族体育运动场

布局在B地块。规划少数民族体育运动基地，以少数民族休闲体育和竞技体育项目作为开发重点，与国家及地方民委、体育局、文化部门乃至东盟秘书处合作，打造成为全国少数民族运动会、东盟少数民族运动会永久性会场，开发各类民族体育运动旅游项目。

2. 旅游项目

布局在B地块。规划铜鼓五星级主题酒店、绣球牛角商务酒店、盘王府产权式酒店、露天商务餐吧、民族会馆（世界瑶人论坛永久性会址）。

案例思考：1. 旅游综合体具有哪些特征？ 2. 为什么说旅游综合体是一种新的发展模式？ 3. 主题公园规划与其他类型的规划有哪些区别？

案例实训：选择壮族或瑶族的医药文化，分析壮族或瑶族医药文化旅游资源特色，并编制一份可行性的壮族或瑶族中医药健康旅游综合规划。

案例延伸知识：查询国内外民族旅游主题园或民族旅游村寨案例，了解国内外民族旅游最新发展动态。

第三章　瑶族康养：旅游小镇规划

——巴马瑶族自治县赐福湖国际长寿养生度假小镇规划

本章需要掌握的内容：

1. 旅游小镇；2. 康养旅游；3. 小镇运营；4. 休闲度假

第一节　项目开发资源评价

巴马是世界五大长寿之乡，拥有独特而脆弱的长寿养生资源，只有发展高端健康服务业和养生度假才能真正有效保护这一世界级珍贵资源。

巴马百岁老人占总人口比居世界五大长寿之乡之首，百岁长寿率达到 31 人 /10 万人。巴马 90 岁和 100 岁以上的老人分别由第三次人口普查的 242 人和 44 人，上升到第四次人口普查的 291 人和 66 人，到第五次人口普查时，已经增加到 531 人和 74 人，有 3 位老寿星达到了 110 岁以上，是五大长寿乡中长寿老人不断增多的地方，居世界第一。

本项目四周均为喀斯特山区，具有独特的纬度地带环境、地质地貌环境、气候环境、水土环境和生态环境，这些得天独厚的自然环境是铸就世界长寿之乡的根源。

一、外部条件分析

（一）外部发展条件分析

1. 优越的区位及便利的交通

巴马瑶族自治县地处广西西北部，面积1971平方公里，东临大化瑶族自治县，南与平果县毗邻，西与百色、凌云县接壤，北与东兰、凤山县交界。属亚热带季风气候，年平均气温20.4℃。巴马是飘逸在桂西北土地上的仙境，一个风景如画、神秘古朴的寿乡小城，一块不断演绎着人类生命奇迹的地方。巴马居住着瑶、壮、汉、仫佬、毛南等12个民族的同胞，2008年年末总人数为25.69万人，少数民族占总人数86.2%，其中瑶族4.31万人，占总人数的17.46%。

巴马县交通便利，323线国道、208线省道穿境而过，是桂西北通往桂东南沿海地区和大西南地区的咽喉要地。县城距离南宁市252公里，距离河池市197公里，距百色市100多公里，距百色田阳机场、南昆铁路70公里，距河池机场180公里。规划的巴马通用机场、贺州至巴马高速公路、重庆至湛江高速公路已规划或开始建设，河池－百色高速已于2014年动工，2015年开工，建成后巴马距南宁车程缩短至3小时，距田阳机场和河池机场各为100公里，车程为1小时；河池机场已建成试飞，田阳机场正在扩建，这些为巴马未来开拓更远程的客源奠定了基础条件。

2. 优良的发展环境

广西壮族自治区人民政府已经批复实施《巴马长寿养生国际旅游区发展规划纲要（2013—2020）》，赐福湖旅游区是该《规划》所支持的重点发展项目。巴马县将旅游业确定为国民经济的三大支柱产业之一，把发展旅游业作为巴马县的重要支柱产业、作为经济的重要增长点、作为第三产业的龙头来大力培育，这一定位极大地推动了巴马县旅游业的发展。2007年，巴马县出台《关于加快旅游业发展的决定》，明确提出“坚定不移地推进政府主导战略”的旅游产业发展思路，同时出台了《关于加强长寿旅游资源保护和管理的决定》《巴马瑶族自治县旅游景区管理规定》等规章。另外，巴马县还出台了投资新型产业的优惠政策，吸引了福建、深圳的投资商投资巴马县健康服务业。近年来，在政府的主导下，巴马县用于新兴产业建设的投资明显增加，各种经济成分参与新兴产业投入增加，并形成了国家、集体、个人一起上，内资外资一起上的投资格局，朝着“政府主导、市场运作、社会参与”的新路子健康发展。

（二）外部长寿旅游资源分析

1. 具有世界级长寿旅游资源

巴马是世界长寿之乡中唯一获得国际国内权威机构认定的长寿之乡，2003 年 11 月国际自然医学会授予巴马“世界长寿之乡”证书，2008 年 10 月被中国老年学学会授予“中国长寿之乡”牌匾。目前，全县共有 81 名百岁以上老人，百岁率达到 10 万分之 31.5（见表 3–1）。

表 3–1　巴马长寿养生国际旅游区长寿老人对比

指标	巴马	东兰	凤山	天峨	都安	大化
县人口总数（万人）	27.95	29.55	21.50	17.23	69.11	41.78
百岁以上人口（人）	86	81	50	24	205	56
每 10 万人拥有（人）	30.35	27.11	23.94	14.29	28.81	12.12
80~99 岁人口（人）	4619	4402	3989	2438	16600	5293
每 10 万人拥有（人）	1629.85	1473.22	1909.52	1451.19	2333.42	1145.17

巴马是“中国香猪之乡”。巴马香猪早在宋朝就作为贡品进贡皇室。1995 年 3 月，巴马被国家物产经济专业委员会命名为“中国香猪之乡”。2005 年，巴马香猪通过国家地理标志产品保护。

世界长寿之乡：著名长寿村（巴盘屯、西山屯、法福屯、巴布屯、百马村）；长寿文物（历代长寿碑、匾、族谱、现代长寿文献等）。

长寿食品：火麻、墨米、彩色糯米、珍珠糯、玉米、南瓜、红薯、野菜、药膳。

2. 长寿资源环境优势突出

巴马空气所含负氧离子高于国内大中城市几十倍甚至上百倍，素有“天然氧吧”的美誉；阳光远红外线辐射多，成为神奇的“生命之光”；水富含微量元素，天然矿泉水无处不在，是世人探寻的“神仙水”；土壤富含适于人类生存、益于人类健康的矿物质，地磁强度举世闻名，是一块奇妙的土地。巴马已成为世人惊叹的“买药不如找个好地方”的天然神奇休闲疗养基地，被国际自然医学会会长森下敬一先生赞誉为“人间遗落的一块净土”，成为广西打造休闲养生度假旅游项目的品牌基地和主战场。

（三）巴马相关旅游资源多

1. 自然资源类型众多，生态质量高

高峰丛深洼地：盘阳河以北甲篆、西山、凤凰、东山和所略、平洞一带；

中峰丛河谷地：盘阳河以南的所略、甲篆一带；

岩洞：百鸟岩、百魔洞、柳洋洞、自然洞、弄洞、好合响水洞、老虎洞、香涮洞；

暗河：坡月地下河、坡心地下河、所略地下河、水峒地下河；

天坑：交乐大陷坑、弄中好龙坑、小龙坑、龙华小陷坑、百魔洞陷坑、百鸟岩陷坑；

天窗：犀牛洞天窗、所略地下河天窗、百魔洞天窗、百鸟岩天窗；

象形山石：仙女峰、马鞍山、公鸡山、母鸡山、月亮山、云盘山、凤凰山、观音山、双狮山、炮台山、定金山；

风景河段：盘阳河（今称“命河”）、燕洞河、百东河观光河段；

湖泊：赐福湖；

瀑布：赐福坡贵林四折飞瀑、坡丰瀑布、兴云瀑布；

冷温泉：赐福矿泉、百马泉、民安长绿安矿泉、观音福泉、百林奇泉；

树木：弄友原始森林、赐福古榕、楠木、擎天树、金丝李、观光木、蚬木、格朗虫、蝴腊果、低干树蕨等；

野生动物：蛇、龟、鱼、果子狸、穿山甲、猴子、野猪、野鸡、野猫、鹧鸪、蛤蚧、麝、獐、黄鹿、水獭；

特种禽畜：香猪、瑶山鸡、东山麻鸡、黑蜂等；

田园风光：盘阳河沿岸、赐福湖沿岸、百鸟岩周边、龙洪等地。

丰富的旅游资源为赐福湖旅游区开发提供了可供互补发展的外部旅游资源基础。

2. 人文资源丰富多彩

历史文化丰厚。巴马镇巴发的定金山、百林乡六拉屯新石器时代遗址；所略乡所圩村巨猿化石及大雄猫、剑齿象、貘、猩猩、犀牛化石；云盘古营（明代土司军事营盘）、云巴上营寨、镇冈炮楼遗址；巴马山营寨遗址、坡那营盘遗址；坡那营盘摩崖星石刻、文昌阁碑、地界石刻、铜鼓；

弄索圣地、香刷洞、韦拔群牺牲地、巴马镇长寿公园；

抛毽子、斗画眉（东山画眉之乡），壮族歌圩、歌会，瑶族盘王节、番瑶祝著节；

山歌、彩调、渔鼓、花竹帽舞、师公舞、板鞋舞、铜鼓舞、芦笙舞，浪希结、诗歌（筷条结良缘）；

土特产：巴马香猪、黑山羊、黄狗、油鱼、瑶山鸡、蛇、蛤蚧、板栗、蝴蝶果、蝴蝶果油、芭蕉芋、魔芋、火麻、茶油、麟菇、甜茶、玉米酒、灵芝益寿酒、甜糯米酒、蛇酒、蛤蚧酒等；牛筋椅、少数民族头巾、服饰、壮锦、绣球等；

摩崖石刻：宋福基“大华山川”、黄光国泼墨诗、黄旭初“俯首清高”；

合运牛头石古井、久隆巴腊古井、松仁寡妇双泉、凤城鸳鸯泉、那位温泉、坡心岩矿泉水；

巴岗古寨、乔音古墓（李宗仁远亲墓）。

二、巴马长寿养生资源评价

（一）长寿之水

长寿河。盘阳河是一条发育有岩溶奇观的神秘河流，在整个流域中，出现“四进四出”的自然奇观。河水水质为天然弱碱性离子水，富含大量对人体有益的矿物质和微量元素，具有无污染性、弱碱性、高溶解性、高渗透性、负电性、营养性六大特性，可以激活细胞功能，提高人体免疫力，对多种慢性疾病症状有改善作用。

长寿泉。巴马拥有许多无毒无菌、清爽甘甜、富含 24 种人体需要的微量元素的矿泉，长期饮用能调节人体机能，促进血液循环，驱病健身，被美国《华尔街日报》称为“神仙水”。

（二）宜人的气候

巴马属亚热带气候，光热充足，干湿变化明显，年平均气温20.4℃，最高气温为37℃，每年大约有35天；最低气温为0℃左右，每年约24天。全天无霜期为360天左右，夏季长达159天，冬季仅54天，春秋两季各为76天。雨热同季，年平均降雨量为1170~11500mm，年平均湿度79%。无独有偶，宇宙间万物凡符合黄金分割率的总是最美的形体。人为什么在环境20~24℃时感觉最舒适，因为人的正常体温是37℃，而37℃与0.618的乘积为22.8℃，在这一环境中，肌体的新陈代谢，生理节奏和生理机能均处于最佳状态。巴马的年均气温和人体正常温度与黄金分割率的乘积数值非常接近，是最佳的人居环境，也是我国南方最理想的度假疗养环境之一。

（三）富含负氧离子的优质空气

巴马是富含负氧离子的天然氧吧。一般地方的空气中的负氧离子每立方厘米为5000个左右，但是巴马每立方厘米空气中含有高达20000多个负氧离子，部分环境质量较好的地方可以达到7万~8万个以上，是国内大中城市的几十倍甚至上百倍。负氧离子被誉为“空气维生素”，它通过人体的神经系统及血液循环对人的机体生理活动产生影响，有镇静、催眠、镇痛、镇咳、止痒、利尿、增食欲、降血压的功效。

（四）丰富的微量元素

微量元素虽然在人体的含量不多，但与人的生存和健康息息相关，对人的生命具有至关重要的作用。它们通过与蛋白质和其他有机基团结合，形成了酶、激素、维生素等生物大分子，发挥着主要的生理生化功能。研究表明，约30%的疾病直接是微量元素缺乏或不平衡所至。巴马含硒量高，各类土壤中含有猛、锌等微量元素。在巴马土地上生长的农作物，例如：火麻、珍珠黄玉米等，也含有锰、锌元素。丰富的微量元素摄入，被国际自然医学会认为是巴马长寿的关键因素。

（五）高地磁场环境

巴马位于褶皱断裂带，受甲篆压扭性断裂和巴马断裂所影响，形成了土山和石山交错，岩溶微地貌众多的地质环境。断裂带造就本地区比较高的地场环境。根据中科院上海物理研究所姚鼎山教授2006年4月22日的实地测量，巴马地磁高达 0.58 高斯，比一般地区的多一倍。远远高出地球表面的地磁力，高磁对人的神经系统有着重要影响：磁场强度强，则中枢神经兴奋性降低，呈现抑制现象，可以改善失眠和自主神经功能失调。同时，强磁场可以改善人体的血液循环和微循环，调节人体离子平衡和阴阳平衡有积极作用。

（六）绿色长寿食品

巴马长寿食品主要有：墨米、粳米、珍珠黄玉米、火麻、茶油、竹笋、蘑菇、猫豆、黑豆、南瓜、香猪、黑山羊、油鱼、乌骨鸡、板栗、香蕉芋、魔芋、香椿芽、三蛇蛤蚧酒、灵芝益寿酒和蝴蝶果等。据专家化验：盘阳河流域生长的玉米、蔬菜、水果，特别是野菜、野果，其维生素、氨基酸和植物纤维含量都高于其他地区。巴马目前已经开发了火麻调和油、山茶油、玉米糊、麻麻奶、蛤蚧酒等一系列长寿食品、饮品，非常受消费者欢迎。

（七）神奇珍稀的长寿生物资源

盘阳河是稀有鱼类油鱼的主要繁殖栖息地，百鸟岩是蝙蝠、岩燕、岩鹰、翠鸟等的栖息地。每当朝霞初升或夕阳西下，成千上万的岩燕飞旋于洞口沾水逐戏，景色蔚为壮观。此外，巴马长寿食品种类繁多，如粮食类的玉米、彩色糯米；油类的火麻、茶油；蔬菜类的竹笋、蘑菇、黄豆、南瓜；肉类的巴马香猪、油鱼；水果类的芭蕉、柑橘、野葡萄；饮料类的甜酒、蛤蚧酒等；中草药类有龙骨花、田七、石斛、牛大力、铜凉伞、红花倒水帘、夜交藤、鸟不站、威灵仙、半边莲、灵香草等，这些长寿资源许多都是巴马的特产，在广西乃至全国都有一定的知名度。而且，这些长寿资源四季分时供应，富含大量的纤维素和微量元素，对健康大有益处。

（八）神秘独特的长寿文化风情

巴马拥有典型的、独具特色的长寿文化风情，流域内民风淳朴，孝老敬老的习俗蔚然成风，代代相传，社会风尚良好；盘阳河流域男女青年颇具特色的“浪希结”恋爱，诗歌、筷条定亲仪式，新婚之夜不同房的婚俗，女子新婚阶段不落夫家等独特婚姻与家庭生活方式，符合现代长寿养生的科学规律。盘阳河流域盛行的牛筋椅、添寿补粮仪式，更是独有的祝寿文化习俗，体现了人们敬老、爱老的美德。生活在盘阳河河边的人们，保留了古老的裸浴习俗，这种独特的习俗对人们追求健康长寿，提高民族卫生水平具有深远的影响。此外，盘阳河流域壮瑶民族的抛毽子、对山歌、三月三歌节、山歌对唱表演、打陀螺比赛、木马比赛、斗鸟、斗鸡等民族活动丰富多彩，民族特色浓郁，充满活力和生活情趣。

巴马还有一种独特的孝道习俗，即用于祝寿的习俗，叫作“补粮”。所谓“补粮”，就是“补充食粮”的意思。民间自古历来就有这样一条不成文的规矩：凡家中有50岁以上年纪的人，都要经常请师公为他（她）察看生辰八字，即以天干和地支为载体，将每一个人出生的年、月、日、时，分别以天干地支各一字组成的四组八个汉字记录下来，作为生、老、病、死随时查看的重要依据。看其是否有“缺粮”（缺粮就意味着生命即将终结）的迹象，若有，儿孙们就要在其“粮绝”之前举行一次“补粮”（俗称“送生粮”）活动，以期获得延续寿命的效果。

项目所在地的那桃乡平林村，是巴马寿乡文化的起源地，具有相当浓郁的长寿历史文化可供挖掘。当地盛行的“补粮”仪式，是中华传统孝道文化的传承与具体体现，可以进一步挖掘，并用现代文化理念进行再解读和再升华，成为独具特色的文化内核。

（九）长寿资源价值

巴马90岁和100岁以上的老人分别由第三次人口普查的242人和44人，上升到第四次人口普查的291人和66人，到第五次人口普查时，已经增加到531人和74人，有3位老寿星达到110岁以上，是五大长寿乡中唯一长寿老人不断增多的地方，居世界第一。巴马人长寿，首先得益于大自然良好环境的赐予。巴马属于亚热带气候，空气清新，被称为“天然氧吧”。巴马人的长寿现象源远流长。清朝的嘉庆皇帝闻知巴马境内有一瑶族老人名叫蓝祥，高寿142岁，特题诗赠予。称其为“烟霞养性同彭祖，花甲再周衍无极”。清光绪戊戌年，光绪皇帝钦命广西全省提督冯子才为那桃乡平林村邓诚才题赠“惟仁者寿”的牌匾，现该匾被邓家的第四代孙完好保存。1960年秋，武汉医学院长寿科学研究所专家根据广西区卫生厅和公安厅提供的线索，首次到巴马作长寿考察，巴马的长寿现象引起了国内专家的关注。1982年人民日报报道，新华社用各种语言向世界播发，美国之音、法国路透社、香港大公报、明报、文汇报同时转载后，引起世界的广泛关注与重视，先后有路透社、美联社、英国、意大利、加拿大、日本、韩国、德国、泰国、新加坡、马来西亚、丹麦、西班牙、比利时及中国港、澳、台等30多个国家和地区的新闻媒体记者、医学专家及大批游客慕名到巴马访问、研究、观光。日本电视台拍摄的电视专题片《桃源乡纪行·巴马之行》在年度评比中获日本全国金奖，并于同一时间在日本26家电视台同时播放，全日本六分之一的人收看了该专题片。

三、项目范围内的资源评价

（一）自然条件分析

项目区距离巴马县城10~19公里之间，目前项目区与巴马县的交通方式主要依托村村通公路与S208和G323驳接进入项目区。项目区内有那坝、坡贵、坡研、达西、班肖、那烟、那权、那德、甘烟、坡瓦、坡埔、坡葛等村屯。这里以山地丘陵为主，耕地少、喀斯特山体及山地围拢形成了以达西、坡瓦等村屯为主的小盆地山区。

这里属于亚热带季风气候区，典型的喀斯特地貌，蕴藏着丰富的岩溶溶洞，年平均气温20.4℃，年无霜期337天以上，冬无严寒，夏无酷暑，昼夜均小有温差，人居环境和气候条件十分宜人。旅游资源得天独厚，天下第一洞“百魔洞”就在项目区西面盘阳河对面。

（二）长寿文化分析

1. 长寿文化

本项目区是巴马长寿文化最集中、最具有知名度的区域，在明清及民国时期就多有记载。清朝嘉庆皇帝曾给巴马142岁的蓝祥寿星赐诗，该老人就曾生活于项目区内。1898年，光绪皇帝钦命广西提督给巴马县境那桃乡平林村敢烟屯寿民邓诚才赠匾“惟仁者寿”，成为巴马人长寿的历史见证。目前，以长寿文化为核心吸引物的桃源儒礼项目和仁寿山庄就位于项目区内，并开发了补粮文化、送寿礼仪、传统耕作养生等旅游资源（见表3–2）。

表 3–2　长寿旅游资源概览

长寿文化	民俗文化	饮食文化	建筑文化
备棺文化 补粮文化	瑶族祝著节	五谷杂粮	围篱式茅草（或杉皮）房
	壮族三月三节	火麻	干栏式吊脚楼
	相思烟	香猪	泥瓦式建筑
	半画眉	粥食文化	砖瓦式建筑
	蓝靛瑶抛绣球	群食文化	
	土瑶射弩	素食文化	
	打陀螺等	节食文化	

2. 多样独特的长寿因子

特定的地理区位和环境因子，造就了项目区丰富的长寿养生资源，具有稀缺性和唯一性。

气候宜人。项目区冬短夏长，春秋相等，夏无酷暑，冬无严寒，雨量丰沛，阳光舒适，日温差小，气候清爽宜人。项目区日照时间适中，且 80% 以上的阳光是被誉为“生命阳光”的 4~14 微米波长远红外线。

空气纯净。项目区生态保护比较完好，山水美丽如画，空气中负氧离子含量高，平均含量达到 2500 个 /cm^3 以上，是一般地区平均水平的十倍以上，人们在如诗如画的美景中劳作生活，心情愉悦，怡性养生。

水质独特。项目区地下水含有丰富的矿物质微量元素，相当洁净；尤其珍贵的是，地下水在强地磁作用下由大分子转变为天然弱碱性小分子团六环水，能活化细胞酶组织，激发生命活力，被称为“健康之水”“生命之水”。目前，巴马县在土地利用总体规划中，在项目区内布局有那坝矿泉水厂及达西矿泉水厂，足见该区域地下水的充足与优质。

地磁极强。项目区原生态地磁场保持良好，地磁强度高达 0.5 高斯，高于其他地区一倍，有利于改善人的睡眠、呼吸和心血管机能、调节神经以及全身机能，有助于人体保持“磁平衡状态”。

食材绿色。作物生长于项目区特殊的纯天然生态环境中，在独有的高品质水、地磁和空气的作用下，这些食物含有丰富的矿物质及微量元素，有利于人体吸收，健康养生。

民风淳朴。项目区内的人们豁达、开朗、包容、谦让，民风淳朴，多民族聚居长期形成的群体关爱、家庭和睦、邻里和谐、长寿习俗和益寿劳动等生活方式源远流长。

3. 农业作物及动物资源

项目区内农作物主要是普通的五谷杂粮，如玉米、稻谷、红薯、火麻、各类青菜、李子等。在动物方面，主要有香猪、山羊、各种鱼类等，这些五谷杂粮和动物等，由于生长在独特的地理环境中，构成了独特的养生绿色食品。

第二节　市场需求调查与定位分析

根据兴旅公司委托专业机构所做的市场现状调查，市场调查完成有效调研问卷 580 多份，对目前巴马市场上消费者进行了定量调研。通过对 580 多份调研问卷的 19 道问题的分析，分别从巴马消费者基本特征、消费者行为以及消费者分类三个方面进行定量分析研究，反映和揭示了目前巴马消费者市场的现状，了解消费者的需求，为巴马项目的发展提供了相应的数据支撑和依据。从调查结论来看，目前巴马消费者市场以低端市场为主，消费水平低，资源损耗大，与巴马长寿养生这一世界级资源非常不匹配，这是制约巴马旅游经济发展的核心因素。因此，巴马必须走出低端消费市场，才能真正实现经济社会的可持续发展。

一、市场消费者调查分析

（一）消费者人口学特征分析

1. 性别比例

此次调研消费者以 60 岁以上居多，其次为 46~60 岁；以 60 岁以上退休老人为主，46 岁以上的消费者占 80%；男女比例基本均衡。

2. 职业分布

职业状况中主要以企事业单位的工作人员居多，达 40%。其他的都较为均匀，如个体户、私企老板、公务员的比例都非常接近。

3. 文化程度

文化程度以高中以上学历为主，其中大专、本科及以上占 52% 的比例。

4. 家庭收入

家庭收入中，一般的消费者家庭年收入都在 5 万元以下，占 47% 的比例。

5. 交通工具选择

交通工具的选择上公共交通的比重最多，主要原因在于路途遥远不易到达、消费者年龄偏大；交通工具这一块，巴马在未来发展中应该注重交通条件的改善，提高交通的便利性。

（二）消费者特征分析

1. 巴马消费者获知渠道特征

游客主要是通过朋友介绍、电视传播来到巴马的。

2. 巴马消费者来源地特征

巴马目前市场上的消费者最多的是来自东北地区的，占 34%，华北、西南、华南地区的比例较均衡，在 13%~15% 之间。在东北的消费者中，消费者人数以黑龙江为最多；华南、西南、华北市场中，消费者人数以广西、重庆、北京为最多；华东和华中市场中，以山东和河南为最多。由东北、华北、西北构成的“三北”北方游客占据半壁江山，这些游客有很明显的季节性，以过冬即候鸟一族为主、养生养老旅游为辅；而以华南为代表的南方沿海游客，则多以短期观光、旅游度假或考察养生养老环境（这一客群将是巴马养生项目的潜在消费者）的目的为主。

3. 消费者的意愿特征

调查显示，除了 17% 比例的短期观光消费者，有 74% 的消费者属于养病、养老、养生旅游度假的消费者；

调查显示，一年中会来巴马两次以上的消费者占 30%，说明巴马具有一定的回头率。

4. 消费者的关注点

消费者最关注的就是巴马的养生资源。

5. 消费者满意度调查分析

消费者对巴马现状的不满已经开始日益凸显出来，不满意度已经达到60%，而满意度只有20%。

6. 巴马消费者类型分析

（1）根据目的不同进行的分类，划分为：

养生目的游客：以养生为目的游客具备如下的特性：高干、高学历、高收入，对巴马现状不满意，希望巴马能更好地发展。

养病目的游客：调查数据显示，养病目的的游客比例为14%，但从实地观察和访谈得知，抱病到巴马旅游的消费者还是比较多的。

养老目的游客：养老的客群也占有一定的比例。

观光目的游客：观光旅游的游客占了大多数，主要是通过旅行社组团及自驾车到巴马。主要游览点为百魔洞、百鸟岩、水晶宫等。

（2）消费者特征分类

企事业单位老年退休人群：该人群具有“二中”特征：中等学历、中等收入。思想观念传统保守，注重生活品质。

追求安逸老年生活的退休者：该人群具有“一高”特征：较高学历。

休闲度假养生的老年客群：该人群具有“三高”特征：高干、高学历、高收入。

收入学历高的中青年客群：该人群具有“三高”特征：高干、高学历、高收入。

养病者人物特性：病人对巴马的环境寄予厚望。

二、消费者市场调查评价

（一）巴马消费者现状特征评价

消费者来源地分布中，由东北、华北、西北构成的“三北”北方消费者占据半壁江山，尤以东北为最，这些消费者有很明显的季节性；而以华南为代表的南方沿海消费者，则具有长期休闲度假特点，这一客群将是巴马养生项目的潜在消费者。说明巴马资源能够满足不同消费者层次需求。

消费者普遍消费水平比较低，说明巴马目前消费群体还是以低端的市场为主，这与巴马长寿养生这一世界级资源是极不匹配的，也是巴马旅游经济难以跨越式发展的重要原因。但也从另一个角度说明，巴马的中高端市场还没有形成，发展的潜力非常大。

消费者对巴马的满意度低，说明即使是现有的消费者，对巴马现有的开发模式及消费模式也是不满意的，因此，巴马需要提升和改善现有的消费产品及消费模式，大力发展高品质的消费产品。

消费者主要是以观光、养病、养老为目的，说明巴马现有的产品还是低端的大众化产品，专属性中高端产品市场尚未有效形成。实地调查发现：专属性中高端市场未有效形成的重要原因是有市场无产品供给造成的。正因为如此，巴马具有世界级长寿养生资源，具备了引领开发世界级中高端健康服务和养生度假市场的潜质，而健康服务业和养生度假市场是未来发展的重要方向，也是国家大力扶持发展的产业。

（二）健康服务和养生度假市场潜力分析

1. 欧美国家及其他发达国家的发展经验表明，在人均 GDP 超过 5000 美元时，健康消费将由单纯的治疗向预防、治疗、康复、保健复合型模式转变，与健康有关的产品、设备、服务等将全面进入健康消费领域。目前，我国人均 GDP 已经突破 5000 美元，健康养生旅游越来越受到市场欢迎，观光旅游正逐步向休闲养生度假旅游升级、转变。

2. 美国两任总统的经济顾问、世界著名经济学家保罗·皮尔泽在《财富第五波》中曾指出，健康产业将引发全球“第五波”财富革命，可能取代 IT 业成为未来十年内领导世界经济发展的主要增长点。发达国家健康产业增加值占 GDP 比重已超过 15%，我国健康产业却仅占国民生产总值的 4%~5%，旅游健康业仍然有很大的市场潜力。截至 2013 年年底，全国评选了 46 个县级区域为长寿之乡，广西有 14 个，比例占到 30%，因此，发展健康养生旅游业是广西发展休闲度假旅游的方向，不仅拥有巨大的自然资源潜力，也具有巨大的市场发展潜力，沿着这一发展目标，沿着发展健康养生产业的方向，具有培育 2~3 个上市公司的潜力。

3. 广西旅投“主动养生”的理念，拥有巨大的客户群体，拥有巨大的养生市场价值潜力。人们为追求更高的生活质量，保持健康状态，主动养生，而不是当身体处于亚健康或非健康状态时，被动地调整或治疗，这类“主动养生”的群体，更注重健康，注重生活质量，有意愿也有能力在一年之中安排一个相对完整的时间段进行主动调养调理。这种“主动养生”的理念，不仅符合《国民旅游休闲纲要（2013—2020 年）》相关政策，也迎合了日渐兴起的带薪度假等市场需求。“主动养生”的群体，是广西旅投包括巴马长寿养生国际旅游区在内整个养生系列产品的目标客户群。

三、市场竞争合作者分析

随着巴马长寿养生知名度在国内的迅速提升，国内开始有较多有实力的企业进入巴马开发旅游等项目。目前，对本项目可能产生竞争压力的项目主要有中脉健康产业集团（南京）、广西巴马联邦伟业房地产开发有限公司、江苏旭阳建设投资集团、广东深圳帝尊集团。

（一）中脉巴马国际长寿养生都会（甲篆乡弄老屯）项目开发商

中脉健康产业集团（南京），项目位于巴马甲篆乡平安村弄老屯，总投资 50 亿元，总体规划达 3300 亩，一期占地 550 亩，投资为 18 亿元，总建筑面积约 25 万平方米。项目定位：构建集养生地产、酒店餐饮、旅游度假、养生养老、商务培训等为一体的，闻名世界的养生养老度假胜地、中国养生首选目的地、世界级洞疗第一目的地。该项目对外宣传已经有近 7 年时间，目前由于项目土地手续未能完善，已处于停滞状态。开发商是保健品行业较知名企业，拥有庞大的会员作为客源支撑，若项目土地手续完善后，将有一定的市场影响力。

（二）印象巴马项目开发商广西巴马联邦伟业公司

项目位于巴马县城，占地约 100 亩，总建筑面积约为 18 万平方米，绿地率达 35.0%。整个项目分两期开发，一期是商业步行街，二期是养生住宅，总户数约为 1280 户。均价：高层 3800 元 / 平方米，酒店式公寓 6600 元 / 平方米。购房者 70% 以上为外地人。

（三）月亮河长寿村项目开发商江苏旭阳建设投资集团

项目位于河池市东兰县，东兰县与巴马同属于中国长寿之乡，项目占地20505亩，建设用地900亩，项目定位：将建成集住宅、酒店、医院、疗养四位一体功能的养生度假区。

（四）巴马世界瑶族文化旅游村（新型城镇化建设项目）开发商为广东深圳帝尊集团（加拿大上市公司）

项目位于巴马镇坡豪屯，占地5000亩，项目集“文化产业、养生地产、活性水态养生、度假别墅、演艺”于一体，总投资50亿元。目前，已经开始进入征地工作。

四、市场定位与消费者规模预测

（一）市场定位

在巴马发展健康服务业和养生度假适合老中青、妇女、儿童全人群市场，巴马市场的定位应为高端健康服务与养生度假消费市场，其中重点是：国内主要是大中城市消费者；国际应首先针对亚洲文化圈、东方文化圈中的韩国、日本、港台地区以及东南亚。

（二）消费者容量

根据卡口法，以一期项目启动区4.3平方公里生态容量测算，常住的健康养生消费者为1200人/天，最高接待观光游览游客8000~10000人/天。短期分时度假和养生消费者为2000~3000人/天。

五、市场营销

（一）市场营销策略

1. 坚持市场导向原则、明确市场卖点和促销对象

坚持以市场需求为导向，以“健康服务与长寿养生”为主要市场卖点，针对不同的客源目标市场，制定和实施不同的市场营销战略，建立全方位、多层次的促销机制。考虑目标客源市场的层次，区分成熟市场和成长市场，实施不同的营销战略，针对不同的促销对象，宣传重点和方式也应有所不同。

2. 联合促销策略

联合促销就是一个项目与其他利益共同体联合行动、共同促销的行为。项目业主在营销高端产品方面有丰富的经验，而且巴马有其他著名的旅游景区、矿泉水厂、旅行社，可以综合利用这些资源，形成联合经营，做成一条龙服务的完整旅游线路，将极大地提升项目品质，形成周边同类项目难以企及的巨大优势。

3. 产品策略

根据细分市场的消费倾向和需求，针对性地对目标市场进行分阶段重点促销。有步骤、有重点、有针对性地进行产品管理，开发新产品，以适应不同市场的需求。健康服务业产品面向大众市场，高端养生度假市场则以会员制方式进行销售，面向城市高端消费人群。

4. 重视整体促销、实施分销策略

针对各客源市场的不同发展阶段（起步、成长、成熟、衰退），采取不同的促销手段，建立广泛、完善的分销体系。可以在重要目标市场设立宣传机构，直接进行促销；委托中间商代理产品等形式共同销售。

（二）市场营销手段

灵活运用文化节庆活动促销、名人促销、公众传媒促销、互联网促销、展览促销等多种销售手段，提高项目知名度，促进产品销售。

重点实施“六个一营销”工程，作为近中期市场营销的主要手段，即：

1. 每年策划一个巴马高端国际健康养生论坛，传承弘扬东方传统文化养生、养心、养性理念，作为永久性会址；

2. 每年策划一场国际健康长寿养生产业博览会，作为东盟博览会的分场馆；

3. 每年策划一次巴马补粮文化节，传承和弘扬东方传统孝道文化；

4. 策划实施全国首个“巴马国际健康管理学院”，与国际知名的健康、养生专家和机构合作，借助其影响力与渠道进行营销；

5. 策划一个巴马健康养生主题宣传片，用于电视、网络等投放广告；

6. 策划一套巴马高端长寿养生度假知识丛书。

（三）近期营销计划

1. 线上平台

与国内互联网、移动互联网运营机构以巴马健康养生题材为核心建立线上宣传平台，进行合作探讨，搭建健康养生生活方式、产品、技术和服务的虚拟交流平台，将巴马健康养生的影响力通过移动互联和互联网的方式辐射至全国范围；可争取自治区旅发委、宣传部等的资金支持。

2. 线下实体平台

以东盟博览会为核心平台，借助每年一度的东盟博览会，同期创办首届中国－东盟健康养生国际论坛和健康养生产业会展，既可为已连续举办十三届的东盟博览会注入新的活力和题材，也可通过此平台吸引国际知名品牌、机构和产品入驻巴马赐福湖健康产业园，可争取中国－东盟健康产品免税政策，为后期将分论坛和分会展在巴马赐福湖国际长寿养生度假小镇项目一期建成后逐步移至赐福湖项目奠定基础。

第三节　总体规划方案

一、项目开发主线与理念

（一）主线：文化、自然、意境

文化：中医文化、巴马长寿文化、养生文化、孝文化、民族文化等。

自然：阳光、负氧离子、水、森林、磁场、食物。

意境：建筑、景观、活动、运动、节日庆典、尊贵享受、生活方式。

根据三大主线，通过“大旅游、大养生、小地产”的开发模式，在目前项目规划范围内，按照“山地健康养生功能轴”一轴、“滨水旅游度假休闲景观带”一带以及多板块的功能布局，形成滨水旅游休闲度假板块、滨水度假休闲板块、山地健康管理养生板块、山地自然养生度假休闲板块等“滨水与山地”相结合的巴马国际养生中心。在发展“大旅游、大养生”的指导思想下，进而发展成为整个赐福湖环湖概念的整体规划，最终目标发展成为国内具有鲜明休闲健康养生特色的巴马健康产业园，以及配套有机农业产业园。

（二）理念

生态利用环保先行：生态环境、生态建筑、生态农业、生态文化的利用。零排放、采用自然光、依山就势、采用热能、太阳能、光能、风能、提高绿化率等环保措施。

做好旅游扶贫文章：有机蔬果、建新拆旧、就地就业、从事服务业、旅游小镇。

养生文化与产业升级并举：提升巴马长寿养生休闲度假品质，将健康服务业、养生产业、文化产业、度假业等并举开发。

实现区域可持续发展：生态、文化、社会、经济四大效益可持续发展。

（三）主题

健康养生 休闲度假

二、指导思想

依据市场发展态势和市场定位，以“自然、生态、田园、具有瑶族风格特色”为总的指导思想，以长寿养生资源和赐福湖生态环境为依托；以高端健康服务业、休闲、度假、会议、商务和生态消费为导向；突出国际品质，地方特色；以健康产业园区和现代生态农业产业园区为利益增长点，其中健康产业园区以国际健康管理学院作为主题核心；突出项目生态环境、生态景观、水系景观、园林景观及生态消费特色；以专业化和独特卖点（USP）作为营销突破口，强化高端市场的“一对一”情感公关营销。完善内外交通道路和形象主题设计，丰富夜游和娱乐项目，循序渐进，逐步推进，滚动发展，有粗有细地推进项目开发工作，努力将其建设成为世界级健康长寿养生度假目的地。

三、建设目标

（一）总体定位

本项目将借助巴马独一无二的长寿资源禀赋以及赐福湖美丽的湖光山色，以“国际化、高端化、规模化、产业化、和谐化、生态化”为原则，满足老中青少不同年龄层次的中外游客旅养、旅居、旅游的消费需求，打造集“健康旅游、健康休闲、健康养生、健康养老、健康文化、健康旅居、健康饮食、健康管理”等多种功能于一体的全息健康养生度假、中外长者健康尊养的世界级旅游目的地。以“身心健康，精神健康”为价值承诺，实现人与自然和谐、人与社会和谐以及人的自我和谐，呈现陶渊明“世外桃源”，康帕内拉“太阳城”的理想境界。

（二）功能定位

1. 功能布局

三区：一期建设按照“一轴一带三区三环”进行布局。即：养生与商业服务功能轴、滨水养生休闲景观带；滨水休闲旅游区、山地养生区和山地高端静养区；

规划路网：规划外部形成一个大环路，即通过三个主出入口与G323/S208的驳接形成外部大环线；内部形成三个环路，即山地自然养生度假休闲功能板块为核心的连接其他功能区的三条道路环线，将部分沿湖道路向山坡上调整，使滨水地块直接滨水。

用地布局：滨水用地呈线性布置，内部用地成组团布置，同时将现状半岛变成独立岛屿。

功能布局：一期启动区入口位置布置滨水休闲小镇，其余滨水用地布置养生、休闲活动、健康服务业等功能；山上用地以养生、民俗文化和居住功能为主。

2. 功能定位

本项目将借助赐福湖优美的湖光山色着力打造集“休闲度假、健康养生、长者尊养、健康旅居、会议会展、农耕体验、民俗体验、旅游集散”等多种功能于一体的世界级全息健康养生旅游度假基地。

（三）发展目标定位

1. 国内外长者尊养旅居目的地

本项目建成后，甄选并引进世界健康产业中的龙头企业入驻，创建世界健康长寿产业集群化运营平台，最终将此项目打造成为国内外长者尊养旅居目的地。

2. 世界级健康休闲度假及健康养生目的地

目前，全世界有很多的度假基地，但是仍然没有一个度假区的评定基本标准，建议充分利用巴马的自然资源优势，将其打造成为世界级健康休闲度假及健康养生目的地。

四、功能组团布局与主要建设项目

（一）功能组团布局

根据地形地貌以及功能规划需要，将项目区划分为：滨水度假休闲板块、山地自然养生度假休闲板块、滨水旅游休闲板块、山地健康管理养生板块。

（二）生态保护布局

为保护项目区的生态、地形地貌及确保景观视觉效果，将项目区划分为禁建区、限建区和适建区。

禁建区：基本农田区及坡度在 30% 以上的区域为禁建区。

限建区：林地及草地、普通农田、水库用地地块为限建区。

适建区：社会居民用地、采矿用地以及靠近水岸线 100 米湖岸线范围均为适建区。

（三）主要建设项目

一期重点打造四大功能板块项目：

滨水旅游休闲板块：滨水休闲商业、滨水休闲小镇、民居幸福家园、学校、儿童活动中心、半岛高端休闲中心、国际 SPA 中心、赐福天地养生浴场、垂钓中心、禅修中心、消费者综合服务中心、商业休闲小镇、水上休闲运动项目。

山地健康管理养生板块：广西国际健康管理巴马学院、巴马国际养生中心、国际生态养生文化中心、专属定制养生中心、旅游接待基地、配套商业。

山地自然养生度假休闲板块：养生自然村、国际共和村、自然中心、有机食品养生餐厅、民族特色客栈、乡村运动公园、五谷杂粮养生基地、国际农耕自由地、萤火虫公园、民俗文化博物馆、田园艺海，养生配套设施。

滨水度假休闲板块：巴马养生运动公园、运动中心、有机蔬果采购中心、社区养生中心、企业定制国际养生中心、定制度假区、滨水度假区。

（四）活动内容

养生康体活动：印度瑜伽、心灵禅修、音乐疗养、心理治疗、香薰疗法、森林氧浴、森林雾浴、针灸理疗、中药浴、药汤调理、科学体检、健康咨询、定制私人修养计划、孕育调理、健康档案建立、巴马白泥浴、矿物养生美体、瑶药浴、火麻油食疗、火麻油 SPA、饮泉保健、泉水养生食疗、水疗等。

风景观赏类：游船观光、巴马特色购物、露天剧场演出、艺术交流、品茶、品酒、摄影、篝火晚会、广场音乐欣赏、水景欣赏、民族手工 DIY 等。

家庭亲子活动类：儿童职业扮演、亲子农耕活动、家庭露营、玩具总动员、儿童迷你游戏场、儿童保健训练场等。

运动探险类：越野、山地自行车、悬壁攀岩、栈道探险、游泳、丛林徒步、登山、射弩、滨水健步道、贡多拉划船、垂钓、滑水撬、打网球、草地保龄球等。

科普教育类：野外植物认知、拓展训练、学生户外夏令营、鸟类介绍、自然科普实验、形象观测等。

民族文化类：探寻民族文化、宗教信仰、瑶族体育项目体验、瑶族手工艺品、参观瑶族传统民居、瑶族婚嫁仪式、传统祭拜仪式、壮族山歌、瑶族舞蹈等。

商务交流活动类：商务聚会、企业年会、峰会论坛、企业家交流大会、高尚运动、员工培训等。

五、产业集群定位

（一）产业定位

强化生态环境保护和生态环境提升，融入“养、学、休、文、农”等产业要素，形成新型旅游产业综合体，打造生态经济健康长寿综合体。

项目区以长寿养生为核心，围绕长寿养生引领与带动健康产业、休闲度假、文化产业与生态农业、旅游发展，形成绿色循环经济产业集群。具体思路是：

依托巴马赐福湖养生生态环境和养生优势为吸引物，吸引消费者市场，以健康服务业为主导，以旅游为导向，通过挖掘巴马养生资源发展健康服务业和养生产品，带动休闲度假，并发展有机农业和休闲农业为健康养生、休闲度假提供绿色食品和生态环境，并利于项目区水资源和山地资源保护，发展山地养生产品和运动养生产品，为丰富健康养生、休闲度假内容和内涵，挖掘和提炼巴马特色养生文化，发展相关的会展产业。从而形成“食、住、行、游、购、娱、养、休、农”等产业链。具体如图 3-1 所示。

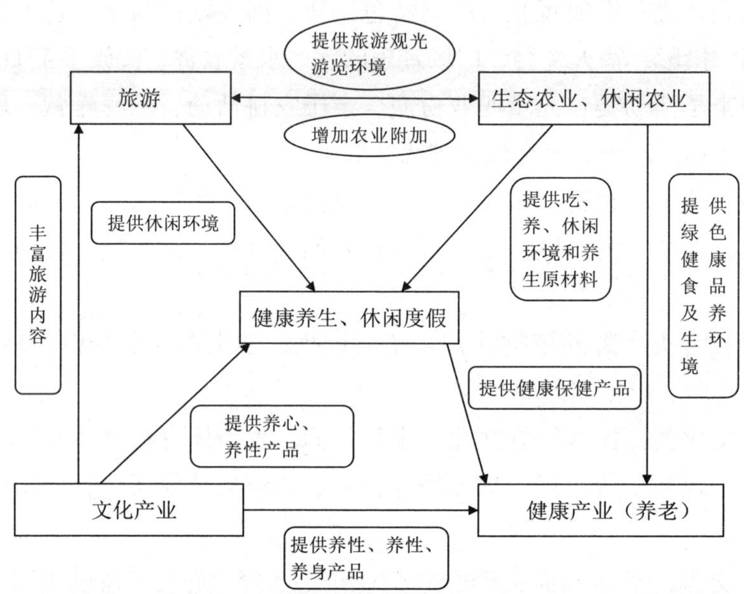

图 3-1　巴马赐福湖国际长寿养生度假小镇项目一期产业链设计图

（二）产业项目消费群

产业项目面向四大市场、三种消费群体。四大市场分别是养生度假消费市场（中、高端消费市场）、观光游览消费市场（中、低端消费市场）、文化体验消费市场（高、中、低端消费市场）、商务会议消费市场（中、高端消费市场），见表 3-3。

表 3–3　产业项目对应的消费市场一览表

客源市场	项目策划	主要活动类型	客群
养生度假消费市场	禅修中心、国际 SPA 中心、赐福天池养生浴场、滨水旅游接待基地、巴马国际养生中心、专属定制养生中心、巴马生命孕育中心、巴马中医国际中心等	养生康体	高端人士、追求健康人群、养生禅修爱好者
观光游览消费市场	商业休闲小镇、垂钓中心、田园艺海、萤火虫公园、有机蔬果采购中心、健康美食与药膳基地、巴马养生公园、森林书屋等	民族文化 风景观光	家庭、结伴游、团体等大众观光客
文化体验消费市场	自然中心、国际共和村、民俗文化博物馆、养生自然村、五谷杂粮养生基地、国际农耕自由地、乡村运动公园、民俗特色接待中心等	科普教育 家庭亲子 运动探险	家庭、儿童、青少年、探寻运动爱好者等
商务会议消费市场	国际游艇湾、半岛高端休闲中心、国际生态文化养生中心、高端养生会所	商务交流	专业人士、高端商务人士、政府媒体

（三）重要产业项目内容

1. 农业

田野摄影写生基地——定点设置提供摄影设备以及写生装备的服务点，方便游客留下自己最佳的摄影作品及珍贵笔墨。

生态有机农业示范基地——与农民合作，引导农民大力发展有机农业，尤其是巴马特有的长寿农作物种植。

国际农耕自由地——打造现实版的开心农场，让消费者体验耕种与收获的快乐。

2. 轻食品

有机瓜果采购中心——有机蔬果采购中心，是项目区大型有机农副产品集散交易中心，也是巴马县有机农产品输出中心。

火麻种植研究基地——与广西农科所构成合作关系，通过先进技术，重点对火麻进行种植改良培育，提升其使用价值。完成火麻油、火麻蛋白粉生产食品质量安全体系（QS）认证；与国际知名火麻企业建立商务联系，建立国际交流与合作平台。

健康美食与药膳基地、五谷杂粮美食基地——建立养生食品科研与巴马汤等养生产品加工生产基地。

3. 文化产业

巴马中医国际中心——国粹中医结合壮医、瑶医，学习巴马中医养生之道，品尝养生药膳，打造巴马国际健康养生论坛与国际健康养生产业展。

民俗文化博物馆——民俗文化博物馆既保持了少数民族原有的建筑艺术，又加入现代元素，完美地展示地方民俗文化特色。

国际生态养生会议中心——建成国际高端健康养生论坛永久性会址。

4. 健康服务业

巴马国际养生中心——科学健康体检中心、疗养咨询中心、健康档案馆、专属定制养生中心。

国际生态文化养生中心——建设国际健康管理学院广西巴马养生学院，提供多种健康养生保养方式、多种级别、多种规格的健康管理培训课程。

养生自然村——以巴马“五行”自然养生方式为主，利用当地建筑风情，结合居民村建设，提供巴马自然元素养生方式，使人们了解巴马长寿村、融入村中生活、感受巴马自然村的养生生活氛围。

巴马特色饮食养生——巴马人经常吃火麻、玉米、茶油、酸梅、南瓜、竹笋、白薯等富含微量元素和不饱和低脂肪酸的天然食品。不饱和脂肪酸和微量元素的摄入正是巴马人长寿的关键所在。

国际共和村——分布在自然生态区域内，以心理静修为核心，调息、调心、调身、调性，延伸各类哲学冥想、心灵疗养等活动，探究心灵的奥秘，设置长期居住研究的学习班、治疗或成长班课程，形成特色健康管理养生项目。包括宗教养生馆、自然修炼馆和异国风情养心馆等。

巴马生命孕育中心——医疗保健中心、妇幼保健调理中心、巴马产妇药浴。

5. 休闲度假

半岛高端休闲中心——设置餐饮、酒吧、风情商店、SPA 中心、禅修中心等内容，营造具有商业、休闲、养生、娱乐氛围的独特环境。

国际高端旅游接待基地、养生运动公园、运动中心、农家小院、特色水屋。

6. 旅游休闲

水上休闲运动、自然中心、乡村运动公园、民俗特色接待中心、田园艺海、萤火虫公园。

六、启动区建设方案比选

（一）建设方案比选

方案一：滨水地块，优点傍水而建，滨湖视觉效果好，环境好，交通较通达，可以带来人气，但面临拆迁与土地利用规划调整等问题，短时间内树立形象有一定难度。

启动建设项目布局滨水度假、休闲、养生项目，包括酒店、商业街、养生中心等。

方案二：山地平林村，优点本身有400亩建设用地，几乎没有拆迁，有一定的基础设施条件，但景观性、可扩展性略不足，且会抬高滨水地块的土地价值与征地成本。

启动建设项目为水上娱乐运动、乡村运动公园、少量经济型宾馆、儒礼桃花源提升改造、养生中心等。

方案三：根据方案一与方案二，建议同时开始山地国际健康管理板块一期（原儒礼桃花源区域）部分地块建设，以及滨水那坝村区域可用于旅游扶贫和居民安置的旅游休闲小镇部分地块建设，既形成示范效应展示项目形象，又可以通过“建新拆旧”，率先争取当地居民对整体项目的支持，在建设过程中根据实际情况逐次展开其他区域建设。

启动建设项目为集住宿、餐饮、健康养生、水上运动及休闲为一体的滨水旅游休闲小镇。

（二）推荐建设方案

推荐使用方案三。理由是：

一是通过土地置换和土地流转等方式，容易得到项目建设所需的建设用地指标，加快项目启动周期。

二是村民支持项目建设，愿意搬迁。

三是该方案中已开发有一定的长寿养生休闲度假旅游项目，具有一定的市场知名度，有利于项目快速启动。

四是该方案中濒临赐福湖，山水资源景观搭配合理，能够同时启动滨水和山地两种类型健康管理项目建设，符合健康长寿养生休闲度假环境所需要的条件。

五是三个方案启动项目中，由于任何旅游开发均需要有一个市场培育过程，即使是高端旅游项目，如果没有中低端旅游项目作为启动，带来应有的品牌和知名度之前，一开始就打造高端休闲度假项目，则可能带来很大的投资风险。在方案一、方案二中启动建设项目均为高端的休闲度假项目为主，而方案三充分考虑了中高低项目的合理搭配，投资风险将是相对比较低的。

因此，尽管方案三投资成本较高，但项目启动周期短，风险较低，能够在近期内产生效益，建议采用方案三作为本项目建设方案。

第四节　旅游小镇社区发展规划案

一、社区基本概况与人口增长预测

（一）社区基本概况

项目区内有巴马的那坝 95 户、坡贵 79 户、那班 49 户以及大化县班肖 59 户、那达 62 户等村屯。六个村屯共有 344 户约 1100 人。2013 年全村屯人均收入为 4800 元。项目区现为土坯房的住户 59 户，砖混结构的住房 285 户，村民居住砖混化率达到 76.2%。村内现有道路，总长度 2171 米。村内现有电力线 2 条，为架空线。

（二）社区人口增长预测

2013 年项目区总人口为 1100 人，总户数 344 户。根据巴马瑶族自治县城镇体系规划及村屯发展状况和近年来的村庄人口统计，人口自然增长率为 6‰，由于城镇化水平的提高，部分人口向城镇转移，但作为休闲度假、长寿养生、观光游览基地，又有人口流入，相互抵消后，远期机械增长率为零。

根据综合增长法，计算公式为：Qn=Qo×（1+k）n+P

其中：Qn—规划期末村庄总人口

Qo—村域现状总人口

K—规划期内人口的自然增长率（‰）

P—规划期内人口的机械增长数（人）

n—规划年限

Qn=1100×（1+6‰）15+0×15=1232（人）

综上所得：规划期末总人口为1232人。

预计到2026年全村总人口规模将达到1232人，总户数为264户。

二、村屯发展现状

（一）优势条件

1. 自然条件良好，可充分利用得天独厚的生态、长寿资源优势，发展绿色生态旅游业。

2. 社会经济发展较快，利用区位优势和交通优势发展村庄经济。

（二）限制因素

1. 村屯基础设施现状

（1）村屯已经接入巴马电网，100%实现居民供电。

（2）村屯饮用水和生活用水使用泉水或盘阳河作为水源，各自修建水柜供水。

（3）没有由专门环卫工人负责村屯的清洁卫生工作，全由农户各自清理垃圾；

（4）村屯都缺乏雨污水处理系统，生活污水直接排放入周边环境中。

2. 建筑质量及风貌分析

现状用地布局混乱，民宅建设随意性较为普遍，建筑层数过高，密度过大，制约了村庄可持续发展。

3. 村屯公共服务设施现状

村内公共服务设施较少，文化、娱乐设施不足，缺少供村民活动的公共活动场所，影响村民生活环境质量。

4. 村屯环境质量较差

村屯的内部环境普遍较为脏乱，特别是污水排放、垃圾处理和人畜共处的问题对村屯环境质量影响较为严重，降低了村屯内部旅游环境的质量。

5. 村屯设施不完善

村屯的道路、给排水、供电、环卫、电信网络等道路和公用工程设施，以及购物、卫生医疗、文体等公共设施普遍缺乏，不能满足村民日常生活和旅游开发的需要。

6. 村屯建设缺乏统一规划、控制和管理

由于缺乏规划指导和控制管理，村屯出现了许多装饰风格迥异的新建民居建筑，造成了村庄建筑风貌凌乱、不协调的问题，这给村屯营造具有当地传统文化内涵、景观优美的村庄建筑风貌造成困难。

7. 缺乏疗养度假的配套活动场所和活动项目

目前，村屯的旅游开发已经形成一定的规模，以休疗养度假为主，但满足这些休疗养度假的相关配套设施还不完善，无法满足这些消费者的需求。

8. 村屯旅游开发人才缺乏

当地村民虽然具有较强的旅游开发意识和较高的开发热情，但由于文化水平和专业知识的缺乏，造成其服务能力、服务意识的局限性。

三、社区安置方案

（一）社区安置基本思路

为了打造世界级健康长寿养生旅游目的地，确定滨水区项目的高端性和私密性，拟对滨水区的那坝村、坡贵村实施全部搬迁安置。搬迁安置的模式是“建新拆旧”，也就是启动滨水旅游休闲小镇建设，将安置区建设好后，再拆除原有地块上的旧民居，以腾出相应的建设用地，促进农民就地安置就业，发展旅游业脱贫致富。

（二）社区安置步骤

1. 率先启动滨水旅游休闲小镇，建新拆旧，形成扶贫示范效应

第一阶段率先启动具有旅游扶贫、安置以及为健康服务业、养生度假配套功能的滨水旅游休闲小镇建设，通过建新拆旧开发模式。将滨水旅游休闲

小镇先建设好，配套学校、儿童游乐中心、派出所等安保机构、公共活动中心等可供居民和消费者使用的具有公共服务管理功能的设施，安置坡贵等村屯居民。通过“建新拆旧”的启动开发模式，一是快速推进项目区新农村建设，取得农民对整个赐福湖项目的支持，形成新农村建设和项目后期建设示范效应，减少项目推进阻力；二是将设计多种安置户型，采用宜商宜居、上住下店的建筑形态，并通过乡规民约和农企合作等方式对旅游经营进行统一指导和管理，使进入项目区域的游客和当地居民产生互动，既可以为项目聚集人气，也可以为农民通过农家乐经营增加收入，扶贫致富。此外，农民还可将安置房返租以获得固定收益，富余劳动力通过直接转换、培训上岗、职业教育等成为旅游业、生态农业的产业工人，进一步拓宽收入渠道。实现农民“不离土、不离乡就地就业”、返租收益等实现脱贫致富；三是由于滨水旅游休闲小镇是新农村建设项目，也属于新型城镇化建设项目，依托国家推进新型城镇化建设政策，可以获得金融机构的资金贷款支持和获取国家、地方政府相关部门政策资金支持，包括国家开发银行在新型城镇化建设和新农村建设上的绿色通道政策支持，加快项目推进。

2. 同步开发山地国际健康管理板块（一期），形成巴马高端接待能力，引领巴马高端市场发展和示范效应，为农民提供更多的旅游产业扶贫机会

同步开发山地国际健康管理板块项目（一期），选址在那桃乡平林村达西村（原儒礼桃花源区域）内，不涉及拆迁和建设，已经开发有基础，主要建设主题式合院巴马国际养生中心、巴马国际健康管理学院（一期）等高端接待设施以及开发具有旅游扶贫功能的国际农耕自由区与药膳基地（一期）、有机蔬果生产基地、五谷杂粮养生基地，能快速地形成整个赐福湖项目形象和巴马县高端消费接待能力，培育高端市场，为巴马高端养生接待和健康服务接待形成示范性效应，也能为农民提供了更广泛的创业就业机会，经济上可以通过长、短结合的回收方式获得平衡，也可以获得包括国开行等银行长期贷款支持以及包括太平保险等在内的其他金融机构多种融资方式支持等。

3. 第一期农业经营计划

巴马国际养生中心周边（原儒礼桃花源范围内）约627亩土地征收后，计划保留土地农业性质，雇用当地村民从事农业生产经营活动，建设小型农业园、中草药种植园、农耕体验基地、苗圃等农业配套项目，实现对巴马国际养生中心周边区域的统一规划和管理，达成经济效益、社会效益双赢，并为后期部分农用地逐步转为建设用地奠定基础。农业经营项目也可根据需要和集团指示，将用地范围扩大到项目之外。

（1）小型农业园和农耕体验基地中的菜、果、禽、畜等可以直接为巴马国际养生中心餐饮服务，还可以作为巴马赐福湖长寿养生品牌对外销售（可采用对高端客户进行限量特供的方式），既可充分利用资源降低经营成本，又可通过发展农业观光、果蔬采摘、耕作体验等互动式的养生活动，丰富巴马国际养生中心的内容；以中草药种植园为基础的瑶医、壮医药膳疗程和 SPA 疗程更可作为巴马国际养生中心的核心特色服务。有关项目可争取国家和自治区的补贴。

（2）苗圃中苗木可为赐福湖区域的绿化改造使用，可降低后期苗木成本，还可争取国家和自治区林业部门的补贴。

（3）雇用当地村民按照标准化、科学化的方式从事菜禽种养、苗木护理等生产经营活动，并兼职承担园区内清洁、保安等工作，使村民从普通农民转型成为产业工人，在家门口就可以稳定就业并获得较高收入，有利于村民实现脱贫致富。

（三）社区安置方案评价

1. 具有旅游扶贫和居民安置的滨水旅游休闲小镇一期评价

位于项目西北侧那坝村，约 150~200 亩，投资 4 亿元，建设约 10 万平方米回建房，形成上住下店街区式可开展农家乐活动的滨水旅游休闲小镇，实现就地安置，旅游扶贫。

经济效益方面，可以置换出较高开发价值的滨水地块，为后期开发腾出空间。

方案一：445 亩；方案二：250 亩。按照方案一：1084 个居民计划回建面积约 6.5 万平方米，剩余 3 万平方米回建小镇可投入市场，回收约 1.8 亿元资金。

政策方面，是旅游开发与新型城镇化建设相结合的项目，符合集团战略定位，可争取各级政府的政策支持，包括土地、规划政策，以及财政、住建、扶贫等的资金支持。

土地运作上可以采用农村集体用地（回迁安置部分）以及招拍挂（市场运作部分）相结合的方式进行，以加快项目推进；或全部采用招牌挂方式。

几乎没有拆迁，可快速启动，通过建新拆旧的安置方式，对周边农民形成示范效应，减少项目推进阻力，获得当地农民与政府对项目的支持。

资金方面，可以利用国家开发银行关于新农村建设和新型城镇化建设的绿色通道，争取低于基准利率的贷款支持，以及国投创益产业基金的专项扶贫资金支持。

2. 巴马国际养生中心一期评价

位于平林村达西屯（原儒礼桃花源）面湖坡地，约 250 亩，投资约 5 亿元，建设面积约 6 万平方米，主要建设：类悦榕庄式具有 120~150 间客房接待能力的合院主题式巴马国际养生中心，建筑面积 1.5 万 ~2 万平方米，其中 50 间和公共配套设施自持，其余可根据资金能力对外销售并以产权托管的方式进行回租管理；

配套一定数量的连排或公寓式产权或分时产品；

适时启动巴马国际健康管理学院一期、生态农业生产基地一期等的建设。

经济效益方面，4.7 万平方米市场化运作面积预期回收资金 6.2 亿元，同时形成可通过抵押回收资金的自持性经营物业约 1.3 万平方米。

不涉及拆迁，可快速启动，快速形成巴马县高端接待能力，展示项目的品牌形象。

资金方面，可以利用国家开发银行关于广西旅游基础设施建设上 8~12 年低于基准利率的贷款支持，以及国投创益产业基金的专项扶贫资金支持，并争取包括太平保险等在内的其他金融机构多方融资支持。

四、旅游富民研究

项目建成后，对于促进和拉动当地社区居民就业具有非常明显的社会效益。可以通过发展生态有机农业和直接就业创业等途径实现充分就业。包括：

直接转换就业：对于进入门槛低、入职容易的“农村生产、生活相关”的基础性工作岗位，可以直接转换角色，直接就业，如农业种植和养殖业。

培训上岗：对于简单技能型的基础性工作岗位，针对不同类型的村民举办不同专业技能培训班、知识讲座等，提高村民的整体素质，使其生产、生活方式真正市民化，如票务、保洁、保安、餐饮、技师、司机、门童、民俗表演等。

职业教育：对于专业技术型、管理型工作岗位，本地农民子女通过职业培训获得相关专业技能和相关工作经验，同时满足项目区规模化、高标准化发展对专业人才的需要，如景观植物养护、经营、管理、财务、高级服务、导游等。

其他政策及措施：制定相应的培训、就业、创业、就业保护等政策，以及社会保障制度。具体见表 3–4。

表 3–4　项目促进旅游富民就业一览表

类型	项目	直接转换型	简单技能型	专业技术性、管理型	操作模式	性质
民俗文化旅游、农业旅游	五谷杂粮养生基地 国际农耕自由地 有机食品餐厅 农家乐 民俗特色接待中心 民俗文化博物馆 居民幸福家园 有机蔬果采购中心	传统种植、养殖、手工艺	家庭旅馆接待、零售	农业科技人员；经营、管理、销售、财务	旅游专业村；旅游劳动服务公司；旅游股份合作社	公司＋生产基地＋销售伙伴；公司＋农户；＋景区＋公司＋农户
综合服务	游客综合服务中心 旅游商业小镇 国际高端旅游接待基地、设施 安保、环卫、管理设施	—	票务、保洁、艺术匠人、司机、保安、销售、餐饮服务	经营、管理、财务、旅游接待、基础设施维护	旅游劳动服务公司	景区＋公司
健康服务业、养生业	国际健康管理设施 健康养生设施 水上及滨水休闲项目 山地运动健身项目 养生接待设施 观赏类旅游景点（艺海田园等）	传统种植、养殖、手工艺	技师、护理、销售等	景观维护、物业管理、经营、管理、游乐设施维护	旅游劳动服务公司	景区＋公司

第五节　风险分析

一、风险因素识别

项目建设的主要风险有工程风险、资金风险、技术风险、外部协作风险、社会风险、环境风险；项目运营后的主要风险表现为市场风险、资源风险、技术风险、政策风险、外部协作风险、社会风险、环境风险等。

二、风险程度分析

风险程度按风险因素对投资项目影响程度和风险发生的可能性大小进行等级划分，风险等级分为一般风险、较大风险、严重风险和灾难性风险。

（一）一般风险

风险发生的可能性不大，或者即使发生，造成的损失较小，一般不影响项目的可行性。

（二）较大风险

风险发生的可能性较大，或者发生后造成的损失较大，但造成的损失程度项目是可以承受的。

（三）严重风险

有两种情况，一是风险发生的可能性大，风险造成的损失大，使项目由可行变为不可行；二是风险发生后造成的损失严重，但是风险发生的概率较小，采取有效的防范措施，项目仍然可以正常实施。

（四）灾难性风险

风险发生的可能性很大，一旦发生将产生灾难性后果，项目无法承受。

三、主要风险分析

（一）市场风险

市场风险主要来自市场供需情况、产品的市场竞争力和产品的价格等三个方面。市场需求方面，由于我国高端消费人士大多数存在“有钱却没有时间”的消费状态，而高端养老市场中，受我国根深蒂固的居家养老思想影响，目前，我国高端的养老市场难以成为气候，同时，受我国分时度假制度不成熟的影响，分时度假的市场也未成熟，而在国外高端的消费者市场中，大量的研究表明，受中西方文化的差异影响，我国传统的养生市场对国外的吸引力不强，因此，尽管项目具有很强的垄断性，但项目定位为高端消费者市场风险大。

同时，在巴马境内甚至在广西境内，将有更多投资长寿养生度假项目的企业入驻，如巴马已有的中脉养生都会、巴马世界瑶族文化旅游村等，都会成为本项目的竞争对手，也会加大项目市场投资的风险。

（二）资源风险

资源的风险主要有资源的储量和品位。本项目依托巴马长寿养生资源。巴马长寿养生资源丰厚，储量大，能够满足项目开发的需要，所以，资源风险不大。

（三）技术风险

本项目风险主要包括健康服务养生产品研发技术以及项目工程建设技术，由于健康服务养生产品主要是借助现代医学、信息、生物等技术进行研发，这些在国内外均有成熟技术，而工程建设技术方面，国内外也有成熟的技术，因此，技术风险较低。

（四）工程风险

由于项目业主单位尚未做工程地质勘探，因此，工程风险暂时无法评估。但从目前实地调查分析，由于项目区主要是山地及喀斯特地貌区，因此，如果工程量过度尤其是单体建筑体量过大的话，容易造成相应的地质风险和生态风险，因此，工程风险可能会比较大。

（五）资金风险

据估算，项目建设投资 22.29 亿元，在项目建设过程中如果建设资金不到位将影响项目的建设和运营，有造成投资失败或效益显现滞后的风险，利率的变化会导致融资成本升高。融资的风险取决于项目的运作模式和经营模式，如果项目商业运作模式和经验模式设计不够到位，资金风险也会较大。

（六）政策风险

项目建设符合我国国家产业政策和西部大开发战略，符合我国健康服务产业与旅游休闲度假产业政策，而且当前我国社会稳定、经济繁荣，在可预见的将来我国政治、经济条件不会有重大变化，国家政策不会做出重大调整，因此，项目建设政策风险不大。

（七）外部协作条件风险

项目建设的外部协作条件主要来源于外部的交通、投资环境、建设所需的材料来源以及供电、供水等。由于目前本项目与外部的交通联系主要是依靠村村通公路，因此，进入本项目的交通条件较差，会影响工程建设进度。在市场可进入性方面，目前巴马的外部交通主要依托二级公路，且弯多路窄，在外部市场可进入性尚未有效解决的前提下，会导致外部协作条件存在较大的风险。

（八）社会风险

社会风险主要是当地社区对项目的支持程度以及是否愿意进行土地流转、与项目业主是否合作愉快等，由于项目区涉及的社区居民较多，且社区居民所在的村屯均是土地资源少，可耕种的土地资源更少，尤其是基本农田是国家最严格控制的土地利用类型。因此，如果社区居民不配合项目区建设或者与社区居民合作不愉快，导致土地征地或土地租赁等土地流转行为无法得到有效解决，会导致项目风险加大。

（九）环境风险

环境风险主要是赐福湖面积大，湖水流动缓慢，而目前由于当地社区居民大量的网箱养鱼，导致水质较差。因此，如果水质无法得到有效改善，会导致项目投资风险加大。同时，由于项目区生态环境比较脆弱，属于我国石漠化地区，绿化率及森林覆盖率较低，生态环境的治理成本会大大加大，导致项目投资风险加大。此外，项目区外围存有矿场，一旦矿场发生环境污染事故，也会影响项目的发展。因此，潜在的环境风险比较大。

本项目风险因素和风险程度分析详见表 3–5。

表 3-5 风险因素和风险程度分析

序号	风险因素	风险程度	说明
1	市场风险		
1.1	市场需求	较大	我国高端市场尚未成熟
1.2	竞争能力	一般	具有区域优越性，区位优越，市场竞争力强
2	资源风险		
2.1	资源品位	一般	资源品位高，具有区域垄断性
2.2	资源的永续性	较大	巴马长寿养生资源具有脆弱性，同时，巴马是石漠化地区，生态环境十分脆弱
3	技术风险		
3.1	先进性	一般	建设方案已在同类项目中实施，效果良好
3.2	实用性	一般	建设符合有关规范、规程，实用性强
3.3	可靠性	一般	技术简单、可靠
4	工程风险		
4.1	工程地质		尚未至地质勘探，无法评估
4.2	水文地质	一般	水文资料清楚
4.3	工程量	较大	工程量大，建设期长
5	资金风险		
5.1	贷款利率	一般	利率稳定，基本没有风险
5.2	资金来源不足	较大	由于某些原因，资金来源可能会达不到预 期金额
5.3	资金供应中断	较大	由于某些原因，部分资金可能出现不继
6	政策风险	小	我国政策稳定，社会安定，风险较小
7	外部协作条件		
7.1	交通可进入	较大	主要是外部交通尤其是高等级交通条件尚不成熟
7.2	供水、供电	小	供水、供电条件好
8	社会风险	较大	项目用地较多，涉及较多村屯的居民安置，加上当地居民人多地少，可耕种土地更少
9	环境风险	较大	主要是网箱养鱼以及绿化美化的治理成本很高

四、风险防范建议

风险的防范建议主要是研究如何回避、控制和转移风险，减少风险损失。主要建议有：

（一）市场风险

1. 建议先开发中低端市场，从中低端市场开始培育高端市场。

2. 鉴于我国高端休闲度假及养老市场尚未成熟，建议结合我国现有的休假制度和国民消费水平，先发展大众化的休闲度假市场和以疗养为目的的中高端养生市场，然后通过价格杠杆逐步从中端市场升级到高端市场。

3. 加强对市场的调研，锁定特定目标市场进行调研，而不仅仅是在巴马本地市场，因为巴马本地市场的调研是难以反映真正的市场现实的。

4. 引入国际投资集团，从培育和开拓国际高端市场入手，开发本项目的高端市场，然后再开拓国内高端市场。

5. 制定独特的营销方案。

6. 加强对竞争对手的研判，开发具有差异化的项目及差异化的市场营销策划。

（二）资源风险

加大对长寿养生资源的挖掘与保护，采用环境容量方式，加强对当地长寿养生资源和生态环境资源的保护，实行保护性开发。

（三）技术风险

1. 加强与国内外一线品牌的养生保健与医疗、生物技术机构合作，以降低技术风险。

2. 招聘与聘用自己的专业技术研发人才。

（四）工程风险

1. 聘请有实力的技术设计单位对地质进行勘探，根据地质勘探结果，确定具体的项目布局及项目建设规模和选址。

2. 先建设进入本项目的外部交通项目，然后再进行项目区内工程建设，以便运输相关建设材料。

（五）资金风险

1. 设计好商业运作模式和运营模式，以便能够进行有效的融资。

2. 制定严格而科学的项目开发次序与工程安排、时间进度、筹资计划，确保资金不断链。

3. 用足国家、自治区相关优惠政策，争取相关金融机构与国家、自治区有关部门的政策性资金支持。

4. 解决好相关土地流转手续，为融资提供质押条件。

（六）政策风险

跟踪国家和自治区相关政策走向，特别是掌握好国家相关土地政策，避免由于触动国家相关政策而导致项目夭折。

（七）外部协作条件风险

外部协调条件风险业主难以掌控，但从目前政府规划与投资方向分析，外部协作条件在未来三到五年内将有很大的改善，尤其是交通可进入方面将有更大的改善，可为项目高端市场开拓提供极为有利的条件。

（八）社会风险

1. 要设计好与当地社区居民参与旅游模式和利益分享机制，避免因社区居民的消极合作而导致项目难以实施。

2. 根据国家的土地流转政策，对基本农田、耕地等设计相关项目，指导当地社区居民从事相应的项目开发。而建设用地重点使用荒地、滩涂、未利用土地等国家支持产业发展的土地和通过土地置换方式获取建设用地，以便获取城镇土地利用指标。

（九）环境风险

1. 加强与当地政府合作，治理网箱养鱼而造成的水质污染。

2. 建立独立的项目区污水处理系统，确保社区居民及项目区污水得到有效处理。

3. 加强环境卫生治理，建立生物处理垃圾系统。

4. 对 25° 以上山地全部进行封山育林。加强项目区内的绿化美化投资。

5. 项目区外 5 公里之内以及赐福湖上游沿岸严禁开采石山、矿场。对已经开采的，由政府根据相关环境保护政策和法令限制开采甚至关闭。

第六节　巴马赐福湖国际长寿养生度假小镇项目一期投资计划

一、项目区位与交通条件

项目选址于广西重点发展的三大国际旅游板块之一——巴马长寿养生国际旅游区内，位于巴马县东北部与大化县交界处，盘阳河赐福湖南畔，距巴马县城 10 公里，距可满足 B737 型飞机起降的百色巴马机场 80 公里，正在规划建设的百色—巴马高速公路将大大提高到达项目基地的交通便捷性。

二、项目一期规划总体情况

（一）本项目规划范围 12.5 平方公里，总投资 50 亿元；其中项目一期规划用地面积 4.3 平方公里，总投资 20 亿元。

（二）项目一期以"自然、文化、意境"为三大主题线索，通过"大旅游、大养生、小地产"的开发模式，按照一轴"山地健康养生功能轴"、一带"滨水旅游度假休闲景观带"、多板块的布局，形成滨水旅游休闲板块、滨水度假休闲板块、山地健康管理养生板块、山地自然养生度假休闲板块 。

1. 滨水旅游休闲板块以休闲娱乐和生活服务为核心，设置具有旅游扶贫、安置功能的旅游休闲小镇、游客综合服务中心及配套健康管理服务设施等项目，打造富有活力的滨水旅游休闲区。

2. 滨水度假休闲板块以高端休闲度假游接待为主，辅助以健康管理服务设施，设置有滨水旅游接待基地、半岛高端休闲中心、国际健康管理文化中心、国际游艇湾、专属定制养生中心，以及垂钓中心、水景餐厅、特色水屋。

3. 山地健康管理养生板块选址山谷之间，配套合院主题健康管理服务设施、广西国际健康管理巴马学院、养生自然村、国际共和村、国际农耕自留地、健康美食与药膳基地等。

4. 山地自然养生度假休闲板块以组团式布局位于山中坡地，由养生配套设施、会所、社区服务中心、运动中心、运动公园等设施组成。

三、建设时序

实施策略上，最先解决回迁安置问题，具有旅游扶贫、安置功能的滨水旅游休闲小镇和合院主题健康管理服务设施为一期启动项目，二期为滨水休闲度假区，着力打造休闲度假配套项目，聚集人气。三期为山地健康管理养生板块、滨水国际高端度假休闲板块，提升项目的品质。四期为山地自然养生度假休闲板块，完善整个度假小镇的服务配套设施。

四、启动区建设及资金回收方案

（一）滨水旅游休闲板块（一期）

滨水旅游休闲小镇占地约 150 亩，按容积率 1.0 计，可建设约 10 万平方米。项目一期涉迁居民共 290 户，1084 人（数据由巴马县移民局提供，比巴马镇提供的数据多出约 20%），按照每人回迁面积 60 平方米计算，回迁安置用房面积约 6.5 万平方米，剩余可面向市场商业运作的面积有 3 万平方米，按 2500 元 / 平方米建设成本计算，资金投入约 2.5 亿元。按照市场价 5000~6000 元 / 平方米计算，可回收资金 1.6 亿元。另外，安置建设成本可作为项目基础设施建设成本纳入项目其他地块地价，根据广西旅投与巴马县政府签订的合作协议进行返还。

将设计多种安置户型，采用宜商宜居、上住下店的建筑形态，并通过乡规民约和农企合作等方式对旅游经营进行统一指导和管理，使进入项目区域的游客和当地居民产生互动，既可以为项目聚集人气，也可以让农民通过农家乐经营增加收入，扶贫致富。此外，农民还可将安置房返租以获得固定收益，富余劳动力通过直接转换、培训上岗、职业教育等成为旅游业、生态农业的产业工人，进一步扩宽收入渠道。

（二）山地健康管理板块（一期）

1. 项目一期第一阶段选址于山地健康管理版块自然叠水景观西侧，其中悬崖顶上地块及西北侧坡地面朝赐福湖，视野开阔，景观绝佳，计划建成类似悦榕庄形式的合院主体式健康管理服务设施，形成面向高端健康养生客户、规模在 100~150 人的接待能力，总投资约 1.1 亿元。

其中50间院落式或独栋式客房可自营或委托专业机构经营，另配套50~70间独栋式或双拼、多拼式产权或分时产品销售回收资金约9000万元，通过返租统一委托经营。

2. 项目一期还将展开广西健康管理巴马学院（一期）的建设，选址山地自然叠水东南侧山谷地块，结合合院主题健康管理服务设施、药膳基地等进行经营，面向高端主动养生客户群，开展中短期自身健康管理学习培训和传统中国医膳理疗，总投资约2500万元。

3. 在此基础上在山地自然叠水西侧和东南侧，结合健康管理服务机构与巴马学院，另配套约2万平方米定制式多种户型的产权或分时产品，预计回收资金约3亿元。

4. 自持合院主题式健康管理服务机构与巴马学院等经营性物业1.3万平方米，可抵押回收资金。

（三）市政公共配套及环境改造投入（一期）

项目将自建固废处理系统，进行初步环境整治与改造以及部分堤护改造，计划投入7000万元。

（四）一期启动区资金平衡收益分析

1. 滨水旅游休闲小镇资金回流分析

滨水旅游休闲小镇占地约150~200亩，按容积率1.0计，可建设约10万平方米，投资约3亿元（含部分基础设施和环境、堤护改造），项目一期涉迁居民共290户，1084人（数据由巴马县移民局提供），扣除回迁安置用房面积约7万平方米，其余约3万平方米进入市场，按照市场价约6000元/平方米计算，可回收资金约1.8亿元；对约7万平方米安置部分的投入可以与滨水区域（含半岛）等地块的原住居民进行土地置换，转化为项目建设用地成本。

2. 巴马国际养生中心资金回流分析

巴马国际养生中心，建设用地300亩，建筑面积60000平方米（容积率0.3），土地成本6000万元，折合20万元/亩（包括正常征地成本、儒礼桃花源拆迁补偿费用），相当于楼面地价1000元/平方米。

项目总投资51800万元，通过对部分院落的销售回收资金约45000万元，并剩余约36000平方米自持经营性物业，以抵押融资方式弥补投资回收缺口。

（1）项目一期投资

项目一期投资 26250 万元，建筑面积 30500 平方米，包括 15 个院落和配套分时产品，通过对 8~10 个院落的销售回收资金约 22500 万元，并保留 5~7 个院落（约 10000 平方米）和配套接待设施（8000 平方米，100 间客房）作为自持物业经营，以抵押融资方式弥补第一期的投资回收缺口。

1）项目一期投资构成

①院落式巴马国际养生中心（一期），建筑面积 22500 平方米，包含 15 个院落，共 150 间客房，每间客房平均按 150 平方米（包含公共部分面积）计。每平方米造价按 9000 元计（土地成本 1000 元 / 平方米，建安 2000 元 / 平方米，装修及含设备 6000 元 / 平方米），总投资 20250 万元。

②配套分时产品（一期），建筑面积 8000 平方米，共 100 间，平均每间 80 平方米（包含公共部分面积）；每平方米造价按 5000 元计（土地成本 1000 元 / 平方米，建安 2000 元 / 平方米，装修及设备 2000 元 / 平方米），总投资 4000 万元。

③资金成本：2000 万元。

2）项目一期投资平衡分析

①院落式巴马国际养生中心（一期），计划销售 8~10 个院落（约 12500 平方米），平均售价按 20000/ 平方米元计，除去 10% 的销售税费，销售回收资金约 22500 万元。

②保留 5~7 个院落（约 10000 平方米）和配套接待设施（8000 平方米，100 间客房）作为自持物业经营，以抵押融资方式弥补第一期的投资回收缺口。

（2）项目二期投资

项目二期投资 25550 万元，建筑面积 29500 平方米，包括 15 个院落和配套分时产品，通过对 8~10 个院落的销售回收资金约 22500 万元，并保留 5~7 个院落（约 10000 平方米）和配套接待设施（8000 平方米，100 间客房）作为自持物业经营，以抵押融资方式弥补第二期的投资回收缺口。

1）项目二期投资构成

①院落式巴马国际养生中心（二期），建筑面积 22500 平方米，包含 15 个院落。每平方米造价按 9000 元计（土地成本 1000 元 / 平方米，建安 2000 元 / 平方米，装修及设备 6000 元 / 平方米），总投资 20250 万元。

②配套分时产品（二期），建筑面积 7000 平方米，共 90 间；每平方米造价按 5000 元计（土地成本 1000 元 / 平方米，建安 2000 元 / 平方米，装修及设备 2000 元 / 平方米），总投资 3500 万元。

③资金成本：1800 万元

2）项目二期投资平衡分析

①院落式巴马国际养生中心（二期），计划销售 8~10 个院落（约 12500 平方米），平均售价按 20000 元 / 平方米计，除去 10% 的销售税费，销售回收资金约 22500 万元。

②保留 5~7 个院落（约 10000 平方米）和配套接待设施（8000 平方米，90 间客房）作为自持物业经营，以抵押融资方式弥补第二期的投资回收缺口。

（注：巴马国际养生中心的单个院落或若干个院落组合可独立作为小型精品酒店进行经营，有利于吸引有固有客户群体的精品酒店品牌入驻；以院落为单位办理独立土地证，有利于实现整体销售，较受市场欢迎；如自持长租给酒店经营者，也有利于落实银行抵押；如此，解决了自治区"禁止在赐福湖做房地产开发"的而带来的资金回笼困难的难题。）

（3）资金筹措计划

1）集团出资 1 亿元资本金，其中 6000 万元作为土地款，4000 元前期费用。

2）一期项目寻求银行融资 2 亿元，其中部分可用于支付农业流转用地的土地款。

3）二期投资资金可利用一期未销售物业抵押融资解决资本金约 1 亿元，其余可利用银行贷款 1.5 亿 ~2 亿元。

（注：在集团先期出资资本金的情况下，项目可实现循环滚动发展。）

3. 启动区资金平衡计划表

资金通过三种途径实现收支平衡：

一是通过开发具有扶贫功能的赐福旅游小镇，通过土地置换和流转等方式实现土地资金部分平衡。

二是发展休闲农业、商业中心以及健康管理养生度假项目，实现资金回笼。

三是通过自有物业经营、健康管理项目培训等方式实现资金回流。具体见表 3–6 及下列相关分析。

表 3-6　项目一期启动区资金平衡计划表（2015—2017 年）

序号	启动项目名称	投资估算（万元）	技术指标				资金回收（万元）	备注
			占地（亩）	面积（m^2）	成本（元 /m^2）	均价（元 /m^2）		
一	赐福旅游小镇（含安置）	36250	154	95000			18000	赐福小镇建设成本计入其他项目土地成本
2.1	旅游小镇居民安置商住房及配套	22750	122	65000	3500			成本含基础设施与简易装修
2.2	其他商住配套	13500	32	30000	4500	6000	18000	成本含基础设施与装修
二	山地健康管理养生度假（一期）	46000	250	60000			62000	土地价格为成本价本
1.1	山地主题式巴马国际养生中心一期	20000	150	20000	10000	20000	14000	自持部分
1.2	山地健康巴马国际养生中心配套产权或分时产品一期	26000	100	40000	6500	12000	48000	成本含基础设施与简单装修，可返租委托统一经营
三	公共配套	7000	10	5000			0	土地价格为成本价
3.1	养生产品集市、农贸超市	500	5	2000	2500		0	
3.2	自来水厂	800	2	1000	8000		0	
3.3	污水处理设施	1700	3	2000	8500		0	
3.4	道路、景观与环境改造（一期）	4000						含新建改造环线道路、堤护、景观步道等

续表

序号	启动项目名称	投资估算（万元）	技术指标				资金回收（万元）	备注
			占地（亩）	面积（m^2）	成本（元/m^2）	均价（元/m^2）		
四	资金成本	8500						
五	合计	97750	414	160000			80000	

注：同时形成13000m^2自持经营性物业可抵押回收资金；投资差额直接转化成土地储备，置换出至少250亩具有较高开发价值的滨水地块，资金差额约1.8亿元，主要为安置项目差额约1.8亿元，转化成土地成本。

若滨水那坝屯、坡贵屯全部建新拆旧，投资差额约1.8亿元，直接转化成土地成本，置换出443亩具有较高开发价值的滨水地块；

若仅搬迁坡贵屯、部分那坝屯，则可置换出250亩滨水地块，回收资金可覆盖投入，实现投资平衡或有盈余。

五、资金筹措计划

（一）一期启动区投资6亿元，广西旅投投入1亿元项目资本金，国家开发投资集团或扶贫基金投入1亿元资本金，其余4亿元通过银行贷款解决。目前，广西旅投已经获得自治区政府拨付的1亿元资本金专项用于本项目开发，并与国开行广西分行签订了《综合金融服务协议》，国开行明确给予旅游项目70亿元贷款支持，本项目也被列入项目清单中加以明确。

（二）具有旅游扶贫和安置功能的滨水旅游休闲小镇，以及相应的滨水道路、水污垃系统建设、堤护改造等，总投资约3亿元，资本金1亿元，其余可取得国家开发银行等在社会主义新农村建设、新型城镇化建设上的政策支持，作为单独项目，通过国家开发银行等绿色通道，单独审批，争取8~12年长期低息贷款融资。同时，可争取政府的有关政策支持。

（三）山地广西健康管理巴马学院、合院式主题健康管理中心，以及相应的山地道路、水污垃系统、环境改造等，总投资约3亿元，资本金投入约1亿元，其余可以作为旅游基础设施，争取获得国家开发银行8~12年长期低息贷款支持；另外，该部分建设作为“健康”“养老”主题产品，得到各大银行、保险集团等的意向支持。

六、主题发展路线

围绕“长寿养生主题”“健康管理主题”“现代生态农业主题”等主题发展线路，从项目启动区起步布局，逐步建立项目文化内核和产业发展基础：

（一）借助东盟博览会平台，连续三至五年开展高规格的巴马国际健康生命论坛，宣传巴马以及全广西的长寿养生健康产业发展战略布局，并于项目地开展小型分项专题会议。后期将论坛永久会址移至项目地赐福湖。

（二）广西国际健康管理学院巴马校区与国内知名健康管理机构和专家合作，在项目地设立面向老中青群体的培训基地，传承并发扬与中国传统文化紧密联合的健康管理理念。

（三）结合中国传统文化黄帝内经将身心管理业态化，形成多个以健康管理为核心的、配套养生服务和设施的经营板块。

（四）慢运动与身心管理相结合。配套太极、垂钓、高尔夫、登山，瑜伽等有氧运动，以及 SPA，美容微整形，中式按摩、药膳调理，禅修等身心管理业态。

（五）建立现代生态高端农业产业园区，升级现有农副产品层次与价值，引进台湾著名现代化农业管理团队与品牌。

（六）研发高附加值、高科技含量的养生产品系列，带动广西养生产业体系的发展。

案例思考：1. 民族康养旅游规划需要规避哪些问题？ 2. 旅游小镇规划需要考虑哪些核心要求？ 3. 民族康养旅游小镇规划难点和重点是什么？

案例实训：查询某个民族的长寿养生资源，然后从市场角度编制一份康养休闲度假旅游小镇规划提纲。

案例延伸知识：查询一些具有典型价值的民族医药旅游小镇、中医药旅游小镇、医养结合小镇，了解不同类型的康养小镇规划基本知识。查询了解国家中医药健康养生旅游示范基地创建标准；查询国家旅游度假区创建标准。

第四章　客家世界：全域旅游规划

——港南区全域旅游发展规划

本章需要掌握的内容：

1. 全域旅游；2. 客家文化；3. 主客共享；4. 旅游公共服务

第一节　全域旅游基本知识

一、概念解析

（一）全域旅游基本定义

全域旅游是指在一定区域内，以旅游业为优势产业，通过对区域内经济社会资源尤其是旅游资源、相关产业、生态环境、公共服务、体制机制、政策法规、文明素质等进行全方位、系统化的优化提升，实现区域资源有机整合、产业融合发展、社会共建共享，以旅游业带动和促进经济社会协调发展的一种新的区域协调发展理念和模式，它实现了 7 大转变（见图 4–1）。

全域旅游概念内涵，要立足“全”与“域”的深刻理解，不能简单将全与域的概念割裂，应深刻把握两者概念内涵的一致性。全域旅游不是要全面开花，遍地开发，重复建设，而是在立足“五全”特征的基础上，实现空间域、产业域、要素域、管理域和社会域等领域的完善与完备（见表 4–1）。

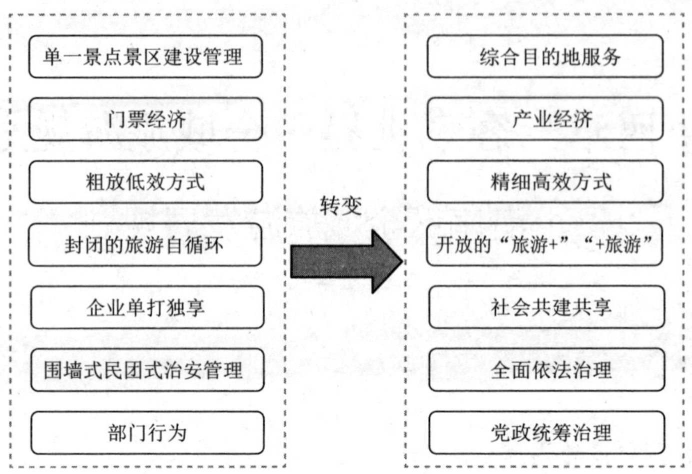

图 4–1　全域旅游实现 7 大方面的转变

表 4–1　全域旅游的内涵特征

五个鲜明特征： ◆全域优化配置经济社会发展资源，充分发挥旅游带动作用 ◆全域按景区标准统筹规划建设 ◆围绕适应旅游发展"两个综合"需求，构建全域大旅游综合协调管理体制 ◆全域发挥"旅游 +""+ 旅游"功能，使旅游与其他相关产业深度融合 ◆全民共建共享全域旅游
六个新的理念： ◆全新的资源观。对旅游资源进行全域整合，实现全域处处是风景 ◆全新的产业观。倡导"旅游 +、+ 旅游"的发展理念，助推了旅游业与不同产业深度融合推进 ◆全新的市场观。旅游与生活融合，更注重生活的体验 ◆全新的产品观。从满足需求到引领需求，从引领需求到创造需求转变 ◆全新的发展观。以旅游业为优势产业，实现"五化同步"协调发展、绿色发展 ◆全新的管理观。依法治旅和政府统筹推进

（二）全域旅游成为综合型的价值共享平台

全域旅游成为现代综合性旅游的价值共享平台，为政府、企业、游客、居民和投资找到了共享价值，实现了主客共享（见图 4–2，图 4–3）。

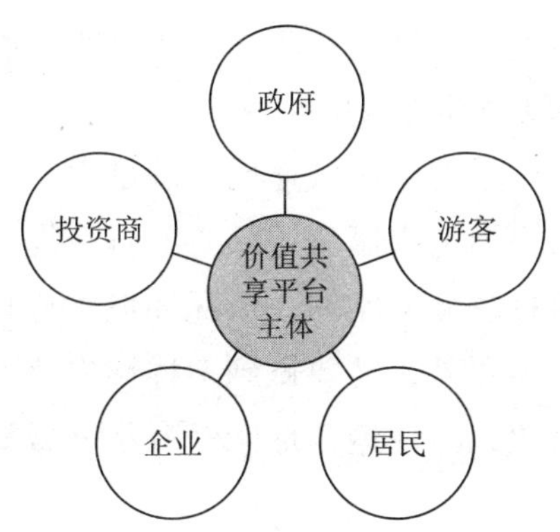

图 4–2 全域旅游成为旅游理论的重大创新

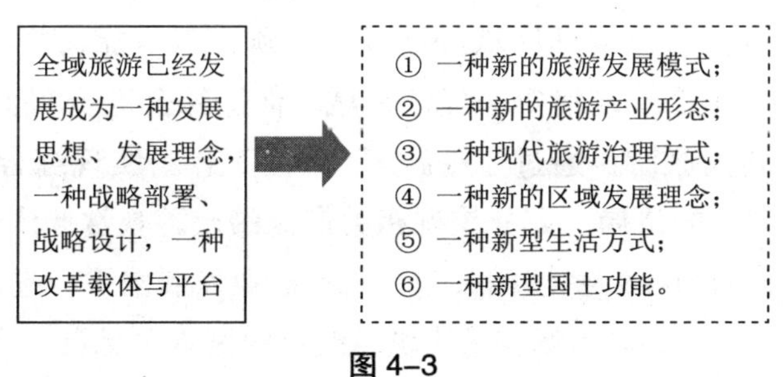

图 4–3

（三）全域旅游的基本特征

1. 基本特征

（1）优化服务，活性运营地域资源

全域旅游不是景点景区的区域建设，而是优化区域内各种公共资源与公共服务的有效配置，达到宜居、宜乐、宜游、宜休的具有综合功能的旅游休闲地。这就需要整合区域内有效资源，最大限度地发挥资源利用效率，让自然资源、人文资源、社会资源具备旅游资源的特质。

比如，港南区城市公共服务设施，不仅要满足港南区区域内居民的日常需要，还要具有审美品质，成为装扮市区、服务游客的资源。公共服务设施需要在细节上做足，因为每一个细节都代表着市区的品质与风貌。公共服务设施中，厕所的建设尤为重要。厕所革命是全域旅游四大要求之一，港南区的全域旅游规划建设要不断加强旅游景区、宾馆饭店、旅游餐饮店、旅游购物场所厕所建设工作力度。要让厕所革命深入城乡，确保全方位满足游客和群众的如厕需求，改善城乡环境卫生面貌。

而在生态建设中，除了美化区域环境，满足生态功能要求外，还要建设成为区域特色环境吸引，为港南区全域旅游的打造提供宜人的游览环境，绿化环境较大的地方还能打造旅游空间，依托环境优势打造特色旅游；农业发展，除了满足农业生产需要外，还要做到多样性农业发展，例如，农业农事采摘、休闲农业等。因此，活性运营地域资源是全域旅游中十分重要的，是全域旅游发展思路的基础。

（2）“旅游 +”发展模式，旅游与其他产业深度融合

全域旅游的核心价值就是“旅游 +”，通过“旅游 +”促进产业融合，形成产业生态群落，从而带动区域经济发展，跳出景点旅游发展模式；通过“旅游 +”社会、生态、环境等非经济领域，促进社会进步和生态文明建设，跳出小旅游谋划大旅游；通过“旅游 +”部门工作，实现综合产业综合抓，形成“群马拉车”的格局。充分挖掘相关产业的旅游观赏、体验、休闲、度假功能，全面提升与旅游密切相关的一二三产业发展水平，进而实现地方社会经济的全面提升；要以市场需求为供给改革的根本立足点，坚持需求引领、创新推动，提升现有旅游产品质量，不断推出创新性的旅游产品、业态；要将企业放到更加突出的位置，通过政策引导、资金支持等多种方式鼓励社会资本积极投入旅游业，增强旅游市场主体活力。

旅游 + 工业，可以促进工业文化的传播，打造工业旅游产品，促进区域工业化进程，发展集观赏、休闲、游览、体验于一体的工业旅游，创新文化建设与企业发展；旅游 + 农业，可以促进乡村旅游，从生态、环境治理、民风建设、基础设施建设等多方位的复兴乡村发展，通过全域旅游带动农民发展多种农业生产，从根本上助力三农问题的解决，打造现代化农村；旅游 + 生态，可以大力发展生态旅游，推动区域生态化建设，优化环境的同时带动经济增长。

（3）全民共建共享

全域旅游目的地打造，要求的是一个相关配套要素完备、满足游客体验需求、开放性与综合性共存的旅游目的地，旅游品质由整个社会环境决定，这就要求全域旅游共建共享。

全域旅游发展模式下，整个区域的居民都是旅游规划的建设者、参与者、服务者，摒弃了以往局外人、旁观者的身份。全域旅游需要建设方、管理方参与其中，也需要广大的游客、居民来支持与维护，只有政府与人民齐心协力，才会让游客玩得舒心，居民生活得更加美好，达到两全其美。旅游发展成果需要全民共享，使得居民受益，促进居民树立主人翁意识，为全域旅游的建设贡献力量，如此才能达到共建与共享的动态平衡。

（4）统筹空间规划建设

我国以前旅游发展状况往往是景区内环境良好，设施齐全，但是景区外却有许多垃圾，环境脏乱差，还有很多违法乱摆的摊点，搞得景区内外差异极大，这充分表明了景区景点利益化，不以区域建设为目的，只求自身发展。但是全域旅游是以统筹区域发展为目标，由各种规划转变为多规合一，将区域作为发展整体，拆除景区景点的发展围墙，实施一体化建设，整体优化环境，优化旅游服务过程，使得区域内处处有美景，增强游客体验，提高游客的满意度。

2. 基本模式

（1）龙头景区带动型

依托龙头景区作为吸引核和动力源，按照发展全域旅游的要求，围绕龙头景区部署基础设施和公共服务设施，围绕龙头景区配置旅游产品和景区，调整各部门服务旅游、优化环境的职责，形成了“综合产业综合抓”的工作机制，推进“景城一体化发展”。以龙头景区带动地方旅游业一体化发展，以龙头景区推动旅游业与相关产业融合，以龙头景区带动地方经济社会发展。其典型代表有：湖南张家界、四川都江堰。

（2）城市全域辐射型

以城市旅游目的地为主体，依托旅游城市知名旅游品牌、优越的旅游产品、便利的旅游交通、完善的配套服务，以都市旅游辐射和带动全域旅游，推动旅游规划、城乡规划、土地利用规划、环境保护规划等“多规合一”；促进城乡旅游互动和城乡一体化发展，形成城乡互补，优势互动的城乡旅游大市场。按照“旅游引领、融合发展、共建共享、提升价值”的思路，推动旅游规划、城乡规划、土地利用规划、环保规划等“多规合一”，以旅游引领新型城镇化。其典型代表有：辽宁大连、福建厦门等地。

（3）全域景区发展型

把整个区域看作一个大景区来规划、建设、管理和营销。按照全地域覆盖、全资源整合、全领域互动、全社会参与的原则，深入开展全域旅游建设，推进旅游城镇、旅游村落、风景庭院、风景园区、风景厂矿、风景道等建设，实现“处处是景、时时见景”的城乡旅游风貌。其典型代表有：浙江桐庐、河南栾川、宁夏中卫等地。

（4）特色资源驱动型

以区域内普遍存在的高品质自然及人文旅游资源为基础，特色鲜明的民族、民俗文化为灵魂，以旅游综合开发为路径，推动自然资源与民族文化资源相结合，与大众健康、文化、科技、体育等相关产业共生共荣，谋划一批健康养生、避暑休闲、度假疗养、山地体育、汽车露营等旅游新业态，带动区域旅游业发展，形成特色旅游目的地。其典型代表有：重庆武隆、云南抚仙湖、贵州花溪等。

二、标准解读

（一）国家全域旅游示范区 评定标准解读

1. 国家全域旅游示范区验收标准（试行）（2020）（见表 4–2）

表 4–2 国家全域旅游示范区验收标准指标

序号	验收指标及分值（总分 1200 分）	总体要求	评分标准
1	体制机制（90 分）	建立适应全域旅游发展的统筹协调、综合管理、行业自律等体制机制，现代旅游治理能力显著提升	1. 领导体制：建立全域旅游组织领导机制，把旅游工作纳入政府年度考核指标体系。（20 分）

续表

序号	验收指标及分值（总分 1200 分）	总体要求	评分标准
1	体制机制（90 分）	建立适应全域旅游发展的统筹协调、综合管理、行业自律等体制机制，现代旅游治理能力显著提升	2. 协调机制：建立部门联动、共同参与的旅游综合协调机制，形成工作合力。（25 分）
			3. 综合管理机制：建立旅游综合管理机构，健全社会综合治理体系。（20 分）
			4. 统计制度：健全现代旅游统计制度与统计体系，渠道畅通，数据完整，报送及时。（15 分）
			5. 行业自律机制：建立各类旅游行业协会，会员覆盖率高，自律规章制度健全，行业自律效果良好。（10 分）
2	政策保障（140 分）	旅游业在地方经济社会发展战略中具有重要地位，旅游规划与相关规划实现有机衔接，全域旅游发展支持政策配套齐全	1. 产业定位：旅游业被确立为主导产业，地方党委或政府出台促进全域旅游发展的综合性政策文件和实施方案，相关部门出台专项支持政策文件。（20 分）
			2. 规划编制：由所在地人民政府编制全域旅游规划和相应专项规划，制定工作实施方案等配套文件，建立规划督查、评估机制。（20 分）
			3. 多规融合：旅游规划与相关规划深度融合，国土空间等规划满足旅游发展需求。（20 分）
			4. 财政金融支持政策：设立旅游发展专项资金，统筹各部门资金支持全域旅游发展，出台贷款贴息政策，实施旅游发展奖励补助政策，制定开发性金融融资方案或政策。（30 分）
			5. 土地保障政策：保障旅游发展用地新增建设用地指标，在年度用地计划中优先支持旅游项目用地。有效运用城乡建设用地增减挂钩政策，促进土地要素有序流动和合理配置，构建旅游用地保障新渠道。（30 分）
			6. 人才政策：设立旅游专家智库，建立多层次的人才引进和旅游培训机制，实施旅游人才奖励政策。（20 分）

续表

序号	验收指标及分值（总分 1200 分）	总体要求	评分标准
3	公共服务（230 分）	旅游公共服务体系健全，各类设施运行有效	1. 外部交通：可进入性强，交通方式快捷多样，外部综合交通网络体系完善。（20 分）
			2. 公路服务区：功能齐全，规模适中，服务规范，风格协调。（15 分）
			3. 旅游集散中心：位置合理，规模适中，功能完善，形成多层级旅游集散网络。（20 分）
			4. 内部交通：内部交通体系健全，各类道路符合相应等级公路标准，城市和乡村旅游交通配套体系完善。（30 分）
			5. 停车场：与生态环境协调，与游客流量基本平衡，配套设施完善。（15 分）
			6. 旅游交通服务：城市观光交通、旅游专线公交、旅游客运班车等交通工具形式多样，运力充足，弹性供给能力强。（20 分）
			7. 旅游标识系统：旅游引导标识等系统完善，设置合理科学，符合相关标准。（25 分）
			8. 游客服务中心：咨询服务中心和游客服务点设置科学合理，运行有效，服务质量好。（25 分）
			9. 旅游厕所："厕所革命"覆盖城乡全域，厕所分布合理，管理规范，比例适当，免费开放。（30 分）
			10. 智慧旅游：智慧旅游设施体系完善、功能齐全、覆盖范围大、服务到位。（30 分）
4	供给体系（240 分）	旅游供给要素齐全，旅游业态丰富，旅游产品结构合理，旅游功能布局科学	1. 旅游吸引物：具有品牌突出、数量充足的旅游吸引物。城乡建有功能完善、业态丰富、设施配套的旅游功能区。（50 分）
			2. 旅游餐饮：餐饮服务便捷多样，有特色餐饮街区、快餐和特色小吃等业态，地方餐饮（店）品牌突出，管理规范。（35 分）
			3. 旅游住宿：星级饭店、文化主题旅游饭店、民宿等各类住宿设施齐全，管理规范。（35 分）

续表

序号	验收指标及分值（总分1200分）	总体要求	评分标准
4	供给体系（240分）	旅游供给要素齐全，旅游业态丰富，旅游产品结构合理，旅游功能布局科学	4. 旅游娱乐：举办富有地方文化特色的旅游演艺、休闲娱乐和节事节庆活动。（35分）
			5. 旅游购物：地方旅游商品特色鲜明、知名度高，旅游购物场所经营规范。（35分）
			6. 融合产业：大力实施“旅游+”战略，实现多业态融合发展。（50分）
5	秩序与安全（140分）	旅游综合监管体系完善，市场秩序良好，游客满意度高	1. 服务质量：实施旅游服务质量提升计划，宣传、贯彻和实施各类旅游服务标准。（20分）
			2. 市场管理：完善旅游市场综合监管机制，整合组建承担旅游行政执法职责的文化市场综合执法队伍，建立旅游领域社会信用体系，制定信用惩戒机制，市场秩序良好。（25分）
			3. 投诉处理：旅游投诉举报渠道健全畅通有效，投诉处理制度健全，处理规范公正，反馈及时有效。（20分）
			4. 文明旅游：定期开展旅游文明宣传和警示教育活动，推行旅游文明公约，树立文明旅游典型，妥善处置、及时上报旅游不文明行为事件。（20分）
			5. 旅游志愿者服务：完善旅游志愿服务体系，设立志愿服务工作站点，开展旅游志愿者公益行动。（15分）
			6. 安全制度：建立旅游安全联合监管机制，制定旅游安全应急预案，定期开展安全演练。（12分）
			7. 风险管控：有各类安全风险提示、安全生产监督管控措施。（18分）
			8. 旅游救援：救援系统运行有效，旅游保险制度健全。（10分）

续表

序号	验收指标及分值（总分 1200 分）	总体要求	评分标准
6	资源与环境（100 分）	旅游资源环境保护机制完善，实施效果良好。旅游创业就业和旅游扶贫富民取得一定成效，具有发展旅游的良好社会环境	1. 资源环境质量：制定自然生态资源、文化资源保护措施和方案。（24 分）
			2. 城乡建设水平：整体风貌具有鲜明的地方特色，城乡建设保护措施完善。（16 分）
			3. 全域环境整治：旅游区、旅游廊道、旅游村镇周边洁化绿化美化，“三改一整”等工程推进有力，污水和垃圾处理成效显著。（20 分）
			4. 社会环境优化：广泛开展全域旅游宣传教育，实施旅游惠民政策，旅游扶贫富民方式多样，主客共享的社会氛围良好。（40 分）
7	品牌影响（60 分）	实施全域旅游整体营销，品牌体系完整、特色鲜明	1. 营销保障：设立旅游营销专项资金，制定旅游市场开发奖励办法。（15 分）
			2. 品牌战略：实施品牌营销战略，品牌体系完整，形象清晰，知名度和美誉度高。（15 分）
			3. 营销机制：建立多主体、多部门参与的宣传营销联动机制，形成全域旅游营销格局。（10 分）
			4. 营销方式：采取多种方式开展品牌营销，创新全域旅游营销方式。（10 分）
			5. 营销成效：市场规模持续扩大，游客数量稳定增长。（10 分）
8	创新示范（200 分）	创新改革力度大，有效解决制约旅游业发展的瓶颈，形成较强的示范带动作用	1. 体制机制创新：具有示范意义的旅游领导机制创新（6 分）、协调机制创新（6 分）、市场机制创新（6 分）、旅游配套机制创新（6 分）；旅游综合管理体制改革创新（6 分）；旅游治理能力创新（6 分）；旅游引领多规融合创新（8 分）；规划实施与管理创新（6 分）。（小计 50 分）
			2. 政策措施创新：全域旅游政策举措创新（6 分）；财政金融支持政策创新（6 分）；旅游投融资举措创新（6 分）；旅游土地供给举措创新（6 分）；人才政策举措创新（6 分）。（小计 30 分）

续表

序号	验收指标及分值（总分 1200 分）	总体要求	评分标准
8	创新示范（200 分）	创新改革力度大，有效解决制约旅游业发展瓶颈，形成较强的示范带动作用	3. 业态融合创新：旅游发展模式创新（10 分）；产业融合业态创新（10 分）；旅游经营模式创新（10 分）。（小计 30 分）
			4. 公共服务创新：旅游交通建设创新（8 分）；旅游交通服务方式创新（8 分）；旅游咨询服务创新（8 分）；"厕所革命" 创新（8 分）；环境卫生整治创新（8 分）。（小计 40 分）
			5. 科技与服务创新：智慧服务创新（10 分）；非标准化旅游服务创新（10 分）。（小计 20 分）
			6. 环境保护创新：旅游环境保护创新（8 分）。
			7. 扶贫富民创新：旅游扶贫富民方式创新（8 分）；旅游创业就业方式创新（4 分）。（小计 12 分）
			8. 营销推广创新：营销方式创新（10 分）。
9	不予审核项	一票否决项	1. 重大安全事故：近三年发生重大旅游安全生产责任事故的。
			2. 重大市场秩序问题：近三年发生重大旅游投诉、旅游负面舆情、旅游市场失信等市场秩序问题的。
			3. 重大生态环境破坏：近三年发生重大生态环境破坏事件的。
			4. 旅游厕所："厕所革命" 不达标。
		主要扣分项	1. 安全生产事故：近三年发生旅游安全生产责任事故，处理不及时，造成不良影响的，扣 35 分。
			2. 市场秩序问题：近三年发生旅游投诉、旅游负面舆情、旅游市场失信等市场秩序问题，处理不及时，造成不良影响的，扣 30 分。
			3. 生态环境破坏：近三年发生生态环境破坏事件，处理不及时，造成不良影响的，扣 35 分。

文件来源：中华人民共和国文化和旅游部官方网站。

2. 国家全域旅游示范区验收标准解读

2019 年 3 月 1 日，文化和旅游部制定了《国家全域旅游示范区验收、认定和管理实施办法（试行）》（以下简称《办法》）《国家全域旅游示范区验收标准（试行）》（以下简称《标准》）等文件，决定开展首批国家全域旅游示范区验收认定工作。《国家全域旅游示范区验收、认定和管理实施办法（试行）》和《国家全域旅游示范区验收标准（试行）》的发布意味着全域旅游创建工作加速，全域旅游全面从创建周期进入“创建 + 验收”周期。下面对《标准》进行解读。

（1）验收标准

《标准》作为示范区创建验收的标准和依据。基本项目总分 1200 分，基本项目 1000 分，创新项目加分 200 分，扣分项 100 分（见表 4–3）。

表 4–3 验收分值

7 类基本项目（1000 分）1000 分		
1. 体制机制（90 分）	领导体制	20 分
	协调机制	25 分
	统计制度	15 分
	综合管理机制	20 分
	行业自律机制	10 分
2. 政策保障（140 分）	产业定位	20 分
	规划编制	20 分
	多规融合	20 分
	财政金融支持政策	30 分
	土地保障	30 分
	旅游人才	20 分
3. 公共服务（230 分）	外部交通	20 分
	公路服务区	15 分
	旅游集散中心	20 分

续表

3. 公共服务（230 分）	内部交通	30 分
	旅游交通服务	20 分
	旅游标识系统	25 分
	游客服务中心	20 分
	旅游厕所	30 分
	停车场	15 分
	智慧旅游	35 分
4. 供给体系（240 分）	旅游吸引物	50 分
	旅游餐饮	35 分
	旅游住宿	35 分
	旅游娱乐	35 分
	旅游购物	35 分
	融合产业	50 分
5. 安全与秩序（140 分）	服务质量	20 分
	市场管理	25 分
	投诉处理	20 分
	文明旅游	20 分
	旅游志愿者服务	15 分
	安全制度	12 分
	风险管控	18 分
	旅游援救	10 分
6. 资源与环境（100 分）	资源环境质量	24 分
	城乡建设水平	16 分
	全域环境整治	20 分
	社会环境恶化	40 分

续表

<table>
<tr><td rowspan="4">7. 品牌影响（60 分）</td><td>营销保障</td><td>15 分</td></tr>
<tr><td>品牌战略</td><td>15 分</td></tr>
<tr><td>营销机制</td><td>10 分</td></tr>
<tr><td>营销方式</td><td>10 分</td></tr>
<tr><td colspan="3">8 类创新示范项目（200 分）</td></tr>
<tr><td>1. 体制机制创新（50 分）</td><td colspan="2">领导机制、协调机制、市场机制、旅游配套机制、旅游综合管理体系改革、旅游治理能力机制、旅游引领多规融合、规划实施管理</td></tr>
<tr><td>2. 政策措施创新（30 分）</td><td colspan="2">全域旅游政策举措、财政金融支持政策、旅游投融资举措、旅游土地供给举措、人才政策举措</td></tr>
<tr><td>3. 业态融合创新（30 分）</td><td colspan="2">旅游发展模式、融合业态、旅游经营模式</td></tr>
<tr><td>4. 公共服务创新（40 分）</td><td colspan="2">旅游交通建设、旅游交通服务方式、旅游咨询服务、“厕所革命”、环境卫生整治</td></tr>
<tr><td>5. 科技与服务创新（20 分）</td><td colspan="2">智慧服务、非标准化旅游服务</td></tr>
<tr><td>6. 旅游环境保护创新（8 分）</td><td colspan="2">旅游环境保护</td></tr>
<tr><td>7. 扶贫富民创新（12 分）</td><td colspan="2">旅游扶贫富民方式、旅游创业就业方式</td></tr>
<tr><td>8. 营销方式创新（10 分）</td><td colspan="2">创新营销方式、取得突出成效</td></tr>
<tr><td colspan="3">不予审核项（100 分）</td></tr>
<tr><td rowspan="4">一票否决项</td><td colspan="2">1. 近三年发生重大旅游安全生产责任事故</td></tr>
<tr><td colspan="2">2. 近三年发生重大旅游投诉、旅游负面舆情、旅游市场失信等市场秩序问题</td></tr>
<tr><td colspan="2">3. 近三年发生重大生态环境破坏事件</td></tr>
<tr><td colspan="2">4. “厕所革命”不达标</td></tr>
<tr><td rowspan="3">扣分项（100 分）</td><td colspan="2">1. 安全生产事故：近三年发生旅游安全生产责任事故，处理不及时，造成不良影响的，扣 35 分</td></tr>
<tr><td colspan="2">2. 市场秩序问题：近三年发生旅游投诉、旅游负面舆情、旅游市场失信等市场秩序问题，处理不及时，造成不良影响的，扣 30 分</td></tr>
<tr><td colspan="2">3. 生态环境破坏：近三年发生生态环境破坏事件，处理不及时，造成不良影响的，扣 35 分</td></tr>
</table>

（2）验收对象

经审核通过的国家全域旅游示范区县级创建单位、地级创建单位所辖区县和直辖市所辖区县创建单位。

（3）验收、认定和管理原则

①注重实效、突出示范

②严格标准、统一认定

③有进有出、动态管理

（4）验收审核部门

文化和旅游部——统筹国家全域旅游示范区创建单位的验收、审核、认定、复核和监督管理等工作。

省级文化和旅游行政部门——牵头负责本地区县级和地级创建单位的验收和监督管理等工作。

各级创建单位的人民政府——负责组织开展创建、申请验收，及时做好总结、整改等相关工作。

（5）验收方式

暗访、明察、会议审核

（6）验收要求

①高度重视，精心组织。②坚持标准，严明纪律。③加强宣传，学深悟透。④务实高效，确保质量。（通过省级文化和旅游行政部门初审验收的最低得分为 1000 分）

（7）验收程序

①验收申请

由创建单位所在地人民政府向省级文化和旅游行政部门提出验收申请。

②验收初审

由省级文化和旅游行政部门依据《办法》和《标准》的规定和要求，制定验收实施方案，根据验收得分结果确定申请认定的创建单位。

③认定申请

由省级文化和旅游行政部门向文化和旅游部提出认定申请，各省（区、市）、新疆生产建设兵团申请认定的创建单位数量不超过 3 家（按得分高低排序）。

④认定审核

文化和旅游部以省级文化和旅游行政部门提交的材料为认定参考依据，组织召开专家评审会进行会议评审，委托第三方机构对通过会议评审的创建单位进行现场检查。综合会议评审和现场检查结果，确定通过审核的名单。

⑤认定公示

文化和旅游部对通过审核的创建单位进行不少于5个工作日的公示。公示阶段无重大异议或重大投诉的通过公示；若出现重大异议或重大投诉等情况，文化和旅游部调查核实后做出相应处理。

⑥认定命名

对通过公示的创建单位，文化和旅游部认定为“国家全域旅游示范区”。对通过公示的地级创建单位所辖区县，结果作为地级创建单位认定的依据，待辖区内70%的县级单位通过验收认定后对地级创建单位进行命名。

（8）验收资料

①省级文化和旅游行政部门负责向文化和旅游部提交资料：

a. 省级文化和旅游行政部门的认定申请、验收实施方案和验收初审报告；

b. 验收打分和检查项目的说明材料；

c. 申请验收单位创建申报书、创建方案、专题汇报文字材料（3000字以内）、全域旅游产业运行情况、创建工作视频（10分钟以内）和其他需要补充的材料。

②文化和旅游部对于县级、地级创建单位的初审验收报告等材料为认定参考依据：

a. 组织召开专家评审会

b. 委托第三方机构进行现场检查

c. 确定公示名单

（二）广西全域旅游示范区评定标准解读

1. 广西全域旅游示范区验收标准与评分细则（2020 年修订）（见表 4–4）

表 4–4　广西全域旅游示范区验收标准与评分细则

序号	项目分类	分值（分）
1	体制机制与政策保障	60
2	旅游规划与项目招商	90
3	旅游设施与公共服务	150
4	智慧旅游与服务质量	80
5	旅游供给与融合发展	285
6	宣传推广与市场营销	45
7	市场监管与文明旅游	65
8	城乡环境与共建共享	145
9	旅游经济与社会效益	80
10	改革创新与示范带动（加分项）	100
合计		1100

2. 广西全域旅游示范区验收标准与评分细则（2020 年修订）解读

全域旅游示范区验收、认定和管理工作，遵循“注重实效、突出示范，严格标准、统一认定，有进有出、动态管理”的原则，坚持公开、公平、公正，择优认定。2020 年 2 月 18 日，广西壮族自治区文化和旅游厅通过《广西全域旅游示范区创建工作 管理办法（2020 年修订）》和《广西全域旅游示范区验收标准与评分细则（2020 年修订）》。现对《广西全域旅游示范区验收标准与评分细则（2020 年修订）》的内容进行解读：

（1）验收标准

《评分细则》涉及 9 个基本项，1 个加分项。基本项总计 1000 分；加分项总计 50 分，共计 1050 分。国家全域旅游示范区评定合格需达到 900 分；自治区级全域旅游示范区评定合格需达到 800 分。

（2）各章节主要评价内容如下：

“体制机制与政策保障”的主要评价内容是：

①建立党政统筹机制和综合协调机制；

②建立健全综合执法监管机制及统计制度；

③充分调动社会力量，积极创新旅游配套机制；

④加大政策保障，制定并落实创建工作方案，推动全域旅游发展。

“旅游规划与项目招商”主要评价内容是：

①加强旅游规划与相关规划的统筹协调；

②涉文旅重大项目要征求文化和旅游行政管理部门的意见；

③高标准高起点编制全域旅游发展规划；

④编制全域旅游发展专项实施计划或行动方案；

⑤加强文化和旅游项目招商引资并建设项目库；

⑥加大文化和旅游项目投资和建设力度。

“旅游设施与公共服务”主要评价内容是：

①构建畅通便捷的交通网络；

②打造具有复合功能的主题旅游线路；

③建设旅游集散中心；

④全力推进“厕所革命”；

⑤完善旅游咨询服务体系；

⑥规范完善旅游标识系统；

⑦合理配套建设旅游停车场；

⑧规划建设汽车旅游营地。

“智慧旅游与服务质量”主要评价内容是：

①加大智慧旅游基础设施建设；

②推进智慧旅游服务；

③推进旅游服务标准化、品牌化建设；

④着力提高游客满意度；

⑤建立旅游志愿者服务体系；

⑥持续提供个性化特色旅游服务。

“旅游供给与融合发展”主要评价内容是：

①丰富品牌旅游产品，主要从旅游景区、特色县城、特色街区、特色建筑、风景旅游道路、旅游住宿、旅游餐饮、旅游购物、旅游娱乐、旅行服务商等方面评价；

②提升旅游产品品质；

③培育壮大市场主体；

④旅游与城镇化、工业化、商贸、农业、林业、水利、气象、科技、教育、文化、卫生、体育、交通、环保、自然资源等融合，开发成旅游产品对游客开放。

“宣传推广与市场营销”主要评价内容是：

①制定营销规划和方案；

②建立营销联动机制；

③实施品牌营销战略；

④拓展营销内容；

⑤整合营销方式。

“市场监管与文明旅游”主要评价内容是：

①加强假日市场监管；

②加强旅游执法队伍建设并开展联合执法；

③加强旅游投诉与受理；

④强化事中事后监管；

⑤加强文明旅游意识教育和文明旅游宣传；

⑥建立旅游不文明行为记录制度和部门间信息通报机制。

“城乡环境与共建共享”主要评价内容是：

①推进城乡旅游环境综合整治；

②加强旅游资源和生态环境保护，落实旅游开发管控；

③改善全域环境质量，倡导绿色旅游；

④加强旅游人才培育和引进；

⑤推进惠民便民服务；

⑥强化旅游安全保障；

⑦推进旅游扶贫和旅游富民；

⑧引导全民参与旅游共建，全民共享旅游成果。

“旅游经济与社会效益”主要评价内容是：

①旅游总消费；

②国际旅游（外汇）收入；

③旅游总消费相当于本区（市、区）GDP 比重；

④年接待游客量；

⑤年接待入境旅游人数；

⑥旅游住宿设施总床位数；

⑦游客平均停留天数；

⑧旅游从业人数占城乡就业人口比重；

⑨当地农村居民人均可支配收入增加额；

⑩完成上级下达的年度旅游脱贫攻坚任务指标数。

“改革创新与示范带动（加分项）”主要评价内容是：

①在全国或全区具有改革创新和典型示范作用；

②探索形成文旅创业就业和旅游扶贫富民新模式并取得积极成效；

③建立健全并创新旅游公共服务体系；

④落实政策创新；

⑤立足市场需求在旅游供给与旅游消费模式上进行探索和创新。

（三）案例借鉴（见表 4–5）

表 4–5　全域旅游六种典型发展类型

类型	界定	典型案例
综合型全域旅游区	所依托的核心景区、城镇、乡村等都很强，全域旅游资源丰富、品位高，有条件建成旅游胜地	桂林、杭州、苏州、张家界、黄山、阿坝州、琼海、三亚、丽江、黔东南州、黔南州、黔西南州、呼伦贝尔等旅游区
龙头景区带动型全域旅游区	依托龙头景区作为吸引核、动力核，带动周边区域旅游化发展，形成全域旅游目的地	河南云台山、四川九寨沟、贵州荔波、四川峨眉山、贵州黄果树、重庆武隆等

续表

类型	界定	典型案例
城市和城镇依托辐射型全域旅游区	依托文化特色鲜明、商业休闲氛围浓郁的都市核心区为载体，或者依托特色城镇为核心吸引物，形成旅、文、产、居多区融合的全域旅游区。	北京中轴线、后海、上海新天地、杭州西湖、成都春熙路－太古里区域、拉萨八角街、西安曲江旅游区、重庆朝天门码头区等。
美丽生态环境和全域景区发展型全域旅游区	依托全域优化的生态环境景观，把整个区域当作A级景区来打造，整个区域各种空间、设施和交通等都进行全景化打造。	青海三江源旅游区、西藏的林芝生态旅游区、贵州百里杜鹃生态旅游区、香格里拉生态旅游区、内蒙古阿拉善沙漠生态旅游区等。
特色产业依托型全域旅游区	依托优势特色产业，将其作为吸引物，以“旅游+、+旅游”和“+旅游”为途径，大力推进旅游业与一、二、三产业的融合，推动全域旅游要素产业深度整合。	山东烟台的葡萄酒旅游集聚区，云南罗平的油菜花旅游，北京海淀区的科教旅游区，深圳大芬村的油画村旅游区等。
美丽乡村依托型全域旅游区	全域旅游发展的空间和重点在农村，大量乡村环境优美的地区，以乡村旅游为突破，大力推进旅农融合，推进全域旅游。	四川郫县、浙江湖州、江西婺源等美丽乡村依托的全域旅游区。

第二节　旅游资源与旅游市场评价

一、资源评价

（一）资源类型与划分

根据《旅游资源分类、调查与评价》（GB/T 18972—2017）国标，对港南区旅游资源进行普查，普查结果为旅游资源类型占有8大主类的7类，占分类体系的87.5%；在23个亚类中，港南区市占有16项，占分类体系的69.56%；在110个基本类型中，港南区市占有98项，占分类体系的89.09%。详见表4–6：

表 4-6　港南区旅游资源类型丰度分析

项目	总数（项）	港南区	
		数目（项）	占总数的比例（%）
主类	8	7	87.5
亚类	23	16	69.56
基本类型	110	98	89.09

具体分类及数量见表 4-7。

表 4-7　旅游单体

主类	亚类	基本类型	资源单体
A 地文景观	AA 自然景观综合体	AAA 山丘型景观	北一茶山、亚计山
		AAD 滩地型景观	郁江滩地
	AC 地表形态	ACB 峰柱状地景	南山二十四峰
		ACD 沟壑与洞穴	流米洞、严岭岩
		ACE 奇特与象形山石	南山狮头山
B 水域景观	BA 河系	BAA 游憩河段	郁江、香江
	BB 湖沼	BBA 游憩湖区	武思江水库、南湖
		BBB 潭池	君子垌水塘、亚计山水塘
	BC 地下水	BBB 埋藏水体	铜鼓湾温泉
C 生物景观	CA 植被景观	CAA 林地	漪澜塔老树林、冲口松树林
		CAB 独树与丛树	南山寺不老松、南山公园老榕树、南山寺菩提树
	CB 野生动物栖息地	CBA 水生动物栖息地	四季花田花园
		CBB 陆地动物栖息地	亚计山

续表

主类	亚类	基本类型	资源单体
E 建筑与设施	EA 人文景观综合体	EAA 社会与商贸活动场所	南湖广场购物中心、华隆超市
		EAD 建设工程与生产地	山泉农庄果园、万福生态农庄果园、香江龙眼林、冲口果园、四季花田果园、武思江水库林地、北一茶山、木格风电场
		EAF 康体游乐休闲度假地	铜鼓湾温泉度假区、瓦塘十三湾
		EAG 宗教与祭祀活动场所	南山寺、南江黄氏祖祠、乌柏李氏祢庙、桥圩东井围杨氏祖祠、三塘长兴村天主教堂
		EAI 纪念地与纪念活动场所	黄花岗五烈士纪念碑、南山烈士陵园
	EB 实用建筑与核心设施	EBA 特色街区	江南街道茶叶街
		EBB 特性屋舍	君子垌客家围屋、谭寿林故居、陈岸故居、南江村古民居、瓦塘柳江村陈索杨氏司马第
	EB 实用建筑与核心设施	EBE 桥梁	罗泊湾大桥、郁江大桥（西江大桥）
		EBH 港口、渡口与码头	南江古码头
		EBI 洞窟	南山摩崖石刻洞
		EBK 景观农田	四季花田、六罗八景
		EBM 景观林场	亚计山林场、木梓程江村森林
	EC 景观与小品建筑	ECA 形象标志物	南山寺
		ECF 碑碣、碑林、经幢	南山寺御书碑、南山寺摩崖石刻
		ECG 牌坊牌楼、影壁	中山公园驰道牌坊、亚魁牌坊、橘井名区牌楼
		ECI 塔形建筑	漪澜塔
		ECK 花草坪	南山公园草坪
		ECL 水井	陆公井（怀橘井）、陈索杨氏祖祠大井
		ECN 堆石	廉政石

续表

主类	亚类	基本类型	资源单体
F 历史遗迹	FA 物质类文化遗存	FAA 建筑遗迹	南江旧大街
		FAB 可移动文物	罗泊湾古墓、新塘上兰村李彬及其家族墓、飞来钟
	FB 民间文学	FBA 民间文学艺术	木格彩灯，港南八音、客家山歌、八塘师剧、木格龙凤麒麟舞
		FBF 传统体育赛事	香江端午龙舟
G 旅游购品	GA 农业产品	GAA 种植业产品及制品	东津细米、木格白玉蔗
		GAB 林业产品与制品	木梓阿婆茶、木格茗茶
		GAC 畜牧业产品与制品	桥圩羽绒产品
		GAD 水产品及制品	东津炒田螺
		GAE 养殖业产品与制品	香江烤鸭、桥圩鸭肉粉
	GB 工业产品	GBA 日用工业品	木格草席、木格竹编
H 人文活动	HA 人事活动记录	HAA 地方人物	陆绩、李彬、谭寿林、陈岸
		HAB 地方事件	桥圩东南洋革命点、香江伏击战
	HB 岁时节令	HBA 宗教活动与庙会	南山寺庙会
		HBB 农时节日	春社、秋社、四月八、偷菜节等
		HBC 现代节庆	四季花田开耕节、和为贵文化旅游节、桥圩洋海屯将军节
7	16	47	98

（二）定性评价

1. 旅游资源类型较多，品位较高

港南区包括了旅游资源分类当中的 7 大主类、16 个亚类，47 个基本类型。这些类型旅游资源品位较高，有南山寺、君子垌客家围屋群等国家重点文物保护的单位，有南江古码头等省级重点文物保护单位，有谭寿林、陈岸等为代表的红色旅游资源，有亚计山、四季田园等为代表绿色旅游资源，有南山二十四峰等为代表的四级旅游资源，有香江等为代表的三级、二级旅游资源单体。

2. 生态资源突出，历史文化资源厚重

港南区旅游资源最大的特色是生态旅游资源突出，包括八音、麒麟舞、香江龙舟等生态文化，四季花田、万福生态园等生态农业，亚计山等生态林业、生态养殖等；自秦汉置郡治以后，港南作为海陆丝绸之路通道的重要节点，遗存南江古码头、南山寺、汉墓群等历史、文物、古迹等文化旅游资源。

3. 自然景观与人文景观交相辉映，相得益彰

港南的四季花田、南山公园、南山寺、亚计山、香江、郁江等自然景观与南江古码头、君子垌客家围屋、古宗祠、陆绩、李彬等人文景观交相辉映，相得益彰。

4. 山水田园旅游资源丰富，现代特色旅游资源较多

港南区有香江、郁江、武思江水库等众多水域资源以及冲口、布山谷、四季花田、北一茶山、万福生态农庄、山泉农庄、六罗八景等，乡村田园旅游资源丰富，现代的桥圩羽绒、罗泊湾大桥、郁江公园、城市特色景观等资源也不少。

（三）定量评价

根据中华人民共和国国家标准《旅游资源分类、调查与评价》（GB/T 18972—2017）分类体系中旅游资源评价赋分标准，按照资源要素价值、资源影响力和附加值评价项目对旅游区的主要旅游资源单体进行评分。结果详见表 4–8。

表 4–8　旅游资源单体评价指标及结果

标准分值 景区项目名称	观赏游憩使用价值	历史文化科学艺术价值	珍稀奇特程度	规模丰度与概率	完整性	知名度和影响力	适游期或使用范围	环境保护与环境安全	分值	评定等级
	30	25	15	10	5	10	5	–20—3	100	
北一茶山	22	16	10	7	4	6	5		70	三
亚计山	24	18	11	5	4	5	5		72	三
郁江滩地	19	14	9	6	4	5	5		62	三
南山二十四峰	24	21	9	9	4	8	5		80	四
六罗八景	26	21	9	9	4	8	5		82	四
流米洞	15	22	9	5	5	7	5		68	三
严岭岩	18	15	10	6	4	5	5		63	三
南山狮头山	19	14	11	5	5	4	3		61	三
郁江	25	20	11	6	5	4	4		75	四
香江	24	23	11	6	5	4	4		77	四
武思江水库	23	20	11	8	5	5	4		76	四
南湖	14	11	8	5	3	3	4		48	二
君子垌水塘	15	12	9	8	5	3	5		57	二
亚计山水塘	18	11	9	5	5	4	3		55	二
铜鼓湾温泉	25	20	11	7	5	8	5		81	四
漪澜塔老树林	19	11	9	5	5	4	4		56	二
冲口松树林	13	21	11	6	5	4	4		64	三
南山寺不老松	18	21	10	7	4	6	4		70	三
南山公园老榕树	19	21	11	6	4	5	4		70	三
南山寺菩提树	17	24	11	6	4	6	4		72	三
四季花田	25	22	12	6	5	7	5		82	四
亚计山	23	21	11	7	5	6	5		78	四

续表

标准分值 景区项目名称	观赏游憩使用价值	历史文化科学艺术价值	珍稀奇特程度	规模丰度与概率	完整性	知名度和影响力	适游期或使用范围	环境保护与环境安全	分值	评定等级
	30	**25**	**15**	**10**	**5**	**10**	**5**	**–20—3**	**100**	
南湖广场购物中心	13	12	9	5	4	3	4		50	二
华隆超市	13	12	8	4	5	4	4		50	二
山泉农庄果园	14	13	9	5	4	5	5		55	二
万福生态农庄果园	12	21	10	7	5	6	4		65	三
香江龙眼林	14	11	8	5	3	3	4		48	二
冲口果园	19	14	11	5	5	4	3		61	三
四季花田果园	20	14	11	6	5	4	4		64	三
武思江水库林地	19	16	11	6	4	6	5		67	三
铜鼓湾温泉度假区	15	18	10	6	4	5	5		63	三
南山寺	18	17	10	8	5	7	5		70	三
南江黄氏祖祠	15	12	9	5	5	7	5		58	二
乌柏李氏祢庙	18	11	9	5	5	4	3		55	二
桥圩东井围杨氏祖祠	19	11	9	5	5	4	4		56	二
三塘长兴村天主教堂	14	11	8	5	3	3	4		48	二
黄花岗五烈士纪念碑	12	11	8	5	3	3	4		46	二
南山烈士陵园	14	11	8	5	3	3	4		48	二
江南街道茶叶街	14	13	9	5	4	5	5		55	二
谭寿君子垌客家围屋林故居	17	24	11	6	4	6	4		72	三

续表

标准分值 景区项目名称	观赏游憩使用价值	历史文化科学艺术价值	珍稀奇特程度	规模丰度与概率	完整性	知名度和影响力	适游期或使用范围	环境保护与环境安全	分值	评定等级
	30	25	15	10	5	10	5	–20—3	100	
陈岸故居	12	21	10	7	5	6	4		65	三
南江村古民居	17	13	9	5	5	6	5		60	三
瓦塘柳江村陈索杨氏司马第	19	16	11	6	4	6	5		67	三
罗泊湾大桥	20	20	11	5	4	5	5		70	三
将军节	14	13	9	5	4	5	5		55	二
郁江大桥（西江大桥）	15	12	9	5	5	7	5		58	二
南江古码头	19	14	11	5	5	4	3		61	三
南山摩崖石刻洞	15	18	10	6	4	5	5		63	三
四季花田	20	14	11	6	5	4	4		64	三
亚计山林场	18	17	10	8	5	7	5		70	三
南山寺御书碑	13	12	9	5	4	3	4		50	二
南山寺摩崖石刻	13	21	11	6	5	4	4		64	三
中山公园驰道牌坊	13	12	8	4	5	4	4		50	二
亚魁牌坊	18	11	9	5	5	4	3		55	二
橘井名区牌楼	13	21	11	6	5	4	4		64	三
漪澜塔	17	24	11	6	4	6	4		72	三
南山公园草坪	19	11	9	5	5	4	4		56	二
陆公井（怀橘井）	12	21	8	7	4	4	4		60	三
陈索杨氏祖祠大井	13	18	9	6	4	5	4		59	二
廉政石	17	24	11	6	4	6	4		72	三

续表

标准分值 景区项目名称	观赏游憩使用价值	历史文化科学艺术价值	珍稀奇特程度	规模丰度与概率	完整性	知名度和影响力	适游期或使用范围	环境保护与环境安全	分值	评定等级
	30	**25**	**15**	**10**	**5**	**10**	**5**	**−20—3**	**100**	
南江旧大街	15	18	10	6	4	5	5		63	三
罗泊湾古墓	22	19	10	7	4	5	5		72	三
新塘上兰村	15	18	10	6	4	5	5		63	三
李彬及其家族墓	19	16	11	6	4	6	5		67	三
飞来钟	14	13	9	5	4	5	5		55	二
木格彩灯	20	17	11	6	5	7	4		70	三
港南八音	15	18	10	6	4	5	5		63	三
客家山歌	19	14	11	5	5	4	3		61	三
八塘师剧	20	14	11	6	5	4	4		64	三
木格龙凤麒麟舞	20	14	11	6	5	7	4		67	三
香江端午龙舟	20	22	10	8	5	7	5		77	四
东津细米	14	11	8	5	3	9	4		54	二
木格白玉蔗	18	17	10	8	5	7	5		70	三
木梓阿婆茶	18	11	9	5	5	4	3		55	二
木格茗茶	19	11	9	5	5	4	4		56	二
桥圩羽绒产品	20	25	11	7	5	8	5		81	四
东津炒田螺	13	21	11	6	5	4	4		64	三
香江烤鸭	18	21	10	7	4	6	4		70	三
桥圩鸭肉粉	19	21	11	6	4	5	4		70	三
木格草席	17	24	11	6	4	6	4		72	三
木格竹编	12	21	10	7	5	6	4		65	三
李彬	17	23	11	5	4	5	5		70	三
陆绩	18	23	10	7	4	5	5		72	三

续表

景区项目名称＼标准分值	观赏游憩使用价值	历史文化科学艺术价值	珍稀奇特程度	规模丰度与概率	完整性	知名度和影响力	适游期或使用范围	环境保护与环境安全	分值	评定等级
	30	25	15	10	5	10	5	–20—3	100	
谭寿林	19	16	11	6	4	6	5		67	三
陈岸	19	16	11	6	4	6	5		67	三
桥圩东南洋革命点	15	12	9	5	5	7	5		58	二
香江伏击战	15	18	10	6	4	5	5		63	三
木格风电场	17	18	10	6	4	5	5		65	三
木梓程江村	15	18	10	6	4	5	5		63	三
瓦塘十三湾	15	18	10	6	4	5	5		63	三
南山寺庙会	19	14	11	5	5	4	3		61	三
春社	13	14	11	6	5	4	4		57	二
秋社	13	12	8	4	5	4	4		50	二
四月八	13	12	9	5	4	3	4		50	二
偷菜节	14	11	8	5	3	3	4		48	二
四季花田开耕节	18	17	10	8	5	7	5		70	三
和为贵文化旅游节	18	11	9	5	5	4	3		55	二
桥圩洋海屯将军节	19	11	9	5	5	4	4		56	二

根据旅游资源单体评价等级划分标准以及旅游资源单体评价结果可知：景区有五级旅游资源（得分值域≥ 90 分）0 个；四级旅游资源（得分值域≥ 75~89 分）9 个；三级旅游资源（得分值域≥ 60~74 分）50 个；二级旅游资源（得分值域≥ 45~59 分）35 个；一级旅游资源（得分值域≥ 30~44 分），不列入统计范围（见表 4–9）。

表 4–9　旅游资源单体数量统计

<table>
<tr><th colspan="7">各类旅游资源单体数量统计</th></tr>
<tr><td rowspan="2">等级</td><td colspan="3">优良级旅游资源</td><td colspan="2">普通级旅游资源</td><td rowspan="2">未获等级</td></tr>
<tr><td>五级</td><td>四级</td><td>三级</td><td>二级</td><td>一级</td></tr>
<tr><td>数量</td><td>0</td><td>10</td><td>53</td><td>35</td><td>不统计</td><td>0</td></tr>
<tr><th colspan="7">优良级旅游资源单体名录</th></tr>
<tr><td colspan="7">五级：无</td></tr>
<tr><td colspan="7">四级：南山二十四峰、郁江、铜鼓湾温泉、桥圩羽绒产品、香江端午龙舟、四季花田、亚计山、香江、武思江水库、六罗八景</td></tr>
<tr><td colspan="7">三级：四季花田开耕节、南山寺庙会、香江伏击战、陈岸、谭寿林、东津炒田螺、香江烤鸭、桥圩鸭肉粉、木格草席、木格竹编、李彬、陆绩、橘井名区牌楼、漪澜塔、陆公井（怀橘井）、廉政石、南江旧大街、罗泊湾古墓、新塘上兰村李彬及其家族墓、木格彩灯、港南八音、客家山歌、八塘师剧、木格龙凤麒麟舞、南江古码头、南山摩崖石刻洞、四季花田、亚计山林场、谭寿林故居、君子垌客家围屋、陈岸故居、南江村古民居、瓦塘柳江村陈索杨氏司马第、罗泊湾大桥、冲口果园、四季花田果园、武思江水库林地、铜鼓湾温泉度假区、南山寺、万福生态农庄果园、冲口松树林、南山寺不老松、南山公园老榕树、南山寺菩提树、流米洞、严岭岩、南山狮头山、北一茶山、亚计山、郁江滩地、瓦塘十三湾、木梓程江村、木格风电场</td></tr>
<tr><td colspan="7">二级：桥圩洋海屯将军节、和为贵文化旅游节、偷菜节、四月八、秋社、春社、桥圩东南洋革命点、木格茗茶、木梓阿婆茶、木格白玉蔗、东津细米、飞来钟、陈索杨氏祖祠大井、南山公园草坪、亚魁牌坊、中山公园驰道牌坊、南山寺摩崖石刻、南山寺御书碑、郁江大桥（西江大桥）、青云大桥、南江黄氏祖祠、乌桕李氏祢庙、桥圩东井围杨氏祖祠、三塘长兴村天主教堂、黄花岗五烈士纪念碑、南山烈士陵园、江南街道茶叶街、香江龙眼林、南湖广场购物中心、华隆超市、山泉农庄果园、漪澜塔老树林、南湖、君子垌水塘、亚计山水塘</td></tr>
</table>

（四）特色提炼

1. 以南山古寺、南江古码头、罗泊湾古墓群、客家围屋古建筑、香江龙舟古民俗等为代表的历史文化资源丰富多彩

一是以谭寿林故居、南江古码头为代表的文化资源丰富多彩。

港南区遗址遗迹类旅游资源拥有的种类和数量较多，且价值高、独特性显著，特别是谭寿林故居、南江古码头充分体现了贵港悠久而辉煌的历史。另外，还有桂东南抗日起义革命烈士纪念亭遗址、茶山李焕华旧居遗址、陈岸故居遗址等各类遗址遗迹，这类人文旅游资源的开发和利用，能有效地平衡港南区自然旅游景观独当一面的旅游格局。

二是以南山寺、君子垌客家围屋为代表的历史建筑悠久辉煌。

港南区历史建筑类旅游资源拥有的种类和数量较多，且价值高、独特性显著，特别是南山寺、漪澜塔、君子垌客家围屋充分体现了贵港港南区悠久而辉煌的历史。另外，还有乌柏李氏祢庙、南江村黄氏祖祠、万固桥、南山舍利塔等各类历史文化建筑类旅游资源。

2. 以武思江水库、郁江、香江为代表的水域风光旖旎多姿

港南区内水体景观资源极其丰富，有穿城而过的郁江；有武思江水库等23个大大小小的水库。还有风光旖旎的香江以及各类山塘水库，可用于休闲度假和康养的铜鼓湾温泉，水资源极为丰富。

3. 以香江龙舟赛、龙凤麒麟舞为代表的民俗活动别开生面

目前，港南区的香江龙舟赛、龙凤麒麟舞等节庆活动初具规模，具有较大的提升和发展空间。湛江八音、木格彩灯等民间音乐艺术、灯饰艺术以及和为贵文化旅游节、四季花田开耕节等各类节事活动丰富多彩。

4. 以四季花田、亚计山、冲口、六罗八景为代表的农业景观旅游资源独具特色

港南区农业景观资源独具特色，有融合客家文化、四季观景的四季花田，有全国有名的生态养殖基地亚计山，有种类较多、舞龙舞狮文化深厚的冲口生态园以及现代特色农业北一茶山、布山谷澳门现代特色农业产业园、万福生态农庄、山泉农庄等，农业景观独具特色。

二、旅游市场评判

（一）旅游趋势分析

1. 大众旅游时代，出游率高

根据国际旅游规律，人均 GDP 达到 5000 美元时，就会步入成熟的度假旅游经济阶段，休闲需求和消费能力显著增强，并出现多元化趋势。而 2019 年我国 GDP 总量达 100.11 万亿元，2019 年，我国居民平均收入达到 30733 元，增速为 8.9%，剔除价格因素达到 5.8%，快于人均 GDP 增速。从收入分配结构上看，2019 年我国居民收入占 GDP 的比重达到 45.9%，收入分配结构进一步优化。居民人均消费支出为21559元，较2018年增长8.6%，扣除价格因素，实际增长5.5%。从运行数据来看，平均消费倾向仍处于历史高位，市场预期平稳。不过我国人均出游仅为3.7次，离发达国家居民每年出游8次以上还有很大差距。2020年，我国人均GDP有望突破1万美元，旅游消费的需求将呈现爆发式增长，为旅游业发展提供巨大发展动力。旅游作为精神消费的重要组成部分，日渐成为老百姓的刚需。根据文化和旅游部发布，国内旅游人数继2015年首次突破40亿人次后，2019年继续两位数增长，国内旅游人数60.1亿人次，比2018年同期增长8.4%；入境游客14531万人次，同比增长2.9%；出境人数16921万人次，同比增长4.5%；全年实现旅游总收入5.73万亿元，同比增长11.7%。我国继续保持世界最大的国内旅游消费市场，世界第一大出境旅游客源国和第四大入境旅游接待国地位，旅游业已融入经济社会发展全局，成为国民经济战略性支柱产业，大众旅游时代已然来临。

2. 全域旅游成为旅游供给侧结构性改革着力点

当前，我国居民消费步入快速转型升级的重要阶段，旅游业正迎来黄金发展期，由于市场的不断扩大，旅游产品供给跟不上消费升级的需求，政府管理和服务水平跟不上旅游业快速发展的形势，丰富的低端旅游产品供给已经无法满足人们高质量的出游需求，旅游业矛盾凸显期，特别是持续多年出境旅游火热、国际入境旅游低迷，说明国内旅游供给与环境既不能满足部分国民的出游需求，也不适应国际游客的需要。2015年11月10日，习近平总书记在中央经济会议上提出了“供给侧结构性改革”概念。而旅游业的供给侧改革必将获得发展新机遇、发挥新作用、担当新使命。一年多以来，文化和旅游部围绕全域旅游发布了《国家全域旅游示范区认定标准》《全域旅游示范区创建验收标准》等多个文件，“十四五”旅游规划文件中均围绕全域旅游开展工作部署，加大了政策扶持的力度。同时，全域旅游也得到了各级政府的重视和支持。随着在两会上亮相，全域旅游已经成了一项国策，以全域旅游实现区域资源有机整合、产业融合发展、社会共建共享，以旅游业带动和促进经济社会协调发展的一种新的区域协调发展理念和模式，成为旅游业供给侧改革的重要着力点。2019年广西文化旅游发展大会召开后出台了一系列促进全域旅游发展的文件和政策以及创建全域旅游示范区的实施细则，为全域旅游的发展提供了更加坚实的政策保障。

3. 旅游形式、旅游需求多样化

旅游的形式从单一走向多元，从观光走向体验，从旁观者变成参与者。随着旅游的需求逐渐由偶尔转为常态，游客已经不满足于上车睡觉下车拍照的单一观光旅游形式，人们对旅游品质、旅游创新提出了更高要求，旅游形式由观光转为度假、休闲和深度体验，并且逐渐对旅游提出更高层次的服务要求。在传统的"食、住、行、游、购、娱"六要素基础上，正在形成"食、厕、住、行、游、购、娱"和"文、商、养、学、闲、情、奇"旅游综合要素体系。初步形成观光旅游和休闲度假旅游并重、旅游传统业态和新业态齐升、基础设施建设和旅游公共服务共进的新格局（见图 4–4）。

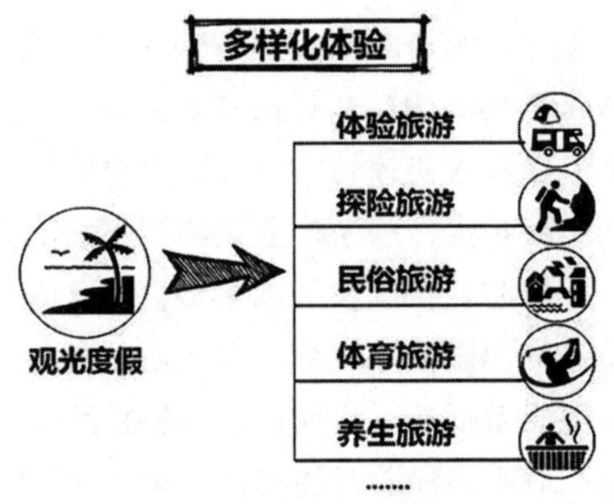

图 4–4　旅游形式多元化

4. 旅游趋势呈现散客化，自由行客户日渐成为旅游主力

在不断升级的旅游需求推动下，随着国人年均出游次数的增加，交通便利化和景点化的不断提升，自由度较高、体验舒适的自助游，正在获得越来越多游客的青睐（见图 4–5）。

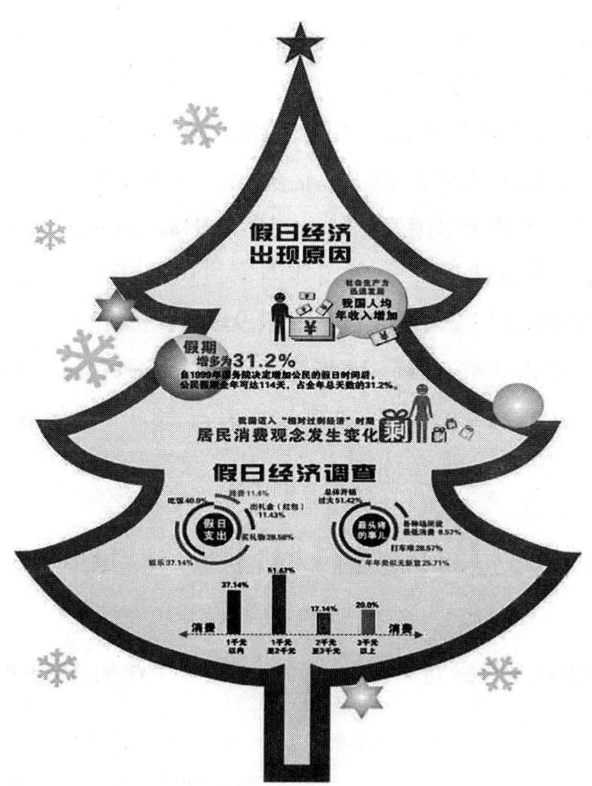

图 4–5　假日经济出现原因及调查

根据中国旅游研究院大数据中心国内旅游抽样调查结果，2019 年国内旅游人数 60.06 亿人次，比 2018 年同期增长 8.4 %。其中，城镇居民 44.71 亿人次，增长 8.5%；农村居民 15.35 亿人次，增长 8.1%。国内旅游收入 5.73 万亿元，比 2018 年同期增长 11.7%。其中，城镇居民花费 4.75 万亿元，增长 11.6%；农村居民花费 0.97 万亿元，增长 12.1%。入境旅游人数 1.45 亿人次，比上年同期增长 2.9%。其中：外国人 3188 万人次，增长 4.4%；香港同胞 8050 万人次，增长 1.4%；澳门同胞 2679 万人次，增长 6.5%；台湾同胞 613 万人次，与 2018 年同期基本持平。入境旅游人数按照入境方式分，船舶占 2.9%，飞机占 17.4%，火车占 2.6%，汽车占 21.2%，徒步占 55.8%。入境过夜旅游人数 6573 万人次，比 2018 年同期增长 4.5%。其中：外国人 2493 万人次，增长 5.5%；香港同胞 2917 万人次，增长 3.5%；澳门同胞 611 万人次，增长 10.4%；台湾同胞 552 万人次，下降 0.2%。国际旅游收入 1313 亿美元，比 2018 年同期增长 3.3%。其中：外国人在华花费 771 亿美元，增长 5.4%；香港同胞在内地花费 285 亿美元，下降 2.0%；澳门同胞在内地花费 95 亿美元，增长 9.4%；台湾同胞在大陆花费 162 亿美元，下降 0.2%。

此外，2019 年入境外国游客亚洲占比 75.9%，以观光休闲为目的游客占 35.0% 。入境外国游客人数中（含相邻国家边民旅华人员），亚洲占 75.9%，美洲占 7.7%，欧洲占 13.2%，大洋洲占 1.9%，非洲占 1.4%。其中：按年龄分，14 岁以下人数占 3.8%，15~24 岁占 13.9%，25~44 岁占 49.3%，45~64 岁占 28.1%，65 岁以上占 4.9%；按性别分，男占 58.7%，女占 41.3%；按目的分，会议商务占 13.0%，观光休闲占 35.0%，探亲访友占 3.0%，服务员工占 14.7%，其他占 34.3%。

可见，即使是在巨大经济下行压力状态下，中国的国内市场消费依然坚挺（见图 4–6）。

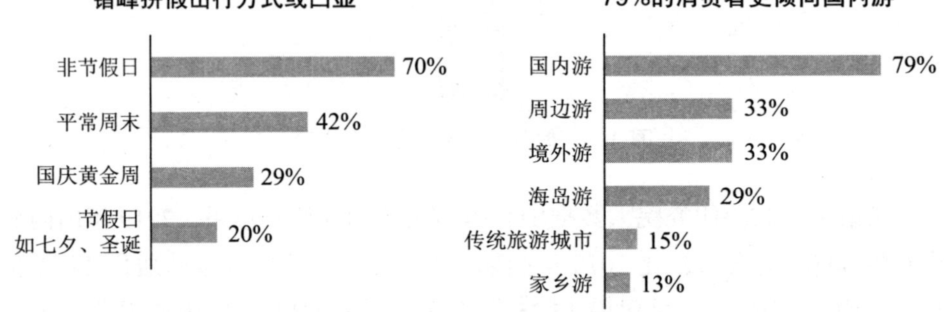

图 4–6　游客旅游消费时段及目的地分析

（二）旅游供给的变化推动全域旅游市场发展

我国旅游产品形态已由观光向休闲度假旅游转变，由单一产品向综合性产品转变，休闲度假类新业态不断涌现：旅游小镇、主题公园、旅游度假区、旅游综合体、特色街区、演艺、购物……这些旅游业态的变化已超越了传统旅游产品的边界，也超越了传统旅游产业的边界，一个地方的旅游已不再是景区景点的旅游，而是一个多业态的旅游目的地。桂林旅游供给也不例外，已由传统的山水观光旅游向多业态旅游转变，整个桂林已成为一个大旅游区。港南旅游供给也如此，如：各类乡村旅游、农家乐、现代特色农业示范区、新农村、游乐园、美食街、娱乐场所、旅游地产等都突破了门票经济的局限，港南旅游综合收入 80% 以上来自综合旅游消费而不是景区门票，这就充分说明了港南旅游供给的变化正在推动港南全域旅游的发展。

（三）旅游产业转型升级加快了全域旅游市场的发展

传统的旅游产业主要是“食、住、行、游、购、娱”，这些产业已很难满足多元化的旅游市场消费需要。大众旅游时代，传统旅游产业已到了转型升级阶段，出现了由小旅游到大旅游、由门票经济到综合经济，具体表现在以下方面（见图 4–7）：

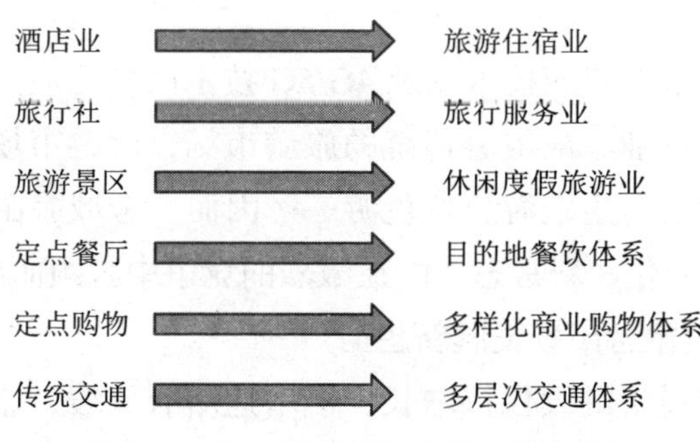

图 4–7　大众旅游时代的服务转型升级

旅游产业转型升级为全域旅游市场开发提供了依据，也是全域旅游市场制定营销策略的重要依据，需要根据这些变化制定精准的营销策略才能达到精准营销。

（四）旅游需求的变化推动全域旅游市场大发展

我国旅游市场出现了大众化、散客化、年轻化、个性化的发展趋势，而且散客化、年轻化已成为旅游市场的主流。

1. 大众化

随着我国人均收入已超过 3000 美元，以及比较完善的休假制度（全年不少于 115 天的休假天数），我国进入了大众旅游时代，2019 年国内旅游人数突破 60 亿人次，人均出游 3.7 次。大众旅游时代需要有新的旅游业态与之适应。

2. 散客化

随着我国私家车的普及和高铁、高速公路、高等级路网、机场等交通不断完善，越来越多的人选择了自驾车、自助游等进行旅游，特别是以家庭为单位的散客化旅游模式越来越普及，2019 年五一和国庆统计数据显示：国内游散客比例已达 97.62%，出境游散客比例 71.65%。而团队旅游目前主要是以老年团为主。

3. 年轻化

我国国内旅游越来越年轻化，许多家长出游是因为陪伴小孩而选择旅游，2019 年国庆大数据显示，45 岁以下旅游者占总出游人数的 72.89%。“80 后”“90 后”“00 后”旅游者占出游总人数的 63.76%。

4. 个性化

随着互联网技术、智能技术以及 4G/5G 技术的广泛应用，科技正在深刻改变着传统的旅游产业，颠覆着传统的旅游市场，旅游市场越来越凸显个性化：定制游、深度游、主题游、特色游……因而，全域旅游市场的开发与营销需要适应这些新变化、新常态才能在激烈的竞争中脱颖而出。

（五）广西全域旅游市场发展新趋势

广西县域旅游经济继续保持增长，但增速略有放缓，旅游人均消费增速有所下降。旅游产业作为县域优势产业或支柱产业的地位凸显，在县域经济发展中的作用愈加重要。

1. 增长速度快

据世界旅游组织在全球范围内的调查，今后十五年，全球参加社会工作的人每年将有 50% 以上的时间用于休闲，休闲经济将在旅游产业体系中占据首位，休闲旅游产业将是第三产业中第一重要的产业。据国家统计局分析，我国人均消费从目前到 2023 年将以每年 10.8% 的速度递增。

2. 追求个性化

作为消费者，在休闲度假层面，个性化的追求比较突出。休闲度假目的地需要研究如何迎合客人的个性化需求，提供个性化产品和个性化服务；另外，散客化时代全面到来，私人订制渐成主流。

3. 产品多元化

目前，依托单一资源的开发模式已经很难应付市场，这就要求产品尽可能包含比较多的功能和内涵，突出当地文化特征，让客人在认同和差异之间得到多元化的休闲体验。

4. 市场层次化

休闲活动虽然起于高端，但随着国家一系列政策的出台，休闲文化得到普遍认同，休闲度假旅游已呈现“全民化”。旅游行业细分市场再升级，目的地主题游或更受青睐；休闲度假市场已经围绕高端、中端、低端同时展开，形成体系。

5. 旅游消费持续升级，倒逼行业创新提速

游客对于旅行的关注点不再集中于价格，而是更注重出行品质和深度文化体验，更加讲究吃好、住好、玩好。美食成为游客最关注的体验因素，45.5% 的游客重视旅途中的美食体验。酒店和交通的舒适程度也获得了超过 30% 的游客关注度。此外，摄影、旅拍等个性化旅游也进入游客的旅行偏好榜单，高端民宿备受热捧。

红色旅游彰显时代魅力，红色旅游人数实现持续稳定增长。游客通过多种形式传承红色文化。年轻人参与红色旅游的热情持续高涨，半数以上的研学旅游包含红色旅游目的地。

年轻人主导文旅新格局，年轻人生活化、个性化的消费偏好正在主导旅游市场潮流。提前做好“功课”，参考他人推荐和使用体验。与当地人共享日常生活空间、共享生活资源、共享科技馆博物馆等公共文化，是品质、体验和时尚的内容创新的源头。

“高品质旅游”“性价比”成为网络热搜。各大媒体和 OTA 基于用户的真实分享，围绕发布、传播、口碑、互动、消费等指标综合评选出高品质的景区、美食、体验等进行推荐，阅读量居高不下。

消费者对旅游性价比要求逐渐提升，理性消费和品质旅游渐成大部分游客的基本理念。游客注重出游服务和旅途中的休闲体验。“纯玩无购物”“专属导游”“精致小团”等成为近期旅游舆情热词。游客旅游消费增长较快，并非简单的铺张浪费，而是来自理性消费下对消费质量和消费品质的追求。

6. 文旅融合成为旅游消费增长新动能

文旅融合孕育旅游发展新动能，公共文化、戏曲文化、非物质文化遗产与旅游结合的形式越来越受欢迎。文化场馆与旅游景区景点结合效应初显，文化节庆成为文化旅游的热点，文化古迹、文化遗产的修复同旅游体验互动的示范作用将进一步体现。互联网、虚拟现实、增强现实等技术的广泛应用为文化旅游的融合发展带来了新活力。

文化消费在旅游产业中发挥着越来越重要的作用，博物馆、图书馆成了游客青睐的旅行打卡地。大数据显示，2019 年博物馆、历史文化型景区、红色旅游型景区及文化艺术场馆节假日消费平均增幅超过 20%，演出展览总预订量同比涨幅为 22%。

7. 夜间经济发展迅猛，夜游项目异彩纷呈

夜游经济为旅游发展带来新契机，能有效带动整个城市经济的发展。夜间旅游已成为年轻人旅途的重要体验部分，热门的夜游项目集中在夜游船、灯光秀、文化演艺等品类，《印象·刘三姐》《桂林千古情》是广西最热门的旅游演艺项目。夜间观光游憩、文化体验、特色餐饮、时尚购物等夜间旅游经济效果良好，将夜晚的景区打造成一个剧场，运用科技、光影等手段营造梦幻氛围，使游客有身临其境的特殊体验感。在未来智慧城市框架下，夜间的科技与夜游经济将更加紧密融合。

8. 高端旅游投资转向度假游、康养游

滨海度假旅游日益火爆，北海市银海区与河南银基投资集团签订了北海银基国际滨海旅游度假中心项目投资合同，首期投资 468 亿元，主要建设文旅板块、医疗康养板块。北海市目前建成营业、开工建设、签约拟建的五星级酒店项目共 26 个，总投资超过 120 亿元。

根据县域旅游经济分析平台部分数据显示，2019 年广西有近四分之一的游客年龄为 55 岁以上，形成了康养旅游的潜在市场。因而巴马赐福湖旅游度假区、盘阳河景区等重大项目建设成为投资热点。以阳朔遇龙河国家级旅游度假区，融创万达文化旅游城、桂林东西巷逍遥楼为代表的文化旅游品牌、南宁万有国际旅游度假区等文化旅游项目加速推进。

9. 社交媒体将重新定义个性化旅行

游客受新媒体及网红的影响，很快形成共鸣，吸引大批共同爱好者接踵而至。北海市海城区、阳朔县、靖西市、大新县等已成为广西热门网红旅游目的地。游客通过搜索引擎搜索网络目的地的行为已经成为常态，游客高频率通过手机 App 搜索目的地、规划旅游行程、分享旅游趣事，OTA、地图 App、美团、大众点评等被广泛应用。微信是旅途分享的第一平台，短视频平台也成为一部分人分享旅途趣事的选择。今日头条、抖音的旅游推荐成为旅游热度风向标。

短视频的流量和传播优势可推动文旅 IP 成为城市新地标。拓展乡村文化传播空间，小景点有着独特的历史文化底蕴，却往往不广为人知，通过短视频直播进行销售传播。

10. 疫情对旅游经济的影响预测

旅游业是受社会经济发展影响弹性较大的行业，受新型冠状病毒感染疫情影响，2020 年广西县域旅游经济发展将出现先抑后扬的趋势。

在政府应对快、经验足的情况下，疫情有望在更短的时期内得到有效控制。但相比 2003 年的非典，本次疫情对旅游业的影响预计将呈现以下特点。

（1）短期影响巨大

春节假期是旅游最旺的黄金周，新型冠状病毒让全国 2020 年的春节假日旅游行情遭受了前所未有的“病毒感染”。2019 上半年广西旅游总消费 4957.81 亿元，同比增长 29.67%；按旅游总消费年增长 25% 的趋势进行测算，每停滞一天，旅游总消费将减少约 30 亿元，根据现有掌握的数据预计，2020 年第一季度，我区旅游业接待人数和旅游收入同比将下降 80% 左右；第二季度，同比预计下降 40% 左右；全年接待游客量和旅游消费预计比 2019 年下滑 10% 左右。

（2）影响周期不长

相比2003年的非典疫情，广西本次疫情相对更轻，防控力度更强。目前，广西新增病例已经逐步稳定，疫情初步得到有效控制，预计影响时间会短于非典，乐观预计最快可能于 3 月底得到有效控制，劳动节小黄金周将迎来旅游业的复苏。暑期到来时，“疫情”将会得到有效控制，暑期旅游将迎来恢复性增长，恢复到 2019 年同期水平或有补偿性增长。

（3）不改变长期向好的态势

全区县域旅游消费市场短期影响较大，但因疫情防控措施及时，疫情会在短期内得到控制，不会改变中国经济长期向好的基本面。本次疫情得到了中央最及时最有效的防控，信息公开和政策保障有利于将经济损失降至最小。同时，我国的GDP已经达到100万亿元，人均国内生产总值已突破1万美元，旅游业对我国GDP的综合贡献占比达11.04%，旅游需求非常旺盛，疫情不会改变全区县域旅游经济发展总体稳中向好的态势。

（4）健康养生游将爆发式增长

2020年是全面建成小康社会的收官之年，新型冠状病毒肺炎疫情结束之后，出行者更希望转换至卫生、健康、宜居宜养的环境中旅行，广西生态资源最好的地方在县域之中，县域旅游成为疫情之后大部分旅游者的首选之地。乡村旅游基础设施尤其是卫生方面将成为影响游客出行的关键因素之一，需要着重加强卫生环境的整治工作。

本轮疫情下，民众将进一步认知到健康养生的重要性，会更加注重养生保健，对于“健康养生”“品质生活”有更清晰的认知。所以一旦这次疫情过去，更多的家庭都会更乐意在健康养生游上进行消费，因而健康养生游将迎来高昂的增长势头。

旅游方式将会有所变化，文明旅游观念将会得到游客的普遍认同，游客对旅游公共环境的要求进行更高。各旅游企业应更加重视旅游厕所等旅游公共设施建设。

第三节　顶层设计

一、指导思想

坚持以习近平新时代中国特色社会主义思想、党的十九大及十九届二中、三中、四中全会精神为指导，深入贯彻落实习近平总书记系列讲话精神，按照“四个全面”战略布局，树立“创新、协调、绿色、开放、共享”的五大发展理念，按照“全景、全季、全业、全时、全民、全域”的发展模式，强化“旅游 +、+ 旅游”产业融合功能，围绕打造国际有名、国内知名、广西一流的“休闲度假 康养旅居”旅游目的地目标，以改革创新、提质增效为主线，以加快美丽港南和生态文明建设为契机，突出规划引领、保护优先、创新驱动、开放合作，按照国家全域旅游示范区创建总体要求，全力推进全区旅游从“景点旅游”向“全域旅游”转变。整合特色资源，优化发展布局，提升产业素质，实施扶贫攻坚，推动旅游产业供给侧改革，积极创建“全域旅游示范区”，把旅游业培育成为港南区国民经济的战略性支柱产业和人民群众更加满意的现代服务业，为确保如期实现“两个建成”目标做出更大贡献。

二、发展思路

港南的旅游开发总体思路是围绕着：一山一江一环线的布局，按照突出“一山引爆、一江突破、一线贯穿”的思路进行开发。即：

（一）一山（寿比南山）

是指通过倾力打造南山旅游区，以福寿文化为主题，将其建设成为港南区龙头景区和拳头景区，并将其开发为国家 4A 级旅游景区。

（二）一江（动感郁江）

是指通过整合郁江一江两岸资源，重点开发郁江公园、南江村（南江古码头、黄氏祖祠等）、漪澜塔等资源，以郁江夜游、骑行绿道、体育运动、文化旅游为重点，将郁江（港南段）打造成为港南夜游经济的综合体、城市特色功能区、旅游新标杆和港南文化新名片，成为贵港市夜游经济的综合体。

（三）一环线（漫游环线）

是指通过骑行绿道、旅游风景廊道等方式，以公路为骨干，将规划城区—东津—桥圩—湛江—木格—木梓—瓦塘—新塘—八塘—城区这一漫游旅游精品线路。重点开发以乡村生态文化旅游为核心的自驾漫游旅游产品。通过重点打造东津冲口现代农业园、桥圩温暖小镇（羽绒工业、圩市、体育公园、文化中心等）、桥圩红色旅游（谭寿林故居、陈岸故居等）、桥圩铜鼓湾温泉度假区、湛江四季花田、木格北一茶山、木格君子垌客家围屋、木格布山谷澳门现代农业生态富硒产业园、木梓武思江生态旅游区、瓦塘亚计山生态旅游区、瓦塘香江竞渡旅游区、瓦塘十里花香、新塘万福生态农庄、八塘山泉农庄等旅游项目。

"一山引爆、一江突破、一线贯穿"：是指通过寿比南山引爆港南的旅游市场，以动感郁江作为港南旅游的突破（白天到港北、覃塘、港南其他地方看景，晚上夜游郁江，夜游郁江包括夜游港南的茶文化产业街——特色旅游街区），通过旅游公路贯穿港南绝大部分旅游乡镇。

三、战略定位

（一）总体定位

立足于港南区区位优势以及丰富的"水、农、茶、文、羽绒"五大特色旅游资源，以"桂林古郡""中国羽绒之乡""福寿南山""富硒农业""东津细米"等品牌声誉为基础，结合带薪休假和康养旅居等旅游市场趋势，对接港南全域旅游相关上位规划，将港南全域旅游发展总体定位为：景城共建共享型国家全域旅游示范区。

（二）区域定位

依托港南区作为贵港市的城区之一，以及南山景区、郁江公园、铜鼓湾温泉度假区、桂林古郡历史文化资源以及各涉旅场所，港南区旅游发展应突破行政区划界限，成为周边更大区域的重要旅游板块，发挥不可或缺的旅游功能，以夜游经济为突破口，以福寿南山、康养农业、桂林古郡、温泉度假等产品为核心，为了明确其在区域旅游发展格局中的地位，不同地理区域层面上对港南区进行如下区域定位：

贵港的"不夜之城"；

广西的"全域旅游示范区"；

粤港澳大湾区的"休闲度假、康养旅居旅游目的地"。

（三）产业定位

规划把旅游业作为港南区国民经济和社会发展综合性战略支柱产业。

具体而言，则是将旅游业培育成为港南优先支持的龙头产业、重点发展的主导产业、转型升级的优势产业、优化环境的美丽产业和普惠共享的民生产业，构建"五位一体"的产业发展体系。

作为优先支持的龙头产业，政策上优先扶持、资源上优先保障、投资上优先启动；

作为重点发展的主导产业，在用地、资金、政策等方面重点考虑，发挥旅游在推进港南“旅游旺区”战略中的重大作用；

作为转型升级的优势产业，推行“旅游+、+旅游”战略，促进旅游产业融合和产业升级，优化公共服务与旅游产品质量；

作为优化环境的美丽产业，把旅游元素融入城乡公共服务环境，建设“山水城市、美丽乡村”，打造美丽经济，率先实现美丽突围；

作为普惠共享的民生产业，带动当地脱贫致富，全面提升人民的幸福感和游客的满意度。

四、目标定位

（一）总体目标

全区旅游综合实力明显增强，成为国际有名、全国知名、广西一流的“休闲度假 康养旅居”旅游目的地，建成“全景皆美、全业融合、全时体验、全民共享”的国家级全域旅游示范区。

1. 全景皆美

依托港南优美的乡村生态资源和郁江、香江以及各大水库、温泉、富硒农业、林业生态等，积极开发生态旅游、乡村旅游、山水田园景观旅游，按照“生态优美、生活甜美、生产景美”要求，不断提升生态环境质量，优化景观布局，通过景观廊道、风景道、骑行绿道等交通方式，将各生态景区、生态乡村、生态田园、生态农业园等不同业态旅游产品进行整合形成进出便捷、交通驳接方便、景观优美、配套完善的全域旅游大环境。

2. 全业融合

推进农业、文化、体育、互联网等多产业和旅游业融合发展。依托特色水果、中草药、特色禽畜养殖、无公害蔬菜等特色产业，打造休闲农业体验园区、特色农业示范基地、中医药健康养生基地等特色产业园；依托丰富的桂林郡治文化、历史文化、客家文化、乡村民俗等文化资源，加大创新力度，打造一批特色文化旅游项目；发展骑行驿站、自驾车营地、低空旅游、山地运动、水库水上运动等户外旅游新业态，促进水陆空多产业融合发展；所有3A以上旅游景区、三星级以上宾馆和三星级乡村旅游区实现Wi-Fi网络全覆盖，可提供网络支付、电子门票等便民服务。

3. 全时体验

提供四时和全天候的旅游产品与服务，组织四季节庆旅游，激活四时旅游市场；依托高速公路和村村通公路的快速集散和运输能力，完善中心城市到各旅游景区、乡村旅游区的交通公路，提升旅游通达性，将更多产品组合形成更丰富的旅游线路，让游客能够在同样的时间内获得更多的旅游体验；强化生态康养旅居吸引力，开发休闲度假产品，利用优越的森林生态和乡村生态条件，建设一批养生养老产品；利用博物馆、文化展示馆、古建筑、古村落以及城市设施、文化旅游景区等加大文化创新力度，开发更多夜游产品。

4. 全民共享

加强城市和乡村人居环境改善，推进旅游扶贫和乡村旅游，拉动社区居民参与旅游共建，扶持帮助当地居民发展旅游企业，开发旅游经营、参与旅游从业，探索科学分配旅游收入模式机制，共享旅游红利。

（二）分项目标

1. 战略性支柱产业地位得到进一步提升，旅游产品体系全面构建，旅游发展方式明显转变，旅游品牌竞争力不断增强，旅游产业体系得到建立，旅游基础设施体系充分完善，旅游公共服务体系全面提升，多元化市场不断拓展，区域旅游合作不断深化，旅游人才队伍不断壮大，依法治旅水平不断提高，旅游综合管理和执法体系得到建立，旅游产业规模稳步壮大，旅游产业素质明显提升。

2. 根据“国家全域旅游示范区创建验收标准”要求，通过3年多的努力，旅游业增加值占港南区GDP比重15%以上，就业人口中旅游从业人员达到20%以上、年接待游客人次达到常住人口的10倍以上，发展旅游区域内的农民人均旅游收入占比达到20%以上，旅游税收占比港南财政税收10%左右，力争2021年成为广西全域旅游示范区，2025年各项指标全部达到国家全域旅游示范区创建标准，并顺利通过验收（见表4-10）。

表 4–10　发展目标体系

序号	类别	性质	2019 年	2020—2022 年	2023—2025 年	2026—2030 年	备注
1	产业发展目标	战略性支柱产业	占 GDP 2.6%	占 GDP 5.5%，成为支柱产业	占 GDP 8.9%，成为战略性支柱产业	占 GDP 12% 以上，成为主导产业	按照国际一般测算方法
	接待游客	入境游客（万人次）		4	5	6	
		国内游客（万人次）		698	755	894	
		游客总量（万人次）		496	786	1026	
	旅游收入	外汇收入（万美元）		1500	2200	3200	
		国内收入（亿元）		89	97	148	
		旅游总消费（亿元）		90	124	150	
2	星级酒店	五星级	0	0	1 家		铜鼓湾温泉度假酒店
		四星级	0	新增 1 家	新增 1 家	新增 2 家	明悦大酒店、恒宇大酒店
		三星级	0	新增 3 家	新增 2 家	新增 2 家	
		星级民宿	0	新增 2 家四星级及以上	新增加 2 家四星级以上	新增加 1 家五星级	
		绿色饭店	0	银树叶级 1 家	银树叶级 1 家	金树叶级 1 家	
3	汽车旅游营地	三星级、四星级	0	新增 2 家三星级	提升 1 家四星级	提升 1 家五星级	

续表

序号	类别	性质	2019年	2020—2022年	2023—2025年	2026—2030年	备注
4	景区	4A级	0	新增4家：南山、郁江、四季花田、铜鼓湾	新增3级：冲口、君子垌、桥圩温暖小镇	新增2家：武思江、香江	
		3A级	0	5家			谭寿林故居、温暖小镇、布山谷、北一茶山、南江古村（漪澜塔、南江古码头等）
5	乡村旅游区（农家乐）	五星级	1家：四季花田	0	新增2家		
		四星级	0	新增3家：万福、山泉、冲口	新增4家		
6	水利风景区	国家级	0		新增1家：郁江		
		自治区级	0	新 2 家：郁江和香江	新增2家：武思江、冲口		
7	特色小镇	国家级	1家：桥圩温暖小镇				
		自治区级	0	新增1家：四季花田客家风情小镇			
8	生态旅游示范区	国家级	0	1家：亚计山			
		自治区级	0	2家：四季花田、南山公园			

续表

序号	类别	性质	2019年	2020—2022年	2023—2025年	2026—2030年	备注
9	各类基地	自治区级及以上	0	6家	4家	3家	包括中小学生教育实践研学基地、中草药健康旅游示范基地等

第四节　全域布局

一、空间布局

按照港南区旅游资源分布格局以及旅游发展次序，按照“一城一带两片区”的空间进行布局。

一城：港南城区，重点开发夜游郁江、旅游集散中心、寿比南山、特色旅游街区等项目。

一带：桥圩—湛江—木格—木梓康养文化休闲度假旅游带，该带是港南旅游资源富集区域，重点开发康养旅游、文化旅游、农业旅游、休闲度假旅游和休闲体育运动旅游。

两片区：瓦塘——新塘生态运动旅游片区、八塘——东津乡村休闲观光旅游片区。

（一）一城：港南城区

1. 范围

主要包括江南街道所管辖的范围。

2. 发展思路

按照城市旅游社区以及旅游生活化的理念，将两个街道办作为一个整体进行全域开发，把城市的文化、生活、商业、市井、建筑物等全部作为旅游元素进行打造、开发，把旅游融入城市建设当中去，把城市作为旅游生活的载体与场域，重视主客共建共享，全力打造港南旅游新生活。

3. 发展重点

一城承担起港南区旅游集散中心、旅游信息服务与管理中心、旅游龙头、旅游生活新体验的中心与基地，通过重点打造和开发城区全域旅游，包装策划南山公园、南山寺、郁江、南江古郡、南湖历史文化旅游区、旅游商业、旅游综合管理等重点项目，并随着城市的扩张而拉开城市旅游的框架与产业格局，做强做大港南区旅游。

（二）一带：康养文化休闲度假旅游带

1. 范围

桥圩镇、湛江镇、木格镇和木梓镇四个乡镇作为康养文化休闲度假旅游带。

2. 发展思路

这四个乡镇是港南区旅游资源和旅游业态比较集中的区域，各类旅游资源多样，旅游开发条件比较成熟，区位好，由柳梧高速木格出口，通过整合这些资源和旅游业态，开发以温泉康养、乡村文化体验、体育运动、休闲度假、红色旅游为重点的旅游产业，并将生态旅游、康养旅游、研学旅游等新业态融入相应的旅游业态当中。

3. 发展重点

该带一是重点拓宽四个乡镇与木格高速出口连接的旅游公路等级，路通则旅游通，规划建设一级旅游风景廊道，全面贯通四大旅游乡镇各个项目。二是依托桥圩羽绒小镇重点建设桥圩温暖小镇特色旅游小镇，按照旅游小镇模式和业态规划布局温暖小镇工业＋旅游、旅游＋城镇化，打造成为宜商、宜旅、宜业、宜居的旅游小镇。三是做强做大现代农业旅游，充分发挥四季花田的辐射带动作用，把布山谷、北一茶山、阿婆茶、六罗八景以及各类乡村特色景观等四个乡镇的现代特色农业旅游规模做大，形成规模效应＋特色吸引物。四是挖掘乡村文化和历史文化，依托龙凤麒麟舞、八音、客家风情、红色文化、古村落古建筑等文化，开发一系列文化体验旅游。五是依托该带的水资源，开发武思江体育休闲运动基地、铜鼓湾温泉康养度假等新旅游业态。

（三）两片区：生态运动旅游片区、乡村休闲观光旅游片区

1. 范围

生态运动旅游片区包括瓦塘、新塘两个乡镇，而乡村休闲观光旅游片区则包括八塘和东津两个乡镇。

2. 发展思路

两大片区的共同点是乡村生态资源丰富，距离城区都比较近，但各具特色，生态运动旅游片区侧重于民间体育、乡村美食、水域风光、乡村生态，而乡村休闲观光旅游片区则以现代农业、田园风光、新农村为特色，因此，在开发过程中，依托各自的资源特色并以旅游市场为导向，积极培育一批适合城市市民休闲、度假、运动、观光需要的旅游新产品。

3. 发展重点

（1）生态运动旅游片区重点培育香江龙舟竞渡、香江乡村美食两大品牌，依托这两大品牌规划成为一个大型旅游区。同时，依托亚计山积极发展有限度的高端生态旅游。（2）乡村休闲观光旅游片区重点发展现代休闲农业与乡村旅游产业，并充分挖掘舞龙舞狮等民间体育运动，结合乡村民俗、体育、民间信仰、农耕文化等开发文化 + 旅游 + 农业的乡村旅游大品牌。

二、产品规划

（一）核心旅游产品开发

1. 休闲度假

以市场为导向，以生态资源为依托，大力发展以温泉、康养农业、乡村为主题休闲度假旅游产品，开发一批省级、国家级休闲度假旅游项目，打造成为粤港澳大湾区休闲度假旅居目的地。

2. 康养旅游

依托港南的生态旅游资源、优良的养生度假环境，以温泉、中医药、生态农业为重点资源，以养生养老为主题特色，以休闲养生、康体健身、文化体验为主要功能，大力发展生态养生游新业态。

（1）发展长寿养生康体旅游。以江南街道、桥圩、湛江、木格为布局重点，以温泉养生度假、中医药康体休闲为主题，大力发展长寿养生、健康养

生旅游产品，打造一系列具有国际化水准的大型长寿休闲养生度假旅游基地。以强身健体为目的，发展民族药浴、森林生态浴、中医保健、理疗、心疗、食疗项目以及健康体检、健身体育运动等休闲康体项目，开发长寿养生康体旅游。

（2）开发健康修身养心游。依托南山寺、铜鼓湾温泉、亚计山森林环境以及乡村特色农副产品、绿色营养长寿食品以及古寺庙，宣传长寿哲学，宣传宽容、仁义、知足常乐、诚实、爱心、豁达等人生观，提高自身的修养，达到静以养心的目的。

（3）推进健康养生旅游重点项目建设。重点在桥圩、湛江等生态条件优良区域，推进一批健康养生旅游基地建设，完善健康养生度假设施，提供个性化、特色化的高端养生度假服务。

3. 文化体验

深入挖掘和包装南山寺福寿文化、南江郡治文化、客家文化、香江龙舟体育、桥圩红色文化、民间习俗、农耕文化等港南特色文化资源，策划一批文化旅游产品。

（二）重点旅游产品建设

乡村旅游。以东津、湛江、木格、木梓、八塘、新塘、瓦塘等乡镇田园景观和生态农业、古村落为基础，开发以生态、山水、休闲农业、古村落等为特色的乡村旅游产品，推进一批休闲农业与乡村旅游示范点、星级乡村旅游区建设。

商务旅游。顺应居民日益多元的商务休闲需求，有针对性地开发一批城市、乡村休闲旅游度假产品，重点布局于城区、桥圩，着重中高端的商务旅游产品，完善人性化的配套服务设施，建设高水平的旅游度假区。

体育运动。依托郁江、香江、武思江水库等自然景观，深度融合体育与旅游，发展体育运动、野外拓展等户外运动休闲旅游产品，举办山地运动体育赛事，打造成为户外运动休闲天堂。

（三）专项旅游产品建设

工业旅游。依托桥圩羽绒工业企业、民族手工艺品制造企业等现代工业工程，完善观光、体验、工业文化设施建设，提升工业旅游开发水平。

红色旅游。依托谭寿林故居、陈岸故居、桂东南起义历史、抗日游击等红色旅游资源，开发形式多样的红色旅游活动。

研学旅游。依托亚计山生态养殖、南山福寿文化、桥圩羽绒工业、各乡镇的现代特色农业等各类生态科普、国学文化资源，开发一批研学旅游产品。

夜间旅游。夜间旅游经济是最能留住客人的旅游产品，通过打造南山禅养、夜游郁江、特色街区、温泉小镇、康体娱乐、美食购物、文化演艺等旅游新业态，培育一批夜间旅游产品，延长港南旅游产业链。

生态旅游。提升亚计山、四季花田、万福生态农庄、山泉农庄生态农业旅游产品，规划包装布山谷、东津冲口、北一茶山等一批新的生态农业旅游产品，各个乡镇根据自身的生态资源策划开发适销对路的生态旅游产品。

三、项目策划

根据旅游市场发展需要以及港南旅游未来旅游发展方向，基于与周边港北、平南、玉林、柳州等市县旅游竞争态势，策划包装以下旅游项目，作为港南区未来 10 年重点开发建设项目。

（一）福寿南山文化旅游综合体项目

1. 选址

南山公园、南山寺。

2. 开发目标

福寿南山文化旅游综合体以福寿文化、古典园林文化、贵港红色旅游文化为载体，开发成为桂东南著名的福寿文化旅游胜地、国家 5A 级旅游景区。

3. 开发定位

规划将该项目开发定位为福寿文化体验、山水园林、长寿养生、休闲运动为主要功能，港南区文化名片，旅游新标杆，突出城市旅游综合体的特色。

4. 建设内容指引

在建设内容上通过显山露水、引水入湖、湖塘整治等手段，建设禅养、福寿祈福、拓展运作、山水园林景观、休闲运动、美食购物等旅游内容，满足吃住行、游购娱、闲情奇、商学养等多元化旅游消费需求。

（二）动感郁江城市旅游综合体项目

1. 选址

郁江及郁江公园至港南中医院一带。

2. 开发目标

规划建成文化、旅游、商业、景观地产为一体的城市旅游综合体，打造成为贵港的不夜城，国家4A级旅游景区。

3. 开发定位

该项目定位为贵港夜间旅游的典范，港南区城市特色功能区以及集休闲、娱乐、购物、美食、运动、观光为一体的现代都市生活特色旅游区。

4. 建设内容指引

在建设内容方面重点开发郁江水上游轮，夜景灯光秀、慢生活骑行道、夜间娱乐、购物、城市灯光演艺、旅游景观地产、休闲体育运动、茶叶文化街、中医院康疗等。

（三）罗泊湾遗址文化公园项目

1. 选址

江南街道罗泊湾一带。

2. 开发目标

港区内是岭南首郡——桂林郡郡治所在地，通过规划，保护好现有罗泊湾古汉墓以及历史遗址遗迹的基础上，遵照原址保护原则，以桂林郡遗址文化为依托，将罗泊湾遗址文化公园打造成为桂林郡文化展示、博物馆展示、旅游文创研发、文化旅居、陆绩廉政文化教育、旅游社区等多功能为一体的国家考古遗址公园、国家4A级旅游景区。

3. 开发定位

规划将该项目开发定位为历史文化展示、文化产业、文化旅居、休闲运动、研学旅行为主要功能，突出“岭南首郡”的文化旅游品牌形象，城市历史文化旅游综合体的特色。

4. 建设内容指引

在保护好汉墓及历史遗址遗迹的基础上，以博物馆群的方式进行开发建设。同时，策划有港南的文化展示中心、文物博物馆等文化旅游项目，适当的引入休闲运动、旅游景观地产、实景演艺、旅游购物等业态。

（四）南湖历史文化旅游区项目

1. 选址

江南街道南湖一带。

2. 开发目标

南湖作为与贵港东湖齐名的城市湿地公园，通过规划建设，清淤种草，修复生态，适度恢复原有的规模，引入城市综合体理念，开发成为港南区城市的绿肺、市民休闲运动公园、游客赏花赏景与展示港南各乡镇文化的基地，国家4A级旅游景区。

3. 开发定位

规划将该项目开发定位为港南各乡镇特色历史文化展示基地、港南特色历史文化宣传窗口、贵港特色历史文化形象传播的橱窗、城市休闲娱乐的新去处、城市灯光秀的不夜城。

4. 建设内容指引

通过清淤疏浚、栽树种花，按照生态湿地景观设计手法，把港南区各个镇街的特色历史文化、贵港特色历史文化、港南特色历史文化以文化景观、实景演出、灯光秀、湿地公园、植物园、景观墙（柱）、南湖塔等方式，全面展示贵港和港南的历史文化，辐射带动南湖周边旅游景观地产、旅游商业等业态发展。

（五）铜鼓湾温泉旅游度假区项目

1. 选址

桥圩镇长塘村。

2. 开发目标

铜鼓湾温泉旅游度假区以温泉为引爆点，融入最新的康养理念，结合中国传统的中医养生方法，打造成为国内有名、广西著名的温泉康养旅游项目。

3. 开发定位

规划以温泉度假为中心，集休闲观光、生态文化体验、温泉中医康养、商务会议、高端旅游生活社区为一体的综合旅游区。

4. 建设内容指引

建设中融入广西壮族特色文化元素，突出中医温泉养生特色，开发体育休闲运动公园、农耕园、山地养生别院、精品酒店会所、户外运动、野营、水上游乐、林地体验以及各种会议中心、度假中心等。

（六）桂林郡文化旅游项目

1. 选址

南江村。

2. 开发目标

秦代置桂林郡、汉代置布山郡，郡治极有可能在现在的港南区管辖范围内。依托这些悠久的历史文化和遗存下来的遗址遗迹，将其开发成为最具有历史感、最具有时尚感的历史文化旅游项目，成为广西历史文化旅游的新标杆和新名片。

3. 开发定位

时尚与传统相结合、历史与现代相融合，集文化展示、文化体验、影视拍摄、商务休闲为一体的特色旅游综合区。

4. 建设内容指引

在建设过程中开发遗址原址保护展示、桂林郡遗址博物馆、贵港老城、文化产业研发中心、数字演艺等内容。

（七）南湖历史文化旅游区项目

1. 选址

港南区原南湖一带。

2. 开发目标

通过湖塘整治和环境整治，融入城市建设理念和生态园林理念，将南湖打造成为贵港的第二个东湖，成为贵港市民休闲、运动和游客游憩、观光的城市湿地公园、休闲公园、文化公园。

3. 开发定位

规划定位为城市公园，作为集中展示港南历史文化、城市变迁以及市民休闲、游客游憩的旅游区。

4. 建设内容指引

重点按照城市公园模式建设湿地景观、生态景观、动物乐园、休闲绿道、城市健身体育设施等。

（八）桥圩温暖小镇旅游项目

1. 选址

桥圩镇。

2. 开发目标

推动桥圩羽绒工业与旅游深度融合，将羽绒产业转化为旅游产品，配套完善各项旅游设施，建成工业旅游示范基地。

3. 开发定位

规划集工业旅游观光、特色旅游商品研发、商务会展、旅游社区体验为一体的特色旅游小镇。

4. 建设内容指引

特色旅游研发中心、体育公园、桥圩文化中心、工业旅游体验馆、新乡贤乡绅交流中心。

（九）桥圩红色旅游区项目

1. 选址

谭寿林故居、陈岸故居等。

2. 开发目标

桥圩红色旅游区围绕着谭寿林革命烈士、陈岸革命烈士的事迹以及港南区人民革命事迹，开发系列红色旅游产品，打造成为贵港市爱国主义教育基地、社会主义核心价值观教育实践基地和革命传统教育基地。

3. 开发定位

开发集乡村旅游、现代农业、红色旅游以及民宿旅游为一体，实现红绿融合、红旅融合。

4. 建设内容指引

重点建设乡村文化产业、现代特色农业、乡村特色民宿以及红色景观、修复谭寿林故居和陈岸故居，开发系列红色旅游体验活动。

（十）布山谷生态农业旅游项目

1. 选址

木格镇盘古村、良坡村。

2. 开发目标

贯彻“绿水青山就是金山银山”的理念，将布山谷澳门现代农业生态富硒产业园打造成为富硒农业、生态农业、养生农业基地，并以此为基础，打造成为国内闻名的休闲农业与乡村旅游示范区。

3. 开发定位

集休闲农业、乡村旅游、乡村养生养老、农业养生以及中高端民宿、特色田园农庄为一体的现代旅游区。

4. 建设内容指引

通过澳门资本的注入，开发乡村第二居所、乡村度假庄园、乡村养生养老、乡村运动等项目。

（十一）武思江生态旅游项目

1. 选址

木梓镇武思江水库。

2. 开发目标

依托武思江水库资源和体育文化旅游资源，打造具有国际水准、东南亚风情的中国—东盟休闲体育运动基地。

3. 开发定位

规划区重点是打造生态运动、生态康养、生态观光为主要功能的旅游区。

4. 建设内容指引

建设内容上以生态颐养、生态运动、生态食疗、生态观光、生态休闲农业等为主。

（十二）北一生态茶养旅游项目

1. 选址

木格镇良坡村坡塘屯。

2. 开发目标

融入中国传统造园艺术，荟萃中外茶文化、茶道文化、茶艺文化，将茶山打造成研学基地、茶艺术生活康养基地以及游憩观光基地。

3. 开发定位

集禅茶养生、茶林养眼、采茶体验、茶文化展示、茶艺表演为一体的乡村旅游区。

4. 建设内容指引

规划以茶文化为一体，依山就势设计开发茶艺景观、茶疗会所、茶浴康养度假、山地户外运动等内容。

（十三）四季花田田园综合体旅游项目

1. 选址

湛江镇罗塘村。

2. 开发目标

通过对四季花田的提升转型，从传统的观光为主的旅游方式向多元化旅游综合景区转变，打造其成为国家 4A 级旅游景区和国家农业公园。

3. 开发定位

规划集四季观光、客家风情体验、乡村美食、户外运动、亲子研学、休闲度假和乡村养生养老等功能于一体的大型旅游区。

4. 建设内容指引

重点是完善养生养老小镇、客家风情文化、研学教育基地、汽车营地、户外运动、特色乡居民宿等内容。

（十四）香江竞渡水利旅游项目

1. 选址

瓦塘镇香江村、新江村和上江村。

2. 开发目标

整合三个村的资源，结合乡村振兴建设目标，将香江竞渡建设成为国家级水利风景区。

3. 开发定位

开发以生态观光、乡村美食、龙舟竞渡、水上游乐、乡村旅游为一体的旅游区。

4. 建设内容指引

重点开发龙舟文化、龙舟体育竞技体育、乡村体育赛事、乡村美食和现代农业观光、水上游船观光等。

（十五）东津冲口美丽乡村项目

1. 选址

东津镇石连村。

2. 开发目标

挖掘石连村的舞狮文化，将舞狮文化注入旅游当中，同时，结合乡村振兴建设，实现旅游与乡村振兴深度融合，发挥旅游 + 乡村振兴的优势，将冲口现代农业园打造成为全国有名的休闲农业与乡村旅游示范区。

3. 开发定位

重点开发乡村高端民宿旅游、乡村精品酒店度假、乡村养生养老以及富硒农副产品。

4. 建设内容指引

在建设内容上突出养生养老、乡村休闲、田园山居民宿、乡村精品度假酒店、乡村休闲运动以及传统农耕、文化景观、乡村习俗等。

（十六）木格君子垌客家围屋风情旅游项目

1. 选址

木格镇云垌村。

2. 开发目标

君子垌客家围屋在保护好原有建筑风格的基础上，结合现代生活习惯和旅游功能需要，对围屋前后和公共空间进行整治，积极发展乡村文化创意产业和创意农业，开发客家人的家风家教和家族史，将其建成贵港市客家文化的活态博物馆、生态博物馆，成为传承中国优秀家风家教和民间传统优秀礼俗基地。

3. 开发定位

规划集客家传统礼俗、家风、家教的传承基地和乡村旅游、乡愁记忆为一体的乡村文化旅游综合体。

4. 建设内容指引

在建设内容上着重开发客家围屋生态博物馆、客家民间活态文化传承基地、创意农业、文化创意产业。

（十七）港南乡村旅游项目

1. 选址

各乡镇已开发或规划开发的乡村旅游项目。

2. 开发目标

万福生态农庄、八塘山泉农庄等乡村旅游区或农家乐，根据自身的发展努力往四星级及以上乡村旅游区或农家乐进行开发打造。

3. 开发定位

各乡镇乡村旅游区或农家乐在开发定位上，依据自身的资源优势和区位优势，重点开发乡村美食、研学、乡村运动、传统农耕、亲子教育、乡村国学、手工艺、乡村传统作坊、休闲农业等特色旅游功能。

4. 建设内容指引

在建设内容上，一是突出乡村性，开发具有乡村性的旅游项目；二是突出乡村趣味性，通过乡村趣味项目记住乡愁；三是挖掘乡村民间曲艺、体育、民俗等特色资源，开发包装乡村文化旅游项目；四是依托乡村田野和乡村广阔天地，开发怀旧的、抒情的、历史的等乡村旅游项目。比如：知情文化旅游项目、乡村音乐、古镇古村落旅游等。

（十八）木梓石牛岭绿色矿山地质公园旅游项目

1. 选址

木梓镇武思江村。

2. 开发目标

石牛岭矿山经过治理后成为绿色矿山。在采矿留下的坑道等地形地貌具有较高的旅游开放价值，通过规划建设，以绿水青山就是金山银山的理念为指导，以国家地质公园的标准要求，将其打造成为贵港市最大的露天矿产博物馆、国家地质公园。

3. 开发定位

以石牛岭的矿产资源和贵港矿产资源为依托，规划开发集地质科普、生态观光、坑道体验、采矿淘金体验、户外运动为一体的特色地质旅游。

4. 建设内容指引

依托矿产这一独特的资源，规划把中国传统的“福禄寿喜财”文化融入矿山开发当中，建设淘金乐园、研学旅行、户外越野、采矿体验、地质科普研学、冒险小镇等内容。

（十九）木梓镇程江村森林康养旅游项目

1. 选址

木梓镇程江村。

2. 开发目标

依托林下树上生态环境种植铁皮石斛、加工、销售、育苗等资源优势，同时，依托市场发展潜力，积极发展森林康养旅游，以生态、运动、康养、美食、保健等多功能为发展目标，将其打造成为中医药健康旅游示范基地和生态旅游示范区。

3. 开发定位

规划开发集森林科普、生态观光、康养保健、户外运动、研学旅行为一体的特色旅游。

4. 建设内容指引

规划融入中国传统的养生文化和中医文化，按照生态理念，建设科普园、百草园、康养中心、康养民宿、度假中心等内容。

（二十）木格镇风电旅游项目

1. 选址

木格镇。一期在早礼、黄石、黄村、梁村、平悦、水泉、陈索、云垌等村。二期在朗联、寿莫村。

2. 开发目标

风电作为一个人工景观，由于其独特的功能与作用，具有独特的旅游观赏价值。规划依托木格中核广电风电项目，开发风能发电科普、生态旅游、生态观光以及山地旅游项目，开发成为旅游区。

3. 开发定位

规划开发集生态观光、特色景观观赏、科普研学、休闲体育等功能为一体的特色旅游。

4. 建设内容指引

规划以风电景观为核心，适当扩大游览范围，依托风电所在的地形地貌和生态资源，开发休闲体育、汽车越野、四季瓜果、现代科技科普等内容。

（二十一）木梓镇六罗民俗旅游项目

1. 选址

木梓镇六罗村。

2. 开发目标

依托六罗生态、民俗、农业景观以及双岭大王祈福（习俗）、双岭天池望日、大氧吧——双岭森林公园、中国石拱古桥——家检桥、千年泡珠古井——大井、独树成林——百年古榕、印象·青石古巷、高基·龙脊梯田等胜景，积极发展民俗旅游、生态旅游、观光旅游、健康旅游以及乡村体验旅游等，将其打造成为国内有名、广西著名的生态旅游村和高星级乡村旅游区。

3. 开发定位

规划开发集生态观光、民俗风情、健康养生、乡村旅游等功能为一体的生态旅游区。

4. 建设内容指引

规划重点打造六罗八景景观，同时，依托生态、民俗、梯田景观、森林等旅游资源，开发森林康养、生态民宿、民俗表演、乡村美食、休闲运动、研学旅行等内容。

（二十二）瓦塘十三湾康养中心旅游项目

1. 选址

瓦塘街道八合村。

2. 开发目标

依托项目所在地资源和条件，重点以银发市场和康养市场为核心，规划将项目建设成为一所集托养寄养、健康娱乐、康复治疗、休闲度假为一体的多功能、社会化、开放式的综合性康养旅游基地。

3. 开发定位

规划开发集休闲运动、乡村旅游、养生养老、民俗体验等功能为一体的健康旅游示范基地。

4. 建设内容指引

规划开发银发中心、护理中心、养生公园、百草园、中医药康养以及儿童乐园、民族风情园等内容。

（二十三）桥圩将军节乡村旅游项目

1. 选址

桥圩镇新华村洋海屯。

2. 开发目标

依托项目所在地资源和条件，重点以乡村运动、乡村民宿、将军节民俗文化为核心，规划将项目建设成为一所集托乡村观光、休闲农业、乡村美食、乡村民宿、乡村民俗、乡村养老为一体的多功能乡村文化旅游区。

3. 开发定位

规划开发集节庆活动、乡村文化体验、乡村养生养老、康体娱乐、乡村运动为主要功能的休闲农业与乡村旅游示范区、国家农业公园。

4. 建设内容指引

以将军节节庆文化为主体，开发将军节节庆、乡村农耕、康养养老、农耕体验、特色农业、创意农业、乡村非遗展示、乡村美食等旅游项目。

（二十四）百年巧匠旅游项目

1. 选址

港南区江南工业园。

2. 开发目标

依托项目所在地木业加工产业以及电子产业，以贵港文化符号为创作元素，以贵港的木板为载体，融合中国传统的嵌、烙、刻、绘和中国工笔画技法，开发具有贵港文化元素和港南历史文化符号的文化产品，打造成为贵港市乃至桂东南区域具有较强影响力的木绘文创基地。

3. 开发定位

规划开发集木绘文创、文化交流、民间木工体验、旅游商品展销以及木业博物展览为一体的木绘文创基地。

4. 建设内容指引

规划重点以贵港的荷文化、港南古郡历史文化、中国传统的梅兰竹菊、福禄寿喜财等文化元素作为创作灵感，开发明信片、挂饰、文创木地板、器皿、木绘工艺品等文创旅游商品。

四、镇街发展定位规划

（一）江南街道——全域旅游中心，宜旅宜商宜居宜业的休闲旅游城市

江南街道是港南区的行政、文化、商业中心，规划整合南江桂林郡治文化、南山福寿文化、南江历史文化等代表港南历史文化的资源与现代城市设施、商业、市井等融合发展，用文化包装城区，用文化塑造特色城区，用文化增强城市品位与内涵。同时，把整个港南城区作为一个历史文化大旅游区进行打造，用旅游理念规划设计开发一批特色城市业态，将城区打造成为港南全域旅游服务管理中心、全域旅游的龙头。为此，规划把江南街道的公园、街区、酒店、餐饮店、购物场所、城市主干道、城市标志性建筑（罗泊湾大桥）、公共交通、文化场所、娱乐场所等转为旅游产品、旅游业态；积极发展夜间旅游，把江南街道打造成为贵港市不夜城。

（二）八塘街道——城市休闲、美食基地

发挥八塘街道作为港南区的城郊优势，积极引导发展一批农家乐、城郊休闲娱乐项目，规划将其定位为环城市农家乐旅游带。

（三）东津镇——乡村旅游型乡镇

依托东津镇的郁江、现代特色农业、生态农业、新农村建设、乡村产业等内容，重点开发乡村观光、乡村休闲和乡村养生养老旅游，打造乡村旅游型乡镇。

（四）桥圩镇——特色旅游型乡镇

充分发挥桥圩红色旅游、羽绒工业、温泉资源等特色优势资源，积极发展适应大健康旅游发展需要，开发工业旅游、红色旅游、温泉康养旅游以及特色小镇旅游。

（五）湛江镇——休闲观光型乡镇

湛江镇以四季花田为辐射带动，着重打造以乡村休闲、乡村文化体验旅

游，通过错位竞争，开发出一年四季皆可旅游的特色休闲体验旅游产品。

（六）木格镇——文化体验型乡镇

木格镇是港南区乡村文化富集和生态农业富集的乡镇，依托这些资源优势，通过“旅游+、+旅游”的路径，整合要素，整合资源，联动发展，积极开发北一茶山、布山谷富硒农业、君子垌客家围屋、八音、龙凤麒麟舞、古村落、古祖祠等休闲农业和乡村文化体验旅游。

（七）木梓镇——户外运动型乡镇

木梓地形地貌适合开展户外运动，特别是港南区最大的水库——武思江水库是其代表，依托木梓的生态资源和独特的地形地貌，开发以山地运动、水上运动、汽车运动、乡村骑行、球类运动、体育竞技运动等为主题的户外运动旅游。

（八）新塘镇——养生养老型乡镇

新塘有近邻港南城区的优势，山水风光旖旎，田园生态优美，恬静的乡村以及岭蒙等水库资源，都是养生养老所需要的环境与资源，规划依托这些优势，新塘镇积极发展乡村养生养老旅游产业。

（九）瓦塘镇——原生态旅游型乡镇

瓦塘在原生态文化、原生态景观、原生态养殖等方面相当有特色，尤其是以亚计山生态养殖、香江原生态龙舟竞渡、瓦塘原生态美食等方面为代表，规划开发是突出“原生态性”，开发具有原生态特性和特色的、主题性的旅游。

第五节　全业融合

以“资源无限、产业无界、创意无穷”为理念，发挥“旅游+、+旅游”的综合带动功能，推动港南区旅游资源有机整合、产业深度融合和全社会共同参与。通过旅游与农业、林业、工业、水利、体育、文化、康养、商贸等相关产业与行业融合发展，相互渗透，推动由单纯旅游资源开发向旅游资源、城乡资源、产业资源等联动开发模式转变，培育旅游新业态和旅游市场消费新热点，增加多样化、常态化、全季节性旅游产品供给，面向广大游客提供更多的生活化时空，形成全天候的旅游产品体系。巩固提升南山、四季花田、郁江公园等旅游品牌影响力。重点发展文化旅游、生态旅游、康养旅游、休闲度假、乡村旅游等旅游产品开发。积极发展自驾房车、研学旅游、情感旅游、探索旅游、演艺旅游、在线旅游、骑行休闲、摄影写生等新业态产品（见表 4–11）。

表 4–11　港南区全域旅游产业融合规划一览表

序号	旅游业态	示范项目
1	特色旅游	南山景区（南山公园、南山寺）、四季花田、动感郁江（郁江公园）
2	旅游新业态	旅游绿道骑行休闲运动、郁江夜游、中医药康养、富硒农业康养、乡村养生养老
3	旅游 + 城镇化	桥圩温暖小镇、四季花田养生养老小镇、香江龙舟小镇、铜鼓湾温泉小镇以及江南街道、桥圩、湛江、木格旅游城镇
4	新农村 + 旅游	木格云垌、木格良坡、桥圩震华、湛江平江和蒙村、瓦塘香江、东津石连、江南街道南江等
5	旅游 + 体育	骑行绿道、香江龙舟竞渡
6	旅游 + 养生	中医院中医康养、铜鼓湾温泉康养、富硒农业康养、木梓森林康养、瓦塘十三湾康养中心
7	农业 + 旅游	四季花田休闲农业旅游、亚计山生态养殖旅游、东津冲口特色水果旅游、北一茶山旅游、布山谷富硒农业旅游
8	工业 + 旅游	港南工业园工业旅游、桥圩羽绒工业旅游、石牛岭绿色矿山旅游、木格风电旅游、木业加工、电子产品加工
9	旅游 + 商贸	茶文化特色旅游街区、华隆超市、特色住宿、星级酒店、旅游商品研发基地、贵港义乌中国小商品智慧新商业产业园
10	旅游 + 文化	南山宗教文化、桥圩红色文化、罗泊湾遗址文化公园、南湖历史文化旅游区、君子垌客家围屋群、香江龙舟文化、六罗民俗旅游

一、旅游 +

充分发挥“旅游 +、+ 旅游”整合、带动功能，培育新产品新业态。推动旅游业与一二三产业融合发展，促进旅游与文化、体育、农业、乡村建设深度融合，大力发展专项旅游产品。

（一）旅游 + 互联网

加强旅游互联网基础设施建设，加快宾馆饭店、景区景点、乡村旅游区、城区的无线网络、5G 等基础设施覆盖，建设港南智慧旅游城市，培育一批智慧旅游景区、智慧旅游企业、智慧旅游乡村；搭建旅游大数据平台，建立旅游与多部门数据共享机制；鼓励“旅游 + 互联网”的创新创业，创建一批“旅游 + 互联网”创新示范基地；大力发展智慧旅游，推广网络支付、电子门票等新技术，通过互联网促进广西旅游资源与远程客源市场的高效对接，运用微博、微信、微店、App 等新技术，创新旅游网络营销模式；利用大数据、云计算技术手段，创新旅游管理方式。

（二）旅游 + 养生农业

1. 延伸农业产业链，促进“农旅”深度融合

积极发展生态休闲农业，以红心火龙果生态种植（核心）示范区、津口水果现代特色农业核心示范区及亚计山扬翔生态养殖（核心）示范区为依托，积极推进绿色种植业、生态养殖业和健康休闲农业等现代农业产业的发展；以港南区的特色“富硒”农产品为基础，开发高端养生系列产品，推进保健旅游产品的开发和推广。

2. 培育特色农业景观，打造观光农业旅游产品

港南区传统乡村景观资源较为丰富，稻田、茶园、林地、河流相互映衬，具有一定的观赏性。应进一步整理现有农业资源，提升农业景观的质量，以推动观光农业的发展；加快建设“四季花田”休闲观光农业示范区，提高田园景观丰度，匹配特色农业主题；同时加大宣传力度，创建港南区农业旅游的金字招牌。

3. 以旅游带动港南农产品商品化，建设产业系统

港南区农业资源丰富，拥有东津细米、木梓阿婆茶、满田乐富硒米、德诚和红茶（绿茶）等优势特色品牌。港南区应通过发展旅游带动优质农产品商品化，优化产业空间布局、拓展农业的旅游功能。以农业生态观光园、特色农业园区、田园综合体、农产品加工园为载体，集合观光、农事体验、农产品消费等功能，建立“旅游 + 农业”一体化产业系统。

4. 立足农业生产生活方式，打造农旅体验旅游产品

适应散客化和家庭自助游发展趋势，打造农旅体验旅游产品。建设精品农家乐，将农业生产、农艺展示与农耕文化体验相结合，策划农事体验、果园采摘、浅水捕捞、稻田迷宫等体验性、实践性活动。以农业景观为背景，结合农耕民俗活动和互动性体验项目，调动旅游者的参与积极性，提升旅游体验质量。

5. 深化农旅融合机制，助推旅游扶贫与乡村振兴

农业、农民和农村三者之间相互依存，密不可分。港南区应深化农旅产业融合机制，大力发展以产业为支撑的多种形式的农业旅游和乡村旅游，通过农业发展带动农民增收，助推旅游扶贫和乡村振兴。如：将美丽乡村建设与特色民宿相结合，利用传统乡村景观和环境营造原生态生活场景，满足游客的住宿需求；以旅游项目为依托，以点带面，打造田园综合体和家庭农场等具有一定规模的农旅产品，吸引农村人口回流，鼓励能人返乡创业，带动乡村脱贫致富；推动农民住宅和自留地的创新性和多元化利用，引入共享田园和共享民宿等开发模式，逐步杜绝房屋废弃和土地抛荒现象。

6. 加快养生农业旅游发展

加强四季花田、冲口、布山谷、北一茶山等港南区养生农业基础建设，不断提升生产、流通、销售全过程的物质技术支撑能力，完善健全社会化服务体系。创新生产经营体制，培育壮大合作社、龙头企业、家庭农场、专业大户等新型生产经营主体，形成产业化、规模化的发展模式。依托优势资源，重点发展富硒水稻、有机瓜果蔬菜、有机茶、山茶油、中草药、黑五类等特色农产品，打造有国际知名度和影响力的长寿养生农产品品牌，建设生态、有机、规模、高效、安全的养生种养基地。

结合现代农业的发展，依托养生种养基地的建设，营造以养生为特色的农业景观和乡村田园风光，开展养生农业观光旅游。

建设养生主题农业园区，提供观赏和采摘特色蔬菜、果品或其他特色农作物等休闲活动，开发养生保健、美容养颜、康体休闲等旅游项目。建设田园养生度假区，开发以旅居度假、养生保健、体育休闲、农事体验为主要功能的旅游项目。建设长寿养生农业庄园，融生产、研发、销售、交流、养生和旅游等功能于一体（见表4-12）。

表4-12　长寿养生农业重点项目

四季花田休闲农业（核心）示范区
东津冲口水果现代特色农业核心示范区
亚计山生态养殖核心示范区
布山谷澳门现代农业生态富硒产业园
北一茶山

（三）旅游+康养

1. 整合区内优势资源，丰富康养旅游产品

整合港南区山水、森林、温泉、中药材、富硒农产品等康健资源，结合康体、健身、保健疗养等养生需求，推出药膳养生、温泉养生、冷泉养生、森林生态养生等康健养生方式，加大力度促进卫生康健产业与旅游融合发展，加快卫生康健旅游与观光、度假、研学等旅游产业的联动发展。延伸卫生康健产业，加快建设富硒农产品基地、生态养生特色度假综合体、温泉保健度假庄园、运动康疗旅游区、绿色生态食品为特色的休闲度假区，发展山水生态疗养、温泉保健、运动康疗体验、医药会展节庆、中医药购物、药膳养生体验等旅游产品，丰富港南区康养旅游产品。

2. 以地热资源为依托，打造温泉疗养天堂

充分开发港南区优质温泉资源和旅游潜力，重点建设铜鼓湾温泉休闲旅游度假区，将温泉体验系列建设成为港南的“招牌旅游产品”，逐渐将港南区打造为桂东南温泉养生度假天堂。依托温泉镇休闲度假区，以温泉体验文化为核心，开发天然温泉、花草温泉、中药温泉、茶香温泉等多样化产品；结合温泉小镇和温泉疗养院项目建设，提升温泉养生产品的专业性和规模度；分析市场需求，细分温泉市场，开发满足多样化需求的温泉旅游产品。

3. 促进生态休闲产品发展，建设生态康养基地

港南区生态环境优越，山地植被覆盖率高，空气清新，气候适宜，河湖水系发达，适宜开展各种形式的休闲养生产品。目前港南区重要的生态旅游区包括冲口观光生态农业园、万福生态休闲农场、四季花田生态观光园，主要以农业风光为主，旅游产品类型有待丰富。应引导市场主体开发森林度假、

生态水疗、避暑康养、禅茶养生、医药养生等项目，打响生态文化、养生文化、民俗文化相融的休闲康养品牌；促进农家乐、疗养院、旅游度假区和休闲区的品牌化、规模化、现代化和智慧化运营，提升生态休闲健康产业管理和服务水平，建设国内知名的生态休闲和保健疗养地。

4. 发展长寿养生食品加工业

积极引进国际知名食品加工企业，大力培育龙头企业，加强国际合作，加大研发创新，加强企业技改，扩大产品规模，促进精深加工，强化产业链循环和资源高效利用，走品牌化、国际化、规模化、循环化的高附加值发展路径。大力开发生态绿色食品、保健酒、生态茶、滋补品、无饲料饲养肉制品等长寿养生食品加工产品，创建国际一流的长寿食品品牌，打造具有国际影响力的长寿养生食品加工产业基地。

依托长寿养生食品加工产业基地，通过建设企业博物馆、工业生产参观廊道、产品展示厅、生产体验馆、产品销售厅等设施，开展养生工业旅游活动。建立长寿旅游商品生产基地，规模化组织旅游商品的生产。建立和完善长寿旅游商品营销网络，通过加强宣传力度来提高旅游区旅游商品和长寿养生旅游的知名度。

5. 积极开拓保健养生产业

养生医疗保健产业主要包括健康管理、高端体检、美容养颜、康复疗养、食疗养生、森林养生等方面。针对疗养人群的需求，依托现有的医疗服务机构，发挥医疗技术、设备和人才优势，通过多种方式增强养生医疗保健服务功能，重点提升专业强、水平高、便利化、个性化的体检服务和健康评估服务能力。针对大众养生的需求，大力发展民族传统医药保健养生、中医养生，培育美容养颜产业群，打造国际知名的养生医疗保健基地。

依托独特的养生环境，推行民族健康管理服务，以西医体检为基础，结合传统中医“望、闻、问、切”方法，提出治疗方案并推出个人健康提升计划，为缓解“亚健康”提供切实可行的途径，也将推动民族医药产业的健康发展。建设康复疗养中心、养老康复中心、民族医疗保健中心、温泉及水疗养生度假区、养生健康中心等，开发建设休闲养生、保健理疗、特色医疗等养生旅游项目。

6. 培育养生养老用品制造产业

从实际出发，加大招商引资力度，培育发展中老年人生活辅助专用品、保健品、健身美容用品等加工制造业，开发适销对路、健康有益、操作便利、安全无害的产品系列，逐步扩大养生养老用品制造业规模。

立足港南产业资源基础和特点，融入“生态、休闲、养老”理念，加快引进与研发养生（养老）用品生产技术，抢先开拓国内大市场，形成集休闲养生（养老）用品研发、制造、销售为一体的生产体系，打造区域特色明显的养生（养老）用品制造中心，为生态休闲养生（养老）经济发展提供重要支撑。

不断完善旅游区养生养老设施和提高养生养老的服务质量，吸引国内外老年人前往旅游区度假和养生。积极发展养生养老旅游地产，建设一批创意新、起点高、功能完善、设施先进、服务高端的国际化度假养老中心和老人颐养康乐园。建设酒店式养老公寓，为老年游客提供细致周到的养生养老服务（见表4–13）。

表 4–13　康养旅游产业重点项目

亚计山生态养殖场
港南区工业园区食品加工厂
富硒农副产品（东津细米、红茶、阿婆茶、红心火龙果、马蹄等）
港南区中医院
铜鼓湾温泉旅游度假区
港南区工业园
桥圩温暖小镇
木梓森林康养
瓦塘十三湾康养中心

（四）旅游 + 文化产业

1. 传承与保护性开发南山福寿文化旅游

港南区南山寺景区素以“山秀、洞奇、物古、御赐、福寿”著称，是以“福寿文化”为依托，以展现自然的喀斯特岩溶石山地貌景观为特色的综合性景区。南山寺是港南区全域旅游建设的重要吸引物。以南山寺为依托，整合散布于港南区境内的福寿文化旅游点，提升福寿文化旅游资源质量，避免文化品牌泛化。对南山寺景区进行全面优化，提升旅游项目的参与性、体验性与趣味性，激发市场活力，使福寿文化旅游成为港南区主要的旅游开发方向。

2. 整合历史建筑遗迹资源，提高港南区旅游发展水平

港南区历史建筑遗迹数量众多、保存完整，具有较高的开发价值。整合区内的历史文化遗迹资源，包括君子垌客家围屋群、南山寺、南江古码头遗址、漪澜塔、南江黄石祖祠等。通过对港南历史建筑遗迹的单体开发，丰富港南旅游景点数量；将各旅游资源点以主题串联，形成具有特色的旅游路线。有效的规划历史建筑开发范围，利用建筑空间完善旅游商业布局，完善食、住、行、游、购、娱等旅游要素，发展多业态旅游模式，从而提高港南区旅游发展水平。

3. 全力打造红色文化，创新红色旅游体验模式

近代以来港南区涌现出了谭寿林、黄彰、陈岸等一批革命先辈，是桂东南起义的革命摇篮，拥有谭寿林故居、陈岸故居等革命遗迹。在红色文化和红色旅游产品打造上，港南区大胆创新，建立让游客从被动观光到主动参与的深度体验模式。完成红色旅游从静到动、从古板到鲜活、从观光到参与体验的系列转变，全面提升红色旅游产品的品位和档次。例如，开发实景剧场和红色经典演艺项目；借助山林资源，开发野外模拟实战、徒步拉练等参与式体验项目来增加游客的旅游参与性。

4. 传承非物质文化遗产，开发传统民俗旅游产品

港南区历史悠久，民风淳朴，非物质文化遗产较为丰富，木格龙凤麒麟舞、木格彩灯、港南八音和木格客家山歌、麟驹舞等都是优质的非物质文化遗产。对传统非物质文化遗产进行挖掘、整理和提炼，并进行活态化、场景化、生活化的旅游开发，使其成为游客和当地群众喜闻乐见的文化旅游产品。同时，加大传统民俗旅游资源的开发力度，把民俗文化资源转化为具有市场吸引力的旅游产品。如：开展港南区民间歌舞比赛，打造一批特色民俗演艺节目；恢复和重现赶集、庙会等经典民俗活动；不断运用现代艺术手段和科技方法，通过体验化、情景化、动感化、娱乐化设计，将传统民俗文化进行展示性和体验性开发。

5. 立足港南区优质资源，创建研学旅游教育基地

结合四季花田休闲农业示范区、亚计山现代养殖示范区、津口水果现代特色农业示范区、亚计山森林公园、武思江水库、六罗八景等打造自然类教育、研学旅游项目。充分挖掘港南区红色文化，利用名人故居、革命纪念园等资源推出一批红色旅游文化、爱国主义教育为主题的青少年研学旅游基地，积极探索爱国教育、文化传承、陶艺体验、军事体验、亲子体验等不同研学旅游产品，进行青少年培训教育产品开发，不断丰富研学体验产品。

6. 积极发展文化创意产业，培育夜游经济

演艺娱乐业。依托港南丰富的历史文化资源，并结合桂林郡治文化、南山福寿文化、客家文化等港南特色文化，策划打造“动感郁江”城市灯光秀、景区文化演艺娱乐等。创新演艺娱乐业发展模式，不断探索服务群众和繁荣文艺创作的新途径。坚持重大活动组织与长效机制建设并重，精心组织优秀文艺作品的创作生产。继续加强对民间艺术团队的扶持，积极落实完善市场准入、走出去等方面的优惠政策，发挥民间艺术团队在繁荣旅游区文艺舞台、文化市场和文化生活中不可替代的作用，并以地方特色文化生活增强旅游产品吸引力。

会展节庆业。依托港南各特色文化旅游节、地方民族节庆等载体，培育会展节庆主体，开拓会展节庆市场，做大会展节庆经济。此外，整合“会、节、演、赛”，促进会展、节庆、旅游、体育赛事、商贸等多方互动，并建设和完善会展节庆国际化服务设施，扩大会展节庆经济规模。

创意设计业。深度挖掘港南独特的文化元素，大力发展以民俗节庆演艺、民族工艺、影视文化、文化展示、绘画摄影、软件动漫等为重点的文化创意业，强化特色品质，丰富文化产业内涵，展示旅游区多姿多彩的文化元素，强调文化与旅游发展的有效对接和互动。

培育文化产业企业市场竞争力。选择一批成长性好、示范效应强、有特色的重大文化产业项目予以支持，培育一批实力雄厚、具有竞争力和影响力的大型骨干文化企业，以此为载体，推进旅游区文化与科技的融合，传统与现代的结合，创新发展文化产业。积极开展对外文化交流，增强港南文化的国际影响

力。开展多种方式的对外文化交流，大力推动文化产品走向世界，不断提升港南的国际影响力和竞争力。积极参与国内外文化交流活动，促进政府交流与民间交流相结合，不断扩大港南对外文化交流的规模、层次、效益。

加快港南公共文化基础设施的建设完善。加快建立和完善覆盖港南旅游区内城乡、体现公益性、均等性、便利性的公共文化服务体系，更好地满足人民群众的基本文化需求。坚持政府主导与社会参与并重，以基层和农村文化建设为重点，加强制度建设，创新内容形式，促进旅游区公共文化服务体系建设可持续发展（见表 4–14）。

表 4–14　文化产业重点项目

南山福寿文化旅游项目
罗泊湾遗址文化公园
南湖历史文化旅游区
君子垌客家围屋群
桥圩红色旅游区
四季花田养生养老小镇（客家风情小镇）
六罗民俗旅游

（五）旅游 + 体育产业

1. 承办具有国家影响力的精品赛事

积极举办或承办全国山地徒步比赛、自行车比赛、全国山地自行车邀请赛等体育运动赛事，增强旅游与体育的结合。积极打造精品体育赛事，举办或承办广西公路自行车公开赛等体育运动赛事。

2. 打造具有挑战性的户外康体运动基地

积极发展山地、水域康体运动项目。依托武思江水库、香江等有利地形打造一批可以长期运营的“体育 + 旅游”户外康体基地，开发户外康体、训练、登山、热气球、骑行、攀岩、龙舟竞渡等旅游产品，打造具有创意和挑战性的户外康体运动基地，实现传统景区向体育的延伸。打造武思江生态旅游区，开发水上摩托、水上皮划艇等水上运动。

3. 利用民间竞技活动发展观赏性体育旅游

民间竞技活动。民间竞技活动具有较高的观赏性与参与性，以港南区香江龙舟赛为依托，建设瓦塘香江竞渡旅游区，同时开发舞狮、摔跤、拔河、斗鸡等活动。深入挖掘港南区传统民间竞技传统，举办相当规模的竞技比赛，策划观赏性体育旅游产品。

体育竞技业。通过举办国际化体育竞技赛事，打造有港南特色、影响力大的品牌赛事，逐步培育门类齐全、结构合理、具有国际竞争力的体育竞技业。结合港南民族特色体育项目，逐步完善民族体育竞赛体系，夯实民族竞技体育发展的基础，促进竞技体育门类均衡发展。建设一批国际标准化体育训练基地，以生态环境优势吸引国内外运动队和俱乐部来旅游区训练和比赛。

大众健身业。积极研究现代群众体育、体育文化等工作的特点和规律，进一步加强港南体育公共设施建设，全面建成覆盖城乡、比较完善的全民健身服务体系。

体育旅游业。以体育服务为依托，积极发展徒步游、登山、野外拓展等户外运动项目，开发国际竞技赛事、民族特色竞技等比赛的参观与体验游，为游客以及当地群众提供更多、更好的体育活动内容和服务，推进体育旅游业发展（见表 4–15）。

表 4–15　体育产业重点项目

港南骑行绿道
香江龙舟竞渡
各类体育赛事

（六）旅游 + 娱乐业

特色化发展娱乐项目。以港南“生态、文化、历史、乡村”特色旅游资源优势为基础，突出“休闲、体验、享受、乡村”主题，按照国际高标准、精品化、个性化要求，依托星级酒店、农家乐休闲区、高端休闲会所等场所，开发休闲娱乐项目，丰富港南旅游活动内容，将港南打造成为国内外知名的休闲胜地。

加快科技创新，提高娱乐业发展水平。围绕港南旅游国际化发展目标，在港南区内娱乐业发展中加入科技元素，借助电脑技术、网络技术、通信技术以及新媒介等科技手段，使娱乐创作、生产数字化，娱乐信息传播信息化，多元化、优质化发展娱乐项目。

完善娱乐业社会化服务体系。规范化建立、完善和管理港南区内社会化娱乐服务体系，多元化开拓娱乐分销渠道，加速娱乐产品的市场流通，营造多姿多彩的娱乐生活氛围，在更好地满足当地群众娱乐需求的同时，丰富游客夜生活，使娱乐业成为促进旅游快速发展的又一强力保障（见表 4–16）。

表 4–16　旅游 + 娱乐产业重点项目

动感郁江（郁江夜游项目）
特色茶文化步行街
南山公园夜游项目
南湖历史文化旅游区实景演艺

二、+ 旅游

（一）商贸业 + 旅游

围绕旅游产业的发展，构建商贸旅游平台，完善旅游商贸机制，改革流通机制和渠道，健全流通网络，提升商贸服务业发展水平。

加强商品市场体系建设。改造老商业区，发展大型购物商场和特色商业街区，建设一批规模大、品质高、辐射带动强的大型专业市场，培育和提升一批大型商贸服务企业和老字号品牌，推动连锁经营、直销配送和网上购物等经营方式创新。积极发展与旅游业相关的商业零售业态。

完善物流体系。利用港南的产业优势和地域优势，建设现代物流园区、现代物流配送中心等，加快完善商贸物流体系（见表 4–17）。

表 4–17　商贸旅游重点项目

华隆超市
南湖商业广场
特色茶文化步行街

续表

南宁百货
贵港义乌中国小商品智慧新商业产业园

（二）工业 + 旅游

1. 打造工业旅游示范点

依托北一茶厂、石牛岭矿山等加工企业发展工业旅游，开发工业旅游参观通道，展示工业生产过程和企业文化，将加工企业建设成休闲观光、知识科普为主要功能的工业旅游服务基地。

2. 建设旅游商品生产基地

挖掘贵港莲藕、港南马蹄、德诚和红茶、东津细米、满田乐富硒米、桥圩羽绒等旅游商品资源，建设旅游商品生产、销售一体化加工基地，培育旅游商品品牌企业。

3. 积极发展低碳型工业旅游

以港南区特色新型现代工业园为依托，以电子加工、木业加工、轻工食品深加工流程展示为重点内容，开发集观光性、教育性、互动性于一体的低碳型工业旅游项目，丰富工业旅游活动内容，满足游客求知需求，促进旅游区旅游产品多元化发展（见表 4–18）。

表 4–18　工业旅游重点项目

桥圩羽绒工业园
港南江南工业园
石牛岭绿色矿山公园
木格风电旅游项目
木业加工体验旅游（百年工匠）
电子加工体验旅游

（三）新型城镇化、乡村振兴 + 旅游

以产业兴旺、乡风文明、生活富裕、治理有效、生态宜居为目标，积极推进乡村振兴与乡村旅游的互动发展。利用旅游发展契机，促进乡村产业转型，提高生产附加值。发展特色农业旅游，增加农民收入，实现贫困人口脱

贫。推进生态环境优化，加强环境整治，以旅游发展带动乡村风貌改善。推进文化繁荣昌盛，传承与保护乡村文化资源。推进治理能力提升，推进旅游扶贫，推进体制机制创新。实施乡村景区化建设工程，实施生态宜居乡村工程，实施乡村传统文化传承与发展工程，实施乡村生态修复工程，实施人才培育与引进工程，实施政府组织引导工程。

1. 加强城乡风貌控制

加强港南区公共综合服务设施、文化娱乐服务设施和医疗卫生服务设施建设，建设港南区全域旅游集散中心，推进港南城区、镇区、街区的风貌改造，改造老城区、步行街等设施；重点规划港南区步行街，构建一个吃、住、行、游、购、娱为一体的文体休闲特色城区。启动港南区环境综合整治工程，实施常态化的城市景观亮化工程，精心构建城市夜景亮化体系，打造风景独特、风貌和谐、特色鲜明的城镇化景观。

2. 提升人居环境

以发展旅游为契机，推动港南区城乡风貌改善。通过城区净化美化、特色街区建设，加强公共服务设施和休闲娱乐设施的建设，通过乡村环境治理等措施，不断提升港南区人居环境。

3. 打造精品特色小镇

以产城融合为发展理念，重点打造好城区板块的综合产业服务功能。加快特色小镇的培育与建设，完善服务配套设施，构建产业链条，争创国家级、自治区级和市级特色小镇，实现新型城镇化与旅游的融合发展。打造港南区木格森林生态小镇、铜锣湾温泉小镇、湛江四季花田养生养老小镇、桥圩羽绒温暖小镇、香江龙舟小镇等。以精品小镇的发展带动一二三产业的融合。

4. 创建特色名镇名村

积极推进木梓镇回龙村、桥圩镇东井塘村、瓦塘乡柳江村、木格良坡村、东津冲口屯、江南街道南江村等创建中国特色景观旅游名村；积极引导创建一批广西特色名镇名村。

5. 推进美丽乡村建设

以郁江沿岸、香江沿岸、广昆高速、柳北高速沿线和传统村庄为重点，推进一批村落进行新农村改造，实施乡村绿化美化，改厨改厕等工程，形成村容村貌整洁、富有文化特色的乡村风景线（见表 4–19）。

表 4–19　新型城镇化、乡村旅游重点项目

桥圩羽绒温暖小镇
四季花田养生养老小镇
铜鼓湾温泉小镇
香江龙舟小镇
东津冲口屯
木格良坡村
江南街道南江村

（四）水利、林业 + 旅游

1. 打造优美水利风景区

港南区位于郁江南岸，辖区内有水库 23 座，水域面积广阔，水利资源优越。港南区的水利资源以小型水库为主，开发安全系数高，而且水域密布，有利于连片式开发。港南区以武思江水利风景区为主体，建设一批集垂钓、水上运动、健康养生、科普教育于一体的综合水利休闲旅游区。满足游客群亲水、亲近自然、休养身心的需求。

2. 开发水利休闲度假产品

水利景区良好的自然景观、优良的生态系统及相对完善的服务设施体系，与企事业单位疗养院或私人庄园相结合，构建休闲度假、商务度假或者庄园度假产品。依托水利景区的地形地貌、开阔水域，开发水上运动产品如游泳、潜水、漂流、划艇等。水利景区拥有丰富的水产资源和农林产品，盛产鱼鲜山珍，有利于打造具有特色的休闲农家乐。

3. 建设水利文化科普中心

丰富奥妙的水利科技文化，是水利旅游文化的重要组成部分，也是产生旅游动机的重要因素。设计水利工程的考察游览产品，如：建立水利工程博物馆、水科学馆，兴建水利枢纽主题景区。开发水域、湿地、山地等生态系统的科学考察旅游产品，如：建立水源保护区、湿地公园、森林公园等，让游客了解生态环境，学会热爱自然。

4. 依托山地森林生态环境，打造系列低碳旅游产品

港南区拥有亚计山自治区级森林公园，山地林业资源丰富，生态环境优越。依托亚计山极高的森林覆盖率和负氧离子含量，以低碳环保和健康养生为主要理念，打造一系列森林旅游产品。首先，林场森林生态系统保持良好，空气清新，为开发生态旅游和逃霾旅游提供了优越的条件。其次，可利用山地森林气候，开发森林避暑和度假疗养产品。旅游配套服务设施的建设应秉承小型化、精致化、多元化、环保化原则。再次，利用山地研学森林地貌和植被景观，开发运动拓展和研学科考旅游产品。如：可推出系列森林徒步科考线路和户外森林主题研学课堂等。

5. 依托大众旅游市场需求，发展特色经济林业

依托旅游发展带来的庞大客流和市场需求，引导山地和林区居民改变林业发展思路，将林业与旅游业紧密结合，推动特色经济林业的发展，带动山地和林区居民脱贫致富。例如：可培育景观植被，完善森林植被季节分布，发展森林观光旅游；种植林业经济作物，开发森林土特产品；种植景观苗木，发展观光苗木产业基地等（见表 4-20）。

表 4-20　水利、林业生态旅游重点项目

武思江生态旅游项目
香江水利风景区项目
郁江水利风景区项目
亚计山生态旅游项目

三、全时体验

按照港南区旅游产业布局规划，突出主题开发旅游产品，打造龙头旅游产品，明确重点旅游项目牵引，打造特色旅游产品、特色旅游线路、特色旅游板块。突破淡旺季，白天旺、夜游弱的旅游瓶颈，培育全时空、全天候旅游产品，构建无淡季、无淡市、特色旅游产品体系，形成港南全天候旅游产品业态格局。

（一）四季项目

1. 春暖花开·赏景

春回大地，春暖花开，正是赏景好时节。港南区现代农业发达，规模大，类型多，依托现代农业园积极开发以花为主题的赏花项目，以自然景观为主题的生态赏景项目，以春耕为主题的赏景项目，以踏青为主题的现代农业观赏项目；同时，要加强景区的绿化、美化和亮化，开发旅游风景道，实施花香绿化。（见表 4–21）

表 4–21　春天赏景旅游重点项目

春天赏景旅游重点项目
四季花田春桃赏花项目
南山公园百花赏景项目
布山谷油茶花、绿肥赏景项目
冲口梨花赏景项目
各乡镇春耕赏景项目

2. 夏日清凉·消暑

夏天港南区天气炎热，由于乡村生态环境好，绿化率高，水资源丰富，因此，即使是夏天，也凉快。夏天消暑的项目很多，尤其是水上项目和森林生态旅游项目，是最好的消暑方式。规划依托郁江、香江、武思江水库以及港南区内的亚计山森林、水库、林区等积极开发水上游乐、游泳等项目，并开发消暑美食，如绿豆粥等（见表 4–22）。

表 4–22　夏天消暑旅游重点项目

夏天消暑旅游重点项目
武思江生态旅游项目
香江龙舟竞渡项目
南山公园水上旅游项目
亚计山生态避暑项目
各景区景点的亲水项目

3. 秋日私语·闲游

清凉一夏之后便进入了深秋季节，秋天天气凉爽，雨水少，适合从事休闲运动以及开展各类节事活动，各旅游项目业主可抓住秋天美好时节，开发以休闲为主题的系列旅游活动和旅游项目，尤其适合开发星空观赏旅游活动（见表 4–23）。

表 4–23 秋天闲游旅游重点项目

四季花田星空营地
万福生态农庄汽车露营
北一茶山登高望远
布山谷休闲骑行
木格风电
乡村采摘、农耕、收获等活动
举办休闲体育、文化旅游节事、农民丰收节活动

4. 冬日润养·补养

港南周边的玉林、贵港、桂平、平南、来宾等客源市场，每到冬天都有进补的习俗。此外，港南区连片开发有中草药和食补农副产品，并且港南区还有地热、温泉等养生旅游资源，依托这些资源开发以食补为主题的冬季旅游活动，以弥补淡季不足（见表 4–24）。

表 4–24 冬天补养旅游重点项目

铜鼓湾温泉旅游度假区项目
香江乡村美食项目
木梓程江村森林康养
瓦塘十三湾康养中心
港南区中医药药膳食疗项目
各乡村旅游区、景区景点及饭店、餐饮店补养美食项目

（二）昼夜项目

1. 白昼项目（全天候“阳光体验”）

白天旅游是传统的旅游方式，白天多为观光、休闲、运动等参与性、体验性较强的旅游项目，能够满足游客多重体验需求，除了恶劣天气和灾难外，白天可游玩的项目非常丰富，港南区可以积极发展观光、休闲、运动、生态、娱乐等全天候的“阳光体验”项目（见表 4–25）。

表 4–25　白昼旅游重点项目

四季花田项目
布山谷项目
香江龙舟竞渡项目
北一茶山
君子垌客家围屋
桥圩红色旅游区及温暖小镇
各乡村旅游区、景区景点观光、运动、体验等项目

2. 夜游经济（全天候“月光体验”）

夜间旅游是留住客人的重要路径，是拉长旅游产业链，增强旅游经济的重要抓手，依托现在的科技手段和声光电技术，可以开发出娱乐、演艺、购物、美食、康养、休闲、运动等多元化的夜游旅游项目，实现全天候“阳光体验”（见表 4–26）。

表 4–26　夜间旅游重点项目

四季花田星空营地项目
动感郁江夜游（城市灯光秀）项目
铜鼓湾温泉旅游度假区项目
港南区特色茶文化步行街
夜间美食、夜间娱乐、夜间休闲等夜间旅游项目
南湖历史文化旅游区城市灯光秀、实景演艺
罗泊湾遗址文化公园夜游项目
贵港义乌中国小商品智慧新商业产业园

第六节　全网营销

一、全景引客（市场定位）

（一）市场定位

1. 海外旅游目标市场分析

一级客源市场：港澳台和东盟国家，主要利用旅游距离近、出游成本低、产品差异性大的优势，针对这些客源市场对健康养生、商务休闲、生态旅游的积极消费倾向，进行大力的宣传、促销和开拓。

二级客源市场：以日韩和欧美国家为主，依托广西旅游在国际上的吸引力，利用紧靠北部湾和大湾区的区位优势，大力招揽这些客源市场的商务会议游客、商务休闲游客，以及对工农业旅游、科考旅游感兴趣的特种旅游客源。

三级客源市场：主要是一、二级以外的客源市场，对这部分客源市场，主要依托港南旅游的知名度提升来逐步吸引游客。

2. 国内旅游目标市场分析

一级客源市场：广东、广西市场。利用区位优势和交通便利条件，积极开拓和吸引省内外周末休闲、康养度假、生态旅游等游客。

二级客源市场：云南、贵州、重庆等西南市场。主要利用港南旅游良好的资源和环境优势，以及未来开发建设的健康养生、商务休闲、文化旅游产品，吸引这些地区的高端游客和大众游客。

三级客源市场。提升港南旅游的知名度，以逐步吸引一、二级游客市场以外的国内其他地区的客源（见表 4–27）。

表 4–27　港南旅游目标市场定位

市场类型	国内市场	海外市场
一级市场	广西、广东重点的省内外客源市场	港澳台和东盟国家
二级市场	云南、贵州、重庆等西南省市	日韩、欧美国家

续表

市场类型	国内市场	海外市场
三级市场	国内其他地区	澳洲、非洲等其他客源市场
吸引力指向	健康养生、商务休闲、山水生态	山水生态、文化旅游

（二）市场规模预测

1. 预测依据

（1）规划区的环境容量和接待能力；

（2）港南旅游业发展环境和趋势；

（3）依据港南旅游部门历年年度工作总结，计算出 2015 年至 2019 年的港南游客接待量年均增长率为 30% 左右，旅游收入年均增长率为 25% 左右；

（4）三北和柳梧高速开通提高可进入性；

（5）全面脱贫国家战略和全面建成小康社会的背景；

（6）考虑各级政府的政策支持、社会各界的关注以及港南的地理位置、交通发展情况等现实条件，结合旅游目的地生命周期情况进行预测；

（7）解决好规划区旅游相关群体的利益分配，不因利益分配矛盾产生旅游经营的整体性或全局性的重要障碍；

（8）旅游营销策略、营销渠道正确，营销投入到位。规划区开发经营后，旅游营销投入比例达到旅游营业收入的 5%~10%；

（9）有一支思想素质好、懂经营、善管理的旅游产业经营队伍；

（10）执行景区承载量核定最高额限值。

2. 人数预测

（1）预测的基数

以一级客源市场为预测基础，采用人口基数与调查统计分析结果相结合的方法进行预测。所涉及的数据如下：

据 2019 年公布的人口统计数据，周边五市一级客源市场常住城镇居民为 706.22 万；人口城镇化率为 60.23%；2019 年我国城镇居民出游率为 333%；在规划建设期结束时，一级市场对景区的认知率达到 50%~60%；根据潜在客源问卷调研分析，居民愿意去港南旅游的比例是 20%。根据旅游者“动机—

需求”理论，产生旅游需求的人数占产生旅游愿望人数的比例是10%~20%。

一级市场人数预测模型：$Q = R_1 \times A \times B \times C \times D$

其中：R_1 代表一级市场人口总数，取城镇总人口706.22万人；

A——代表一级市场城镇化率，取60.23%；

B——代表城镇出游率，文化和旅游部2019年统计数据为333%；

C——代表来景区一级市场的认知率，市场调研结果为20%；

D——产品购买者占产品认知人口的比例，市场营销经验数据20%左右。

根据市场营销理论，一级市场应占总体市场1/3以上，这样的市场才能构成强势市场。因此，对总体市场人数由一级市场的3倍来推测。考虑到随着旅游建设与发展，确立了稳定的主题形象和较为完善的销售渠道，目标市场的认知度逐步提高，以及广西经济的发展和未来客源市场的转变，港南未来客源市场的游客将会逐渐增多。根据旅游发展的一般经验，建设期增长率为20%左右，运营期增长率会出现井喷现象，一般增长率在30%以上，完善发展期增长速度会逐步放慢，增长率在10%左右。因此，以下为景区的未来客源市场规模发展趋势（见表4–28）。

表4–28　景区游人规模测算表

年份	年游人规模（万人次）	年递增率（%）	备注
2019		426	建设期，接待人数
2020	490	15%	预测基数
2021	588	20%	
2022	706	20%	
2023	811	15%	
2024	933	15%	
2025	1026	10%	
2026	1129	10%	
2027	1242	10%	
2028	1341	8%	

续表

年份	年游人规模（万人次）	年递增率（%）	备注
2029	1449	8%	
2030	1565	8%	

二、全民好客（市场营销）

（一）接待中心

为了从价格方面吸引大众游客，制定价格营销策略，游客在港南的景区消费到规定的消费额度后可以凭票报销从南宁、来宾、贵港、玉林、柳州到达港南的车票。为此，在南宁、来宾、贵港、玉林、柳州与长途客运汽车公司合作，建立游客服务接待点，为直接进入景区的游客提供车费半价或免费接待服务，以此吸引游客。

（二）营销中心

为有效地针对一级目标市场（核心市场）进行营销，由港南的旅游企业采取直接在目标市场建立营销中心。营销中心功能为零距离对目标市场进行宣传营销、推广营销以及针对大客户展开公关营销，起到组团、招徕客源的目的。

近期规划在贵港、玉林、贵港、南宁、柳州、来宾与当地的旅行社合作，建立营销中心，负责广西市场营销。

后期规划在广东、广西其他城市目标客户群建立营销中心，与当地的旅行社合作，建立营销中心，负责两广市场营销。

（三）旅游形象传播规划

旅游形象在市场营销中具有重要的作用，也是市场营销的重要渠道。

最能集中、深刻体现旅游区形象的总体理念（一级理念）；文化、资源特色理念（二级理念）以及经营、服务、管理理念（三级理念）的精髓莫过于旅游形象的宣传口号。

1. 理念设计（MI）

一级理念（总形象）：古郡新城 生态港南

二级理念：江山田野 漫游港南

三级理念：生态康养 旅居港南

2. 宣传口号

——古郡新城 生态港南 或 江山田野 漫游港南。

解释：古郡——是指港南作为岭南首郡：桂林郡郡治所在地，历史悠久，文化积淀深厚，突出文化的深厚性。

江——是指郁江和香江两条可用于旅游开发的江河。

山——是指港南的南山、亚计山等代表性的山地旅游资源。

田野——突出港南的乡村资源特色，港南的乡村旅游资源以"茶、富硒农业、观赏性农业、古村落、新农村等为代表"，同时，也回应了现代游客趋于回归乡村田野、回归生态自然的消费需求。

漫游——突出港南的旅游市场定位重点，为城市市民、亚健康人群以及生活压力大、工作压力大、学习压力大等各种压力下的游客提供一个休闲、放松身心的游玩方式，并以此避免与桂平、平南、港北、覃塘等周边县区市旅游定位重复。

"江山田野 漫游港南"旅游形象既突出了港南的旅游资源优势，又突出了港南旅游的市场定位，并且朗朗上口，容易记忆。

（四）旅游市场营销核心策略

旅游市场营销可采取"六个一"核心策略进行，即每年：

策划一场区域性骑行赛事；

策划一部以港南风土人情为主题的微视频；

策划一次非专业摄影大赛；

策划一次以景区景点为素材的微信·微电影·抖音营销创意大赛；

策划一次中小学研学旅行夏令营。

（五）旅游市场营销规划

从港南所处的地理位置及其旅游产品的类型，结合当前旅游业发展的趋势来进行综合分析，港南的目标市场可以从时间和空间两个方面来进行细分：

第一阶段（开发头 2 年）以区内贵港、南宁、玉林、河池、来宾、柳州、珠三角为核心客源地，推广方式以自助游和旅游组团并重，重点开发温泉休闲度假、乡村生态观光和户外运动产品。

第二阶段（开发 3~5 年）客源市场覆盖全区及粤港澳大湾区城市群、海南等地区，推广方式依然是以散客和旅行社直接营销相结合，在已有的基础上重点开发康养旅游项目、休闲度假和现代特色农业旅游。

第三阶段（开发 6~10 年以后）为市场成熟期，目标市场向全国范围扩散，重点对象是进入广西境内的国内外游客，主要以散客为主，开发多元化旅游产品，重点是健康养生和高端休闲度假。

（六）市场宣传推广规划

1. 邀请专业旅游广告机构对港南旅游品牌进行深入细致的编排，拍摄制作一部全方位的电视观光片，配以生动形象的解说词，按照目标市场的细分情况，在客源地主流媒体黄金时段重复播放。

2. 编印港南旅游观光宣传册，做到图文并茂，印制精美、介绍详细，赠送给客源地旅游机构及附近城市的宾馆、酒楼、饭店。

3. 邀请广西资深导游为景区撰写导游词。

4. 建立自己的智慧旅游网站，在互联网上设置专题网站，将有关港南旅游的所有信息集中展示。

5. 把最能代表港南景区景观特色、最能抢人眼球的标志性景观图片，投放到各类广告中。

6. 参加国内外各类旅游展销会、交易会、推介会。

7. 加强与旅行社、携程网、驴妈妈、马蜂窝等旅游中介合作，通过旅游中介进行推广宣传。

8. 加强新媒体、自媒体尤其是微信、微博、抖音等平台上的宣传推广。

9. 建立以新媒体为核心的旅游宣传新体系。

利用数字技术、网络技术、移动技术等，加快旅游宣传品数字化进程，制作一批实用性强、携带方便、传播性广的旅游电子书、高清广告宣传片、立体视频等。建立港南区智慧旅游营销平台，鼓励、扶持并培育现有旅游企业建立电子商务营销平台，或与第三方专业电子商务企业合作，扩大旅游宣传推广的渠道。在利用广播、电视、报纸等传统媒体资源的同时，积极利用网站、手机终端、博客、微博、微信等新媒体加强旅游宣传推广。全方位整合线上和线下营销渠道，推行旅游 O2O 线上线下的合作。线下推广方面，运用虚拟现实（VR）等新技术，全方位、多角度推广港南区旅游整体形象。线上推广方面，完善港南区旅游公共微信微博平台、12301 旅游公益服务热线的建设，建立“旅游网站 + 社交媒体 + App + 在线旅游社区”的一体化网络营销体系，全面建立优化线上销售和线下体验相结合的旅游 O2O 模式。

（七）旅游促销规划

为了吸引目标客源市场的游客来港南消费，在制定了正确的营销策略的基础上，可以进行如下具体的促销方式。

1. 大客户促销

派出营销队伍与工会、学校、机构接待部门以及协会、商会、俱乐部等大客户进行直接营销。争取他们将旅游活动、接待活动、会议等安排在港南。

2. 团队营销

团队营销主要针对旅行社以及各类旅游活动团体或协会。因而，团队营销可采用的策略是：

（1）针对旅行社营销

针对旅行社可采用价格折扣的方式进行营销，每个套餐可根据客源市场而制定，根据不同的套餐方式实行不同的折扣方式或是通过票务代理和承包方式，让旅行社组团到景区。

（2）针对旅游活动团体或协会的营销

旅游活动团体包括大中型企业工会、各高校工会和学生会等团体，旅游协会主要包括民间成立的各类旅游爱好者协会以及政府、企业、高校等成立的诸如老年人协会、户外旅游协会、自驾车旅游协会、学术团体或协会等各类协会。针对这些协会采用邮寄旅游宣传材料和人员登门拜访公关的形式进行营销。

（3）针对旅游活动团体或协会的营销

旅游活动团体包括大中型企业工会、各高校工会和学生会等团体，旅游协会主要包括民间成立的各类旅游爱好者协会以及政府、企业、高校等成立的诸如老年人协会、户外旅游协会、自驾车旅游协会、学术团体或协会等各类协会。针对这些协会采用邮寄旅游宣传材料和人员登门拜访公关的形式进行营销。

3. 散客市场营销

针对散客市场的不确定性和松散性，可采用互联网及主流引擎、携程、人民网、新华网等投放标签“港南旅游”，在主要目标市场采用互联网、电视、广播、报纸、杂志投放广告进行营销。

选择的媒体是：广东卫视、广州交通广播电台、深圳交通广播电台、南宁交通信息台、《南方周末》、《南国早报》、湖南《红豆》网、金旅雅途网（www.yatour.com）、意高旅游网（www.egochina.com）、中国电子商务网（www.chinaE-net.com）、信天游（www.travelsky.com）、中国旅游顾问网（www.lohoo.com）、CCTV-12 的西部频道《旅游黄金线》栏目、Voyages TV（该节目频道主要针对台湾和日本市场）。

关于杂志的选择，由于目标市场主要以年轻都市一族为主，故重点选择都市男女较受欢迎的杂志，如《读者》《都市丽人》《女友》《足球俱乐部》《旅游者》等。另外，还要选择一些旅游类杂志，如《旅行家》《风景名胜》《旅游天地》《时尚·中国旅游》等。

4. 旅游展览

每年利用各种旅游交易会（如东盟博览会旅游展、区域性旅游推荐会等），推广宣传港南，展台需精心策划与设计，以吸引观展者的注意，并发放旅游宣传手册或资料。

5. 互联网营销

通过建立港南智慧旅游网站进行广告宣传，建立具有独立域名的旅游网页，全面介绍港南旅游产品与接待服务设施等各项基本情况，进入各主要网络搜索引擎（百度等），链接其他旅游站点。同时，港南智慧网站也具有承担旅游信息化传播的功能，与专业的旅游网站和相关旅游代理商网站建立链接并投放网络广告。网站功能包括导航、导购、导览、导游，预订、信息推送、宣传营销等。

（八）海外市场推广规划

1. 充分挖掘与开拓广州、北海、南宁三个重点海外入境客源市场分流到港南。

2. 与国外，特别是地缘上有优势的东南亚地区和各国的旅游机构和驻外机构建立合作关系，开拓海外客源市场，实现客源的相互交流。

3. 与贵港市和广西壮族自治区文化旅游部门联系，将港南区列入贵港市和广西区的旅游地促销计划之中，并将其作为有特色的旅游产品向海内外促销。

4. 与海外驻外机构、同乡会、同学会、商会联系、合作，吸纳海外修学、恳亲、商务客源。

5. 与海外华侨协会合作，通过直接或间接的方式进行宣传促销。

6. 与港澳台及东南亚的旅游批发商联系，将港南列入其促销计划中。并与这些地区的媒介进行合作。

7. 通过互联网进行促销。

三、全时迎客（旅游市场主体建设）

（一）树立大旅游形象理念，形成全域旅游营销的合力

一是面向社会公开征集港南区旅游形象，确定港南旅游形象的LOGO，并聘请专业团队拍摄录制港南旅游形象宣传片和宣传主题歌曲。

二是建立健全港南旅游营销体系，整合宣传、旅游、外事、文化、新闻广电等政府部门的宣传资源，吸引企业、社区、游客等其他主体主动加入，建立政府支持、部门协同、企业联手、媒体跟进、游客参与的“五位一体”整合营销机制，构建支撑旅游全域化的营销共同体。

三是围绕港南区旅游整体形象，整合各部门力量，加大资金投入，加强旅游形象宣传推广。各级旅游部门要围绕企业需求设计组织市场推广活动，扩大企业参与度，鼓励企业参与国际、国内旅游交易会和自治区、各市组织的各种形式的宣传推广活动，将整体形象宣传与企业产品宣传有机结合。加强与媒体的合作，实施对外宣传“请进来”“走出去”工程。提升旅游服务质量，形成良好的旅游口碑效应。

（二）外引内联，培育市场主体和龙头企业

1. 大力扶持和发展中小旅游企业

积极引导扶持中小旅游企业发展，加大对中小旅游企业的政策、资金扶

持力度，建立促进中小旅游企业发展的有效激励和引导机制。鼓励中小旅游企业之间加强合作，构建旅游企业战略联盟。积极鼓励、引导中小旅游企业进一步提升管理水平，向经营专业化、服务细微化方向发展，做强一批产业创新、服务创新、管理创新的特色涉旅企业。

2. 营造旅游大众创业环境

发展众创空间，建设公开、便利、高效的旅游行业信息共享平台和交易平台，发挥现有政策的集成效应，有效整合行业资源，为创业创新者提供基础服务。合理规划创业创新布局，科学匹配创业创新资源供给与需求，建立大众创业、万众创新旅游项目库。建立广泛的社会参与旅游机制，鼓励居民、农民参与旅游开发经营。进一步降低旅游创业门槛，强化市场信息、技术服务、营销服务等旅游创业服务。大力发展创业型的个体私营旅游经济，发展家庭手工业，鼓励城镇居民进行旅游创业性就业。

3. 加快旅游信息服务体系的建设

一是完善港南区旅游核心数据库，拓展旅游信息化网络。

二是开发新兴旅游咨询服务软件，培育旅游咨询、旅游电商服务企业。

三是大力发展旅游政府系统，建立旅游预警机制。

四是大力发展旅游电子营销，建立一个多渠道、多层次的港南旅游营销平台。

（三）加强旅游市场主体建设，发挥旅游市场主体的营销效能

1. 旅游景区

加快推进景区景点项目建设。开放景区资本运作和管理市场，推进一批重点景区景点项目建设。以景区提升改造和创建高等级景区为抓手，不断完善各景区（点）旅游基础设施建设，提高景区管理水平，提升旅游景区的发展质量和服务品质，规划建设成集景点、文化产品、餐饮等要素于一体的旅游特色街区，打造旅游名街，努力增强旅游产品吸引力。

2. 旅游饭店

合理布局，优化结构，逐步建立与市场需求相适应、具有生态旅游、文化旅游、健康养生特色的旅游饭店业服务体系。加快推动星级旅游饭店（旅馆）建设，重点加强中高档次宾馆饭店、旅游度假酒店、国际艺术民宿的建

设，逐步建立并完善星级旅游服务体系。推进经济型酒店连锁经营，鼓励发展各类生态、文化主题酒店，大力发展特色化的中小型民居旅馆和特色民宿。积极引进国内外高端酒店集团和著名酒店管理品牌。拓展开发一批旅居车营地、帐篷酒店、星空帐篷、森林木屋、森林人家等特色住宿设施。

3. 旅游餐饮

利用港南丰富的食品原料，深度开发地方饮食文化，充分融入民族和地域特色，着力打造系列美食节庆，大力培育体现生态特色的餐饮品牌，完善餐饮设施建设，建设多元化、多层次的餐饮体系，形成强大的餐饮旅游吸引力。探索旅游餐饮经营模式，形成有竞争力的旅游餐饮品牌和标杆企业。培育一批特色餐馆、绿色饭店以及餐饮名店。

4. 旅游购物

大力推进旅游商品开发，完善旅游购物设施，推进旅游购物街区建设，建设港南特色旅游购物街，将其建设成区域著名的旅游购物街、夜生活休闲街。在主要公路沿线、重要景区、景点设置特色旅游商品购物点。

5. 旅游车船

加强质量监督。严格执行《旅游汽车服务质量规范》，强化对车船企业的质量监督、质量控制、质量评价；定期对车船公司的服务人员进行培训。发展连锁经营，通过连锁加盟等形式促进车船企业组建大型旅游车船企业集团；推进车船服务行业信息化服务，把零散的小型车船服务企业通过统一的专业服务平台连锁起来。

6. 旅行社服务

大力推进旅行社创新经营模式，开设主题专题旅行社，建立资源优配、分工合理、市场清晰的旅行社批发零售经营体系。重点扶持和培育发展若干实力雄厚、竞争力强、品牌优势突出的旅行社，促进港南旅行社的优化整合和改造提升；强化竞争退出机制，积极引导扶持中小型旅行社深化发展，走特色化、专业化道路。

7. 鼓励旅游配套服务企业发展

围绕旅游资源和产品的整合，鼓励采取政府调控引导下的集团化企业投资经营管理模式，引进、组建若干以大型旅游项目为载体、有较强市场竞争力的旅游企业集团、长寿养生连锁企业，建立以市场化、资本化运作为主的旅游投融资机制，使这些企业集团、长寿养生连锁企业成为港南旅游资源和产品整合的主体。

借鉴桂林国际旅游胜地先进经验，积极拓展旅游元素，为游客提供多元化选择。加大旅游招商引资力度，引进国际知名企业。依托旅游城镇，大力发展休闲娱乐、文化体育、商务会展、医疗养生、特色街区、特色餐饮、特色购物等配套产业。重点扶持一批旅游商品生产企业。完善和强化旅游科研和教育培训体系。

四、全业留客（旅游要素规划）

要留住客源，就需要有完善的旅游产业要素供游客消费，为此，重点规划住宿、餐饮、购物、娱乐等业态。

（一）旅游住宿

旅游住宿设施的配备应该与需求相对应，满足游客多层次的需求，使住宿类型和功能多样化，适合各类游客的不同旅游需求。因此，为了实现港南区旅游业跨越发展，在旅游住宿方面要布局合理，既相对均衡，又突出重点，而且档次结构要搭配合理，适合国内外不同消费层次游客的消费水平。

1. 规划思路

旅游住宿业是旅游产业的核心，因地制宜地开发各种类型的酒店产业设施，在城区重点开发商务酒店、文化主题酒店、养生度假酒店、连锁酒店，在主要景区重点开发旅游度假区、民俗风情度假酒店和汽车旅游营地等，在乡村旅游区建设生态客栈、生态民宿等，形成以城区为主，旅游景区和特色旅游乡镇均衡发展的布局。

——重点发展高档商务星级酒店。发展商务星级酒店，推进城区三星级以上高档商务酒店的发展，提升港南区旅游住宿接待设施的整体品质和集聚规模。

——引导发展主题度假酒店。依托各景区，引导开发环境优美、主题突出、生态环保、设施齐全的以港南历史文化为主题的度假酒店。建立主题度假酒店开发的严格审批制度，优先建设养生休闲、山水休闲、文化体验、温泉康养的主题度假酒店，避免兴建大量以景观房地产为主的旅游地产项目。

——积极引进连锁酒店。大力促进经济型连锁酒店的发展，适应区内外旅游者的住宿消费特征变化。引导成功的酒店管理集团对低星级宾馆、非星级宾馆进行品牌管理，对其硬件设施和服务质量进行改造，提升港南区旅游业的整体质量和形象。

——鼓励发展汽车旅馆。鼓励发展前卫旅游产品——汽车旅馆和露营营地，解决旅游景区宾馆旺季饱和、淡季空余的现象。

——规范发展乡村酒店、民宿。在生态旅游区、乡村休闲旅游区、旅游景区等生态环境优良和观光农业资源丰富的地方，引导发展乡村酒店和主题民宿，形成整洁、卫生，且具有乡村文化和农业文化特色的乡村酒店、民宿。

——推进“绿色饭店”建设。在吃、住、行方面要倡导绿色消费，采取措施，尽量减少能源、水源和生活物资的使用量，减少一次性用品的使用；推广节能建筑，合理确定适宜的房间空间。

2. 住宿设施的建设规划及布局

近期推进港南城区和旅游区等原有宾馆的升级改造和一批具有潜力和优势的宾馆的星级申报评定。对宾馆的改造主要包括卫生间的配套，服务功能的完备等，以完善宾馆的服务内容。同时，做好港南旅游市场调查和预测，把握好宏观调控，在房间的高、中、低档上按一定比例配置，确保能够以较少的投入，最大限度满足豪华、标准、经济旅游团队和散客等不同层次的住宿需求。

规划远期，在港南城区等可继续规划兴建一些高档次酒店和主题特色酒店。其他旅游城镇及旅游景区可适度新建一些主题和特色酒店，改善内部结构，发展重点是提高服务质量，通过改造和建设硬件设施以及提高管理水平等措施满足游客对住宿多样化和个性化的需求（见表 4–29）。

表 4–29　港南区住宿设施布局

区域	发展方向	发展要求
城区	连锁酒店	引进国内著名的连锁酒店，形成品牌化连锁经营
	商务酒店	按照商务酒店的要求，配备多功能会议室、视听设备等商务设施，客房也应配备较为完善的办公设施
	星级酒店	逐步培育一批星级酒店，特别是面向中高端客源的星级酒店和国际品牌酒店，提升国际化酒店服务水平
	主题酒店	发展一批以历史文化、客家文化等为主题的文化主题酒店，并针对不同游客需求建设一批特色化主题酒店
旅游城镇	主题酒店	突出港南文化特色，发展一批文化主题酒店
	乡村酒店	建设一批乡村度假型、乡村文化型酒店，提升乡村酒店的服务水平和硬件设施
	度假酒店	依托铜鼓湾、亚计山等建设旅游度假区

3. 住宿设施行业管理

（1）加强住宿业的协调发展

住宿业建设要与港南的经济发展相协调，必须适应港南的社会与经济发展规划的布局。旅游住宿设施布局和建筑风格要与港南当地风景人文景观协调，体现港南民俗特色和客家风情。住宿业布局和建筑必须有同级旅游行政管理部门参加会审。

（2）社会旅馆纳入旅游行业统一管理

随着旅游业的发展，社会旅馆行业（包括招待所、疗养院、青年旅馆和乡村旅馆等）应逐步纳入旅游行业统一管理，由旅游局扩大审查、颁发国内旅游团队、散客接待许可证，实行统计归口管理等。

（3）建立住宿行业组织，发挥行业协会作用

针对住宿经营单位面广量大、管理松散、监管难度较大的特点，通过建立行业协会，开展行业自律，弥补政府管理方面存在的不足，从而加强行业内部沟通与交流，为企业做大做强提供保障。

（二）旅游餐饮规划

餐饮在旅游业经营中占有重要的地位，是旅游收入的一个重要组成部分。融地方佳肴、风味小吃于一体，独具特色的旅游餐饮，对游客来说，既是一种物质享受，又是对当地饮食和饮食文化的一种切身体验。港南区旅游餐饮业坚持走特色化、便利化、卫生化和多样化的道路，从休闲餐饮、景观餐饮、音乐餐饮、宾馆餐饮、特色餐饮、农家餐饮、绿色餐饮、河鲜餐饮、社会餐馆等多种途径，做强做大旅游餐饮产业。

1. 规划思路

——发扬本地传统美食

港南区的风味餐饮要发扬光大，从工艺、创新、文化、特产和绿色菜肴等方面深入挖掘港南区地方特色餐饮，开发具有鲜明地方特色和浓郁文化气息的美食系列，力争使一些本地名餐名菜形成品牌。应重点完善和研究港南的地方菜，在菜肴的设计与制作上要讲究精致，充分利用本地的特色农产品，培育具有港南地方特色的风味食品。

——发展中药滋补风味美食

依托港南区周边市县中药滋补的传统，大力引进和开发具有滋补的特色美食系列，打造纯正的中草药美食文化品牌，并成为港南美食游的重要组成部分。

——提升餐饮的文化内涵

港南区桂林郡历史文化底蕴深厚，深入挖掘、利用饮食中的文化内涵可以让旅游者在享受港南美味佳肴的同时，感受到港南悠久的历史文化。餐饮文化包括三个内容：一是就餐环境文化；二是菜式菜品文化；三是服务程序文化。要突出地方特色，把握好主要菜式菜点和配套菜式菜点的关系，要通过菜单、菜名、图片及服务员的解释、介绍和服务等进行展示。

——利用本地食材，创新本地菜

港南区是农业大县，绿色生态食材丰富，应充分挖掘本地食材。建议港南举办美食烹饪大赛，对本地传统菜肴进行大胆创新，设计出色、香、味、形俱全的特色菜肴，丰富港南菜肴，提高港南美食的档次，满足更多游客的需求。

——建设主题式美食街

港南可结合旅游资源特征、旅游形象等，根据各乡镇情况建设不同主题的美食街，如东南亚美食街、乡间文化美食街等。

——积极引进外地知名的菜系

由于来自不同地方的游客口味都不尽相同，因此，除了发展本地的特色菜系，还要积极引进外地知名的菜系，如粤菜、川菜等，也包括引进一些国外餐饮，以迎合不同游客的需求。

——提高社会餐饮的卫生质量

文化旅游部门会同食品药品监管、市场监管等部门严格审查和管理社会集体或个人经营的餐馆，保证卫生状况良好、服务质量上乘。

——规范发展农家乐餐饮

由文化旅游局通过综合考察和资格认证，规范发展农家乐餐饮，务必保证氛围亲切、地方文化气息浓厚、卫生达标、特色突出，并接受旅游、食品药品监管和市场监管部门的监督管理。

2. 特色餐饮业开发

（1）做强本地特色餐饮

大力挖掘港南区本地特色餐饮和历史文化，对现有的香江烧鸭等港南特色餐饮进行深入研究并创新发展，力争形成具有港南区本地特色的餐饮品牌。

（2）做亮康养特色餐饮

积极研究以富硒农业和中草药为原材料的特色菜系，餐馆的建设上要讲究原料的精致、口味的纯正、服务的特色、环境的别致，打造具有保健康养特色的特色餐饮。

（3）做精绿色餐饮

港南也是林业大县，林下产品和绿色特产丰富，积极发展亚计山生态猪等林下养殖业，以优质无公害蔬菜基地建设为中心，着力构建特色化、组织化、品牌化、绿色化的蔬菜生产基地，大力开发绿色食品餐饮系列。

（4）做强养生餐饮

依托港南区中草药材丰富的优势，大力开发以金花茶、八角、灵芝、茯苓、金银花等中药材为原料的养生粥、药膳等养生餐饮系列，开发菜肴如党参黄芪炖鸡、桂圆大枣狗肉煲、河鱼补养汤、土茯苓猪骨汤等。港南区应加强营养和养生菜肴的研究开发，朝自然型、生态型食品方向发展，“以味为中心，以养为目的”，烹饪除了具有技术性、艺术性，还必须具有科学性，根据不同的人群、不同的年龄、不同的体质、不同的疾病，在不同的季节选取具有一定保健作用或治疗作用的食物，通过科学合理的搭配和烹调加工，做成具有色、香、味、形、气、养的美味食品，打造港南长寿养生健康餐饮品牌。

3. 餐饮业空间布局

港南餐饮布局以城中区为中心，以桥圩、湛江、木格、新塘等特色旅游城镇为重要支撑，以特色旅游乡村、旅游景区为支点，合理配置高、中、低档餐馆的比例。在港南区城中区建设文化美食城，将港南有特色、有特点的各类小吃集中在此，促进旅游餐饮的健康发展。美食城的店铺外部装修既要保持高雅风格，又要突出地方民居特色。在镇、乡等适当布局餐饮设施，同时，在旅游景区内也应设置一定数量的旅游餐厅（见表 4–30）。

表 4–30　餐饮设施空间布局

区域	规划要点
城中区	合理配置高、中、低档餐馆的数量，完善现有酒店服务设施的配套；高档酒店承担主要的中高档餐饮服务，提供菜式丰富的中西餐，为消费能力较高的游客和商务游客服务；中、低档餐馆应努力挖掘本地特色，餐馆的装修要具有特色，争取建设一批环境整洁、具有一定风格的中档餐馆。同时，可引进外地的特色餐饮，如东南亚风味、粤菜、川菜等；提高餐饮的服务质量和服务水平，特别要加强对中、低档餐馆的行业管理，在环境卫生、服务质量上要有保证
特色旅游城镇	合理配置高、中、低档餐馆的数量，提升现有酒店的档次；高档酒店主要为商务游客服务；中、低档餐馆应努力挖掘本地特色，突出港南民俗文化饮食特点，建设一批民俗特色风味餐馆
一般旅游城镇	以发展中低档餐馆为主，有条件的可适当发展一、两家中高档餐馆。要求餐馆在装饰、口味上都要有地方特色，环境整洁、卫生，具有较好的服务质量
特色旅游乡村	视旅游发展情况可发展卫生、风味独特的农家餐馆
旅游景区	适当发展特色旅游餐饮设施，如森林素食、田园美食等

4. 旅游餐饮行业管理

（1）文化旅游、餐饮业、烹饪协会等共同管理旅游餐饮，在价格、质量、服务上制定一定的标准，在价格上允许有浮动，但相同菜品不宜相差太远。

（2）贯彻和执行《食品卫生法》，保证产品质量，管理部门定期对餐饮进行检查，维护消费者利益。要求各餐饮企业做好环境、设备、器具、餐具、食品加工与烹制以及从业人员的卫生控制，管理部门要加强检查监督。

（3）切实抓好培训工作，不断提高旅游餐饮从业人员素质。实行考核持证上岗，经常对从业人员进行文化基础知识、职业道德、业务技能及法规政策的培训。还可通过举办行业知识竞赛、服务技能比赛等活动来提高从业人员专业素质，保证旅游餐饮的服务质量。

（4）加强经营管理，建立旅游定点餐饮制度。选择一些基础较好的酒店、酒楼，通过加强员工培训使服务操作规范化，提高管理与服务水平，开发特色菜肴，考核合格，可作为旅游定点餐饮企业，保证旅游餐饮质量。

（三）旅游商品规划

旅游购物是旅游活动的重要内容，是提高旅游综合经济效益的重要途径。但是，旅游购物是旅游消费中弹性大、随机性强的部分。因此，为了不断提高旅游购物带来的旅游经济效益，港南区旅游商品的规划需深入发掘本地及区域特色资源，以具有实用性、工艺性、礼仪性、纪念意义的多种物质形态，开发适销对路的旅游商品，并注重商品品牌的打造和市场的宣传推广，以提高商品的知名度，推动购物经济效益提升。

1. 旅游商品开发思路

（1）突出地方特色

港南旅游商品开发设计应遵循“三化”原则，将商品开发与综合利用本地资源结合起来，把资源优势转化为竞争优势。“三化”即原料本地化、生产本地化、题材本地化。尤其是题材本地化，港南区旅游商品可紧紧抓住桂林郡历史文化、客家风情等特色优势，开发集地方性、文化性、艺术性、审美性和纪念性为一体的旅游商品，以增强旅游商品的吸引力、竞争力。重点开发细米、茶叶、富硒米、烧鸭、羽绒制品、木业创意制品等。

（2）创造形象品牌

港南旅游商品开发，除突出其地方特色外，还要拉开档次，创造港南旅游商品品牌，如形成以桂林郡历史文化为主的旅游工艺品系列等。

（3）以市场为导向

港南旅游商品的设计还必须面向市场、研究市场、拓展市场，把旅游商品放在旅游者购物环境中去认识，站在旅游者的角度去搞开发设计。

（4）多渠道营销

依托大型旅游商品超市、旗舰店、连锁店、景区等多种销售渠道，打造具有市场知名度和优良信誉的特色购物点。

（5）政策扶持倾斜

政府及相关部门要制定相应的政策，动员全社会力量进行旅游商品的设计、开发和生产，实行政策倾斜，保护专利，实行旅游商品开发和包装设计奖励制度。政府创造条件建立几个主要的研制、生产、销售一体化的旅游商品生产基地。港南文化旅游部门可设立专门的旅游商品政策研究室，对港南旅游商品的设计、生产、经营和销售进行统一管理和宏观调控，监督旅游商品质量，协调物价部门制定商品价格，规范市场行为。

2. 旅游商品开发

从港南区历史文化、客家风情、自然风光三大优势资源入手，深入挖掘开发具有地方特色的旅游商品。在此基础上开发五个系列的旅游商品，即旅游工艺品、绿色土特商品、旅游文化商品和纪念品、旅游日用品以及外来旅游商品。重点扶持开发以桂林郡历史系列文化旅游工艺品为主的旅游工艺品系列和以绿色产品、特色食品、特色中药材及制品、特色水果为主打的绿色土特产商品系列（见表 4–31）。

表 4–31　港南旅游商品开发构成

类别	商品分类	商品构成说明	特色
旅游工艺品	系列文化旅游工艺品	提取岭南首郡桂林郡的文化元素，将桂林郡历史文化元素应用于茶具、服饰、铜鼓等旅游商品中，形成文化系列旅游产品	对现有的工艺品进一步加工和开发，力求更精致和实用，旅游商品向精致化和高端化发展
	民间特色工艺品	发展木制品、竹编、手工艺品、雕刻等民族工艺品	深入挖掘木业和港南客家文化特色，采用传统民间工艺制作

续表

类别	商品分类	商品构成说明	特色
绿色土特产商品	绿色产品	木格白蔗、山茶油、蜂蜜、食用菌、蜂八角、鸡蛋等	保持绿色、无污染的品质
	茶叶	木格北一茶、木格阿婆、东津细米等	绿色产品，打造有机茶
绿色土特产商品	特色食品	香江烧鸭、客家酿菜、木格风味	突出本地风味，加强包装
	特色中药材及制品	铁皮石斛、沙姜、金银花、玉桂皮、金花茶、砂仁、灵芝、茯苓、车前草、白花草、田基黄、金钱草、穿心莲、救必应、鸡骨草、柴胡等中药材及制品	注重消费者的保健、营养需求，突出功效，创立品牌，统一使用港南旅游标识
	特色水果	时令水果、杨桃、余甘果、优质荔枝、龙眼、柠檬等	绿色水果，全力培育扶持几家水果生产、加工、销售和采摘观光型龙头企业
旅游文化商品和纪念品（文化创意产品）	旅游丛书、VCD、DVD	历史人物、民间传说、民俗丛书	介绍港南的名人、传说、历史、民俗、风情
	书签	港南山水风光书签	突出港南旅游特色
	港南风情T恤衫、港南旅游logo	T恤衫的前面和后面的图案带有港南的地方特色，突出骆越文化	图案由港南景观构成
	具有景点形象或港南形象标识的文创小物品	杯垫、钥匙环、挂件、纪念挂盘、邮品、纪念钟表、台历、年历、挂历、扑克、玩偶	标识清晰，做工精细，展现港南旅游形象
	现场制作的纪念品	旅游景区电脑合成人物风光纪念品等	迎合旅游者的兴趣，留下美好回忆
旅游日用品	实用性物品、日用品	羽绒制品、木制品、服装、木板鞋、伞具、牙具、水杯、饭盒、梳子等	印有旅游景区的标志或风光图片、体现旅游景区的特征
外来旅游商品	食品系列	越南、马来西亚咖啡；绿豆饼、椰子糖、千层糕、海产品等东南亚旅游食品	进口商品
	工艺品系列	红木工艺品、红木家具、玉器、金银首饰等	进口商品
	日用品系列	蚬木砧板、香水、服饰等	进口商品

3. 旅游商品生产

旅游商品生产是旅游商品规划与设计的重要实施阶段，生产要结合本地实际，扬长避短，有的放矢、精打细算投入产出账，实现社会效益、经济效益双赢。

（1）建立旅游商品生产基地

在城区以及一些基础比较好、交通便利的乡镇或村落建立旅游商品生产基地，规模化组织旅游商品的生产。

（2）建立和完善旅游商品营销网

港南旅游商品的营销系统大多处于松散无组织状态，以至信息获取不及时，不准确，全凭有经验的人员主观判断，造成旅游商品抓不住市场，难以吸引游客。港南旅游商品经营者应与时俱进，利用先进的信息工具，改善信息获取渠道，建立和完善自己的营销网。在传递信息的同时，也可以加入电子商务开发的队伍中去，提高企业营销网的整体作战能力，加快旅游商品的发展。

（3）培植一批旅游商品企业

目前，港南已有一些农产品（米业、羽绒、木业、电子加工等）加工企业和一些小型工艺品生产企业。随着旅游业的发展，应在此基础上加快进度，利用当地的丰富资源，努力培植一批专业化的、高质量的特色旅游商品生产企业，拓展港南区旅游商品的生产规模，加快农村剩余劳动力的转移步伐。

4. 旅游商品销售

（1）培育良好的旅游购物环境

港南应当培育多层次、多档次的良好旅游购物环境和可供选择的购物方式，以刺激游客的购物兴趣和欲望。要规范旅游商品市场，统一旅游商品价格，倡导旅游商品的信誉经营和诚信销售，遏制和杜绝旅游购物中的假冒、欺诈、宰客等丑陋行为，对经营销售者实行“信誉档案”管理制度。对旅游购物中心及特色旅游商品专营店，统一规划，派人专管。店铺的摆设要整洁有序，严禁乱堆乱放，要求其装潢与旅游景区特色相融合，真正为广大游客建造一个理想的购物环境。

（2）合理布局旅游购物网点

游客购买旅游商品，具有很大的随意性和偶然性。所以，港南旅游商品销售网点应根据这一购买特点，合理布局。凡是游客能到的地方，如车站、景区、景点、宾馆、饭店、特色商业街等地，都应设置销售点，使商品销售点多样化、层次化，以增加游客购买旅游商品的机会和方便性。为此，港南各有关部门要将旅游商品购物网点建设纳入城市规划、景区规划、商业网点规划中去，做到把旅游商品购物网点建设同城市开发、景区建设、商业网点建设同规划、同建设。

——旅游购物街：富有地方特色的旅游休闲街，规划在南山景区、茶文化旅游街区，销售各种旅游商品，且旅游商店常与旅游餐饮、娱乐设施一起混合布局。

——独立的旅游购物中心、旅游购物商城：专门针对游客而设的大型旅游购物设施，主要布局在旅游交通换乘中心（旅游集散中心）附近和旅游交通主通道上，销售商品以土特产、特色工艺品和旅游用品为主。

——旅游购物商店：在港南区城区以及各涉旅场所等设立具有鲜明主题的专卖店，销售旅游用品、工艺品、土特产等。

——网络旅游购物店：充分采用电子商务，建立港南旅游商品网络信息中心，并加入广西旅游商品网络销售系统，以拓展旅游商品的销售。

——免税店：积极争取国家优惠政策，在城中区设立免税店，提供优质、知名的商品。

（四）旅游娱乐规划

旅游娱乐消费是旅游业增收和提高效益的重要部分，既需要打造极具地方特色的娱乐亮点工程，也需要构建形式多样的大众娱乐设施。港南区可将桂林郡历史文化、客家文化等文化融入各项文化娱乐活动中，丰富游客娱乐内容，延长游客在港南的旅游时间，给游客提供新、奇、特的旅游体验。

1. 深度挖掘民间、民俗文化内涵，创新推出文化旅游

港南的文化旅游产品不应该仅仅局限于参观游览等，而要将极具港南特色的桂林郡历史文化、客家文化、乡村文化等与旅游业紧密结合，将与港南有关的历史、传说、风俗等通过适度的浓缩后，由当地的文艺团体再现给旅游者。开发各种参与性活动、历史事件及典故的多手段展示、文艺演出、会议旅游等，建设具有度假休闲和旅游功能的博物馆、艺术馆、演艺厅和其他各类文化设施，使游客不仅能品味悠久历史，还能通过各种方法获知港南的

历史和文化。

2. 大力发展旅游节庆娱乐活动

依托和为贵南山福寿文化节、四季田园开耕节、香江龙舟节等品牌旅游节庆，积极培育三月三歌圩等地方性节庆，大力开展参与性强、有创意、有地方特色的旅游活动。依托各地民间传统节庆，开展丰富多样的旅游活动。

3. 打造一出精品舞台剧

以桂林郡历史文化为背景，以历史文化、客家文化等为主线，用先进的声、光、电等科技手段和舞台机械打造一出文化精品舞台剧，定期演出，丰富夜间娱乐产品，成为到港南必看的经典节目。

4. 完善城区的娱乐设施，丰富城区娱乐活动

在港南城区建设现代化的综合俱乐部，开展文化娱乐、休闲、戏剧、电影、健身等综合性娱乐活动，发展现代化的咖啡吧、网吧、书吧等“吧文化”，既满足人民群众的文化生活需求，也促进旅游产业的发展。

5. 开展大众化休闲活动

港南城区、宾馆、饭店可附设歌舞厅、棋牌室、保龄球馆、影剧院等康体娱乐设施。同时将歌舞表演和餐饮文化结合在一起，让客人在品尝美味佳肴的同时，欣赏到精美的港南地方特色的歌舞表演。

6. 实景演出和灯光秀

在南山景区、郁江公园景区、罗泊湾遗址文化公园、南湖历史文化旅游区等开发实景演出和旅游灯光秀，以促进和刺激港南的夜游经济发展。

案例思考：1. 如何理解全域旅游的“全”和“域”要素？ 2. 全域旅游规划中核心要素是什么？ 3. 全域旅游与传统旅游相比，新在哪些方面？

案例实训：运营全域旅游知识，以某个具体的案例为对象编制一份全域旅游营销规划。

案例延伸知识：1. 查询新加坡、瑞典、以色列、斯里兰卡、浙江省杭州市、浙江省桐庐县、广西壮族自治区阳朔县等国内外典型的全域旅游案例，了解不同类型的全域旅游；2. 查询学习国家全域旅游示范区、各省全域旅游示范区创建评定标准并了解全域旅游创建相关知识。

第五章　苗山秀水：乡村旅游规划

——融水苗族自治县元宝山八村寨乡村旅游规划

本章需要掌握的内容：

1. 乡村旅游；2. 生态旅游；3. 旅游富民；4. 苗族文化

第一节　SWOT 分析

一、优势分析

（一）旅游资源丰富，环境良好，发展潜力大

融水苗族自治县八个乡村旅游扶贫重点村旅游资源丰富而独特，具有秀丽的高山田园山水风光，古朴的古村古寨，原始神秘的节日，别有趣味的民间活动，别有风味的特色餐饮，奇异的婚恋习俗等。此外，乡村旅游扶贫重点村依托的元宝山林海莽莽，具有丰富的动植物资源，春秋季时间长，没有明显的夏季，气候温和舒适，具有独特的休闲、度假旅游环境，发展潜力大。

（二）各级政府重视，社区居民支持

融水苗族自治县八个乡村旅游扶贫重点村的开发得到各级政府和部门的重视，作为融水乃至“风情柳州”品牌旅游形象的重要组成部分，政府对旅游的发展提供了一系列扶持政策；村内民风淳朴，社会安定团结，居民积极支持旅游业发展，为乡村旅游开发建设创造了良好的条件。

二、劣势分析

（一）旅游基础设施老化，旅游开发无序

现在各村基础设施老化，维护更新能力不足，由于经济以及工程条件等方面的原因，景区内的道路、电力电信、给排水等设施不够完善，目前仍有一些村屯未通水泥公路，电力通信等条件保证率低，污水垃圾等基本没有处理，影响了乡村旅游的便利度与舒适度，制约了旅游发展。

（二）旅游资源开发深度不够

目前各村旅游产品类型较少，各村旅游主题不明确，产品的同质化现象比较严重，缺乏优势的主导型项目，“苗文化”的特色不突出，旅游产品更新相对滞后，已不能满足游客的消费需求。

区域形象不明朗，资源利用率低，“老三样”模式导致了消费支出平均每人不足 100 元；管理体制不顺畅，专业人才缺乏，尤其是高素质的从业人员缺乏。旅游产品不丰富，深度开发较弱。

（三）旅游市场的知名度有待进一步提升

市场调研表明，“融水苗寨”在国内旅游市场上有一定知名度，但其广度还不够；在旅游市场上缺乏清晰统一的品牌和形象。这些因素的存在使“融水苗寨”还没有形成强有力的市场竞争优势，制约了旅游市场的开拓。

三、机遇分析

（一）旅游产业地位的提升，为各村旅游发展创造了良好的外部发展环境

从国家层面看，2014 年国务院批准发布了《国务院关于促进旅游业改革发展旅游业的若干意见》，提出了促进旅游业改革发展的新任务、新要求、新内涵和新业态、新政策。2013 年 2 月，国务院办公厅批准发布了《国民旅游休闲纲要（2013—2020 年）》，明确提出到 2020 年职工带薪休假制度基本得到落实的目标，为扩大旅游消费提供了新契机。自 2013 年 10 月 1 日起开始施行的《中华人民共和国旅游法》，标志着中国旅游业进入了依法兴旅、依法治旅的新阶段，对旅游业持续健康发展具有重大意义。

从自治区层面看，自治区党委、自治区政府高度重视广西旅游业的发展，

成立了广西旅游产业发展指导委员会；2013 年，召开全区旅游发展大会，强调要努力把旅游业培养成为广西的战略性支柱产业，实现旅游业跨越发展；同年，自治区政府还出台了《广西壮族自治区国民旅游休闲纲要（2013–2020 年）实施细则》，确定到 2015 年，全区城镇职工弹性休假及带薪休假覆盖 50% 以上企事业单位，城乡居民旅游休闲消费额比 2012 年增长超过 40% 等；此外，全区开展的“美丽广西・清洁乡村”行动，推动一批旅游特色村镇和特色乡村旅游区的建设，以此促进乡村旅游业的发展。各级政府对旅游业发展的高度重视、旅游产业地位的提升、相关促进政策的出台，为各村屯的旅游业创造了良好的发展环境。

融水苗族自治县是国家扶贫开发工作重点县，各村寨开发享受广西所有的旅游开发优惠政策及西部开发优惠政策、国家集中连片特困地区扶贫开发优惠政策、国家发展乡村旅游实施精准扶贫优惠政策。

此次规划的八个村屯已列入国家扶贫规划，享受国家旅游扶贫政策待遇。

（二）广西旅游强区的加快建设和融水旅游名县战略下广阔的市场前景空间

2013 年，广西召开的全区旅游发展大会中，出台了《广西壮族自治区党委人民政府关于加快旅游业跨越发展的决定》（桂发［2013］9 号）。《广西壮族自治区人民政府关于印发加快旅游业跨越发展若干政策的通知》桂政发［2013］35 号，则明确提出支持广西旅游业发展的财税政策、投融资政策、土地政策、产业融合政策、旅游富民政策、配套扶持政策。

作为桂柳旅游区的重要组成部分，融水旅游发展获得了宝贵的机遇。同时，融水苗族自治县委、县政府积极开展创建“广西优秀旅游县”活动，把融水发展“旅游名县”的战略落到实处，进一步改善融水的旅游环境，增加城镇旅游功能，确立旅游业在县域经济发展中的产业地位，促进旅游产业的快速发展。提出坚持以“苗文化”为主线，以休闲度假为主，观光、生态旅游为补，紧紧围绕“山水风光，民族风情”做大做强元宝山文化旅游品牌。

这些都将为融水乡村旅游发展提供良好的历史机遇。

（三）生态、文化旅游市场需求的增加，为乡村旅游创造了良好的发展机遇

在旅游需求类型和旅游形式上，随着我国经济的发展，人们对生活质量不断追求，国内旅游的消费层次发生变化，生态度假旅游、文化体验旅游和家庭汽车旅游正在兴起，这就为具有良好的休闲度假资源的旅游地发展创造了良好的市场机遇。以“休闲文化旅游”为主要产品的旅游地成为广西重要的休闲度假旅游目的地。

（四）新农村建设的机遇

社会主义新农村建设是当今中国构建和谐社会的重要组成部分，建设好新农村，解决好“三农”问题，是“十二五”期间需继续落实的工作，事关全面建成小康社会的奋斗目标。融水苗族自治县的新农村建设也越来越受到关注。

（五）外部交通条件的不断完善，为景区旅游开拓客源市场创造了有利的条件

融水外部交通区位优势突出，焦柳铁路穿过县境东部，过融水城区，是融水境内重要的铁路线；南北向的国道 G209 线沿城东而过，东西向的国道 G321 线从融水北面穿过；省道 S204 线横穿县境南部，是河池市与桂林市的联系线；省道 S309 线联系融水与宜州区，与省道 S204 线在融水会合并与省道 S306 线相连；水路沿融江上可通融安、三江，下可达柳州、梧州和广州。县城距广西首府南宁市的车行距离约 340 公里，距离柳州市车行距离约 108 公里，距离桂林市车行距离约 154 公里，距离河池市车行距离约 170 公里。规划修建的四条高速公路（三江—北海、桂林—河池，罗城—安太—从江，三江—融水—柳州）穿越县境，竣工通车后，融水苗族自治县与周边区域的交通联系将更加方便。

作为桂北民俗风情旅游线的重要组成部分，各村属于元宝山国家森林公园开发范围，而元宝山国家森林公园紧邻大桂林山水文化旅游区，旅游区位优势明显。此外，与周边的贵州黎从榕侗族风情旅游区、荔波樟江（大小七孔）风景名胜区等，湖南的衡山、崀山旅游区等共同构筑形成湘黔桂旅游圈，将大大加快各村的旅游发展。

（六）旅游需求的转变，为各村旅游发展创造了良好的发展机遇

在旅游需求类型和旅游形式上，随着我国经济社会的不断发展，人民生活水平持续提高，人们对生活质量有了更高的追求，游客的旅游意识逐渐发生转变，国内旅游的消费层次和消费结构也随之变化，观光旅游发展的势头开始放缓，生态旅游、养生康体旅游、休闲度假旅游蓬勃发展，也成为旅游业得以迅速发展并大放异彩的重要推动力。根据世界旅游组织预测，我国将成为全球休闲的第四大消费市场，养生休闲产业成为促进国民经济增长的重要领域。规划区拥有良好的自然、生态养生、养生养老条件正契合游客对养生、休闲与生态的追求，为乡村旅游发展创造了良好的市场需求机遇。只要进行科学规划，合理开发，各村将满足新旅游市场发展需要，将促进各村旅游实现跨越式的发展。

（七）市场优势

我国已进入国民休闲时代，全年法定假日超过 115 天，带薪度假、分时度假等新型休假制度逐步推行，人均 GDP 达到 6995 美元，进入旅游大众化休闲时代，这些为规划区的乡村旅游市场开发奠定了基础。

四、挑战分析

（一）区域同质景区带来的客源竞争

区域同质景区，如贵州岜沙苗寨、西江千户苗寨等特色比较突出，旅游开发成熟度相对较高，对融水苗族风情旅游客源吸引力产生了一定影响，存在一定的客源竞争。

（二）旅游开发与环境保护的协调关系

对于以休闲度假为主体的旅游目的地来说，良好的生态环境与旅游环境是重要的。然而，在旅游开发中，如何正确处理旅游开发与生态环境保护两者之间的关系，使重点乡村旅游发展既能保证旅游产业的经济效益，又能对其所依赖的生态环境进行有效的保护，是融水乡村旅游发展面临的一大挑战。

（三）相关利益者的关系协调

旅游产业受政策影响作用明显，融水乡村旅游的发展必须充分考虑各方诉求，协调好相关利益关系，若处理不好则会阻碍协调发展。

五、总体分析

综合以上分析，规划区的内部旅游资源丰富，环境良好，但基础设施不够完善，配套服务设施条件较差；规划区外部政策条件支持，市场空间广阔，但对政策的运用和市场的推广方面仍需进一步努力。

因恰逢国家实施乡村旅游富民工程，推进旅游扶贫工作，可以借此逐步解决旅游基础设施建设滞后问题的同时，推动旅游产品的开发，解决旅游市场营销力度不够的问题，实现乡村旅游的发展。

六、组合策略

通过对融水苗族自治县乡村旅游扶贫重点村的SWOT分析，在旅游富民规划中，不能舍本逐末，而应着重从自身找问题，寻求突破，要做到因地制宜、有的放矢，立足融水苗族自治县乡村旅游扶贫重点村旅游资源和优势，开展旅游富民规划工作。

（一）旅游基础设施——治“本”

要对乡村旅游扶贫重点村的旅游基础设施加大力度建设，“要致富先修路”是改革开放以来总结的浅显但务实的发展观点，这同样适用于旅游业的发展。融水苗族自治县乡村旅游扶贫重点村旅游层次提升乏力的本质原因就是旅游基础设施落后，所以大力推进和完善旅游基础设施，以狠抓旅游基础设施为突破口，才能增强景区的旅游功能，改善景区旅游环境，促进旅游产业的持续发展。

（二）旅游项目建设——治“疏”

旅游富民要与新农村建设、特色农业生产、民族习惯、文化建设、生态产业开发等结合起来，不能因为旅游而疏远（隔离）村寨，旅游设施要与农村生产生活设施、农业生产设施、农村公共服务设施共享，同时要注重乡村旅游资源的保护，注重特色差异资源的挖掘与包装。

（三）旅游开发整治——治“乱”

旅游开发不能一哄而上，同质恶性竞争，要提炼出一村一特色、一村一品牌、一村一产业、一村一主题、一村一精英，示范加合作，自营加联盟，帮扶加自立，政府加社会，生态加乡村，这才是乡村旅游精准扶贫的基本路径。

（四）旅游居住环境——治“差”

目前，各村寨建设布局相对较集中，但存在房前屋后绿化较少、污水乱排、建筑乱搭、杂物室外乱堆乱放等现象。要引导村民加强庭院绿化，形成“住在花中，走在林中”的环境氛围，住宅设施建设要求住房宽敞，清洁卫生。居住环境要求整洁、有利生产、方便生活，具有宜人的适居性和亲和力。通过村寨整治，贯彻村镇建设用地标准和建筑面积标准，拆除村寨无人居住的“空心房”，达到节约用地、激活用地的目的。

（五）旅游特色保护——治“杂”

目前，村寨内有不少文物保护建筑和众多珍稀古树。村寨建筑色调应统一协调；在村寨重要地段设村寨标志，反映村寨历史及传说，名人志士典故等；沿主要道路设置具有导向性的路牌与绿化带，灯杆或园林小品；在新建公共活动中心时，应体现村寨的标志性和可识别性：要采取科学的技术措施，养护、抢救古树名木：加强对文物建筑的修复、修缮和日常维护等；新建或整建的房屋要严格控制指标。要继承和发扬建筑文化传统，体现地方的个性和特色。

（六）生态环境保护——治“毁”

融水苗族自治县乡村旅游扶贫重点村部分处于元宝山国家森林公园核心地段的边缘，村宅周边大多被水田或山林包围，外围生态环境较好。要利用太阳能、沼气等天然能源和再生能源取代煤炭，采用多种能源并举，减少对空气和环境的污染。要加强村寨绿化，美化村寨环境，改善村寨小气候。防止水土流失。

第二节　旅游资源分析评价

一、基本资源条件分析

（一）区位条件

本次旅游富民规划范围主要位于融水元宝山国家森林公园实验区和边界中。

元宝山位于融水苗族自治县域中部、县城北侧，距县城约 60 公里（东经 109°5′–109°14′，北纬 25°16′~25°~28′ 之间）。山体长约 50 公里，宽 30~50 公里，平均海拔 1500 米。

融水苗族自治县位于广西壮族自治区东北部（东经 108°38′37″~109°28′43″，北纬 24°49′39″~25°44′00″），柳州市西北部，云贵高原苗岭山地向东延伸部分，属中亚热带季风气候区。

融水苗族自治县东邻融安县，南连柳城县，西与环江毛南族自治县、西南与罗城仫佬族自治县接壤，北与贵州从江县、东北与三江侗族自治县毗邻。交通区位优势突出，焦柳铁路穿过县境东部，过融水城区，是融水境内重要的铁路线；南北向的国道 G209 线沿城东而过，东西向的国道 G321 线从融水北面穿过；省道 S204 线横穿县境南部，是河池市与桂林市的联系线；省道 S309 线联系融水与宜州区，与省道 S204 线在融水会合并与省道 S306 线相连；水路沿融江上可通融安、三江，下可达柳州、梧州和广州。县城距广西首府南宁市的车行距离约 340 公里，距离柳州市车行距离约 108 公里，距离桂林市车行距离约 154 公里，距离河池市车行距离约 170 公里。规划修建的四条高速公路（三江—北海、桂林—河池，罗城—安太—从江，三江—融水—柳州）穿越县境，竣工通车后，融水苗族自治县与周边区域的交通联系将有质的飞跃。

（二）自然环境

1. 地质地貌

规划区各村寨在古生代志留系前为江南边缘部分，在地质结构体系中，属华南准台地龟背迭隆起的西部。地壳运动使地层断裂，岩浆侵入，形成现在的大面积露出的花岗岩。岩石类型有花岗闪长岩，片麻状花岗岩，石英闪长岩等。各村寨地貌类型以中山地貌为主。海拔高度从 150 米到 2086 米，相对海拔高差达 1900 米以上，坡度一般在 25°~40° 之间。

2. 气候

规划区各村寨有明显的山地气候特色，气候要素垂直变化比较明显，气温随海拔的增高而逐渐下降。山底海拔为 580 米，年平均气温为 16.4℃，到 1400 米地段则是 13.8℃，最冷时候出现霜雪，2064 米地段年平均气温为 8.0℃，雨日更多，常为雨雾笼罩。区域平均风速为 2.3m/s，风向最多为东北风，频率为 32.0%。

3. 水文

发源于规划区的较大河流有两条：泗维河和培秀河。其中属于贝江一级支流的有培秀河，属融江一级支流的有泗维河。规划区雨量丰沛、河流水量丰富。

4. 土壤

规划区地带性土壤为红壤，由于海拔高差大，土壤垂直分异较明显。在海拔 2000 米以上，发育着具有植物根系结盘层的山地草甸土，呈灰黑色至黑色；在海拔 1500 米以上至 2000 米的山顶和山脊为山地黄棕壤；海拔 1500 米以下至 1000 米为黄壤；1000 米以下为黄红壤或红壤。

5. 森林资源

规划区天然植被有热带季雨林、常阔叶林等，包括国家珍稀保护植物，如国家一级重点保护植物元宝山冷杉、合柱金莲木、南方红豆杉和伯乐树，国家二级重点保护植物广东松、福建柏、马尾树、喜树、香果树、鹅掌楸、樟、闽楠、任豆、半枫荷等。

6. 动物资源

根据《元宝山自然保护区综合考察报告》，元宝山内共有陆生脊椎动物 309 种，分别隶属于 4 纲 28 目 76 科，野生动物种类丰富、资源量多，而且包括国家重点保护野生动物，如国家一级重点保护动物蟒蛇、熊猴、金钱豹等。

（三）生态环境现状

根据2002年编制的《广西融水元宝山－贝江旅游区旅游资源开发与自然生态环境保护环境影响报告书》，区域内生态环境质量属于中等水平，受到人为一定干扰。由于村民生活需要，核心保护区外海拔1400米以下地段受人为干扰相对大些，天然植被多被次生灌木草丛所替代，群落的组成和结构比较简单，生态环境易受影响。由于远离县城，工矿业分布较少，污染物较少。

（四）民族特色

融水苗族自治县内苗族文化民俗风情非常丰富，具体表现在民居、节日、歌舞、手工艺品、生活习俗等方面，具体内容体现如下：

1. 苗寨民居

多为木制吊脚楼，山地建筑，远望鳞次栉比，颇为壮观。建筑的柱子端和前门上沿用古老的习俗，雕龙刻凤，画花描草，尤其是村屯文化中心的芦笙坪上的木制芦笙柱，展示出苗族古老文化关系与特有的文化特征，具有较高的旅游观赏价值。

2. 百节之乡

苗族节日众多，内容丰富（见表5–1）。

表5–1　苗族节日一览表

节日名	时间（农历）	主要庆典活动
苗年	十一月初一、或十一月第一或第二个卯日，或十二月初一	芦笙踩堂、演苗戏、唱苗歌、打同年、串寨走妹
春节	正月初一	祭祖、号田、吃年饭、驱邪赶鬼、扮磨个、演芒蒿
芦笙节	正月十六至三十	赛芦笙、芦笙踩堂、斗鸟、斗马
整依直坡会	正月初十	赛芦笙、芦笙踩堂、对歌、斗鸟、打同年、演芒蒿
十三城	正月十三	芦笙踩堂、对歌、赛马、斗马、斗鸟、斗鸡
古龙坡会	正月十六	赛芦笙、芦笙踩堂、斗马、赛马、对歌、舞狮、舞龙
芒蒿坡会	正月十七	赛芦笙、芦笙踩堂、斗马、斗鸟、芒蒿表演
春社节	春分第二天	赶社场、撒糖、对歌、斗马、斗鸟、莉婆饭

续表

节日名	时间（农历）	主要庆典活动
黑饭节	四月初六或初七	蒸黑糯饭
闹鱼节	六中旬或下旬戌日	抓鱼、泼水等
集依粉（黄岩节）	六月初六到初九	赛马、斗马、扫黄岩等
新禾节	六月初六	对歌、芦笙、斗马、赛马
拉鼓节	十月	卜鼓、捞虫、砍鼓、拉鼓、吃鼓、忌鼓
斗马节	新历十一月二十六日	斗马等
砍旗节	十二月十七	赛芦笙、芦笙踩堂、扮演“变婆”、对歌、砍旗

3. **苗族歌舞**

苗族歌舞丰富，芦笙是苗族独特的乐器，还有许多男女会吹奏木叶。苗族歌曲采用自己的语言，真声演唱，略带朗诵形式，有即兴苗歌和传统苗歌两种，后者多反映民俗、历史、故事等，前者则多为情歌。苗族的芦笙踩堂舞是其舞蹈的主要形式，无论喜庆、哀丧均采用芦笙舞的形式来表达。在特殊的节日还有踩堂舞、铜鼓舞、木鼓舞等。

4. **苗族手工艺品**

苗族手手工艺品主要有刺绣、挑花、织锦、苗族银饰等。刺绣、挑花、织锦多以花鸟为主，色彩鲜艳、花纹繁多；苗族银饰是女性主要的装饰品，主要有银簪、银索、银冠、银罗汉、银铃、耳环等数十种。这些银饰品多精致纤巧，是苗族人民的智慧结晶。

5. **苗族独特的生活习俗**

苗族服饰以藏青色纹为底，均饰有刺绣，色彩鲜艳。

苗族饮食以酸为主，最具代表性的就是酸菜和腌菜，以酸辣、香、微甜为特征。主食以糯米饭为主。大部分苗族人有饮酒的习惯，主要是低度的糯米重阳酒。

苗族习俗风情丰富，婚丧嫁娶多沿用旧习，庄严而隆重，且以单数为吉。交际礼仪，以热情大方、朴实为特色，在生活中互相帮助，同甘共苦。乡规民俗，多用“依吉形式”。苗族“依吉”较为严厉。规章严密，奖罚分明。

二、旅游资源类型

根据中华人民共和国国家标准《旅游资源分类、调查与评价》（GB/18972—2003）的分类系统，对融水苗族自治县乡村旅游扶贫重点村的旅游资源进行分类划分，经初步调查，规划区的旅游资源共有 8 个主类 21 个亚类 52 个基本类型共 154 个资源单体（详见表 5–2）。

表 5–2　旅游资源分类

主类	亚类	代码	基本类型	资源单体
A 地文景观	2A 综合自然旅游地	3A	山丘型旅游地	蓝坪峰、无名峰、元宝峰
	AB 沉积与构造	ABF	矿点矿脉与矿石积聚地	钛矿、重晶石矿、花岗石矿
	AC 地质地貌过程形迹	ACA	凸峰	屋背岭
		ACB	独峰	南天一柱
		ACE	奇特与象形山石	映心石、英梅石、飞来石、火山奇石、野人颅、元宝石、金龟游山、玉兔拜月、鸳鸯石
		ACF	岩壁与岩缝	角岩、登科岩、状元岩、回音壁
		ACG	峡谷段落	野人谷、龙宝大峡谷
		ACH	沟壑地	野猪恋塘
B 水域风光	BA 河段	BAA	观光游憩河段	龙女沟、盘龙沟
	BB 天然湖泊与池沼	BBA	观光游憩湖区	元宝天然泳池
		BBC	潭池	天池、月亮潭、龙门彩潭、盘龙潭、小龙潭、犀牛塘、鸭笼潭、仙池、龙女宫胜景
	BC 瀑布	BCA	悬瀑	百尺飞瀑、三友瀑布、龙头瀑、龙女潭瀑布
	BD 泉	BDA	冷泉	双龙古泉

续表

主类	亚类	代码	基本类型	资源单体
C 生物景观	CA 树木	CAA	林地	五针松海、大盘竹海、竹林幽境、原始林海、毛竹葱翠
		CAB	丛树	元宝冷杉
		CAC	独树	千年古榕、铁杉王、情侣松
	CB 草原与草地	CBA	草地	高山草甸
	CC 花卉地	CCB	林间花卉地	杜鹃坡、深谷幽兰
	CD 野生动物栖息地	CDA	水生动物栖息地	神蛙池
		CDB	陆地动物栖息地	熊窝探险
		CDC	鸟类栖息地	天鹅
		CDD	蝶类栖息地	蝴蝶
D 天象与气候景观	DA 光现象	DAA	日月星辰观察地	元宝山日出、元宝山日落、蓝坪月色
		DAB	光环现象观察地	元宝山佛光、彩虹飞渡
		DBA	云雾多发区	元宝山云雾
	DB 天气与气候现象	DBB	避暑气候地	元宝山避暑
		DBE	物候景观	元宝雪封
E 遗址遗迹	EB 社会经济文化活动遗址遗迹	EBB	军事遗址与古战场	（龙女沟）红军桥
		EBE	交通遗址	黔桂古道
F 建筑与设施	FA 综合人文旅游地	FAA	教学科研实验场所	元宝山野生动植物科研基地
		FAB	康体游乐休闲度假地	白坪休闲度假区、小桑苗族风情度假区

续表

主类	亚类	代码	基本类型	资源单体
F 建筑与设施	FA 综合人文旅游地	FAC	宗教与祭祀活动场所	赐福庙
		FAF	建设工程与生产地	小桑梯田、元宝梯田、归报桃花园
	FB 单体活动场馆	FBB	祭拜场馆	枫木庙
	FD 居住地与社区	FDA	传统与乡土建筑	苗寨、吊脚楼
		FDC	特色社区	乌吉、吉曼、元宝、小桑、培秀、归秀
	FF 交通建筑	FFA	桥	田东吊桥
		FFC	港口渡口与码头	归秀渡口
	FG 水工建筑	FGA	水库观光游憩区段	荣地
G 旅游商品	GA 地方旅游	GAA	菜品饮食	五香（香菇、香糯、香猪、香鸭、香草）四酸（酸鱼、酸肉、酸鸭、酸鸟）
		GAB	农林畜产品与制品	沙田柚、梨、桃、李、枇杷、西瓜、黄瓜、香菇、木耳、竹笋、花菇、白木耳
		GAC	水产品与制品	禾花鲤鱼、鲇鱼、黑鲩、乌鲤、剑鱼
		GAD	中草药材及制品	银杏、山楂
		GAE	传统手工产品与工艺品	芦笙乐器、竹编帽、竹编篮、蜡染、挑花刺绣、针织、苗族银饰
		GAF	日用工业品	米酒、面点、薪碳、根雕

续表

主类	亚类	代码	基本类型	资源单体
H 人文活动	Hc 民间习俗	HCA	地方风俗与民间礼仪	苗族习俗、红瑶习俗
		HCB	民间节庆	苗年、芦笙节、同年节、花炮节、种子粑节、龙亭节、芒蒿节、龙舟节、双社节、春社节、新禾节、斗马节、拉鼓节、闹鱼节、依粉坡
		HCC	民间演艺	唱山歌、斗马、芦笙晚会、踩堂、竹杠舞
		HCG	饮食习俗	苗族饮食习俗
		HGH	特色服饰	苗族服饰、红瑶服饰
	HD 现代节庆	HAD	旅游节	广西融水苗族自治县芦笙斗马节
		HDB	文化节	香粉古龙坡会民间文化艺术节

二、主要旅游资源概述

（一）建筑与设施

元宝、小桑、培秀、乌吉、吉曼等村寨，这些村寨的建筑多以当地木材为原料，因地制宜在半山而建，依山为寨，聚族而居。一般小寨 10 余户，大寨多达 500 余户，极少有单户住在一处的，由于苗族多建寨于山梁或山顶，房屋建筑多半是曲栏回廊的吊脚木楼。常见的吊脚楼建于斜坡上，就坡面开成上下两级屋基，先竖一排木桩做房墩，前面半间铺上楼板，与后面半间平地面，然后再在上面起一两层楼。楼上设有走廊，从走廊进门即到火堂，火堂上面挂有火坑，火堂兼厨房，两侧设卧房，楼下为饲养牲畜、堆放杂物的地方。这种民居建筑，颇具特色，每排柱最外一根自上而下截齐土屋基处，形成吊脚楼，故得名“吊脚楼”。吊脚楼结构紧密，不用铁钉，柱连梁，环环相扣，工艺水平很高。

楼的两侧建有偏厦、屋顶盖杉叶或瓦片，全为杉木结构。柱子端和前门上沿用古老的习俗，雕龙刻凤，画花描草，虫、鸟、鱼、兽无所不有。

最有特色的村寨当属小桑村的“石上人家”，该村寨在元宝山脚下，到处都是大石头，村里苗族居民的吊脚楼就建在各式各样的硕大花岗岩上，形成一道独特的风景线，成为世界上独一无二的“石上人家”。小桑村是广西美术学院写生基地，每年吸引着无数慕名而来的游客，留下不少不舍离去的身影和妙笔生花的艺术佳作。

（二）农耕稻作及田园风光

这里依山而筑的万亩良田相接，梯田依山而凿，历经百年开耕，其巧夺天工的自然造型，与龙胜龙脊有异曲同工之美，其几何图形的图案造型更是龙脊梯田望尘莫及的。春季油菜花开，梯田摇身变成花的海洋，与间或种植的桃花相映成趣；清明后梯田放水，倒映着蓝天和苗族人民耕作的身影；秋天，稻谷成熟，梯田成了金色的家园，蔚为壮观；冬季，白雪覆盖，又使得田园银装素裹，别有一番风味。

（三）地文景观

乡村旅游扶贫重点村皆坐落于元宝山山脉中，包括元宝山山脉西坡的安太乡小桑村、元宝村、江竹村、培秀村和四荣乡东田村及荣地村；元宝山山脉东坡的安陲乡吉曼村和乌吉村。这里山高峰险，沟壑纵横，谷峡峪深的元宝山就是乡村旅游扶贫重点村最重要的内地文资源。

1. 雄峻的高山

元宝山自然景观奇特优美，森林覆盖率高，原始森林郁郁葱葱，尤为突出的是元宝山的三大山峰——元宝峰、蓝坪峰、无名峰，秀石奇峰点缀其中、雄奇险秀均有；每当春季来临，漫山遍野的杜鹃花争奇斗艳，美丽如画，山风拂过，花浪翻腾，令人叹为观止；每当夏季临近，整座山透出一股鲜活的生命力，各种生物在这里安家，享受着自然的气息；晨雾中，元宝山若隐若现，云海翻腾，景观壮丽无比。元宝山三座主峰海拔均在 2000 米以上，海拔 1500 米以上的高峰有几十座，自北向南耸立。山体拔地而起，使得坡陡崖峭，峥嵘傲立，许多断崖高达数百米，如“野人崖”“天梯岩”等，使得元宝山显得雄壮险峻。

2. 幽深的沟谷

规划区内村寨溪谷交错，潺潺流水川流不息；以野人谷、龙女沟、龙宝大峡谷为代表的沟谷奇景体现出元宝山自然景观具有极高的观赏性。尤为突出的是野人谷，其两岸树木掩映，峭壁乱横，奇峰错耸，溪水明丽而多姿。

3. 奇岩怪石

流水的作用，使许多断裂的岩石随水而下，常被冲刷成圆球状，在当地称之为“元宝石”，光滑的石块上，花纹斑驳陆离，奇形怪状。如白竹的“元宝石”。吉曼村分布有广西第一花岗岩“南天一柱”，整个石柱身围长 3 公里，坡上部高达 150 米，坡下部达 350 米，顶部平顶 0.2 公顷，其上森林密布，整个石块浑然一体。

（四）水域风光

规划区内村寨气候温暖，雨量充沛，森林覆盖率高，形成溪涧、峡谷，急流飞瀑，呈现明显的山地气候，春、秋季节时间长，无明显的夏季，气候凉爽舒适，是避暑度假的理想地。贯穿规划区的有以培秀河、泗维河为主的数条风光优美的河流；江水清澈，两岸奇峰异石倒映江面，碧水、绿树、白沙滩如诗如画；其他溪流沟谷交错，极富山水画情趣。最具特色的是由于规划区森林茂密，山有多高，水就有多高，给旅游开发提供了较好的水源条件。

规划区内村寨的瀑布景观主要为常年性溪涧瀑布类型，分单叠与多叠型。单叠型的瀑布则以野人谷中的百尺飞瀑为最，仰视如一条白练顺溪而下，又如巨龙出山，挟风携雨，滚滚而下，水注潭底，响声如雷，颇为壮观。元宝龙女潭瀑布由多级断岩溪涧组成，瀑布跌水层出不穷，飞珠溅玉、水击山石，美妙无穷。

（五）生物景观

1. 古树名花

规划区内村寨在海拔 1500 米以上的森林植被，基本处于原始状态，林内古木参天，枯木倒树，珍禽厚苔，随处可见，构成原始森林景观主要林木有：元宝冷杉、铁杉林、华南五针松林，以及木莲群丛，高山杜鹃群丛，高山矮林等数十种。

分布在规划区内村寨的古树初步调查统计有松、杉、榕、枫、梓等十多种。

在山下各苗寨主要为古松，如培秀村“古松坪”有大小古松几十株，在小桑有一株千年古杉。最为突出的是蓝坪峰的“千年铁杉”老态龙钟，树干直径达一米有余，观赏价值极高。由于规划区内森林中湿度大，水分充沛，土壤肥沃，各种花草非常丰富，分布在半山腰以下的杜鹃，连绵十多公里，山腰的杜鹃花海，以及高山顶部的高山杜鹃种群，组成了一个天然的杜鹃花集萃园。山涧溪畔，林内树边分布的兰草达几十个品种，身游林内，幽香暗袭，令人心旷神怡。

2. 珍稀动植物基因库

由于特殊的地理条件以及地质地貌，人为干扰较少，因而使规划区的森林植物极为丰富，据初步考察，高等植物在 2000 种以上，在海拔 800 米处，仍可寻觅到冰川时期的孑遗植物——桫椤的芳踪。

3. 野生动物的乐园

规划区野生果实极为丰富，如杨梅、山楂、猕猴桃、刺梅等，为众多的野生鸟兽提供了四季常有的食源，因而这里四季鸟语花香，珍禽异兽出没无常。在海拔 1400 米的白坪，每年还有天鹅在此休息生活达数月之久。

4. 神秘的“野人”之谜

关于元宝山发现“野人”的传说由来已久，有关野人的地名如“野人岩”“野人瀑”“野人坳”等也很多。据介绍，元宝山的护林人员、采药农、猎人经常碰到野人并且有捕获小野人的传说等，最近一次，林管所护林人员于 1993 年发现野人的踪迹。所有这些都给融水苗族自治县乡村旅游扶贫重点村披上了神秘的色彩。

（六）天象与气候景观

1. 四季气象各异

规划区四季，季季有不同，不同的海拔，不同的坡向，植物变化都很大。春天，山花绚丽，山体清秀滴翠，溪涧水畅清澈。夏日，凉爽宜人，云淡雾薄，风和日丽，山体峥嵘突出，瀑声鸟语，一派繁荣。秋季，红叶满坡，野果累枝，群鸟欢聚，虫鸣蛙语，遍野金黄，丰收在望。冬季，温凉宜人，如遇降雪，茫茫一片，雪落草丛，冰挂枝头，景象别致。

2. 日月星光景观

规划区为典型山地气候，气候差异明显，不仅四季气象各异，而且山上山下两层天，气象景观奇特壮观。山中日出、夕照、云海、山雾、雨雪、星月、雾凇、雪凇等都非常美丽，尤以蓝坪峰日出、蓝坪峰星光、元宝山落日霞光最为迷人。奇特的山地天象景观不但可为游人带来乐趣，而且可给游人以科学的启迪。

（七）遗址遗迹

规划区附近具有众多文化遗存：苗族同胞在漫长的历史过程中，创造了自己独特的文化，历史遗存也较多，如祭祀的铜香炉、铜鼓等，分布在各村寨的摩崖石刻，以及黔桂古道、织锦绣片，给规划区平添一份苍老的气氛。

（八）旅游商品

1. 刺绣挑花织锦

苗族刺绣有着悠久的历史，其绣片多以花鸟为主，手工精细，色彩鲜艳，花纹五彩缤纷，具有较高的观赏价值，适合作为旅游纪念品开发。

2. 苗族银饰

银饰品是苗族女性佩戴的主要装饰品，多精致纤巧，主要有银簪、银锁、银冠、银罗汉、银铃、耳环等数十种，尤以婚嫁盛典常见。银饰多寡成为其富贵的象征。其时，盛装的银饰有数十件至数百件不等，件件都是精工之作，闪耀着苗族人民的智慧之光。富民旅游开发为突出民族风情，可申请如银质工艺品加工等特色项目，以适应旅游发展的需求。

（九）人文活动——民间习俗

作为苗族自治县，苗族人口占全县人口的39.4%，苗族独特的木楼就因山就势修建在山腰上；这里的民风淳朴、亲切；这里被称为“百节之乡”，有着各种各样的节日庆典活动；苗族有着做工精湛的刺绣、银饰、织锦等手工艺术品，还有独特的饮食、婚恋等生活习俗，民族风情浓郁。

三、旅游资源的空间分布

（一）旅游资源空间分布状况

通过调查，结合规划区地形地貌以及水文特征，规划区旅游资源主要集中在八大资源集中区内，在空间布局上则是形成一个“环式”的格局。“环”就是指以元宝山为核心，围绕元宝山形成八个主要旅游资源集中区域。它们分别是“西环”的安太乡小桑村、元宝村、江竹村、培秀村和四荣乡东田村及荣地村；“东环”的安陲乡吉曼村和乌吉村八个旅游资源集中区。从旅游功能来讲，每个旅游资源集中区的旅游资源都有各自特色，构成了类型多样、特色鲜明的旅游资源景观。

（二）主要旅游景点分布

根据以上分析，规划区旅游资源主要分布在县城——四荣（小东江、归报）——安太（江竹、元宝、小桑、培秀）沿线和县城——乌吉、吉曼一线所围成的区域内，在空间地域上形成以元宝山为中心，以县城为支点，以八大资源集中区为环线的“环式”旅游资源区分布。呈“环式”分布的八个主要资源区，由于空间地域位置的差异，形成了各自的旅游资源特色，构成了规划区类型多样、特色鲜明的旅游景观体系（见表 5–3）。

表 5–3　主要旅游景点分布

资源区	大致范围及资源特色	主要旅游景点
东田村小东江	小东江地处元宝山南麓，位于四荣乡西北部，距融水苗族自治县城 47 公里。“花格窗、吊脚、飘檐、小青瓦”，雨后，清新的空气，远处观看依山而建的融水苗族自治县四荣乡东田村小东江屯，更突出了苗族民居的建筑风格。“经过综合整治改造后的东田村小东江屯更具有苗族传统村落的特色，是苗族民居的典型代表。” 2010 年，小东江屯被评为柳州市“十大美丽乡村”；2011 年，小东江景区被自治区旅游局评为“星级农家乐”	小东江风雨长廊、龙宝峡谷、田园风光、小东江苗寨、天池、竹林
荣地村归报屯	荣地村归报屯位于四荣乡北部，坐落在元宝山山脚，和龙女沟国家 4A 级景区相望。属于侗族聚居的高山村落。侗家木楼依山而建，侗族风情浓郁，民风淳朴。侗族人民热情好客，芦笙踩堂、唱多耶、民族手工织锦等为代表的侗族文化遗产得到很好的传承	龙女沟、归报梯田、归报桃花源、归报侗寨、火山奇石
江竹村白竹屯	白竹屯是江竹村的村屯之一，位于江竹村委的东北面，距离江竹村委大约 2 公里。该村有安太乡保存最完好的吊脚楼建筑群，白竹屯下有安太乡最深最大、风景优美的“盘龙潭”，有独一无二的请龙传说和仪式，屯南边有迎客松林群，屯东边有美丽的梯田和险峻的盘龙沟。大东江屯是安太乡唯一一个壮族村屯，有壮乡山歌坡会；每年举办“金秋烧烤节”，苗寨风情浓郁。白竹屯中部有元宝山风景管理所用地，用地面积为 2612 平方米	盘龙潭、盘龙沟、迎客松林群、茶园、培秀河、培秀河沙滩

续表

资源区	大致范围及资源特色	主要旅游景点
元宝村	元宝村是元宝山腰的一个村落，因之得名。该村至今已有500多年历史。现有457户近千人清一色的苗族居民。在村尾四棵千年的老苍松下举目四望，方圆数十里尽收眼底。村背后的南面全是崇山峻岭，越过山腰另一侧东面的大山就是离此有8公里的元宝山。遥望元宝山顶像大海一样深不可测。眼观前方，元宝村近在咫尺，数十棵千年老苍松耸立在公路两旁，以其雄姿夹道欢迎远方宾客。古色古香、错落别致、自上而下，修建在两条山脊上的苗寨木楼，像无数闪亮的龙鳞片覆盖在两条巨大的龙脉上，格外壮观奇特。 山脊向西蜿蜒而下。尾部与方圆近2公里、成半圆弧形的万亩良田相接。梯田依山而凿，历经百年开耕，如今的梯田，其巧夺天工的自然造型，与龙胜龙脊有异曲同工之美，其几何图形的图案造型，更是龙脊梯田望尘莫及的	元宝梯田、元宝峰、元宝森林、元宝苗寨、元宝云海
小桑村	融水苗族自治县安太乡小桑村位于元宝山西麓，全村均在海拔600米以上，是桂西北的高寒山区。该村自然风景优美，民风淳朴，村内和周边有世界上独一无二的石上人家、龙女潭瀑布、石门瀑布、千年古杉、元宝梯田、元宝峡谷等景点，是登元宝山旅游的门户。有目前广西唯一一座苗族生态博物馆——广西融水安太苗族生态博物馆。是“中国漓江画派写生基地”所在地。该村被评为2008年“柳州市十大美丽乡村”之一	石上人家（小桑特色村居）、石门瀑布、千年古杉、小桑梯田、龙女潭、龙女潭瀑布、元宝峡谷、苗寨博物馆
培秀村	培秀村位于融水安太乡元宝山西坡脚下，这里群山环抱，溪水长流，空气清新，民风淳朴，这里山水优美，民族风情浓郁，那依山而建的吊脚屋，层叠的梯田，清清的小溪，热情的村民，无不让人流连忘返。培秀村下屯位于东面山坡上，四周群山环抱，背山面水，屯中有山溪穿过，景色迷人。2006年被评为柳州市“十大美丽乡村”之一	情侣松、白坪景区、“映心”景点、“古松坡”景点、“英梅石”景点、培秀苗寨、乌西沟、鸡冠山、野人瀑、双龙古泉
乌吉村	乌吉村地处元宝山东坡腹地，距融水苗族自治县城71公里。乌吉苗寨是元宝山下一个大苗寨，距离元宝山四大主峰的最高峰无名峰（海拔2086米）最近的村寨，美丽的元宝山东麓具有很大的旅游观光开发潜力。这里依山傍水、巨石林立、环境优雅。泗维河源头从元宝山流经寨旁。两面青山环绕，背靠世界最大石柱“饭甑岩”。 乌吉苗寨文化底蕴丰厚，民族风情丰富多彩，逢年过节都要开展一些人们喜闻乐见的活动，如芦笙踩堂、芒蒿表演、斗马、斗鸡、苗歌演唱、文艺演出、打同年等	南天一柱（“饭甑岩”）、乌翁岩山茶、高山茶、火烧笋

续表

资源区	大致范围及资源特色	主要旅游景点
吉曼村	吉曼屯位于元宝山东麓山脚下，依山而建。吉曼村有丰富的民俗节日传统，逢年过节都开展丰富健康的民族活动，如正月初一踩堂节、初六坡会节、初七芒蒿节、十五登山节等，是一个远近闻名的民间艺术村	九曲流水街、吉曼天池、坡会

四、旅游资源对比分析

（一）与周边各县的乡村旅游资源比较分析

为了更好地对规划区旅游资源及其开发条件作更深入的分析，规划选取与融水相邻及乡村旅游开发较为成功的阳朔县、巴马瑶族自治县、三江侗族自治县、龙胜各族自治县进行多角度比较（见表 5–4）。

表 5–4　与周边区域乡村旅游资源特征分析

区域	位置与范围	主要旅游资源	主要产品	开发现状	简要评价
融水苗族自治县	柳州市北部，环元宝山八个乡村旅游扶贫重点村	精美的苗族建筑与设施（苗寨）、宏伟的农耕稻作及田园风光（梯田与花海）、雄峻的元宝山、丰富多彩的民俗节庆活动	周末休闲旅游产品；乡村度假旅游产品；民俗节庆旅游产品	全县有十多个旅游设施较为完善的乡村旅游景区（点），这些景点基本涵盖了融水苗族自治县的自然景观和人文景观旅游资源。融水旅游资源十分丰富，许多美丽的旅游资源“养在深闺人未识”，目前，尚有众多个“很有价值”旅游景点等待开发	规划区地处桂北高寒山区，全县大部分乡镇分布于大苗山的崇山峻岭之间。乡镇之间公路等级差，山高坡陡路难行；除了县城通往柳州市的为二级公路外，通往各乡镇的全是三级、甚至四级公路。不良的交通条件，成为制约乡村旅游开发的重要因素

续表

区域	位置与范围	主要旅游资源	主要产品	开发现状	简要评价
阳朔县	桂林市南部	漓江游览区、县城景区、高田游览区、兴坪景区、福利景区、杨堤景区、遇龙河景区和桂阳公路景区	村落体验性乡村旅游产品；访古寻宗型乡村旅游产品；农业观光型乡村旅游产品；健康养生型乡村旅游产品	阳朔乡村旅游经过多年的发展，形成了自身旅游发展的特色，在全球具有一定知名度，具备了一定的规模和相对完整的产业体系，取得了较好的旅游效益，带动了地方经济的发展	阳朔的乡村旅游资源是阳朔最具特色旅游吸引物之一，回归自然和体验乡村生活已经逐步成为城市旅游者最喜欢的旅游类型
龙胜县	桂林市西北部	龙脊梯田；龙胜温泉；西江坪；彭祖坪；花坪国家级自然保护区；南山；玉龙滩；金竹壮寨；白面瑶寨；岩门苗寨等	梯田观光旅游产品；民俗风情观光旅游产品；民族建筑观光旅游产品	龙胜乡村旅游经过多年的发展，形成了自身特色，依托桂林旅游带动，取得了较好的旅游效益，带动了地方经济的发展	龙胜乡村旅游融观光、度假、少数民族风情体验为一体的综合性旅游，旅游资源丰度和组合度较高、知名度高、可进入性良好，旅游发展处入成熟阶段
三江县	柳州市北部	程阳八寨；马胖鼓楼；岜团风雨桥；高定侗寨；三江天湖仙境；林溪—八江风景名胜区；丹洲古镇等	以体验少数民族风情及其建筑、饮食为主的民族风情游	三江县乡村旅游有自身特色，高铁开通后实现爆发式增长	龙胜乡村旅游，旅游资源丰度和组合度一般、知名度一般、可进入性随高铁开通有质的飞跃，旅游发展处于爆发增长阶段

续表

区域	位置与范围	主要旅游资源	主要产品	开发现状	简要评价
巴马县	河池市盘阳河长寿旅游带	●神秘的长寿文化 ●水晶宫、百魔洞、百鸟岩、好龙天坑、交乐天坑等岩溶地貌景观。 ●盘阳河、命河、赐福湖等水域景观 ●坡月、巴盘、弄劳等长寿村屯 ●多彩的壮瑶文化 ●红七军二十一师师部旧址；中国工农红军独立第三师、中共右江特委、右江革命委员会指挥部旧址；香刷洞等红色旅游资源	长寿养生旅游产品；岩洞观光旅游产品；盘阳河观光旅游产品；赐福湖养生度假旅游产品	对长寿文化进行了开发，定期举办国际长寿研讨会，坡月、巴盘等长寿村屯开发了养生度假旅游区，但档次不高。水晶宫、百魔洞、百鸟岩进行了初步开发，但产品的开发、文化的挖掘均不足	●世界长寿之乡，世界级资源 ●神奇的洞穴，天下第一洞——百魔洞，如水晶般晶莹剔透的水晶宫 ●浓郁的布努瑶风情 ●清新秀丽的盘阳河风光 ●红色旅游资源较为丰富

比较结论：

1. 可进入性是关键（基础设施）

可以明显看出与三江侗族自治县相比，两者在地理区位、资源等级、知名度、旅游发展阶段等方面具有相似性，但在资源组合度、社会经济概况等方面融水则略高一些。但是，贵广高铁三江站开通运营后，三江的游客可进入性实现了质的飞跃，而产生的效果也是显而易见的。

2. 特色是灵魂

可以明显看出与龙胜各族自治县和巴马瑶族自治县相比，融水在各方面显得较为落后，同时，龙胜主打“天下一绝的龙脊梯田”、巴马主打长寿养生旅游，形成自己的特色，因此取得了不俗的成果。而融水自身拥有高品位的独特旅游资源（山水风情相互融合、互为补充），且资源优势尚未完全转化为经济优势，故资源开发潜力大，后劲足，需要开放思想，创新思路，不断突破。

综上所述，融水苗族自治县旅游资源等级高、开发条件好，尤其是原始古朴的自然资源与浓郁醇厚的民族风情相得益彰，互为补充，具有吸引客源的能力，完全可以与三江侗族自治县、龙胜各族自治县等民俗旅游开发早、知名度高的旅游区相媲美。

（二）民俗旅游资源对比分析

依据旅游发展程度和知名度，选取龙胜各族自治县和城步苗族自治县与融水苗族自治县进行苗族民俗文化比较。

龙胜各族自治县位于广西东北部，距融水苗族自治县约200公里，是一个多民族聚居的县份；城步苗族自治县位于湖南西南部，西南紧靠龙胜各族自治县，也是一个苗族集中的县份。下面将从定性的角度将规划区与这两个县的苗族民俗旅游资源进行比较（见表5–5）。

表5–5　融水苗族自治县与龙胜各族自治县、城步苗族自治县苗族民俗文化比较表

县名内容	融水苗族自治县	龙胜各族自治县	城步苗族自治县
饮食习惯	舂扁米、竹筒饭、“宗扒”（用糯米为主料制作的苗族食品）、鱼酢、焦米肉等	打油茶、腊肉、粑粑子甜酒、虫茶	油茶、酱盐菜、腊肉、香辣椒、串粑子、水米花粑粑、白头婆粑粑等
服饰	今天得见服装有百鸟衣、“多列”两种，姑娘服饰另有一种“多耶”，节日时穿，色彩斑斓，美观大方	苗族妇女服饰分便服和盛装，便服多净青色，少配银饰、花边；盛装绣有花边、色艳。并配多种银饰，为婚嫁、喜庆日穿戴。男穿对襟、窄袖短衣和满裆长裤，青巾包头	古代，头缠青毛蓝布帕，上穿对襟衣，下着镶边梅条，脚穿草鞋。如今，服饰几乎汉化，苗服已不得见
建筑	吊脚楼、芦笙堂	“半楼半地”的穿斗式建筑	“干栏”式吊脚楼、“架寮”
生产礼仪	开工仪式、背工仪式、狩猎仪式	二月初二“朝呐”“打背工”祭祀田头“社公”、六月初五“吃新节”“挖地歌”敬“梅山神”	
工艺美术	刺绣、织锦、蜡染、银饰等	绣花布鞋、六角眼儿细草鞋、花带、八卜帽	傩面具、师公杖、竹衣、石狮、银饰等
节日	苗年、芦笙节、古龙坡会、赶春节、黑饭节、新禾节、拉鼓节、芒歌节、斗马节	三月三、五月五端午节、六月六尝新节、九月的罢谷节、四月八马堤会期、五月十五芙蓉会期、六月六里木会期、七月七布弄会期、九月九碧林会期	青草节、罢谷节、清明节、乌饭节、半年节、中秋节、重阳节、苗年等

续表

县名内容	融水苗族自治县	龙胜各族自治县	城步苗族自治县
社会组织	芦笙头、猎手头、竖岩、理词	“捆伙”	“伙耕”
人生礼仪	四月婴儿开荤，对歌、踩堂恋爱，“侠配”等，让路礼、过面礼、让座礼、吃饭礼等，丧葬礼等	认同年、婚姻分定情、订婚、结婚，入赘，寿辰，三朝	坐夜对歌恋爱、山歌恋爱、哭嫁仪式、贺郎仪式等
信仰与禁忌	“绿色崇拜”、铜鼓崇拜	多神崇拜祖先崇拜、愆鼓堂、愆宝山	多神崇拜、打山魈、打水魈等禁忌较多
歌舞活动	芦笙踩堂、卡洛舞；劳动歌、情歌、苦歌、拦路歌、拦路酒、拦路鼓、挂彩带、挂彩蛋、打酒印	山歌、客歌、卡头、花话、排话、白花子、酒歌、丧歌、拦门歌、跳香舞、宝山舞	“庆鼓坛”活动、嫁女歌、贺郎歌、芦笙舞、耍龙、狮舞等
民族体育	斗马、斗牛、斗鸡、赛马、舞狮、舞龙等	打泥脚、打禾鸡	苗拳、打泥脚、打禾鸡、挤油尖、勾脚、顶牛等

从表 5–5 可以看出，这三个县的苗族文化有许多相似之处，但由于历史和现实生活的地理环境及文化环境等因素的不同，他们的文化也表现出一些不同之处。

1. 这三个县的苗族文化大同小异。其中游艺民俗都比较突出。但是总体上融水苗族传统文化所呈现的特点较突出，而融水、城步两地的苗族都保存着较为完好的民族传统文化。融水苗族的芦笙踩堂则是其游艺民俗代表，知名度较高。而城步苗族有着著名的傩戏等，这是其民族民俗文化的精华，也是外界所知晓的重要资源体。

2. 融水苗族风情旅游开发面临瓶颈，这也是其民俗文化中许多独特之处，没有展现出来的重要原因。而城步、龙胜的苗族文化旅游资源开发基本停滞。

3. 调查中发现，融水苗族文化在类型的分布上则较为匀称，以游艺民俗见长，资源富有观赏性、愉悦性，参与性强，可进度也好；龙胜苗族文化完整度、古悠度、珍稀度、奇特度较高，在类型的分布上则较为匀称，且区位较好；城步苗族文化也以游艺民俗见长，但在各类型上的分布不均衡，可进度也较差。

五、旅游开发利用条件评价

规划区旅游开发利用条件评价包括规划区面积、旅游适游期、区位条件、外部交通、内部交通、基本设施条件 6 个类型的评价因子，满分为 10 分。规划区实际得分为 7 分。

规划区旅游开发利用条件如下（见表 5–6）。

表 5–6　旅游开发利用条件评价

<table>
<tr><th>评价项目</th><th></th><th>评价指标</th><th>评分值</th><th>规划区情况</th><th>评分值</th></tr>
<tr><td rowspan="2">规划区面积</td><td></td><td>规划面积大于 500 公顷</td><td>1</td><td rowspan="2">85 公顷</td><td rowspan="2">0.5</td></tr>
<tr><td></td><td>规划面积小于 500 公顷</td><td>0.5</td></tr>
<tr><td rowspan="3">旅游适游期</td><td></td><td>适游天数大干或等于 240 天 / 年</td><td>1.5</td><td>全年可游览天数 250 天</td><td rowspan="6">3</td></tr>
<tr><td></td><td>适游天数在 1 50 天 / 年至 240 天 / 年之间</td><td>1</td><td></td></tr>
<tr><td></td><td>适游天数小于 150 天 / 年</td><td>0.5</td><td></td></tr>
<tr><td rowspan="3">区位条件</td><td></td><td>距省会城市（含省级市）小于 100 公里，或以规划区为中心，半径 100 公里内有 100 万人口规模的城市，或 100 公里内有著名的旅游区</td><td>1.5</td><td rowspan="3">以规划区为中心，半径 100 公里内的柳州市人口超过 100 万</td></tr>
<tr><td></td><td>距省会城市（含省级市）或著名旅游区（点）100~200 公里</td><td>1</td></tr>
<tr><td></td><td>距省会城市（含省级市）或著名旅游区（点）100~200 公里</td><td>0.5</td></tr>
<tr><td rowspan="4">外部交通</td><td rowspan="2">铁路</td><td>50 公里内通铁路，在铁路干线上，中等或大站，客流量大</td><td>1</td><td rowspan="2">距融水火车站 60 公里</td><td rowspan="2">0</td></tr>
<tr><td>50 公里内通铁路，不在铁路干线上，客流量小</td><td>0.5</td></tr>
<tr><td rowspan="2">公路</td><td>国道或省道，有交通车随时可达，客流量大</td><td>1</td><td>紧邻国道 G209 线、国道 G321 线，省道 S204 线、S309 线、S204 线、S306 过县境</td><td>1</td></tr>
<tr><td>省级或县级道路，交通车较多，有一定客流量</td><td>0.5</td><td></td><td></td></tr>
</table>

续表

评价项目		评价指标	评分值	规划区情况	评分值
外部交通	水路	水路较方便，客运量大，在当地交通中占有重要地位	1	水路沿融江上可通融安、三江，下可达柳州、梧州和广州	0.5
		水路较方便，有客运	0.5		
	航空	100公里内有国内空港或150公里内有国际空港	1	距桂林两江国际机场136公里	1
内部交通		区域内有多种交通方式可供选择，具备游览的通达性	1	目前进入规划区的公共交通工具多为乡际中巴。还有少量面包车和三轮摩托车，运量有限、交通方式单一	
		区域内交通方式较为单一			0.5
基本设施条件		自由水源或各区通自来水，有充足变压电供应，有较为完善的内外通信条件，旅游接待服务设施较好	1	通水、电，有通信和接待能力，但各类基础设施条件一般	
		通水、电，有通讯和接待能力，但各类基础设施条件一般	0.5		0.5
旅游开发利用条件评价满分值为10分，规划区实得分值为7分					

六、旅游资源综合评价

（一）旅游资源定性评价

规划区旅游资源丰富，类型多样品位高；生态环境优美，旅游气候舒适；民族风情浓郁，人文气息浓厚；旅游资源空间组合度高，开发潜力巨大等特征。

（二）旅游资源定量评价

1. 评价依据与方法

按照《中华人民共和国国家标准：旅游资源分类、调查与评价》（GB/T

18972—2003）中所规定的分类评价体系，对规划区主要的旅游资源进行赋分，然后根据所得的分值和等级指标给旅游资源单体（主要是集合型旅游资源单体）确定其等级。评分主要依据资源现状进行。

根据旅游资源单体评价总分，将其分为五级。从高到低为：

五级旅游资源，得分值域≥ 90 分；

四级旅游资源，得分值域 75~89 分；

三级旅游资源，得分值域 60~74 分；

二级旅游资源，得分值域 45~59 分；

一级旅游资源，得分值域 30~44 分；

未获等级旅游资源，得分≤ 29 分。

其中：五级旅游资源又被称为“特品级旅游资源”；五级、四级、三级旅游资源被通称为“优良级旅游资源”；二级、一级旅游资源被通称为“普通级旅游资源”。

2. 评价结果（见表 5–7）

依据以上的评价方法，对规划区具有较大开发价值的主要旅游资源进行了评价。

四级旅游资源（5 个）：野人谷、南天一柱、龙女沟、小桑苗寨（青山屯）、元宝梯田。

三级旅游资源（13 个）：蓝坪峰、无名峰、元宝峰、龙宝大峡谷、百尺飞瀑、三友瀑布、铁杉王、五针松海、元宝落日霞光、元宝雪封、乌吉苗寨、吉曼苗寨、斗马节。

表 5–7 旅游资源单体数量统计

各类旅游资源单体数量统计						
等级	优良级旅游资源			普通级旅游资源		未获等级
	五级	四级	三级	二级	一级	
数量	0	5	13	14	23	65

续表

优良级旅游资源单体名录
五级：0
四级：南天一柱、野人谷、龙女沟、小桑苗寨（青山屯）、元宝梯田
三级：乌吉苗寨、吉曼苗寨、蓝坪峰、无名峰、元宝峰、龙宝大峡谷、百尺飞瀑、三友瀑布、铁杉王、五针松海、元宝落日霞光、元宝雪封、斗马节

（3）旅游资源单体评价（见表 5–8）

表 5–8　旅游资源单体评价

	欣赏价值	奇特性	完整性	知名度	舒适度	科研价值	环境质量	交通条件	客源市场	环境容量	总分	评定等级
景点名称	**30分**	**15分**	**5分**	**15分**	**5分**	**5分**	**10分**	**5分**	**5分**	**5分**	**100**	
地文景观												
野人谷	29	14	5	14	4	4	9	2	4	4	89	四
南天一柱	27	14	5	14	4	3	8	4	4	3	86	四
蓝坪峰	21	11	4	11	4	4	8	4	4	3	74	三
元宝峰	20	10	4	10	4	4	8	4	4	3	71	三
龙宝大峡谷	18	10	4	10	4	5	7	4	4	3	69	三
玉兔拜月	15	8	4	7	4	4	6	3	3	3	57	二
鸳鸯石	15	9	4	9	5	4	8	3	3	4	64	二
屋背岭	14	8	4	7	4	4	6	3	3	3	56	二
相思坪	14	8	3	6	4	4	6	4	3	3	55	二
野猪恋塘	13	8	4	6	4	4	5	4	3	3	54	二
映心石	12	9	4	4	3	4	5	3	3	4	51	二
英梅石	11	9	4	7	4	3	5	3	4	3	42	二

续表

	欣赏价值	奇特性	完整性	知名度	舒适度	科研价值	环境质量	交通条件	客源市场	环境容量	总分	评定等级
景点名称	30分	15分	5分	15分	5分	5分	10分	5分	5分	5分	100	
水域风光												
龙女沟	26	12	4	14	4	5	8	4	4	4	85	四
盘龙沟	22	12	4	12	3	3	7	3	4	4	74	三
三友瀑布	21	11	4	13	3	3	8	3	4	4	74	三
天池	17	10	4	8	3	3	5	3	3	3	59	二
龙门彩潭	16	9	3	8	3	3	6	3	3	4	58	二
龙头瀑	15	10	4	6	4	4	5	4	3	3	58	二
小龙潭	17	11	3	6	4	3	5	4	3	3	59	二
生物景观												
小桑梯田	17	8	4	8	3	3	6	4	3	3	59	二
杜鹃坡	17	8	4	8	3	3	6	4	3	3	59	二
田塘农园	16	9	4	6	4	3	6	4	4	3	59	二
情侣松	15	8	4	8	3	3	6	4	3	4	58	二
竹林幽境	16	9	4	8	4	3	6	2	3	3	58	二
原始林海	13	8	3	7	4	3	6	4	4	4	56	二
毛竹葱翠	13	9	4	7	4	4	6	3	3	3	56	二
苗家梯田	14	7	4	7	3	3	5	3	3	3	52	二
天象与气候景观												
元宝落日霞光	24	11	4	10	3	3	8	3	4	4	74	三
元宝雪封	24	11	4	10	3	4	6	2	3	4	71	三
元宝山云雾	17	10	4	8	3	3	6	2	3	3	59	二

续表

	欣赏价值	奇特性	完整性	知名度	舒适度	科研价值	环境质量	交通条件	客源市场	环境容量	总分	评定等级
景点名称	**30分**	**15分**	**5分**	**15分**	**5分**	**5分**	**10分**	**5分**	**5分**	**5分**	**100**	
兰坪月色	18	8	4	8	4	3	7	3	3	3	61	二
元宝山佛光	15	10	2	8	4	3	7	3	4	4	60	二
建筑与设施												
小桑苗寨	25	14	4	13	3	3	8	4	3	4	81	四
乌吉苗寨	22	11	4	11	3	3	6	3	3	4	70	三
吉曼苗寨	22	11	4	10	3	3	6	3	3	4	69	三
培秀苗寨	13	8	4	7	3	3	7	3	3	3	54	二
民间习俗												
斗马节	24	12	4	11	3	1	6	4	3	3	71	三
苗年	20	8	4	8	3	1	2	3	3	4	56	三
芦笙晚会	20	7	4	6	3	1	3	3	4	4	55	三

第三节　旅游发展定位与目标规划

一、指导思想

总的指导思想：生态引领、文化深化、绿色崛起、农旅融合、一业为主、多业经营、注重参与，打造柳州乡村旅游新标杆。即：以党的十八大为指导，围绕生态文明和“秀美融水　风情苗乡”主题，以打造全国生态旅游扶贫试验区为目标，以元宝山生态为基础，积极挖掘苗族文化内涵，大力发展生态旅游，以“山水为基　生态为本　文化为魂　体验为核”作为总的开发思路，依托各村旅游资源优势，积极实施乡村旅游扶贫富民工程，配套完善基础设施和服务设施，发展“商、养、学、闲、情、奇”新业态，以健康养生、休闲度假为盈利增长点，加强旅游与其他产业融合，积极推进多业经营，重视社区参与旅游发展，一次规划，分步实施，循序渐进，逐步推进，滚动发展，努力将其建设成为“看得见山，望得见水，记得住乡愁”的乡村生态文化旅游胜地。

二、开发思路

结合对规划区的现状评价、苗族文化旅游价值的解读、旅游市场的分析，以及当地政府和当地民众的诉求，确定规划区的总体发展思路为以下六大思路：

（一）思路一：贯彻乡村旅游扶贫富民发展思路，积极争取上级政府部门的大力支持

项目的开发要以融水苗族自治县的社会经济、城市建设、旅游产业发展定位为背景和依据，在项目开发过程贯彻上级政府在社会经济、城建、旅游等相关领域的扶贫发展思路，使项目开发成为县政府推进旅游扶贫工作的重点之一，结合现阶段上级部门的“旅游扶贫”项目支持，为项目开发创造良好行政、政策环境。

（二）思路二：培育旅游新业态，发展特色旅游品牌

依托各村寨及元宝山生态长寿养生环境、资源以及苗族文化，积极发展“商、养、学、闲、情、奇”旅游新业态：

商务旅游中重点企业会所商务旅游，以满足企业商务旅游市场需要，在养生旅游中重点突出健康养生和苗医苗药养生；

研学旅游中重点突出生态科普、农业科普、采风写生、艺术创作以及各类学生修学旅游；

休闲旅游中重点突出生态运动休闲、生态乡村休闲和休闲农业旅游；

情感旅游中重点突出苗族情人坡爱情文化旅游、乡村传统伦理文化旅游和婚纱摄影、乡村传统婚俗旅游；

奇观旅游中重点突出各村所依托的元宝山生态探险、探奇旅游和地质奇

观、生态奇景、农业景观旅游。

通过培育旅游新业态，积极发展特色旅游，以实现各村寨发展目标。

（三）思路三：发展创意农业旅游，培育乡村旅游新业态

各村寨依托自身的土地利用优势，以种植“春天薰衣草、夏天植水稻、秋天油葵和生态瓜果蔬菜、冬天油菜花或格桑花”，山上种植有机茶，建设生态茶园，并运用大地景观造景手法，将这些农作物种植造型、田园景观等融入创意农业元素，提高田园的景观美誉度，并根据一年四季的变化和结合规划区养生休闲度假需要，营造创意农业景观，这样既不影响农业发展，也可以将农业营造作为大地景观，吸引游客。

此外，将各村寨按照“一村一品一产业，一户一业一特色，设施生态化、庭院景观化、立面特色化、村寨布局城镇化”进行规划，打造主题特色苗族村寨，建设生态文化新村，培育乡村旅游新业态。

（四）思路四：做特户外休闲运动旅游，增强规划区旅游经济效益目标

以独特的地形地貌为基础，结合生态步道、休闲长廊、草场、峡谷、悬崖等设施或地形，积极开发音乐漂流、溜索、定向运动、生态徒步、露营、彩弹野战、天体营地、滑草、山地民族休闲体育运动场、垂钓、绿道骑行、瓜果采摘、摄影、攀岩、溯溪、瀑布速降、山地自行车等，以增加旅游消费，提高规划区经济效益。

（五）思路五：做美观光游览旅游项目，打造体验型观光目的地

做美观光游览旅游项目，打造体验型观光目的地主要是从“视觉、听觉、触觉”三个方面规划相关项目。

视觉：通过对规划区内部道路、峡谷、步道的绿化，规划建设红枫景观带、樱花步道、桃花步道、梧桐大道等绿道景观，并适当改造林相，形成百竹园、桃花源、红枫林、生态茶园、草坡草甸等自然景观，并结合休闲度假、健康养生项目，加强规划区色叶植物和中草药树种绿化。生态农业按照创意农业景观来布局，营造一年四季不同的乡村景观以及对各个村寨进行整体提升改造，打造生态乡村。

听觉：保护好各村寨内生态，确保规划区一年四季都听到鸟语虫唱和天籁之音，同时，规划将瀑布及规划区漂流依据流水声音搭配上相应的音乐，

打造音乐瀑布和音乐漂流。开发苗族独具特色的音乐、民歌等民族文化文艺活动，从而打造规划区的视听盛宴。

触觉：开发一系列参与性强、体验度高的旅游产品，如养生的拔火罐、骨疗、推拿、针灸等，户外休闲运动，观光玻璃观景亭台等。

（六）思路六：探讨社区参与旅游新模式，不断提高管理服务水平

社区充分参与乡村旅游发展是实现旅游扶贫富民的根本，因为，在社区参与旅游模式上，根据各村寨实际情况，设计“分散、自主经营”模式、“公司+户主”模式、“社区+公司+户主”模式、“整体租赁”模式、“村办企业开发”模式等不同模式，从关注社区居民利益出发，不断提高乡村旅游管理服务水平。

三、发展目标

（一）总体目标

依托元宝山国家森林公园，整合各村寨乡村旅游资源，规划建设成为全国休闲农业与乡村旅游示范区、国家生态旅游扶贫试验区和适合城市市民慢生活的乡村旅游社区。

（二）阶段目标

1. 近期（2015—2017 年）：打好基础，稳步发展

提升现有乡村旅游产品的品牌，挖掘苗族民居文化、农耕文化、生态文化、民俗文化等民族文化内涵，配套完善进入各村的外部四级公路以及内部各游览生态步道、生态停车场、旅游厕所、给排水设施、游客中心、观光游览设施、旅游标识牌、游客休息桌椅、绿化等基础服务设施，以促进各村屯乡村旅游稳步发展。

2. 中期（2018—2020 年）：文化为魂，持续发展

中期按照“一村一业一品牌、一户一景一特色”的规划定位，重点挖掘各村苗族文化旅游资源，重点开发培秀乡村养生民俗基地、小桑艺术摄影创作基地、元宝研学旅游和户外运动、江竹乡村旅游集散中心、吉曼情侣休闲度假基地、乌吉苗族节庆活动场、小东江的乡村野奢生态避暑胜地、荣地归报现代特色生态农庄。形成乡村文化、休闲度假、乡村运动为特色的乡村旅

游体系，进一步树立乡村旅游主题片区的形象；结合城乡一体化和社会主义新农村建设，优化乡村生态环境；完成新一轮兴安乡村旅游品牌的创新、提升，创建国家级乡村旅游品牌，并逐步培育发展中高端乡村旅游产品。

3. 远期（2021—2025 年）：提质增效，转型优化

远期在巩固已有的乡村旅游发展成果的基础上，提高乡村旅游品质和质量，从数量型发展转型效益质量型转变。积极向高端休闲度假、康体养生、生态避暑、文化体验等转型优化，大力发展休闲生态养生旅游，建设一批具有全国一流水平的乡村旅游扶贫富民项目。

（三）目标指标体系

1. 近期目标（2015—2017 年）

在质量等级方面，以《旅游景区质量等级的划分与评定》（GB/T 17775—2003）标准，达到国家 3A 级旅游景区 6 家，4A 级旅游景区 2 家。

经济目标上，2017 年接待游客量为 21.12 万人次，旅游综合收入 10380.84 万元（不包括农副产品收入），对地方财税贡献为 2076 万元。

社会效益目标上，项目建成后可以直接提供社会就业 845 人，拉动社会就业 3633 人，促进农民年均纯增收 1250 元。

2. 中期目标（2018—2020 年）

在质量等级方面成为广西有名的国家 4A 级旅游景区 4 家、联合申报获得全国休闲农业与乡村旅游示范区。

经济目标上，2020 年接待游客量为 36.50 万人次，旅游综合收入 16921.9 万元（不包括农副产品收入），对地方财税贡献为 3384.38 万元。

社会效益目标上，项目建成后可以直接提供社会就业 1460 人，拉动社会就业 6278 人，促进农民年均纯增收 2150 元。

3. 远期目标（2021—2025 年）

在质量等级方面整体水平达到国家 5A 级旅游景区标准和国家生态旅游扶贫试验区标准。

经济目标上，2025 年接待游客量为 55.63 万人次，旅游综合收入 25278.72 万元（不包括农副产品收入），对地方财税贡献为 5056 万元。

社会效益目标上，项目建成后可以直接提供社会就业 2225 人，拉动社会

就业 9568 人，促进农民年均纯增收 3200 元。

四、发展战略

（一）政府主导，社区参与

八个乡村旅游扶贫项目涉及面广，需要政府各部门共同协调才能得到贯彻实施，特别是由于融水苗族自治县是国家级扶贫工作重点县，扶贫资金有限，因此，需要通过政府主导，整合各方力量，才能推动各项旅游扶贫富民工作。同时，要真正实现乡村旅游扶贫富民，需要设计有效的社区参与模式，让全体社区居民从乡村旅游当中获益，这就需要在政府主导下，设计好社区参与机制、模式和利益分配机制，从而实现规划目标。

（二）生态撬动，文化取胜

乡村旅游开发不能以破坏或消耗乡村生态环境作为代价，而生态旅游尤其是生态养生、生态运动、生态休闲等各类生态旅游新业态，是旅游市场消费的主流，通过积极发展乡村生态旅游，撬动旅游市场发展，有利于寻找旅游市场突破口。在生态撬动市场的推力下，积极挖掘各村的特色苗族文化和乡村传统民俗文化，增强乡村旅游产品的文化体验，突出文化特色主题，以文化的差异性作为市场竞争的核心动力，达到以文取胜的目的。

（三）优势互补，联动发展

各村均具有各自优势，但各村也是环元宝山国家森林公园，因此，八个村寨通过环元宝山旅游公路可以实现“捆绑发展”“联动发展”，以形成整体合力，提高旅游竞争力。

（四）整合资源，推出精品

乡村旅游的开发是对融水旅游尤其是元宝山国家森林公园旅游的重要补充，是观光休闲度假产品链的延伸，在旅游发展中，要整合融水民族旅游、乡村旅游、生态旅游等各类旅游，并按照“一村一业一品牌、一户一景一特色”发展各村旅游精品，通过旅游精品带动和推动乡村旅游扶贫富民发展。

（五）提升形象，塑造品牌

为了提高乡村旅游的市场影响力和吸引力，针对乡村旅游产品特色，着重完善乡村旅游产品体系，并在强化产品体系的基础上，加强乡村旅游的营销力度，更新营销手段，加大形象驱动的力度，强化乡村旅游产品的“原生态·醉美乡村·苗族风情”为主题的旅游形象，并进行个性塑造，积极提升乡村旅游地形象，尤其要在强化乡村旅游的体验性、文化性、生态性、参与性、休闲性、度假性的前提下，深刻挖掘各村乡村旅游的地域文化内涵，以鲜明的形象对游客产生强大的吸引力，实施强品牌发展战略。

五、发展定位

（一）适合城市市民休闲的慢生活乡村旅游社区

以“慢生活”为核心理念，为适应现代休闲旅游发展需要，规划依托本项目的八个乡村生态环境、地形地貌、负氧离子和生态空气质量等要素，通过骑行绿道、生态养生、休闲运动、生态茶、特色休闲观光农业、乡村美食、乡村度假等项目，配套完善旅游公共服务设施、旅游基础设施以及现代互联网技术，将乡村规划为老少皆宜的适合城市市民休闲的慢生活乡村旅游社区。

（二）独具活力的研学旅行示范基地

研学旅行是由学校根据区域特色、学生年龄特点和各学科教学内容需要，组织学生通过集体旅行、集中食宿的方式走出校园，在与平常不同的生活中拓宽视野、丰富知识，加深与自然和文化的亲近感，增加对集体生活方式和社会公共道德的体验，增强学生的自理能力、创新精神和实践能力。

依托项目作为元宝山国家森林公园重要组成部分的优势和多样化的生态、乡村、农业、森林、地质等资源条件，开发修学旅游、科考、培训、拓展训练、摄影、采风、各种夏令营、冬令营等活动，将其打造成为独具活力的研学旅行示范基地。

（三）激活灵感的苗乡风情体验创作摄影基地

项目区是融水乃至广西苗族风情保存最好、最丰富的区域，结合元宝山丰富的生态资源、地质奇观，小桑石上人家、梯田，归报生态果园、梯田，培秀原始森林、野人瀑布、野人谷、古松树，小东江龙宝森林峡谷、梯田，乌吉和吉曼地质奇观、森林风光、苗族风情、情人坡等，将其开发为全国有名的苗族风情体验创作摄影基地。

六、各乡村旅游主题定位

（一）小桑：艺术摄影创作基地

小桑重点突出石上人家、梯田、苗族生态博物馆等特色，依托黄格胜等著名画家写生基地——小桑上屯优势和知名度，将其打造成为全国艺术写生、民俗采风、创意创作、摄影基地，以此吸引作家、摄影爱好者、美术和艺术师生等客源市场。

（二）元宝：研学旅游和户外运动首选地

元宝地形地貌比较丰富，生态环境优良，瀑布、峡谷、古松、翠竹、溪水等景观特色优美，为满足现代游客崇尚自然、回归自然、休闲运动的旅游偏好，依托元宝村的峡谷、森林、溪流等地形地貌和生态资源开发森林探险、生态科普、夏令营、冬令营、摄影、采风等研学旅游，并开发适合年轻人的生态徒步、溯溪、森林浴、瀑布速降、露营基地、溜索等户外运动首选地。

（三）江竹（白竹屯）：乡村旅游集散中心

白竹屯作为进入元宝、小桑、培秀、元宝山顶等必经之路，也是回东田村小东江屯、荣地村归报屯、县城的中转站，规划依托这一地缘优势，将其规划作为元宝山西线旅游集散中心，配套完善旅游换乘设施、旅游餐饮、旅游购物、旅游休闲、旅游公共服务等设施。

（四）吉曼：情侣休闲与芒蒿节庆旅游胜地

依托吉曼村情人坡这一独特的爱情文化，以爱情文化为主题，规划开发情侣星空、爱情林、情人坡、爱情密语、爱情表白、爱情文化园等旅游项目，将其打造成为青年情侣休闲度假、度蜜月、感受浓郁的民族婚俗胜地。同时，凭借其“中国芒蒿之乡”的民族节庆文化资源，开发芒蒿节庆文化旅游。

（五）乌吉：乡村生态旅游示范区

乌吉位于元宝山内，生态资源丰富，苗族节庆文化特色浓郁，同时，苗族是一个多节日民族，芒蒿节、斗马节等是苗族最具有特色的民族节庆，结合苗族传统节庆，规划以苗族节庆作为主题，策划月月有节、日日有歌、夜夜有舞的苗族节庆活动场，以此作为吸引物吸引游客，并配套有旅游公共服务设施、观光游览设施和旅游餐饮、节庆展示场等。

（六）东田（小东江）：乡村自驾车自助游休闲目的地

小东江有龙宝森林峡谷、广西最大的民族景观长廊等吸引物，龙宝森林峡谷乡村度假已有一定基础，气候夏季宜人，是避暑的理想基地，利用梯田开发有机农业园，作为生态避暑、度假项目后勤基地和苗族农耕文化展示基地，以此吸引自驾车游客，建立汽车营地，打造乡村自驾车自助游休闲目的地。

（七）培秀：乡村野奢生态避暑度假胜地

依托培秀古松树群、野人谷、野人瀑布和培秀河风光以及元宝山优质生态环境，在现有的野人瀑度假山庄、民居客栈酒店的基础上，开发苗医苗药、生态药园、民宿度假、夜间文化旅游活动等乡村养生民宿旅游，将其打造成为柳州市最大的苗族乡村养生民宿旅游度假基地和野奢生态避暑度假胜地。

（八）荣地（归报）：现代特色生态农庄

荣地村归报屯现已开发有万亩桃树等特色农业，其周边是融水苗族自治县现代特色水果种植示范基地，并有壮观的梯田，该村是侗族村寨，规划依托这些资源，通过完善旅游公共服务设施和生态步道、旅游线路等，将其按照现代特色生态农庄要求，积极发展生态农业观光、四季瓜果采摘游、家庭农场游等旅游项目。

第四节　总体布局规划

一、空间布局规划

综合考虑旅游功能及地形地貌、旅游资源分布、管理等因素，整个规划区按照“一心一园四区”进行布局。

（一）一心：江竹（白竹）乡村旅游集散中心

江竹村白竹屯是 8 个村寨的旅游集散中心，往北连接元宝、小桑、培秀，往南通往小东江、归报，往东通过未来的环元宝山旅游公路可以达到乌吉、吉曼。因此，白竹屯规划作为规划区的乡村旅游集散中心。

（二）一园：荣地（归报）现代特色生态农业园

归报现代特色生态农业园已投资建设，在此基础上，整合归报、归秀以及龙女沟景区，构建大型的现代特色生态农业园，主要以开发现代休闲农业观光、农庄体验、民族风情等旅游产品为主。

（三）四区：培秀景区、小桑—元宝景区、小东江景区和乌吉—吉曼景区

1. 培秀景区

培秀景区包括培秀上屯、下屯以及野人谷，主要以森林探秘、养生养老、休闲度假和芦笙文化旅游为主。

2. 小桑—元宝景区

小桑—元宝两个村在地域上连为一片，规划修通小桑—元宝约 4 公里的道路，与村村通公路连接为一体，在开发上重点开发突出艺术写生、摄影、户外运动、研学旅游、生态观光、文化展示等旅游功能。

3. 东田（小东江）景区

小东江景区包括小东江、东田和龙宝峡谷等，重点突出生态旅游、养生养老、休闲度假和文化娱乐等旅游功能。

4. 乌吉—吉曼景区

乌吉—吉曼在地理位置上互相毗邻，因此，规划作为一个完整的景区，重点突出乌吉高山生态、吉曼苗族爱情文化和芒蒿文化两大主题特色，兼顾元宝山南天一柱、峡谷、杜鹃花、生态茶园、古寨、瀑布等观光游览旅游。

二、土地利用布局规划

（一）土地利用规划原则

1. 保护优先、保护与开发相结合的原则；
2. 突出土地利用的重点与特点，扩大风景游赏和旅游设施用地；
3. 保护水源地；
4. 适当扩大园林绿化、交通、游览设施用地；
5. 因地制宜合理调整土地利用方式，发展符合旅游的土地利用方式与结构。

（二）土地类型划分

根据《风景名胜区规划规范》（GB 50298—1999）的用地分类标准，结

合开发建设的实际需要划分各类用地。旅游用地划分为：

甲类。风景游赏用地。包括风景点建设用地、风景保护用地、风景恢复用地、野外游憩用地。

乙类。游览设施用地。包括旅游点建设用地、文体娱乐用地、修养保健用地、购物作坊商贸用地、其他游览设施用地。

丙类。居民社会用地。包括居民点建设用地、管理机构用地、科技教育用地等。

丁类。交通与工程用地。包括对外交通通信用地、内部交通通信用地、供应工程用地、环境工程用地等。

戊类。林地。包括林地、灌木林地、竹林、苗圃和其他林地等。

己类。园林。包括果园和其他园林等。

庚类。水田。包括一般水田和基本保护农田。

辛类。耕地。包括菜地、水浇地、旱地和其他耕地。

壬类。草地。包括人工草地和其他草地等。

癸类。水域。江、河、湖泊、水库和其他水域用地等。

亥类。预留用地。非风景用地，作为今后旅游或居民发展用地。

（三）用地适宜性评价

项目内自然景观资源较丰富，连绵群山为本项目发展提供了良好的自然条件。针对项目区地理与生态区位特点，选取现状用地、水域、地形等 3 类生态因子，通过对以上三种因子的分析对基地用地的适宜性进行综合评价，综合划定适建区、限建区、禁建区。

1. 禁建区

主要是 35% 以上坡度的山体、基本农田。

2. 限建区

主要是地形坡度在 25%~35%、植被稀疏及耕地等区域。

原则上不鼓励进行大规模的土木工程开发建设，在该区域进行开发建设前要进行更为详细的生态影响评价和必要的工程措施，确保开发的可行性和开发建设对周边环境的影响最小化。

3. 适建区

除了禁建区、限建区外的范围，并根据用地规模、交通、地理等开发条件对其进行划定。主要是满足地质和水利条件，并且用地相对集中，用腹地较大，交通条件较好的区域，是未来发展的主要用地（见表 5-9）。

表 5-9　项目区用地适宜性评价

因子	分类	评价	适宜性分析
现状用地	农林用地（基本农田）	保留	禁建区
	农林用地（普通农田）	可适度开发	适建区
	荒地	整治与改造，可适度开发	适建区
	建设用地（规划）	可适度开发	适建区
	农林用地（疏林草地）	坡度 35% 以上区域原则上保留与生态恢复，坡度小于 35% 的区域可做适当开发	限建区
	坑塘沟渠用地	可作为景观元素开发	适建区
水域	常水位区	不适宜开发建设	禁建区
	20 年一遇洪水淹没区	可适度开发建设	限建区
	50 年一遇洪水淹没区	可适度开发建设	限建区
地形	0~15%	平坦，适宜建设	适建区
	15%~25%	有一定坡度可以开发	适建区
	25%~35%	有一定坡度可以开发	限建区
	35% 以上	不适宜开发	禁建区

三、旅游产品布局规划

（一）全力推进 2 大品牌旅游产品

1. 乡村休闲度假

发展思路：依托规划区良好的生态环境、丰富的地形地貌以及乡村旅游资源，以开发周边、周末“两周”休闲度假市场为主，突出生态理念，结合融水苗族特色民族文化，开发休闲农业旅游、生态体验度假旅游、体育运动休闲、户外休闲运动等旅游产品，从项目布局、设计、内容等方面均以生态理念进行策划建设。

核心项目：培秀野人谷度假山庄、乌吉帐篷精品酒店、吉曼情侣星空、小东江龙宝森林木屋度假、元宝户外休闲运动。

支撑项目：培秀河休闲、小桑龙女潭休闲、归报生态农业休闲、白竹——培秀骑行绿道休闲等。

2. 生态健康养生

发展思路：在众多的旅游细分市场中，康体养生旅游市场越来越被社会关注。老年市场是养生旅游市场最直接的消费群体之一。同时，我国符合世界卫生组织关于健康定义的人群只占总人口数的15%，疾病状态的人群占15%，“亚健康”人群高达70%。据预测，我国保健产业生产总值在2020年将达到57200亿元规模，保健产业生产总值的年平均增长速度将达到20%。以全球旅游经济发展及以上我国调查的相关数据看，未来15年内，旅游业将相继进入生态、养生“休闲时代”。根据这一趋势，21世纪将是富裕起来的中国生态、旅游、养生休闲产业发展、繁荣和成熟的世纪，康体养生产品大众化成为主流趋势，消费动机从目前的单一的保健逐步过渡到多元的康体、养生，“延年益寿”的心理需求在产品的多元以及多选择性的状态下得到满足。

规划区生态环境优良、负氧离子高、拥有舒适的健康养生气候，元宝山有“大自然氧吧”的美誉，依托元宝山国家森林公园，融入苗医苗药，大力发展生态型、休闲型和运动型的健康养生产品。

核心项目：归报生态农业园、培秀生态药园、元宝运动养生、小东江生态养生、小桑生态练功场。

支撑项目：生态茶园、绿色食品、各类养生保健酒以及各村苗药园、药膳食疗等。

2. 积极发展3大特色旅游产品

（1）休闲农业旅游

发展思路：休闲农业旅游是“以农业文化景观、农业生态环境、农事生产活动以及传统的民族习俗为资源，融观赏、考察、学习、参与、娱乐、购物、度假于一体的旅游活动”。休闲旅游是农业与旅游业结合的产物，在一定程度上克服了传统旅游业的淡旺季季节差异问题，使得人、财、物等各项资源得到更充分、适当的利用。著名风景区的边缘地区、城市郊区和农村地区一起构成了我国乡村旅游目的地分布的三大主要区域。乡村旅游的发展是现代社会发展的产物。现代城市生活竞争紧张激烈，生活节奏快，城市居民精神压力大，迫切需要释放和放松的机会和场所。而休闲农业旅游所体现的平静的田园生活、悠闲的农耕文化，对城市居民有着强烈的吸引力，是释放压力的好去处。随着我国经济的快速发展，城镇化水平不断提高，现有城市规模日渐扩大，我国休闲农业旅游正迎来良好的发展契机，发展前景广阔。

依托各村寨民居、生态农业、特色梯田、生态林业等乡村资源开发休闲农业旅游产品。

核心项目：归报万亩生态农业园。

支撑项目：小桑梯田、培秀民宿客栈、小东江烤鱼节、乌吉苗族节庆、吉曼地质奇观观光、元宝摄影基地等。

（2）户外运动

发展思路：一般而言，户外运动主要包括登山、攀岩、徒步、定向越野、漂流、溯溪、速降、溜索、滑翔、探险、山地自行车、拓展等活动，是一项集运动休闲体验、生存挑战、极限冒险、旅游于一体的活动。随着文化、经济和城市化的发展，越来越多的人喜欢户外运动。近年来，户外运动旅游是我国发展较快的旅游产品，参与的人数逐年增多。因为在户外运动中，零距离亲近自然、挑战自然的互动方式，吸引了越来越多的普通老百姓走出家门。因此，目前国内许多城市和旅游景点将户外运动与发展全民健身和推广旅游景点相结合，开始重视户外运动对本地旅游业的促进作用，纷纷提出打造“户外运动基地”。

依托柳州及周边市县市场和规划区丰富的地形地貌、生态旅游资源，结合休闲度假、健康养生、体育健身、探奇旅游等旅游产品开发以及生态步道、内部道路、观光设施等建设，规划一批户外运动旅游产品。

核心项目：元宝山户外运动基地

支撑项目：培秀野人谷生态探险、白竹——培秀骑行、小桑峡谷徒步、龙女沟戏水、小东江溯溪等。

（3）研学旅行

研学旅行是“商、养、学、闲、情、奇”新的旅游六大要素之一，是近年来我国大力推进的旅游新业态，而我国学生市场潜力巨大，仅广西区内各层次学生人数超过200万，因此，在某种程度上来说，抓住了学生市场，就抓住了大众旅游市场。

①定义

研学旅行是由学校根据区域特色、学生年龄特点和各学科教学内容需要，组织学生通过集体旅行、集中食宿的方式走出校园，在与平常不同的生活中拓宽视野、丰富知识，加深与自然和文化的亲近感，增加对集体生活方式和社会公共道德的体验，研学旅行中小学生的自理能力、创新精神和实践能力。

②政策依据

《国民休闲旅游纲要（2013—2020年）》（发布时间：2013年2月2日）中明确提出：“在放假时间总量不变的情况下，高等学校可结合实际调整寒、暑假时间，地方政府可以探索安排中小学放春假或秋假”，并提出了要“逐步推行中小学生研学旅行”，“鼓励学校组织学生进行寓教于游的课外实践活动，健全学校旅游责任保险制度”。

《关于促进旅游业改革发展的若干意见》（发布时间：2014年8月21日），其中首次明确了“研学旅行”要纳入中小学生日常教育范畴——（九）积极开展研学旅行。按照全面实施素质教育的要求，将研学旅行、夏令营、冬令营等作为青少年爱国主义和革命传统教育、国情教育的重要载体，纳入中小学生日常德育、美育、体育教育范畴，增进学生对自然和社会的认识，培养其社会责任感和实践能力。按照教育为本、安全第一的原则，建立小学阶段以乡土乡情研学为主、初中阶段以县情市情研学为主、高中阶段以省情国情研学为主的研学旅行体系。加强对研学旅行的管理，规范中小学生集体出国旅行。支持各地依托自然和文化遗产资源、大型公共设施、知名院校、工矿企业、科研机构，建设一批研学旅行基地，逐步完善接待体系。鼓励对研学旅行给予价格优惠。

发展思路：研学旅行包括修学旅游、科考、培训、拓展训练、摄影、采风、各种夏令营、冬令营等活动，旅游对象不仅仅是学生市场，也包括大众旅游市场，因此，依托元宝山森林生态资源和各村寨特色资源，开发生态科普、户外拓展、科学考察、摄影、艺术写生等各种研学旅游产品，满足新兴旅游市场消费需要。

核心项目：小桑艺术摄影创作基地、元宝研学旅游基地

支撑项目：乌吉民族节庆采风、吉曼元宝山生态科普、归报生态农业园农业科普、白竹夏令营、冬令营等。

3. 开发一批主题鲜明的专项旅游产品，丰富各村寨旅游内容

（1）发展思路：根据旅游发展新趋势以及规划区的区位优势、交通优势、资源优势，加强与林业、农业、文化等产业融合，开发一批主题鲜明的专项旅游产品，以满足多元化旅游消费需求。

（2）专项旅游产品系列

节庆旅游系列：针对不同的消费群体和结合文化旅游活动，策划各村寨的芦笙节、芒蒿节、跳香节等苗族传统节日旅游项目。

融水重点乡村主要传统节庆一览表见表 5–1。

生态旅游系列：生态旅游主要在各村寨开发生态步道、生态景观绿道、生态观光等。

文化旅游系列：主要开发小桑苗族生态博物馆、苗族歌舞（见表 5–10）、苗族美食文化等旅游项目。

表 5–10　苗族主要歌舞一览表

苗族歌舞丰富，芦笙是苗族独特的乐器，还有许多男女会吹奏木叶。苗族歌曲采用自己的语言，真声演唱，略带朗诵形式，有即兴苗歌和传统苗歌两种，后者多反映民俗、历史、故事等，前者则多为情歌。苗族的芦笙踩堂舞是其舞蹈的主要形式，无论喜庆、哀丧均采用芦笙舞的形式来表达。在特殊的节日还有踩堂舞、铜鼓舞、木鼓舞等

自助旅游系列：主要针对自驾车旅游市场和背包客旅游市场，开发汽车营地、瓜果采摘、自行车等旅游项目。

第五节　旅游六大新要素规划

根据旅游发展的新趋势，国家旅游局于 2015 年提出了旅游新六大要素，即“商、养、学、闲、情、奇”。

一、商务旅游

“商”是指商务旅游，包括商务旅游、会议会展、奖励旅游等旅游新需求、新要素。

作为世界第二大经济体，中国与国际社会的密切交往带来了规模庞大的会议会展等商务活动。根据全球商务旅游协会发布的 2014 年报告预测，中国将在 2016 年取代美国成为世界第一大商务旅游市场。

由北京、上海、天津、成都、杭州、昆明、三亚、西安等 15 个城市组成的会奖旅游城市联盟日前宣布，要打造中国会奖城市整体国家品牌形象，提升中国在国际会奖旅游市场的聚合力和影响力，吸引更多国际会议买家聚焦中国。北京已把会奖旅游作为发展高端旅游的重要内容，把首都文化和皇城文化资源融入会奖旅游，逐步推出特色节庆旅游、文化演出旅游、精品文物旅游等定制旅游产品。

为了适应旅游新的发展需要，规划在白竹、小桑、培秀布设会议中心，会议中心不单独建设，而是在游客中心或住宿设施中布局；同时，依托归报现代特色生态农业，开展特色农产品展览节庆活动；在乌吉和吉曼分别策划芒蒿文化旅游节和情人节，小东江烤鱼节，以提高规划区旅游经济效益（见表 5–11）。

表 5–11　各村商务旅游规划一览表

位置	旅游新业态项目	开发要求
培秀	120m^2 野人瀑度假山庄会议室	与住宿设施布局在一起，不单独建设
小桑	220m^2 会议中心	布局在苗族生态博物馆中，不单独建设
白竹	120m^2 会议中心	与游客中心布局在一起，不单独建设

续表

位置	旅游新业态项目	开发要求
归报	融水元宝山特色农产品旅游节	依托归报现代特色生态农业来开展
小东江	烤鱼节	已开发，有较好基础，将其做大
乌吉	苗族芒蒿节等传统节庆	已开发，有较好基础，将其做大
吉曼	情人节	已有开发，有一定基础，将其做大做精

二、养生旅游

“养”是指养生旅游，包括养生、养老、养心、体育健身等健康旅游新需求、新要素。旅游原本就是一件身心愉悦的活动。当养生邂逅旅游，健康旅游应运而生，成为不少人青睐的旅游新模式。其中，中医养生旅游的发展最为强劲。

2014 年，国家旅游局与国家中医药管理局签署了关于推进中医药健康旅游发展的合作协议，标志着发展中医药健康旅游已进入国家旅游发展战略。随后，北京推出了首批 7 条中医养生线路，其中包括接受中医体检、参观中医药博物馆、品尝药膳以及学习太极拳等，受到了游客的热捧。此外，甘肃正在建设养生保健系列旅游产品和陇东南国家级中医药养生保健旅游创新区。广西也将中医药与旅游、养老等有机结合，打造立体本草纲目旅游、壮医药和瑶医药健康养生基地。

规划为满足市场发展需要，着力打造生态养生、运动养生、苗医苗药养生、艺术创作养性等养生、养性、养心、养老产品，主要布局在小桑、小东江、元宝、培秀村屯（见表 5–12）。

表 5–12　各村养生旅游规划一览表

位置	旅游新业态项目	开发内容
培秀	开发 2000 亩生态药园，重点是开发森林吸氧、苗医苗药养生	包括药浴、药膳和苗医苗药购物等
元宝	开发户外运动健身和 1500 亩生态茶园养性项目	包括生态徒步、露营、森林浴、森林探险、溯溪、速降、生态茶饮等

续表

位置	旅游新业态项目	开发内容
小桑	开发艺术养性养心旅游	包括艺术写生、书法练习、书吧等
小东江	开发 1500m^2 养老院项目	包括药膳、苗医护理、练功、适当农业劳作等

三、研学旅游

“学”也就是研学旅游，它的内容既不是单纯的旅游也不是纯粹的留学，而是介于游与学之间，贯穿了语言学习和参观游览，包括修学旅游、科考、培训、拓展训练、摄影、采风、各种夏令营、冬令营等活动。

研学旅行是“商、养、学、闲、情、奇”新的旅游六大要素之一，是近年来我国大力推进的旅游新业态，而我国学生旅游市场潜力巨大，仅景区所依托的南宁、玉林、柳州、桂林等核心市场的各层次学生人数超过 120 万，因此，在某种程度上来说，抓住了学生市场，就抓住了大众旅游市场。

（一）定义

研学旅行是由学校根据区域特色、学生年龄特点和各学科教学内容需要，组织学生通过集体旅行、集中食宿的方式走出校园，在与平常不同的生活中拓宽视野、丰富知识，加深与自然和文化的亲近感，增加对集体生活方式和社会公共道德的体验，在研学旅行中培养中小学生的自理能力、创新精神和实践能力。

（二）政策依据

《国民休闲旅游纲要（2013—2020 年）》（发布时间：2013 年 2 月 2 日）明确提出：“在放假时间总量不变的情况下，高等学校可结合实际调整寒、暑假时间，地方政府可以探索安排中小学放春假或秋假”，并提出了要“逐步推行中小学生研学旅行”“鼓励学校组织学生进行寓教于游的课外实践活动，健全学校旅游责任保险制度”。

《关于促进旅游业改革发展的若干意见》（发布时间：2014 年 8 月 21 日）中首次明确了“研学旅行”要纳入中小学生日常教育范畴——（九）积极开展

研学旅行。按照全面实施素质教育的要求，将研学旅行、夏令营、冬令营等作为青少年爱国主义和革命传统教育、国情教育的重要载体，纳入中小学生日常德育、美育、体育教育范畴，增进学生对自然和社会的认识，培养其社会责任感和实践能力。按照教育为本、安全第一的原则，建立小学阶段以乡土乡情研学为主、初中阶段以县情市情研学为主、高中阶段以省情国情研学为主的研学旅行体系。加强对研学旅行的管理，规范中小学生集体出国旅行。支持各地依托自然和文化遗产资源、大型公共设施、知名院校、工矿企业、科研机构，建设一批研学旅行基地，逐步完善接待体系。鼓励对研学旅行给予价格优惠。

发展思路：研学旅游包括修学旅游、科考、培训、拓展训练、摄影、采风、各种夏令营、冬令营等活动。旅游对象不仅仅是学生市场，也包括大众旅游市场。因此，依托元宝山森林生态资源和现代特色农业开发生态科普、户外拓展、科学考察、摄影等各种研学旅游产品，将动植物科普知识、森林科普知识（如：教游客辨别动植物、测量植物精气、测量森林负氧离子等）、农业生产知识、农业养生知识、农业科普知识、地质科普知识开发出来，打造成为广西有名的生态林业科普与农业科普示范基地。同时，根据一年四季的景观，策划不同主题的摄影大赛、学生户外拓展竞赛等，以丰富景区旅游活动。

规划布局小桑、培秀、乌吉、吉曼、元宝、归报等旅游村寨（见表5–13）。

表 5–13　各村研学旅游规划一览表

位置	旅游新业态项目	开发内容
培秀	森林科考旅游	元宝山科普知识、植物标本知识
小桑	摄影基地	可根据市场发展需要，开展摄影大赛、摄影展览、摄影交流会等
归报	农业科普旅游	介绍各类农业生长情况、营养成分、功能等科普知识
元宝	户外运动基地	包括生态徒步、露营、森林浴、森林探险、溯溪、速降、森林生态科普等
乌吉	生态植物园科普、观赏南天一柱等元宝山地质奇观	重点是介绍各类高山植被生态科普知识，建有观景亭廊
吉曼	生态植物园科普、观赏南天一柱等元宝山地质奇观	重点是介绍各类杜鹃生态科普知识，建有观景亭廊

四、休闲旅游

“闲”也就是休闲度假，包括乡村休闲、都市休闲、度假等各类休闲旅游新产品和新要素，是未来旅游发展的方向和主体。

经过多年的发展，我国的旅游已从观光游发展到休闲度假。以感受乡土气息、拥抱亲近大自然、探秘古村落为目的的休闲农业游正受到人们的追捧。休闲农业促使大量的农区变“景区”、田园变“公园”、农产品变商品。继农家乐、渔家乐、花家乐、林家乐及生态观光农业园等业态之后，国家农业公园的出现将为游客提供新选择。

此外，一些旅游城市正在向休闲城市转型，游客置身城市之中便能休闲度假。

为了满足市场发展需要，规划在从白竹—培秀开发骑行绿道、元宝户外运动休闲、归报乡村休闲等项目（见表 5–14）。

表 5–14　各村休闲旅游规划一览表

位置	旅游新业态项目	开发要求
培秀——白竹	开发 10.5 公里骑行绿道	沿途布设有旅游厕所、休息亭、观景拍照平台、救援电话、紧急避险处、小卖部等，并完善沿途路标、景点介绍牌等标识系统
元宝	户外休闲运动	包括生态徒步、露营、森林浴、森林探险、溯溪、速降、森林生态科普等
归报	农业观光采摘休闲活动	依托归报现代特色生态农业开展瓜果采摘休闲活动

五、情感旅游

“情”，是指情感旅游，包括婚庆、婚恋、纪念日旅游、宗教朝觐等各类精神和情感的旅游新业态、新要素。

早在 60 多年前，钱钟书就曾说：结婚以后的蜜月旅行是次序颠倒的，应该先旅行一个月再结婚。时下，以爱情为主题的旅游，尤其受到了年轻人的喜爱。

据了解，目前我国与婚庆产业关联的行业已达 40 多个，新婚蜜月市场规模每年约1.2万亿元人民币。婚庆旅游、婚纱摄影等业态，对旅游业而言已是“天大机会”。2014年，北京、天津、河北、安徽、海南5省市组建了婚庆旅游合作组织，培育婚庆旅游目的地、市场、产业和产品，推进婚庆旅游成为旅游经济新的增长点。海南目前重点向国内外旅游市场推出婚庆旅游产品，促进婚庆产品与海洋、生态、文化、康体、度假等产品的融合，希望从婚庆主题旅游产品突破，打造海南婚庆旅游产业链。

依托吉曼情人坡文化，开发爱情文化娱乐和蜜月度假旅游；依托小桑梯田，开发婚纱摄影旅游（见表5–15）。

表5–15　各村情感旅游规划一览表

位置	旅游新业态项目	开发要求
小桑	婚纱摄影基地	结合摄影基地开展
吉曼	爱情文化旅游	依托情人坡，开发爱情表白墙、海誓山盟台、情歌对唱、定情物DIY、度蜜月、苗家传统民族婚俗婚礼等

六、探奇旅游

以探奇为目的的旅游新产品、新要素，包括探索、探险、探秘、游乐、新奇体验等，近年在我国也发展迅速。

一些资深驴友已经不满足于常规的景点和舒适的休闲，徒步、登山、骑游等深度体验类的旅行方式渐受青睐。这些新方式令游客更加亲近自然，亲近人文，获取身心的锤炼与提升，更具个性化，更为深入。同时，作为一种体育健身的方式，能有效地增强旅游者的体质，锤炼旅游者的意志。

目前市场上此类产品颇为丰富，例如，国内的徽杭古道、唐诗之路、漠河找北、寻秘贵州等，出境的巴厘岛梯田火山人文徒步、法国勃朗峰大环线高山徒步以及美国西部国家公园大峡谷徒步等均受到游客喜爱。

为了提高市场占有率，依托元宝山森林地质奇观，开发生态徒步、元宝山野人探秘、元宝山奇观观光等旅游项目（见表5–16）。

表 5-16　各村探奇旅游规划一览表

位置	旅游新业态项目	开发要求
培秀	野人谷探秘探险	需要有专业向导
小桑	驴友公社	依托民居客栈开发驴友公社，作为驴友在龙女峡谷探秘基地
小东江	龙宝峡谷森林探险	依托龙宝峡谷瀑布山庄，开发森林探险项目
乌吉	观赏南天一柱等元宝山地质奇观	修建观景亭廊
吉曼	观赏南天一柱等元宝山地质奇观	修建观景亭廊

第六节　旅游运营管理规划

一、国内外主要乡村旅游开发模式和经典案例

（一）景观休闲型

1. 简介

以赏花经济为主导，以特色节庆为引领的开发模式。该模式旅游发展的重点：

——规模取胜，通常种植大面积的同类或多种花卉，形成视觉冲击；

——景观塑形，通过地形设计、人造花卉雕塑、花卉人文景观等优化景观效果；

——节庆助推，有针对性地推出节庆活动；

——服务配套，立体交通观赏、养生美食享受、有机产品购物等保证美好体验。

2. 案例：加拿大 Butchartgarden（见表 5-17）

加拿大国宝级精致园林，实现四季皆有景的多彩风情园。

——简介：坐落于加拿大温哥华岛，占地 300 亩，是利用一个荒废的采石坑修建的，层次鲜明，四季可游，融汇世界园艺精华的精致花园。

——策略：利用地势起伏构建景观层次，从单调园艺走向主题园。

——产品：玫瑰园、日式庭院、意大利花园、低洼花园、Butchart 家族陈列馆。

——配套设施：游客中心、生态停车场、园艺咨询中心、种子和礼品店、餐饮厅（dinningroom，blueroom- 温室餐厅，咖啡店）。

——盈利模式：门票 + 餐饮消费 + 纪念品出售。

表 5–17　加拿大 Butchartgarden 开发内容

五季节	特色产品	特色说明
春季	花海	郁金香、雏菊、玫瑰、牡丹等、音乐喷泉
夏季	音乐草坪	亲民化的小型杂耍、小提琴等文艺表演
	烟花晚会	烟花瀑布等水上烟花为特色
	花园夜景	与鲜花同色系的灯光打于花团上，游客在夜色中体验花园景观
秋季	红叶	—
圣诞节	室内旋转木马	整个建筑就是为一个大型旋转木马设计的，玻璃门窗及屋顶，灯光取胜
	圣诞灯光秀	树上悬挂满“星星状”彩灯
冬节	小型滑冰场	室外
	室内冰雪乐园	模拟雪山、小火车等互动缩微景观

（二）科普观光型

1. 简介

这是一种以科技观光为引领，以四季花卉为特色，以考察、科普为主导的开发模式。

该模式旅游发展的重点：

——注重科技导入，从花卉苗木的组培科研到立体化展示；

——科普体验规划，科普教育相关的功能设置及活动策划，且需注重趣味性；

——创意景观设计，用花卉创作有趣味的景观小品，提升花卉的观赏性；

——其他功能导入，引入生态餐厅等项目，丰富游客体验内容。

2. 案例：英国 EDEN 伊甸园

植物展示＋科研教育＋特色活动，通过环境再生，建造一个与世隔绝的人间“伊甸园”。

——概况：1994 年英国人提姆·史密特首次提出要在一个已经受到工业污染和破坏的地区重建一个自然生态区的想法，2000 年在英国南部康沃尔郡废弃的矿山上兴建的伊甸园的项目成为全球最大的生态温室。这里目前汇集了几乎全球所有的植物，超过 4500 种、13.5 万棵花草树木在此是一个集科学与娱乐为一体的博物馆，不仅成为人们休闲娱乐的场所，还是一个开展生态教育的天然课堂。通过它，人们可以了解更多的生物学信息，它是后工业时代环境再生的绝佳范例。

——经营状况：伊甸园自 2001 年对外开放以来，目前已接纳访客超过 900 万人次。

3. 运营模式

（1）注册慈善信托基金。信托基金下设一个全资公司，代表信托基金掌管伊甸园工程的全部事务；

（2）成立伊甸园基金会。基金会主要代表伊甸园工程的对外形象，负责与政府、企业、学校和 NGO 等机构建立联系，帮助伊甸园工程建立一些专项项目（如废物零排放项目），以及寻找伊甸园工程差异化发展的策略。

4. 创意理念及重要项目设置

（1）特色项目

体验类：话剧、研讨会、艺术类、园艺论坛、音乐节和儿童节目。

观赏类：两大温室、三大展览馆。

教育类：每年 1 月和 9 月向不同年龄段的学生提供。

（2）生态教育

创意建筑：

伊甸园由 4 座穹顶状建筑连接组成，整体外观如蜂巢的巨型球体，被世人称为：“吹气泡泡的建筑”，世界第八大奇迹。

（3）展馆设置：

种植10万种以上的植物，为全球最大植物保育场的所在地；

以主题方式分别设计“潮湿热带馆”“温暖气候馆”“凉爽气候馆”；三大展区共6个“大温室”，分别展示6个不同国家的植物。

（三）生态度假型

1. 简介

兼顾花卉的特色观光和优美环境功能，以花造景、依景度假的开发模式。

该模式旅游发展的重点：

——明确用地组合，注重农业用地与旅游度假设施用地的规模和空间关系，兼顾景观性、私密性与经济性；

——丰富度假产品，基于花卉田园等打造花田运动、花汤养生、美食体验、花丛住宿等特色度假产品；

——完善配套设施，以建设“花境”绿道为重点，以特色交通体验为特色，完善旅游度假配套设施的空间布局规划设计。

2. 案例：**成都石象湖**

以生态休闲、鲜花节事为核心驱动，激活相关产业的综合性生态休闲示范区。

——区位：位于四川蒲江县，距成都86公里，距双流机场国际机场77公里；

——规模：20平方公里，30000亩区域；森林覆盖率60%，湖面2000余亩；

——特色：

（1）以湖景旅游为核心结合花卉产业（郁金香、百合花）整合优势，将石象湖打造成为国际复合型度假区；

（2）园区由生态文化主题辐射出国际休闲度假园、国际会议中心、未来人居生态环境示范区及国家级生态农业示范区等。

3. 游客量：年均30万人次

（四）主题游乐型

1. 简介

以花卉景观为环境特色，以花田游乐为主导的开发模式。

该模式旅游发展的重点：

——花卉景观设计，通过不同种类花卉搭配种植，形成多彩花田景观；

——运动娱乐导入，花田中设置卡丁车赛场、迷宫等趣味运动。

——特色交通规划，结合地形特点，设计车行、人行等不同景观道路。

2. 案例：日本芝樱公园

欣赏浪漫芝樱+体验花田赛车，世界独一无二的芝樱卡丁赛车场。

——概况：位于日本北海道东藻琴村藻琴山，芝樱数目达120万朵。同时，山下设置亲子游憩设施，并提供野餐等场地。

——面积：150亩。

——主题活动："芝樱祭"系列春日活动、"东藻琴芝樱公园摄影比赛"等活动。

——芝樱花色：五月花季，紫、白、红、粉红、淡粉、雪青6种花色同时开放，花期长达3个月。

——建设内容：卡丁赛车场、大地艺术景观……

——开发启示：独特的赛车体验，多彩的芝樱花田。

独特的赛车体验：世界唯一的芝樱卡丁赛车场，体验芝樱环绕下的赛车感受。

多彩的芝樱花田：通过不同花色的芝樱种植，拼出独特的"小牛"大地艺术景观，形成景区著名地标之一。

（五）产业博览型

1. 简介

集花卉苗木种植、交易、展览、观光休闲等为一体的产业链式开发模式。

该模式旅游发展的重点：

——产业资源，必须具备或能整合花卉苗木的组培、种植、研发、管理等人才、企业和花卉苗木资源；

——链式开发，基于产业种植基础，从组培、种植、研发延伸拓展到展览、交易、花卉衍生产品生产与销售、花卉观光休闲等，以产带旅，以旅促产；

——功能空间，主要功能一般包括花卉科研区、花卉展销区、主题花海观光区、休闲度假区等，功能组合和空间布局上需兼顾产业要求和旅游需求，既不影响生产种植，又能满足游客体验。

2. 案例：上海鲜花港

农业产业化结构调整的典范。

——核心特色：320 万株郁金香花海和 36 万平方米玻璃温室。

——开园时间：2007 年。

——占地面积：主景区 1000 亩。

——投资方：上海鲜花港企业发展有限公司

——所获殊荣：国家 4A 级旅游景区、全国农业旅游示范点、上海市科普教育基地。

3. 游客量：郁金香花展期日均 1 万人次，年游客 60 万人次，门票：100 元

（六）农家花乡型

1. 简介

以“花田”为背景，以农家乐为主要载体的“花卉乡村”开发模式。

该模式旅游发展的重点：

——注重风貌整治，以大面积花卉景观围绕，建筑、景观等凸显乡村风貌，营造世外桃源般的乡村风貌；

——融入乡村文化，结合当地民俗文化和农耕文化，打造主题文化景观，设置手工艺、民俗及农事体验活动，并结合花卉开发特色旅游商品等；

——强化农家休闲，注重农家美食、休闲垂钓、农事体验等休闲产品，以花引客，以闲留客。

2. 案例：四川成都三圣花乡

国家 4A 级旅游景区、国家文化产业示范基地、全国首批农业旅游示范点、中国人居环境范例奖、城市的乡村生态休闲度假胜地（见图 5–1）。

三圣花乡旅游区全景图
san sheng hua xiang traveling panorama drawing

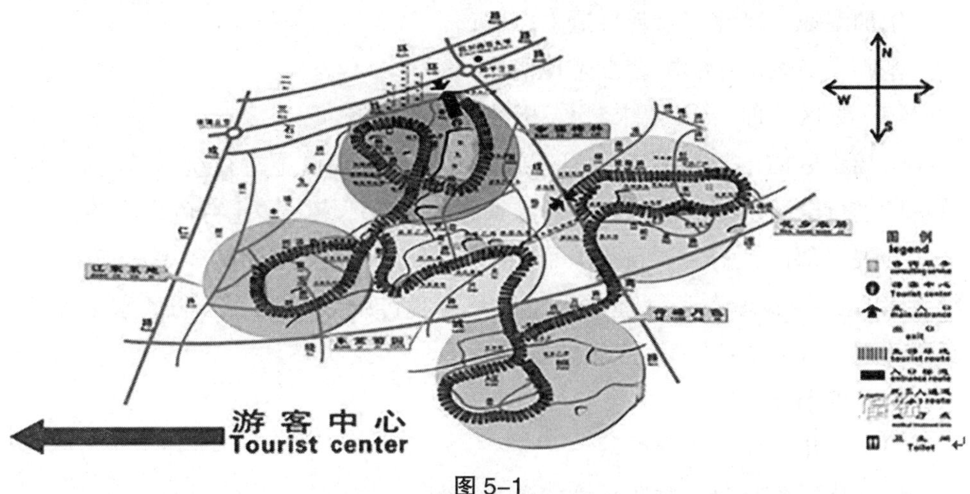

图 5-1

——概况：距市区 15 分钟车程，面积 16.8 平方公里。

——定位：以观光休闲农业和乡村旅游为主题，集休闲度假、观光旅游、餐饮娱乐、商务会议于一体的城市近郊生态休闲度假胜地。

——规模：农家乐 266 家（其中星级农家乐 224 家），高档会所及高、中、低档乡村客栈 40 余家。日均客流 20000 人（周末 35000 人以上）。

——周边：城东副中心，万亩国家级森林公园、千亩天鹅湖公园。

——五朵金花：打造“五朵金花”国家 4A 级旅游景区。

——经营管理：

（1）运作模式：政府主导、社会参与、多元投入、市场运作

政府主导。在财政、税收、信贷上向农村和农业倾斜，投入 8300 万元，用于搭建融资平台，撬动吸引民间资金 2 亿元；

吸引社会资金介入。按照政府合作经营、先行投入再溢价退出的方式，引进了成都维生、上海大地等花卉龙头企业和北京金港赛道等知名企业入驻；

集体资产参与。村集体通过将集体土地、堰塘、荒坡等资产出租，将获取的租金用于“五朵金花”的打造。

（2）规划建设：农村化布局，景观化打造，城市化建设

采取“农民出资、政府补贴”的方式将农居改造景观化；

增加湿地、绿地使景观打造生态化；

基础设施城市化、配套设施现代化。

（3）景区管理：5A 要求，4A 标准，精品提升

引导景区内的经营者对厨房、旅游厕所等基础设施进行统一改造，对经营场所进行全面系统的规范，使其与景区的自然环境、文化特色相协调；

开展“部门包村、干部包户”和“干部入户、文明到家”等活动，帮助经营者提升经验理念和管理水平，使其摆脱传统“农家乐”的低水平经营，真正体现“五朵金花”4A 级旅游景区品质。

3. 产品打造

（1）文化主导，主题经营

以文化润色农业、营造环境、提升经营；

“一村一品、一村一景、一村一业”的错位互补和协同发展，形成五个主题景点。

（2）多元发展，提升转型

由单一的“观光 + 休闲”（农家乐）向“文化 + 休闲 + 商务”（精品乡村商务酒店、高级会所、体育公园等）的中高端多元化产品提升转型。

（3）节事营销，产业支撑

以中国首届“乡村旅游节”和花博会为契机，以花卉产业为支撑，营造四季花卉节事。

（4）4A 标准，品牌塑造

以申报国家 4A 级旅游景区和承办中国首届“乡村旅游节”为契机，进行环境整治、设施改造、经营规范，树立“五朵金花”品牌形象。

二、旅游富民运营模式

（一）以“农民”为核心的运营理念

农民是乡村旅游的重要主体之一，因此，乡村生态旅游在开发过程中要实施“以农兴旅，以旅促农，农旅结合，重在富民”的发展战略，使当地农

民成为乡村旅游的经营主体，“获利于”而不仅仅是“受益于”乡村旅游的发展，实现社会经济效益良性发展。

1. 多主体开发模式

采用“政府+公司+合作社+农户”的多主体开发模式。

（1）政府

负责旅游规划和基础设施建设，优化发展环境，利用村屯基层领导干部的带动和示范作用，引导当地农民参与旅游项目的开发与建设。

（2）旅游服务公司

总揽投资管理、营销推广等市场运作，协调每个村屯的经营管理。公司积极争取各种优惠政策，多渠道筹集资金进行基础设施的配套投入，如充分挖掘人文资源和文化传统，建设道路、铺设电视线、网线、电话线等基础设施。

（3）农村经济合作社

成立以居民为主导的农村经济合作社，参与有机农业和旅游开发。由村民入伙组成合作社社员，再从社员当中推荐出社长和社员委员会，社员委员会直接与政府、开发投资公司对接，处理社员与政府、公司之间的关系。主要负责组织村民提供住宿餐饮、旅游商品的制作、参与地方戏的表演、担任导游等，并负责维护和修缮各自的传统民居。农村经济合作社一方面代表农户的利益，负责与政府、旅游公司进行各项事务的协调，另一方面协助政府做好本村乡村旅游的经营管理工作。

（4）农户

农户是乡村旅游最基本的经营单位，并接受政府和农村经济合作社在经营上的指导与管理。鼓励村民以果园、菜园、农宅、土地、劳务、资金等形式入股投资，持股分红，享有土地等增值利益。

农民依托经营、就业、保障平台，变单一的种植农作物收入为拥有租金、薪金、股金、保障金等“四金”的多渠道增收，即土地流转、农宅出租按年收取租金；经营乡村旅游、到乡村旅游企业打工赚取薪金；参与村集体经济、土地入股建乡村酒店等经营可分享保底分红的股金；达到社会保障条件后按月可领取养老金、低保金，还可报医疗费的保障金。以“四金”方式保证了农民增收的稳定性，在土地利用及多种形式的经营和创收中，保障农民的利益。居民意愿主要通过农村经济合作社表达。

①租金

实行以土地承包经营权入股为主的股份合作经济，实现专业化生产、规模化经营，将土地开发增值的利益留在农民的手中，以转包、出租、互换、转让、入股等多种方式，让土地向农业大户、专业公司集中，形成规模化、集约化的农业产业基地。

②薪金

构建农民就业体系，开发服务型、社会型、自主型、创业型、公益性等不同岗位，多渠道促进农民就业。当地农民优先进入企业务工，还可从事农家乐、民俗表演、民族手工艺制作、作坊、餐饮和茶社等经营活动，每月获得固定的月薪收入。

③股金

引进专业公司对农户的农房进行整体策划改造，建设具有独特风格和文化品位的乡村酒店、茶吧，引导农户用自己的宅基地和土地承包经营权进行入股，以“保底＋分红”的模式进行分享收益。

④保障金

统筹城乡社会保障，把农民全部纳入新型农村合作医疗，农民的100%参加了社会养老保险，到了“50”“60”后，同城里居民一样享有养老金，生活困难的农民可享有城市最低生活保障金。

模式中的四个不同的主体担负着不同的职责：政府负责编制旅游规划、监督资源开发与资源保护的有效性；公司积极争取各种优惠政策，多渠道筹集资金进行基础设施的配套投入，如充分挖掘人文资源和文化传统，建设道路、铺设电视线、网线、电话线等基础设施；同时，由政府进行行业管理，处理行业发展过程中的各种问题，指导乡村旅游的健康发展。

此多主体开发模式的特点是发挥旅游产业链中各环节的优势，通过合理分享利益，避免了乡村旅游开发过度商业化，保护了本土文化，增强了当地居民的自豪感，从而为旅游可持续发展奠定了基础。既较好地树立了乡村旅游的总体形象，又能充分反映政府、经营户、休闲者等多方面的利益，从而为乡村旅游的可持续发展奠定基础。

（5）运营引导措施

第一，引导当地特色种养业的发展。观光农业必须要有特色，要科技含量高，围绕这一特点，依据特色蔬菜、水果等产业链，培养当地从事种植业的农业工人和从事养殖业的能手，使农民不仅从种养业中拓宽就业渠道，也从中得到实惠。

第二，引导带动农产品向高附加值转化。大力发展农产品加工业，是农业结构调整的重要内容。依托农产品保鲜、深加工及相关配套技术，大力开发具有民族传统、文化特色、地域优势、高附加值的深加工产品，延长农业产业链，实现农产品的增值增效，力争把农产品加工业发展成为农村经济的支柱产业。

第三，引导带动农民发展乡村旅游业。引导带动区农民开办农家旅馆、农家菜餐馆、开办酸嘢馆和开发土特产等方式发展旅游业。同时，通过公司吸纳带动农民担任保洁员、园林绿化以及工程设施维护员工、保安、饭店服务员、表演演员、农牧产品深加工工人等途径转移农村剩余劳动力。

2. 以“股份”为纽带的组织框架

采取股份合作型的发展模式，坚持谁投资谁受益的原则，广泛吸纳社会资本投资、村民集体出资，实行合股联营。

（1）农民入股。农民以宅基地、废弃地等土地资源、果园、菜园、劳务、资金等形式入股旅游企业，持股分红，享有土地等增值利益。做到离土不离乡、离田不失权、离地不失利，加速农民非农化和城市化的进程。坚持最大限度地让利于民的原则，创造更为优惠的政策，调动乡镇、村集体及农户的投资热情和责任感，使农民以主人翁的态度投入旅游开发工作中，并成为乡村旅游发展的真正受益者。

（2）招商引资。采取优惠政策，积极吸纳社会资本投资。政府对吸纳农民股份或者接受农民以工顶资的方式入股的投资者给予优惠；对能够吸纳本地居民就业的项目，按照吸纳的数量给予优惠。

（二）以“多主体”为特色的开发模式

采用“政府+公司+合作社+农户”的多主体开发模式。具体经营方式可以灵活多样，包括租赁制经营、股份制经营、合作制经营。

1. 租赁经营

根据规划区实际情况，部分项目可采用租赁制经营方式，主要是企业租赁企业的形式，即旅游开发公司作为出租方，将项目的使用权租赁给其他信誉好、专业性强的企业经营，双方的法律关系为租赁关系。

2. 股份制经营

股份制经营是旅游区的核心经营模式。投资额在200万元以上的通过项目的方式招募其他公司入股。

3. 合作经营

生态农业、农家乐等项目，由旅游开发公司采用“企业+合作社+农户”的形式，与农民合作开发这些项目。该形式的农民组织形式为“合作社”。农民通过村民委员会在不改变土地性质的情况下将土地使用权出让给公司，公司不仅聘用当地农民为公司职员，而且还支付一定的地租，最终实现双赢。

（三）以“多样化”为目标的盈利模式

由于各村属于开放式，除个别的村寨可以另外核算外，大部分村寨不收取旅游门票。因此，旅游主要通过开发营利性项目，采用“旅游业+生态农业+旅游商品”的综合盈利模式来盈利。

1. 旅游项目盈利模式

旅游项目主要是农园采摘、溪谷漂流、民俗活动等休闲项目、农家旅馆、乡村酒店、休闲山庄、度假村以及旅游餐饮经营所得。

2. 生态农业盈利模式

生态农业示范区盈利主要有两种：一是开发生态农业旅游项目，瓜果蔬菜采摘游、体验式农业开发等收益；二是出售有机生态农产品（瓜果、蔬菜）、花卉苗圃批发零售等获益。

3. 设备租赁盈利模式

以设备租赁项目获取利润，主要是营地、自行车、马车、牛车、徒步、露营设备、垂钓、烧烤、摄影设备租赁和生态农业种养租赁等项目。其中，自行车租赁服务项目以廉价为主，主要通过营地墙体广告、自行车植入广告以及其他方式创造盈利点。

4. 旅游商品盈利模式

旅游商品盈利主要包括：农产品、水产、花卉、山货、蜂产品、纪念品、民族手工艺品等产品的销售。

5. 旅游中心盈利模式

主要是利用能够盈利的项目获取利润，一是利用农家乐代订、票务代理、客房预订和旅游讲解服务等；二是利用生态停车场等项目盈利；三是旅游商品兜售。

（四）“多元化”的经营模式

1. 农民增收经营模式

一是要引导农民就业创业。在融水苗族自治县乡村旅游扶贫重点村建设推进的过程中，必须要关注生产性用房的建设，培育个体经济，鼓励村民建设农家乐和旅游接待设施。通过土地流转，让有能力的农民发展规模农业，同时优先安排农民参与企业务工，让他们不但领土地租金还可拿工资。活跃餐饮、特色农产品销售等农村市场，引导农民参与创业，增加收入。

二是增加农民财产性收入。融水苗族自治县乡村旅游扶贫重点村建设工程为壮大村级集体经济带来了历史性的契机。要大力培育村级集体经济，通过推进村级集体经济组织的产权制度改革，增加农民财产性收入。要按照“资源产业化、资产资本化、资本股份化”的思路，使股份合作经济成为农村集体经济的基本实现形式，让股份分红成为农民增加财产性收入的重要途径。

三是健全农民社会保障体系。健全的社会保障体系，历来被称为群众生活的“安全网”、社会运行的“稳定器”和收入分配的“调节器”。应不断健全农村最低生活保障、农民养老保险、农村合作医疗三项农村基本社会保障制度。在乡村旅游扶贫重点村建设中，特别要关注低收入农户奔小康的问题，在建房、就业、救济上给予政策性援助。

2. 村集体经济经营模式

一是土地开发集约化。通过农民专业合作组织将农民的土地集中起来，流转农村土地承包经营权，突出连片联户开发，共同扩大并发展市场空间，走出一条专业化、产业化、规模化的发展之路。

二是农房建设景观化。按照“宜拆即拆、宜建则建、宜改则改”的办法改造融水苗族自治县乡村旅游扶贫重点村，注重突出苗族文化民居风格。将农房建设全部按照庭院式农房进行规划建设，将其设计为一道道具有乡土特色的景观符号。

三是配套设施现代化。规划完善水、电、路、气和污水排放等公共设施建设，以构筑良好的生态空间，给企业和农户搭建了从事农村休闲娱乐业的市场平台。

四是发展现代商贸旅游业。在乡村旅游扶贫重点村建设中，通过规划建设民俗街等现代商贸旅游业，大力发展度假、休闲、传统作坊、商贸、养生、夜市生活等经济，增强产业运作能力。

（五）旅游富民引导模式

在产业运作上，让旅游乡村建设与产业发展有机融合，把培育现代生态高效农业和休闲观光农业相结合，把发展民间民俗文化与旅游产业相结合，实现农业与旅游业有机结合，建立新的产业运作模式。

1. 建设现代农业基地

需要加快进行土地流转，下大力气进行集中连片推进模式，培育优势农业产业体系，建设高品质农产品。土地流转不能寄希望于“零敲碎打”或“水到渠成”，应充分发挥政府建立的土地流转平台优势，可设立土地流转基金，坚持以市场为导向、效益为中心，以产业集群化建设为纽带，建设现代园区。同时，要以各类无公害基地、农业龙头企业为依托，引导农民和专业大户规模化种养，提高产业集聚度，优化产业配套布局。特别要注重农业方面的招商引资，吸引大公司、大企业来建立现代农业基地。

2. 建设现代农业基地

规模发展“农家乐”。要把优势特色产业与自然、旅游资源有机整合，促进全村观光休闲农业向规模化、产业化、品牌化发展。

3. 发展生产型企业

在乡村旅游扶贫重点村建设中，除满足居住基本功能外，还要满足农民发展经济、增加收入的需要，要充分考虑庭院经济、家庭手工业、三产等生产因素，合理布局生产型企业。政府应在把好环保、资源、安全关的前提下，积极促进传统家庭工业向现代家庭工业转型，蓄水养鱼，培育出规模企业。

4. 引导目标任务

（1）目标

建设以实现农民富裕、缩小工农差别与城乡差别为目标，以现代科学技术、现代管理手段、现代物质技术装备农业为支撑，通过调整优化产业结构，实行集约化经营，加强农田基础设施建设和农村社会化服务体系建设、发展农村工业和小城镇建设等途径，逐步把传统农业建设为现代农业，提高农业生产率和农业综合生产能力，实现工农一体化和城乡一体化。

（2）任务

发展任务在于五个“引导”：

第一，引导农业向优质农产品方向发展。以开发市场占有率高、国际竞争力强的优质精品农产品为核心，力求“品种新、品质优、技术新、结构佳、投入低、效益高”，为农业产品结构调整和提高国际竞争力提供示范。根据当地自然与经济特点，着力发展具有区域特色的主导产品，促进农产品参与国际市场竞争。

第二，引导当地特色种养业的发展。观光农业必须要有特色，要科技含量高，围绕这一特点，依据蔬菜、水果等产业链，培养当地从事种植业的农业工人和从事养殖业的能手，使农民不仅从种养业中拓宽就业渠道，也从中得到实惠。

第三，引导农产品向高附加值转化。大力发展农产品加工业，是农业结构调整的重要内容。依托农产品保鲜、深加工及相关配套技术，大力开发具有民族传统、文化特色、地域优势、高附加值的深加工产品，延长农业产业链，实现农产品的增值增效，力争把农产品加工业发展成为农村经济的支柱产业。

第四，引导农业科技企业。农业科技企业既是科技投入的主体，也是农业产业化经营的龙头。在兼顾科技优势、区域布局、主导产业培育的基础上，逐步引导农业科技企业加快传统农业的改造与升级。

第五，引导农民发展乡村旅游业。引导规划区农民开办农家旅馆、农家菜餐馆、开办酸嘢馆和开发土特产等方式发展旅游业，同时，通过旅游开发公司吸纳规划区农民作为保洁员、园林绿化以及工程设施维护员工、保安、饭店服务员、表演演员、农牧产品深加工工人等途径转移农村剩余劳动力。

案例思考：1. 民族地区乡村旅游规划如何凸显民族特色？ 2. 民族地区乡村旅游规划如何实现主客共享、共建共享和社区全面参与？ 3. 如何通过规划实现乡村旅游助推乡村振兴？

案例实训：结合乡村振兴内容，编制一份乡村产业融合旅游规划提纲。

案例延伸知识：查询并了解乡村振兴与乡村旅游的国家政策；查询并了解国家及各省创建乡村旅游品牌的评定标准。

第六章　情醉仫佬：县域旅游规划

——罗城仫佬族自治县旅游总体规划

本章需要掌握的内容：

1. 仫佬族文化；2. 文化旅游规划；3. 特种旅游

第一节　旅游资源调查与评价

罗城仫佬族自治县包括7镇4乡（东门镇、龙岸镇、黄金镇、小长安镇、四把镇、天河镇、怀群镇、兼爱乡、乔善乡、宝坛乡、纳翁乡），总面积2658平方公里。

一、旅游资源普查和评价的说明

经过项目组2010年的实地调查，并根据罗城仫佬族自治县旅游局和各乡镇政府所做的部分资源调查工作形成的数据，此次共调查和统计罗城仫佬族自治县旅游资源单体（点）165处。

根据《旅游资源分类、调查与评价》（GB/T 18972—2003）中对旅游资源单体的定义，旅游资源单体包括“独立型旅游资源单体”和由同一类型的独立单体结合在一起的“集合型旅游资源单体”。由于罗城集合型旅游资源单体不多，因此，在资源评价中对旅游集合型旅游资源单体如剑江风景区、武阳江风景区、青明山风景区等作为资源单体进行评价，也对这些集合型旅游资源单体中的许多独立型旅游资源单体进行评价。

二、旅游资源类型和特征

（一）旅游资源类型特征分析

按照调查汇总资料分析和综合评价，得出以下结论。

1. 亚类资源丰度较高，主类和基本类型丰度较低

按照国标的《旅游资源调查、分类与评价》所规定的条款进行调查统计和分类，罗城仫佬族自治县的旅游资源共有 7 个主类资源，占全国标准数目的 87.5%，涉及 16 个亚类资源，占全部 31 种亚类的 51.61%，50 多种基本类型占全国标准数目 155 种的 31.00%（见表 6–1、表 6–2），主类资源丰度较高，亚类和基本类型丰度较低（见表 6–1、表 6–2）。

表 6–1　罗城仫佬族自治县各层次旅游资源数量所占比例

系列	标准数目	罗城仫佬族自治县	
		数目	占全国比例（%）
主类	8	7	87.5
亚类	31	16	51.61
基本类型	155	50	31.00

表 6–2　罗城仫佬族自治县总体旅游资源类型

主类	亚类	基本类型	资源内容
地文景观	综合自然旅游地	山丘型旅游地 AAA	武阳江沿岸风光、剑江沿岸风光、青明山风光、雨平山
		垂直自然地带 AAG	武阳江风景区、怀群镇等植被与土壤的垂直自然带
		峰丛 ACC	神剑山、海底世界、大佛山、贝雷公、龙角山、观音山、猴头山等连绵峰丛
		奇特与象形山石 ACE	天门山、情人山、月亮山、睡美人山、孔雀开屏、秀才看榜、刘三姐石像山、米泉石、双姑抱颈、犀牛隔水、石蛙
		岩石洞与岩穴 ACL	含乐岩、雅乐仙洞、神龙岩、大福村冲沓溶洞、五指山岩洞、甘逢天坑（深洞天坑）、棉花天坑
		ACN 岸滩	野马滩
	岛礁 AE	岛区 AEA	金渔洲、杨梅洲

续表

主类	亚类	基本类型	资源内容
水域风光	河段 BA	观光游憩河段 BAA	武阳江风景旅游区、剑江风光、天河风光
	泉	冷泉 DBA	天河、神泉景观
	瀑布 BC		才龙瀑布、百合瀑布
生物景观	树木	林地 CAA	水上相思林、万亩葡萄园
		丛林 CAB	三姐桃花园、原始香樟林、米椎林、凤尾竹林（竹绣球）
		独树 CAC	剑江古榕、百年葡萄王
	草原与草地 CB	草地 CBA	高山草甸
	野生动物栖息地	陆地动物栖息地 CDB	武阳江风景区、九万大山“原始森林”等
		鸟类栖息地 CDC	武阳江风景区、九万大山“原始森林”等
		蝶类栖息地 CDD	九万大山原始林区内各种花蝶的活动现象
	天气与气候现象	避暑气候地 DBB	武阳江、剑江等生态林避暑
		物候景观 DBE	原始香樟林、水上相思林的季节变化以及植物群落的色彩变化、野马滩乌桕树林
遗址遗迹	社会经济文化活动遗址遗迹	EA 史前人类活动场所	新石器时代古人类文化遗址（小长安镇上东岸与下东岸屯之间台地）
		历史事件发生地 EBA	刘三姐出生地遗址、韦一平故居、李德山故居
		军事遗址 EBB	佛子坳战役遗址
		EBF 废城与聚落遗迹	四把镇里胜旧县屯
建筑与设施	综合人文旅游地	教学科研实验场所 FAA	青明山生态农业旅游示范点、生态果园
		康体游乐休闲度假地 FAB	铜匠屯仫佬族民俗风情园、大梧屯仫佬族民俗风情园、米椎林度假村、民族甫村度假村、小潘仫佬风情村、大福大井风情村、祈凤台仫佬族民族风情村、垂钓休闲山庄

续表

主类	亚类	基本类型	资源内容
建筑与设施	综合人文旅游地	宗教与祭祀活动场所 FAC	多吉寺、歌仙刘三姐庙、丰安寺、龙荅寺、汇源寺、平洛开元寺、青山寺、安宁寺、中石村祠堂
		园林游憩区域 FAD	罗城公园、于成龙公园、青明山庄园、狮子山生态公园
		文化活动场所 FAE	仫佬族博物馆、民族文化广场、青少年活动中心
		建设工程与生产地 FAF	“生态文明小康旅游”示范屯、青明山生态农业旅游示范点、天霜毛葡萄基地、生态果园、大寨梯田
		社会与商贸活动场所 FAG	民族商业街
		景物观赏点 FAK	沿江风情路（西门河边）、县城老城区特色街、长安古道
	单体活动场馆	展示演示场馆 FBC	民族文化广场、民族剧院、仫佬族文化博物馆
		体育健身场馆 FBD	罗城体育馆
		城（堡）FCF	龙凤土城、旧县古城
		广场 FCI	民族文化广场
		建筑小品 FCK	民族文化广场艺术雕塑、罗城公园雕塑
	居住地与社区	传统与乡土建筑 FDA	纳冷侗寨、洞南侗寨、新安苗寨、侗族与苗族吊脚楼、壮族麻栏、瑶族干栏式传统建筑
		特色社区 FDC	仫佬山寨铜匠屯、双降古民居群、国家 2A 级旅游景区青明山庄园、甫村休闲农庄
		FFA 桥	乐登桥
		车站 FFB	罗城仫佬族自治县汽车站
	水工建筑	水库观光游憩区段 FGA	卡马水库、成龙湖景区（葫芦山水库）、地良水库、黄泥河水库、地姚水库、金鸡水库、马恒水库、洞坎水库
		堤坝段落 FGD	卡马水库堤坝

续表

主类	亚类	基本类型	资源内容
旅游商品	地方旅游商品	菜品饮食 GAA	金玉柚、罗城山野毛葡萄酒、竹笋、红香蒜、珍珠糯玉米、毛尖茶、曲毫茶、牛肉条、香菇木耳
		传统手工产品与工艺品 GAE	石雕、木雕、竹编、草编、煤砂罐、民间刺绣、根艺、盆景、奇石
人文活动	人事记录 HA	人物 HAA	刘三姐、“天下第一廉吏”于成龙、白马娘娘、南国阿凡提（潘曼）、韦一平、李德山、曾敏之、周钢鸣、刘名涛、潘琦、鬼子、常剑钧
	艺术 HB	文艺团体 HBA	罗城文工团
	民间习俗	地方风俗与民间礼仪 HCA	仫佬、瑶、苗、壮、侗等少数民族筵席、待客、婚丧嫁娶等风俗与礼仪
		民间节庆 HCB	仫佬族依饭节、走坡节；壮族三月三、牛魂节；瑶族红衣节；苗族尝新节、跳香、赶会期；侗族“月也”、侗族鱼节，红豆情人节
		民间演艺 HCC	牛车表演、师公舞（木面舞）、竹梆舞，表演抢粽粑、仫佬竹球、山歌对唱，斗鸡比赛等；苗族山歌、跳香舞、芦笙舞；壮族狮公舞、竹竿舞、板鞋舞；瑶族“上刀山下火海”
		民间健身活动与赛事 HCD	仫佬竹球、“打老庚”“抢粽粑”“抢竹球”“抢花炮”“斗鸡”“坐夜歌”、瑶族抢花炮、打旗公；苗族“跳香”、打泥脚抢粽粑
		庙会与民间集会 HCF	依饭节、走坡节、平安节、青山寺庙会
		特色饮食风俗 HCG	吴姓仫佬人不食狗肉、姚姓仫佬人不食心；苗家打油茶待客礼俗、侗家筵席酒俗、壮族酒俗、瑶族酒俗、仫佬族长席宴
		特色服饰 HCH	仫佬、壮、苗、瑶、侗族特色服饰
	现代节庆	旅游与文化节 HDA/HDB	仫佬族依饭节、走坡节

2. 自然景观资源与人文景观资源互有特色

在罗城仫佬族自治县旅游资源结构中，物质类资源占主要优势，自然与人文景观的聚合、物质与非物质的融合，营造了一批高端旅游资源，甚至具有唯一性、垄断性的资源，为开发旅游精品乃至绝品、增强罗城仫佬族自治县的旅游吸引力奠定了坚实的基础。

（二）罗城仫佬族自治县旅游资源总体特征分析

1. 历史文化悠久，人文文化底蕴深厚，文化资源丰厚而独具特色

罗城民族文化历史悠久，古老神秘，灿烂辉煌，特别是依饭文化，在仫佬族传统文化中负载着特殊的意义。依饭文化历经几百年风雨的洗礼，已被列入第一批国家级非物质文化遗产名录，并受到保护。2009 年 11 月，罗城成功举办“中国罗城首届仫佬族依饭文化节”，引起了国家领导和国内外民族学专家学者的关注。

长期以来，罗城素以“三尖”（山头尖、笔头尖、筷头尖）闻名遐迩，罗城人杰地灵，被称为“凤凰的故乡”，走出了刘三姐、“天下第一廉吏”于成龙、韦一平、李德山、曾敏之、周钢鸣、刘名涛、潘琦、鬼子、常剑钧等名人。人文资源丰厚而独具特色。

2. 生态资源丰富，山水景观独特且旖旎多姿

（1）迷人的武阳江风光

武阳江位于县城以东 22 公里的小长安镇境内，沿江美景有龙角山、犀牛山、马口山、倍蕾山、情人之吻、观音山、神龟下水……惟妙惟肖，令人遐想。武阳江上游有自治区级生态农业旅游示范点——国家 2A 级旅游景区青明山庄园，以自助休闲娱乐摘果、周末度假自驾车游而小有名声；中段的武阳江至洛含村一带以山水风光、武阳江仫佬族风情村，水上相思林等众多景点而闻名。

（2）秀丽的剑江风光

剑江风光位于县城以西 40 公里的怀群——剑江一带。喀斯特地貌特征显著：山，千姿百态，惟妙惟肖，“秀才看榜”“孔雀开屏”，乳状奇峰、塔状峰林……无处不是景，无处不飞花！剑江高达数十米的才龙瀑布、且兴瀑布、尧河瀑布、肯才瀑布，宛如一条条银河从上天飞落，奔腾咆哮，声震林壑，气势雄伟，奇丽壮观。剑江美景高潮“天门凌霄”高大雄伟，净空高 80 余米、宽 30 多米，剑江穿山而过，形成水上天生桥奇观。

极富乡村旅游条件的伦洞村江泗屯正在规划建设中，极具民族特色的“壮寨”式建筑和壮族风情又将形成一道亮丽的风景。

（3）原始的青明山风光

青明山为国有林场，育林面积达11万余亩，造林主体为松树、杉树和速生桉，林区中古松参天，原始野生植物繁多，水源林遍布整个林区，森林覆盖率高。空气中有极高的负氧离子含量，是一个纯天然的氧吧。

（4）神秘的百万“原始森林”

从县城向西边天河镇后向北共行约50公里，就可见到九万大山（含罗城、融水、环江等县）百万亩“原始森林”的外貌容颜。这里山高林密、峡谷幽深、茂林修竹、古木参天。飞泉瀑布、流水潺潺、云海奇景、变幻莫测，且有珍禽异兽出没其间，自然景观极其丰富优美、神秘莫测。

（5）绿色生态饮用水

罗城境内有各种奇特的泉水十几处，如“潮泉”“油鱼泉”“虾泉”“乌龟泉”等，其中数潮泉的旅游价值最大。潮泉日涌三次，气浪翻滚，隆隆作响，水花越喷越高，宛如一条白龙升出水面，煞是壮观。而且水量也较常势增加两三倍，经数分钟后，徐徐缩小，恢复如常。据县志记载已有千年历史，日日如此，甚为神奇。用罗城矿泉水为原料制作的优质矿泉水深受人们的喜爱。

3. 具有丰富的爱情文化

（1）仫佬族的“走坡节”

“走坡节”又称“后生节”“相亲节”，在每年的农历八月十五日举行，是仫佬族人民的传统节日。通过走坡对唱山歌，使许多青年人相识、相知，从而结成终身伴侣。因为“走坡节”是青年人的主要社交活动，许多青年男女都是通过走坡对歌来寻找自己的意中人。“走坡节”期间，中年人、年轻人便唱起情歌，悠扬的歌声响彻云霄，欢乐的笑声传遍四方，柔情似水的歌声表达着男女间的感情。

（2）红色浪漫——万亩葡萄园

以野生毛葡萄酿制的罗城葡萄酒，呈琥珀色，外观深红透亮，色泽典雅；细品则甜中微酸、醇厚爽口、舌齿生津、余香隐隐，酒味层次丰富细腻，堪称色、香、味俱全，而一瓶葡萄酒的背后也许隐藏了一段醇厚的浪漫爱情。

（3）婚礼证婚山——情人山

以山为媒，以水为证，情人山摈弃一切世俗，最打动人，最具有动感，是最能给你神秘和无限遐想的景点。

（4）红豆生罗城，四季皆相思

占地500余亩、广西绝无仅有的小长安镇水上相思林，这里有对浪漫爱情、亲情、友情的重新诠释，颗颗红豆飘落心房，更让您相思不已，如此稀缺的浪漫爱情景观，一生来一次绝不奢侈。

4. 优越的户外运动地形地貌，奇峰秀水，资源独特

罗城的地貌特点属于典型的“喀斯特”地貌，岩溶地貌发育完全，悬崖峭壁众多。

野马滩远离县城，旷野平川，河汊纵横，美不胜收，游客可以在自驾车营地露营。

宝坛乡是九万大山南麓的中心腹地，地层是华南最古老的元古界震旦系地层，地层出露发育完整，沉积相型多样，标志典型，国内外罕见的元古代具历刺结构的科马堤岩就奇迹般地分布在这里。

含乐岩深约1公里，岩内有7洞，洞洞相通，岩内石笋林立，石幔成帘，奇峰异石，琳琅满目。漫步穴内，如游仙宫，令人心旷神怡，流连忘返。雅乐仙洞穴分内外两层。

（三）旅游资源特色

罗城仫佬族自治县旅游资源具有“民族文化、喀斯特山水、生态养生资源”三大资源特色。

1. 以全国唯一的仫佬族民族为代表的少数民族文化特色

罗城是全国唯一的仫佬族自治县，是仫佬族聚居地，民族文化特色鲜明，仫佬族特色工艺品、仫佬族戏、仫佬族节庆、仫佬族服饰和饮食都具有很高的开发利用价值。

2. 以武阳江、剑江为代表的喀斯特山水资源特色

武阳江、剑江是罗城最具有喀斯特山水特色的旅游资源，其山水资源质量及景观美誉度不亚于桂林阳朔，山水、田园、村落、民族风情构成了罗城喀斯特山水优质的景观序列。

3. 以青明山、水上相思林为代表的生态养生资源特色

罗城具有宜人的气候，森林覆盖率高，负氧离子含量高，尤其是以青明山、水上相思林为代表的生态养生环境，是开发养生健康旅游的基础。

三、旅游资源比较分析

（一）罗城仫佬族自治县周边区域旅游资源分析

为了研究罗城与周边旅游资源的差异性和互补性，对周边旅游开发较成功的县域——龙胜、巴马的旅游资源进行了分析和比较（见表 6–3）。

表 6–3　罗城仫佬族自治县与周边旅游发展较好的县域旅游资源比较分析

县域	区位条件	主要旅游资源	主要土特产品	开发现状	简要评价
罗城	罗城仫佬族自治县位于广西北部，云贵高原南麓，河池市东北部，与融水、柳城、宜州、环江接壤，总面积 2658 平方公里。距首府南宁 317 公里，距河池市 127 公里，境内枝柳铁路线从东部经过，南有罗柳二级公路，东有罗融二级公路，西有罗环二级公路，交通十分便利	●全国唯一的仫佬族自治县、仫佬文化、依饭文化 ●武阳江风光、剑江风光、青明山风光等自然风光 ●万亩葡萄园、水上相思林、情人山、走坡节等一系列浪漫爱情元素为主的旅游项目 ●国家 2A 级旅游景区青明山庄园、米椎林度假村等休闲度假旅游资源旅游 ●月亮山户外攀岩基地、科马堤岩等特种旅游资源	罗城山野毛葡萄酒、牛肉条、宝坛香茶、唐氏蜂蜜、珍珠糯玉米、红香蒜、金玉柚、竹笋、毛尖茶、曲毫茶、香菇、木耳、高品质天然饮用泉水	先后开发了武阳江流域的崖宜、米椎林、湾底、洛含（金鱼洲）、水上相思林等地，规模虽小，但已形成利用资源优势。对青明山和仫佬族新村已进行初步开发，攀岩等特种旅游项目和民俗旅游方面有待开发，罗城仫佬族自治县旅游资源丰富多样，但在旅游资源开发、文化内涵的挖掘上还不够，资源分散，缺乏有效整合，没有形成旅游精品体系	●“中国野生毛葡萄之乡” ●全国唯一的仫佬族自治县 ●区级生态农业旅游示范点——青明山 ● 2006 年被列入国家首批非物质文化遗产保护名录的“依饭节” ●世界上的第二例元古代具历刺结构——科马堤岩“自然地质博物馆” ●“一代廉吏”于成龙初仕罗城知县、刘三姐出生地

续表

县域	区位条件	主要旅游资源	主要土特产品	开发现状	简要评价
龙胜	龙胜县位于广西东北部，县境连接湖南、贵州、广西三省八县，距桂林市87公里，有321国道二级公路贯穿，可转接湘桂铁路及航线，陆路接转湖南、贵州、广州、柳州等线，西向环江60公里，转接枝柳铁路；南北走向与209国道相连。优越的交通地理位置为经济发展提供了良好条件	●旖旎的龙脊梯田 ●久负盛名的龙胜温泉 ●西江坪森林旅游区、彭祖坪自然保护区的自然风光 ●金竹、黄洛、龙脊、平安以及金坑大寨民族风情 ●玉龙滩水域风光 ●异彩纷呈的壮、苗、瑶、侗族民俗文化	油茶酸菜、酸肉、酸鱼，甜酒和低度米酒、手抓糯米饭、大糯、侗乡四宝（生姜、辣椒、叶烟、猪崽）、鸭血粑、白芋苗醋血鸭、篝火烧鱼、肉串串、蚂蚱菜、巴石鱼	龙胜对龙脊梯田和温泉的开发已经完善，依靠桂林有着便利的区位优势，在国际上有着一定的影响力，其民俗风情如黑衣壮、大寨旅游开发也趋于成熟，是一个有着旺盛生命力的旅游景区。但是其现有旅游项目、旅游资源的开发已经深入一定程度，要进行更深层次的挖掘有较困难，在新产品的开发上还需努力	●“天下一绝”的龙脊梯田 ●岩门峡漂流堪称“八桂第一漂” ●龙胜温泉国家级森林公园 ●龙胜温泉（国家3A级旅游景区） ●国家级自然保护区——花坪林区 ●苗、瑶、侗、壮等少数民族风情
巴马	巴马瑶族自治县是世界著名长寿之乡，位于广西西北部、红水河西岸，323国道（二级路）贯穿境内，距省城南宁250公里，距南昆铁路75公里，田阳机场80公里，红水河码头2公里。开通程控电话、移动通信、无线传呼。全县总面积1970平方公里，人口25万	●神秘的长寿文化 ●水晶宫、百魔洞、好龙天坑、交乐天坑等岩溶地貌景观 ●盘阳河、水波天窗、命河、赐福湖等水域景观 ●巴盘、坡月、吉屯、弄劳等长寿村屯 ●多彩的壮瑶文化 ●红七军二十一师师部旧址；中国工农红军独立第三师、中共右江特委、右江革命委员会指挥部旧址；香刷洞等红色旅游资源	香猪、油鱼、菜牛、乌骨鸡、瑶乡麻鸡、墨米、粳米、茶油、火麻、珍珠黄玉米、巴马神酒、三蛇蛤蚧酒、赐福矿泉水、巴马丽琅矿泉水等	对长寿文化进行了开发，定期举办国际长寿研讨会，坡月、巴盘等长寿村屯开发了养生度假，但档次不高。水晶宫、百魔洞、百鸟岩进行了初步开发，但产品的开发、文化的挖掘均不足	●世界长寿之乡，世界级资源 ●神奇的洞穴，以天坑、“候鸟文化”著称的百魔洞，如水晶般晶莹剔透的水晶宫、如梦似幻的水波天窗百鸟岩 ●浓郁的布努瑶风情 ●清新秀丽的盘阳河风光 ●红色旅游资源较为丰富

从上述比较分析可以得出以下结论：

1. 民俗文化旅游资源方面

龙胜与巴马主要以壮、苗、瑶、侗等少数民族聚居为主，罗城是全国唯一的仫佬族自治县，其中仫佬族12万余人。因此，罗城具有浓郁的民族风情和独特的民族传统节日、活动。“依饭节”是仫佬族人民庆祝丰收的独特节日，2006年被列入国家首批非物质文化遗产保护名录。比较而言，罗城具有独一无二的民族特色优势，特异性明显，但开发较晚，在少数民族众多的区域中缺乏特色，若结合当代市场需求挖掘仫佬族品牌性特色加以深入开发，在大同之中追求小异，独树一帜，完全可能后来居上。

2. 浪漫爱情主题旅游资源方面

从全区的旅游开发情况来看，广西喀斯特地貌分布广泛，以桂林山水甲天下最为著名。进行旅游开发时，若以自然山水风貌为主要的旅游吸引物开发建设，与全区旅游景区景点相比较，难以避免出现景物雷同，缺乏特色的现象。这样的旅游项目缺乏竞争力。从周边的旅游开发情况看，巴马长寿之乡以长寿养生文化旅游为主，龙胜以龙脊梯田和温泉以及农家乐和休闲度假型旅游见长，罗城东面是融水县国家级贝江风景区，以喀斯特山水和生态为主，南面是宜州的下枧河刘三姐风景区，宣扬刘三姐为代表的壮族山水文化，特点是拥有民族风情和良好的生态环境，西面是环江县毛南族风情景区，以自然山水为主。由此可见观光游览型旅游已经发展到顶峰，而罗城选择浪漫爱情为主题的旅游产品则是相对较少的，仅在某些地区以景点的形式出现，并没有形成主题，如桂林乐满地、桂林阳朔结婚岛等。罗城在广西区域内以浪漫爱情主题旅游作为不同的旅游地的差异化形象定位，使其具有独立的形象影响力，进而使罗城产生一种叠加的合力，与周边地区产生整合型的影响力。

3. 自然旅游资源方面

罗城山奇水美，风物含情，是大自然绝美的画廊。清波如镜的武阳江、山如剑排的怀群风光、人间仙境般的水上相思林、云天相接的高山草甸、诗情画意的野马滩，都是佳景胜地。尽管广西岩溶山水景观很普遍，但是由于藏在深闺人未识的武阳江与剑江风光的景观价值与桂林的漓江、遇龙河不相上下，且优于目前已开发的绝大多数山水景区，因此，虽不宜以山水观光为招徕宣传重点，但是其绝美的岩溶景观仍然会为罗城的旅游奠定游客口碑，也奠定了比广告更难得的旅游开发基础。

4. 养生旅游资源方面

巴马是河池著名的养生长寿旅游目的地，其优质的溶洞景观和适合养生的地磁磁场，拥有较多的百岁老人等养生旅游资源，是巴马养生长寿旅游品牌的支持基础和竞争优势。

罗城与巴马同属一个磁场，且在气候、生态环境、负氧离子、空气质量等方面，不逊色于巴马，罗城也有较多的百岁老人，且罗城拥有具有很强保健养生功能的野生毛葡萄和相思树、红豆，适合养生的植物也非常多，因此，在可开发养生保健的生态资源及环境质量方面，具有很强的竞争优势，并可形成以生态植物养生为主题的养生旅游目的地。

5. 休闲度假旅游资源方面

在自然资源方面，罗城与龙胜、巴马各有千秋，但龙胜与巴马的观光休闲度假旅游资源已开发成型并领先进入此产品市场，罗城的观光休闲度假基地商业开发程度低。然而，面对如此竞争的局面，罗城仍然可以凭借良好的旅游资源品质，根据自身特点以及青明山取得的成功的经验在周边农庄打造更多的农家乐旅游项目。同时，区级生态农业旅游示范点——国家2A级旅游景区青明山庄园因空气中富含负氧离子，宜林、宜果、宜人，着力打造“生态农业旅游”示范点，推出特色情感体验、户外生存、探险旅游、果园采果、野外垂钓等自驾、自助旅游项目。另外，结合“中国野生毛葡萄之乡”和罗城野生毛葡萄酒开发相关项目，开拓南方罕见的高山草甸休闲野炊与野马滩“驴友”露宿营地，可在休闲度假旅游中坐拥一席之地。

（二）其他旅游资源的比较分析

1. 与周边少数民族民俗文化比较

罗城仫佬族自治县位于广西北部，河池与柳州接合部，西临环江毛南族自治县、都安瑶族自治县、巴马瑶族自治县等，东临融安县、融水苗族自治县、柳城县、龙胜县等，空间上互相临近，聚居着仫佬族、侗族、苗族、壮族、瑶族等少数民族，民俗旅游资源比较丰富，并有许多相似之处，下面将从定性的角度对这五个少数民族民俗旅游资源进行比较（见表6–4）。

表 6-4　仫佬族和侗族、苗族、壮族、瑶族民俗文化比较表

名称	仫佬族	侗族	苗族	壮族	瑶族
饮食	以稻米为主食，麦类、薯类、玉米、豆类辅之。“粉腌肉”、腌菜、白馍、五色糯饭、白炣肉、“狗舌糍粑”“斗糍粑”、重阳酒、仫佬族菜包等风味小食	油茶酸菜、酸肉、酸鱼，甜酒和低度米酒、手抓糯米饭、大糯、侗乡四宝（生姜、辣椒、叶烟、猪崽）、鸭血粑、白芋苗醋血鸭、篝火烧鱼、肉串串、蚂蚱菜、巴石鱼	打油茶、腊肉、粑粑子甜酒、虫茶	生鱼片、五色饭或各种糕点、糯粑、包粽、煮同合米香饭食、竹筒饭、龙脊四宝：龙脊云雾茶、龙脊辣椒、龙脊水酒（被外国人称为东方魔水）、香糯	油茶、糯米粑、腊肉、酒食
服饰	服饰讲究图案花样的鲜明精细，绣花背带分男孩女孩，绣花鞋讲究形体美观。服饰颜色以青、蓝为主，一个村寨外出交往活动都着一色衣裙，一样的打扮，群体性很强，非常独特。仫佬人服饰打扮带有浓郁的民族文化色彩	衣服以自己自纺自织的侗布为主，有青、紫、白、蓝以及紫亮色等颜色。女子头挽发髻、插头髻或银梳、戴耳环、手镯和项链；穿大襟无领绲边衣，穿长裤，束腰带或穿百褶裙，系绑腿，着勾云鞋	妇女服饰分便服和盛装，便服多净青色，少配银饰、花边；盛装绣有花边、色艳。并配多种银饰，为婚嫁、喜庆日穿戴。男穿对襟、窄袖短衣和满裆长裤。青巾包头	妇女头扎绣花白色毛巾，上身穿青底领边袖筒镶红、蓝、绿色花边；下身多穿宽口裤，裤筒镶红、蓝、绿色绣花边。夏季上身多穿白色衣服	妇女善于刺绣，在衣襟、袖口、裤脚镶边处都绣有精美的图案花纹。发结细辫绕于头顶，围以五色细珠，衣襟的颈部至胸前绣有花彩纹饰。男子则喜欢蓄发盘髻，并以红布或青布包头，穿无领对襟长袖衣，衣外斜挎白布“坎肩”，下着大裤脚长裤。瑶族男女长到十五六岁要换掉花帽改包头帕，标志着身体已经发育成熟了
建筑	平房、四合院、“地炉”	鼓楼、风雨桥、戏台、寨门	“半楼半地”的穿斗式建筑	高脚干栏式木楼	“半边楼”“全楼”和“四合院”

续表

名称	仫佬族	侗族	苗族	壮族	瑶族
人生礼仪	礼仪习俗主要有：走媳妇路、拜堂、出嫁、婚姻等	摸黑脸婚礼、行歌坐夜、月也、三朝、寿辰	认同年、婚姻分定情、订婚、结婚，入赘，寿辰，三朝	订婚、结婚、招郎、三朝、寿辰	婚姻上盘瑶嫁娶分择偶、提亲、订婚、结婚等过程、入赘、三朝、寿辰等；红瑶婚姻分“吃准酒”“吃断媒酒”“结婚”三个程序、“偷婚”、三朝、寿辰、嫁男等、红瑶长发
节日	三月初三婆王节；四月初八牛节、五月初五端午节、后生节、走坡节、依饭节	四月八、端午节、尝新节、姓氏节	三月三、五月五端午节、六月六尝新节、九月的罢谷节、四月八马堤会期、五月十五芙蓉会期、六月六里木会期、七月七布弄会期、九月九碧林会期	三月三、元宵、二月春社、四月八、重阳节	花炮节、红衣节、供田节、五月十四
歌舞	“随口答”“古条歌”“口风”《依饭舞》《装身法舞》《花灯舞》《独角鹭》《依饭舞》《锡角舞》《花灯舞》《索乐》《长斧舞》《竹梆情》《仫佬族婚俗表演》仫佬族民歌（山歌），仫佬族傩戏表演（依饭节道师演唱和师公演唱）和仫佬族舞狮（独角鹭）	拦路歌、拦路酒、侗族大歌、芦笙与芦笙舞、多耶、琵琶与琵琶舞、牛琴歌、侗戏	山歌、客歌、卡头、花话、排话、白花子、酒歌、丧歌、拦门歌、跳香舞、宝山舞	壮歌、扁担舞、铜鼓舞、板鞋舞、竹梆舞、六甲歌、农事歌、叙事歌、诉苦歌以及师公舞、绣绣球、采茶舞、扁担舞、铜鼓舞	盘王歌、号子歌、丧歌、红灯歌、撩子歌、长鼓舞、红棍舞、穿团舞、绣花舞、盘王舞

续表

名称	仫佬族	侗族	苗族	壮族	瑶族
宗教	道教为主，崇敬多神。少数仫佬人信奉佛教、基督教、巫教	崇敬“萨坛”舞春牛、舞疱颈龙、蛇图腾	多神崇拜、祖先崇拜、箢鼓堂、箢宝山	青蛙、榕树、祖先崇拜禁忌：体现在日常生活各方面的禁忌	狗图腾、还盘王愿、除夕敬狗、舞草龙、度戒取名、春丧堂
体育竞技	舞龙、舞狮、武术、抢花炮、抢粽粑、凤凰护蛋、象步虎掌、烽火球、群龙抢球、沙中淘金、斗鸡、上刀山、母子棋、裤裆棋、喊三棋、三六九棋等项目	月也、抢花炮、舞春牛、山歌	打泥脚、打禾鸡	竹竿舞	打旗公、推竹杠、抢花炮
美术工艺品	石雕、木雕、竹编、草编、煤砂罐、民间刺绣、根艺、盆景、奇石	藤编和竹编	绣花布鞋、六角眼儿细草鞋、花带、八卜帽	壮锦、绣花鞋、香包、绣球、方格巾、手提网、茶盘罩、枕垫	织花、挑花、织丝、蜡染

根据表 6–4，可得出如下分析结论：

仫佬族、侗族、苗族、壮族、瑶族有许多相似之处，但由于历史和现实生活的地理环境及文化环境等因素的不同，他们的文化表现出一些不同之处。主要表现在：

（1）侗族、苗族、壮族、瑶族的文化风俗在游客心中都已形成思维定式，即侗族以鼓楼、风雨桥为代表的民族建筑为特色，侗族大歌名扬天下；苗族的节庆、银饰文化与酸味餐饮独具特色，瑶族以长鼓舞、油茶、铜鼓为其特色；壮族的三月三歌圩因刘三姐彩调歌舞剧与南宁民歌节而深入人心，竹筒饭、龙脊四宝，壮锦刺绣、铜鼓、青蛙文化为壮乡民俗添砖加瓦。但是，由于开发较早以及各地风情点的雷同复制，导致广大游客对以上民俗产品失去了新鲜感。而仫佬族民俗开发虽然尚不完善，但在外界看来，仫佬族的文化是充满神秘感的，抓住这一心理因素挖掘仫佬族特色，一定可以后来居上，成为广西民俗旅游的佼佼者。

（2）罗城仫佬族风情旅游开发较为滞后，缺乏拔高与创新，这也是其民俗文化中许多独特之处没有展现出来的重要原因。而龙胜的瑶族、融水的苗族文化旅游资源开发已具有一定深度，其民族文化的发掘与保护做得比较好，值得罗城学习与借鉴。

（3）罗城仫佬族文化在旅游开发中不乏精品，如仫佬村的建设、米椎林风情园的开发与展示等都具有较高的品位，开发中也相当成功。这说明，只要认真挖掘罗城仫佬族的独特民俗，其资源开发潜力比较大，发展前景较为广阔。

（4）仫佬族文化中受到汉族影响较深，许多民族风俗，传统建筑在实践中受现代文明影响较深，受到周围现代“水泥”建筑的影响较严重。在今后的旅游开发过程中要注意民族风俗、民族建筑文化的传承。

2. 与周边特种攀岩旅游资源比较（见表 6–5）

表 6–5　罗城月亮山攀岩圣地与周边特种攀岩旅游资源比较一览

名称	概述	区位优势
罗城月亮山攀岩圣地	罗城的地貌特点属于典型的“喀斯特”地貌，岩溶地貌发育完全，悬崖峭壁众多。经过攀岩专家实地考察，得出罗城极具户外攀岩开发潜力的结论。2010 罗城攀岩旅游节的成功举办将大大提高罗城在攀岩类特种旅游的影响力和知名度，以此为依托，结合罗城一些地区山路蜿蜒陡峭的特点，还可以进行山地自行车赛，汽车拉力赛，汽车越野赛等一系列体育和特种旅游活动	罗城仫佬族自治县位于广西北部，河池市东部，罗宜、罗融二级公路与宜柳高速公路相连，直达柳州、桂林、南宁，焦柳铁路主干线和黔桂铁路支线——岔罗铁路经过县境
大新圣泉谷	圣泉谷有着通灵峡谷般的幽深，带着明仕田园隔世时光般的甜美，也承袭了黑水河的蜿蜒，又如德天瀑布旁的小家碧玉，山峰挺拔秀丽，河流蜿蜒曲折，河中奇石怪树相互辉映，流传已久的圣泉传说和悠远民俗，更让圣泉谷与爱同在，与情长存。是徒步、驴行、露营的绝佳地点	景区位于广西崇左区大新县，占地约 500 亩，峡谷深长 1.5 公里。距离南宁市区约 200 公里，距离德天瀑布景区约 30 公里，在明仕田园上游 6 公里处

续表

名称	概述	区位优势
乐业黄猄洞天坑	黄猄洞天坑是大石围天坑群中最俊秀、最神奇的天坑之一，坑口原始森林茂密，北绝壁有稀世植物大扁藤，遍地生长着野生名贵兰花。是丛林穿越、速降、攀岩、探险的好场所	黄猄洞天坑国家森林公园位于广西西北部的乐业县大石围天坑旁，为广西壮族自治区直属国营雅长林场所辖
桂林阳朔	在风景秀丽的桂林阳朔，开设了自行车越野、攀岩，探洞、岩洞泥巴浴，竹排漂流，徒步漓江，攀登老寨山等野外拓展项目	阳朔县位于广西壮族自治区东北部，桂林市区东南面。隶属广西桂林市，位于漓江西岸，风景秀丽。县城距桂林市区 65 公里，距自治区首府南宁 445 公里
桂林猫儿山	徒步"华南第一峰"，观赏满山杜鹃花、穿越十里大峡谷、剑崖大瀑布溪降，以及搜寻 1996 年发现的美国二战援华飞机（飞虎队）失事之地，展开一次惊险、刺激，意义非凡的野外拓展训练	猫儿山位于广西东北部，地跨兴安、资源、龙胜 3 县，距桂林市 122 公里；海拔 2141.5 米，相对高度 1862 米，是广西最高山脉越城岭的主峰
十万大山古盐道	古道边灌木丛生，各种热带、亚热带植物繁茂的生长着。挑盐工千万次踏踩过的石头路面仍显光滑。穿越时空，我们似乎看到了挑盐工挑着重担步履维艰地在这窄小的深山小道上走动的身影。十万大山古盐道是驴行、野营的好地方	十万大山横亘在广西南部，由东北走向西南
防城野牛谷	野牛谷人迹罕至，原始而又神秘；浓密的森林深处夹杂着片片平坦的草场，野牛悠闲地出没在阵阵迷雾之中，给人感觉仿佛来到了阿尔卑斯山脚下的瑞士。这里是目前在广西发现的一流滑翔伞飞行场地，当然同时也是最好的户外穿越、露营和徒步的最佳线路	野牛谷位于防城十万大山山脉，距离南宁约 170 公里
大明山西降	大明山有"广西庐山"之称，四季景色迷人，春岚、夏瀑、秋云、冬雪是山里的四大景观。深山中的瀑布是连冲三级，最大一级高约 60 多米，夏季还有瀑布穿过山崖石壁飞泻直下，是观徒步穿越、溪降的最佳去处	大明山位于广西壮族自治区中部偏西，红水河和右江之间，上林、武鸣、马山 3 县交界处。西北—东南走向，长约 60 公里，宽约 25 公里，与东面的大瑶山等合成广西弧形山脉

根据表 6–5，可得出如下分析结论：

桂林阳朔和桂林猫儿山是国家级重点风景名胜区，旅游品牌形象已经建立，并占据了同类型资源的领导地位，尤其是桂林阳朔已成为广西壮族自治区旅游的一张重要名片。罗城的月亮山攀岩圣地与之相比，无论是资源品位还是知名度，相差悬殊。基于市场需求的多元化及游客的“差异性”追求，罗城攀岩以细分市场的策略，坚持差异化的开发模式，仍可以分享一块蛋糕。

3. 与周边浪漫爱情主题旅游资源比较（见表 6–6）

表 6–6　罗城浪漫爱情主题旅游与周边爱情主题旅游资源比较一览表

名称	罗城浪漫爱情主题旅游	桂林结婚岛	桂林乐满地
区位	罗城仫佬族自治县位于广西西北部，隶属于广西河池市	桂林结婚岛坐落在广西桂林市阳朔县兴坪镇大河背村	桂林乐满地度假世界位于广西桂林市兴安县
简介	罗城凭借其丰富的旅游资源组成了以浪漫爱情为主题的一系列旅游活动项目，包括万亩葡萄园、仫佬族的《非诚勿扰》——走坡节、水上相思林、情人山等	此活动以桂林山水游、结婚岛、山水剧场为婚礼载体，让夫妻在美丽的山水中亲近自然、感受浪漫、热爱生活，大力倡导婚事新办、夫妻恩爱、节俭环保的社会新风尚，并巧妙地将婚礼、婚纱摄影、蜜月旅游、结婚礼品有机结合在一起，满足现代新人的时尚要求	是首批国家 5A 级旅游景区，中国自驾车旅游品牌十大景区，其构成为全国十佳主题乐园、五星级度假酒店 / 丽庄园森林别墅区、全国十佳高尔夫俱乐部。桂林乐满地度假世界精心打造的乐满地维纳斯浪漫游是众多情侣的心动之选
主要项目	邂逅一位美女子，品一杯葡萄酒，游一夜相思林，踏一片证婚山，谱一生情爱恋的系列浪漫爱情主题活动	中国山水婚典为世界各地新婚和结婚周年纪念日夫妻提供中国山水婚礼、桂林蜜月旅游、外景婚纱摄影三项高品质的服务	旅游行程安排为两天，以浪漫为主推情感因素，以情侣或新人为目标群，配合其庞大的旅游资源，受到了众多青年的青睐

根据表 6–6，可得出如下分析结论：

罗城推出的是系列旅游活动，各项目作为一个整体组成成套旅游产品，具有连承性，同时提供食、住、行、游、购、娱一系列服务，旅游者停留时间较长；桂林结婚岛依附于阳朔成熟的旅游市场，由于阳朔休闲观光旅游的盛行，结婚岛定位为短期的旅游活动，岛上并没有相应的住宿、饮食等旅游基础设施，仅为阳朔众多山水旅游景点中挖掘出有关浪漫爱情含义的景点之一，停留时间短暂；桂林乐满地的维纳斯浪漫游，活动范围仅限乐满地主题乐园园区内，活动范围与罗城相比相对较小，提供各项餐饮住宿活动，行程已经被安排为两天。由此可见，罗城浪漫爱情主题旅游活动范围广，区域大，自由度高，可选择性多，连续性好，桂林旅游岛是阳朔县的一个浪漫爱情旅游点，桂林乐满地的维纳斯浪漫游是乐满地度假世界的一条浪漫爱情旅游线，而罗城浪漫爱情主题游则为罗城的浪漫爱情旅游面，兼有点线面的结合，在浪漫二字上做文章，深度挖掘，对当代青年具有特殊的吸引力，于全国爱情主题景点中独树一帜，发展潜力显而易见。

四、旅游资源评价

（一）罗城仫佬族自治县旅游资源总体评价

1. 全国唯一的仫佬族自治县，民族文化艺术丰富多彩，民族旅游资源特色突出

罗城是少数民族自治地区，也是中国（世界）唯一的仫佬族自治县，其奇特的民俗风情在国内首屈一指。全县除了仫佬族外还聚居有壮、苗、侗、瑶等多个少数民族。各个少数民族传统节日和风俗丰富有趣，尤以仫佬族的“依饭节”“走坡节”“坐夜歌”“打老庚”等最为独特。

罗城美丽神奇，民风淳朴，山歌醉人；仫佬族的依饭节、走坡节、竹球、抢粽粑等活动让人赏心悦目、流连忘返。

2. 旅游资源类型较齐全，组合度好，形成人文与自然相融合的资源格局

罗城旅游资源丰富，清初顺治年间，“一代廉吏”于成龙初仕罗城知县时，曾题“山似剑排，水如汤沸”。境内河流主要有武阳江、剑江，属柳江水系。主要旅游景点有剑江风光、天门风光、武阳江风光、万亩野生毛葡萄园、国家2A级旅游景区青明山庄园、野马滩风光、水上相思林、睡美人、潮泉、旧城遗址、于成龙古道、开元古寺、甫村生态旅游休闲农庄等。

3. 区域开发条件好，区域互补性强，有利于形成区域资源的有效整合

罗城仫佬族自治县位于广西北部，河池与柳州接合部，西临环江毛南族自治县、都安瑶族自治县、巴马瑶族自治县等，东临融安县、融水苗族自治县、柳城县、龙胜县等，区域开发条件好。罗城的仫佬族风情旅游有着得天独厚的优势，同时，其旅游资源又与周边地域形成了良好的资源互补性，有利于形成区域资源的有效整合，如罗城的民俗旅游与周边的环江毛南族自治县、都安瑶族自治县、巴马瑶族自治县、融水苗族自治县等民俗旅游的联动开发，线路组合。

4. 旅游资源具有脆弱性，需在开发中加强保护

罗城的仫佬族旅游资源、岩溶地貌、山水风光、森林等旅游资源具有脆弱性，特别是仫佬族的民俗风情是民俗旅游不可缺少的，如果开发不当，环境容量控制不合理，易造成对淳朴民风和特色景观的破坏。因此，开发中的旅游资源和后备资源要加强保护，严禁破坏。

（二）罗城仫佬族自治县旅游资源等级评价

1. 评价依据和方法

（1）评价依据

按照中华人民共和国国家标准《旅游资源分类、调查与评价》（GB/T 18972—2003）中所规定的分类评价体系，对调查所获的旅游资源进行赋分，然后根据所得的分值和等级指标给旅游资源单体确定其等级。评分主要依据资源现状进行，采取专家小组评分法。

依据旅游资源单体评价总分，将其分为五级，从高级到低级为：

五级旅游资源，得分值域≥ 90 分。

四级旅游资源，得分值域≥ 75~89 分。

三级旅游资源，得分值域≥ 60~74 分。

二级旅游资源，得分值域≥ 45~59 分。

一级旅游资源，得分值域≥ 30~44 分。

未获等级旅游资源，得分≤ 29 分。

其中：五级旅游资源称为“特品级旅游资源”；五级、四级、三级旅游资源被通称为“优良级旅游资源”；二级、一级旅游资源被通称为“普通级旅游资源”。

（2）计分方法

评价项目和评价因子用量值表示。资源要素价值和资源影响力总分值为100 分，其中：“资源要素价值”为 85 分，分配如下：“观赏游憩使用价值”30 分、“历史科学文化艺术价值”25 分、“珍稀或奇特程度”15 分、“规模、丰

度与概率”10分、“完整性”5分。“资源影响力”为15分，其中：“知名度和影响力”10分、“适游期或使用范围”5分。“附加值”中“环境保护与环境安全”，分正分和负分（–5~3）。每一评价因子分为4个档次，其因子分值相应分为4档。

2. 评价结果

依据以上的评价方法，在所调查的165个旅游资源单体中，五级资源1个，四级资源有3个，三级资源有7个，二级资源有10个，一级资源有30个，等外级114个（见表6–7）。

表6–7　罗城仫佬族自治县主要资源单体或景点评价

等级	数量	主要资源单体或景点
五级	1	仫佬族文化（依饭节、走坡节、仫佬族博物馆等）
四级	3	剑江－天门风光、武阳江景区、宝坛自然保护区
三级	7	仫佬族博物馆、水上相思林、月亮山（俗名穿山）、青明山、野马滩、成龙湖、怀群兼爱高山草甸
二级	11	米椎林风情园、科马堤岩、民族文化广场、万亩野生毛葡萄园、原始香樟林、“生态文明小康旅游”示范屯、于成龙廉政文化、刘三姐出生地（蓝靛村）、韦一平故居、李德山故居、九万大山“原始森林”
一级	26	旧城遗址、含乐岩、雅乐仙洞、神泉景观、乐登桥、烈士陵园、“北京塘”、神龙洞、米泉石、双姑抱颈、大佛升天、白马娘娘的传说、贝雷公的神奇传说、杨梅洲、百年葡萄王、古人类文化遗址、开元古寺、罗城公园之多吉寺、古刹丰安寺、民族商业街（步行街）、睡美人（又名美女山）、牛车表演、长安古道、竹绣球、犀牛隔水、崖宜村渡

（三）旅游资源开发层次分析

根据前述罗城仫佬族自治县旅游资源的定性和定量分析，结合资源开发相关的因素及市场导向，可以构建罗城仫佬族自治县旅游资源的开发层次模式图，分为核心层、重点层、基础层三个层次（见图6–1）。

第一层次，即核心层，是罗城仫佬族自治县旅游资源开发的本底，也是资源的基调，决定了罗城仫佬族自治县旅游开发的总体方向，是罗城仫佬族自治县近中期要进行开发的建设资源区域。

第二层次，即重点层，是罗城仫佬族自治县旅游资源开发的次级资源，是罗城旅游开发的重要旅游资源，它指向了罗城仫佬族自治县旅游发展的特色及格局。

第三层次，即基础层，是罗城仫佬族自治县旅游开发的辅助性资源，作为一般开发贯穿于全县的旅游开发，能丰富充实罗城仫佬族自治县旅游开发的内容和旅游活动的设计。

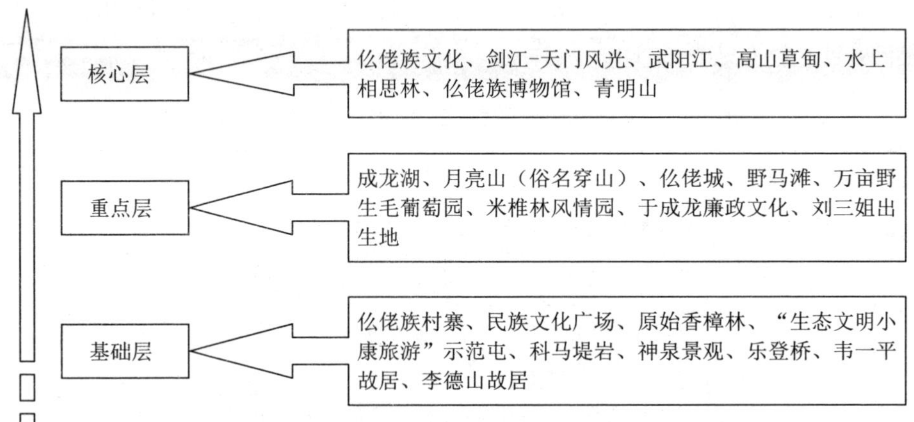

图 6–1　罗城仫佬族自治县旅游资源开发层次

第二节　旅游市场分析

一、旅游市场环境分析

（一）旅游市场发展趋势

1. 中国旅游发展趋势和增长途径分析

（1）旅游消费将持续增长；

（2）散客、自驾车客、户外运动驴友旅游热潮已与旅行社传统组团平分秋色；

（3）电子商务在旅游招徕中异军突起，门户网站推波助澜，大有与旅行社传统营销途径争雄之势；

（4）受世界经济危机的影响，入境旅游增长变缓；但国内旅游方兴未艾、出境旅游明显攀升；

（5）观光旅游仍居主流，但是随着国民富裕程度的增长、旅游频率的增加，休闲度假旅游的春天必将来临；

（6）中国旅行社弱、小、散的特点导致各种旅行社、景区联盟的诞生，大社将在集团化、国际化、多种经营、同业批发中获得新生，与进入中国市场的外资旅行社抗衡；而小社如不想在市场重新洗牌中消亡，必须放弃跟风市场，改走特色旅游之路，或者充当大社代理商才能在市场中获得自己的份额；

（7）游客的旅游需求个性化趋势日趋明显，基本上景区营销市场已由卖方市场转化为买方市场。旅游产品的文化内涵、接待质量竞争将更加激烈，景区与旅行社的产品创新必须适应市场需求，必须建立更多的营销渠道、强化广告宣传方可有成效；

（8）由于基础较好、改革开放早、比较富裕等因素，导致中国出现了三大主要客源地：以广州、深圳、东莞为代表的珠三角地区，以上海、杭州、温州、南京为代表的长三角地区以及以北京、天津、济南为代表的沿渤海地区。

2. 广西旅游发展趋势及增长途径分析

（1）广西是西南通往华南、北方的传统陆地通道、是西南通往海外的出海口，具有优良的旅游区位优势；近年来，广西旅游保持了快速、持续、健康发展的良好态势，随着在建的高铁、高速公路纵横广西全境，交通条件的改良必将带来广西旅游新的飞跃；

（2）南博会永久落户南宁，南宁日益成为一个国际化的都市，为广西经济注入了新的活力，不光是北部湾经济圈得以形成，钦州、防城港、贵港、北海也受益匪浅，因与东盟各国的政治、经济、文化交流日益增多，旅游业也必将出现双向交流激增的附加效应；

（3）越来越多的广东团队，特别是自驾车游客在节庆期间涌入广西，从传统的桂林、北海两个旅游目的地向贺州、德天瀑布、巴马长寿乡，乃至全自治区扩散，广西成了珠三角名副其实的后花园。

（4）由于桂林、北海在广东及广西区内市场的增长有所放缓，两广的组团社及自驾车游客对非传统的县级旅游新景点兴趣倍增；

（5）在政府积极促进就业以及再就业、继续出台扩大内需、刺激消费政策等因素影响下，居民可支配收入增加，旅游成为人们新的消费热点，居民出游次数明显增加。目前，已形成了南宁、柳州、玉林三大输出型的区内旅游客源地。桂林、北海等传统以地接为主的城市也出现了组团外出旅游的萌动。

3. 河池市旅游发展趋势及增长途径分析

（1）河池市旅游从零开始，经过多年的努力，取得了蓬勃发展，巴马、宜州、凤山、南丹等地成为河池旅游的排头兵；

（2）河池市旅游的发展趋势可以用一江套三环来表述：三环中，目前最火的是以巴马为龙头的东兰—巴马—凤山长寿养生—红色旅游环，重振直追的是宜州—罗城—环江魅力风情—生态山水环，潜力巨大的金城江—天峨—南丹白裤瑶神韵—工业旅游环；一江是指红水河，它拥亚洲第二大水电站龙滩电站之威，横穿河池，套连三环及大化、都安两县，红水河旅游圈被列为自治区三大国际旅游目的地之一；

（3）河池市本身成立了由河池各县组成的桂西北旅游联盟，巴马参加了相邻的由百色、河池、崇左著名景区组成的桂西旅游联盟，巴马还代表广西出席了由福建、浙江、广东、广西、江西、湖南、台湾组成的六省一地海峡景区大联盟成立大会，成为联盟理事单位；这些都对河池市各县的旅游开发带来了有利条件；

（4）目前河池市的旅游客源，除少量自驾车及散客、驴友客源外，主要是来自全国各地赴巴马、凤山旅游的游客，特别是珠三角与广西南部团队客源；经南丹、金城江中转的贵州赴桂林、巴马、钦州三娘湾的自驾车团队以及柳州到河池各地度假的单位周末旅游及春秋游；宜州重振雄风的步伐正在加紧，与正在大力开发百里柳江以及柳州—融水—三江—龙胜民族风情线的柳州旅游重点东西呼应，存在融为一体之机。

3. 罗城旅游发展趋势及增长途径分析

罗城旅游发展的趋势总体上服从全国、广西和河池旅游市场的发展趋势：

（1）罗城具有全国不可复制的独特的仫佬族风情，可与漓江比美，藏在深闺人未识的生态山水，南方罕见的高山草甸风光与500亩红豆相思林、万亩野生毛葡萄园、连天接云的九万大山与青明山森林，还是歌仙刘三姐出生地，廉吏于成龙初出道时的执政地，其旅游资源的品位、特色、丰富在广西各县中位居前茅，在河池市堪称第一；

（2）随着全县旅游总体规划、策划的制定，新一届县领导班子开发旅游的决心与积极部署，罗城旅游将坚定地进入科学发展、有规可循的划时代新阶段。一年内可完成完善旅游机构、景区策划、招商引资、征地、首期景区建设等基础阶段；2012年年初开始按新模式区内试运营，2013年夏起可以向珠三角与周边省份营销，由于原先基数小，在2~3年内取得飞跃式的旅游发展完全是可能的；

（3）罗城距广西工业基地柳州仅2小时车程，柳州企业云集，是广西的主要客源地，柳州的单位多已去过周边的桂林、宜州、金秀等20世纪90年代开发的景点，但知道近在咫尺的罗城拥有如此之多的一流景点的人并不多，一旦罗城旅游揭开正规序幕，柳州市民游客就足可以掀起罗城旅游的第一轮高潮，促成第一轮飞跃；

（4）贵州游客自驾车赴桂林旅游，往往选择在南丹温泉停留一夜，温泉有极大的季节性局限，只要稍加广告营销，在一年的大多数季节里，凭借一流的旅游资源，罗城取代南丹成为贵州游客中途过夜地的可能性极大，这是第一轮飞跃的辅助客源；

（5）目前巴马旅游热潮席卷珠三角、长三角以及河南、西安、大连等地，但是跨省旅游必须是长线游，从南宁中转的巴马+德天瀑布长线推得很好，但是桂林+巴马长线却因桂林至巴马之间行车需要8小时而令多数游客望而却步。罗城恰好位于桂林与巴马中间，如果罗城旅游打开知名度，现成的巴马北线客源接纳了桂林—罗城—巴马长线，将会给巴马旅游注入新鲜血液，给罗城旅游带来大量省外团队游客；

（6）依托南宁中转的新加坡、马来西亚旅游团队在广西是采取包车7晚

8 天游形式，其中从南宁进出的团队的最新旅游线路是：南宁—巴马—柳州—桂林—阳朔—南宁；如果营销得当，罗城取代柳州，成为巴马与桂林之间的中途过夜地完全可能。

（7）柳州正在大力开发柳江与柳州—融水—三江—（龙胜）民族风情线。融入柳州风情圈，推出柳州—罗城仫佬族—融水苗族—柳州两晚三天风情游；柳州—罗城仫佬族—环江毛南族—宜州壮族—柳州三晚四天刘三姐风情游；柳州—罗城仫佬族—三江侗族—龙胜瑶族、壮族—桂林四晚五天游；都将在中后期有望成为精品旅游线路；

（8）野马滩在开发前便已变成驴友们露宿的户外运动营地。以上对在罗城开展攀岩、自行车、徒步等国际户外运动、入境素质拓展旅游团奠定了基础，前途无量；

（9）罗城旅游虽然也脱不了观光旅游之俗，但是只有特种旅游才能形成它的独特魅力产品，应强力推出仫佬族风情、浪漫之约、以攀岩为代表的户外运动三种主题旅游产品，走与其他县份不同的特色旅游之路。在发展中后期，当罗城旅游蓬勃红火、客源滚滚之际，应跳出旅游做旅游，大力发掘旅游房地产、旅游纪念品、以红玫瑰为品牌的旅游花卉产业等附加产值，一业带百业，用休闲度假主题旅游打造罗城旅游品牌。

二、旅游市场需求分析

（一）罗城国内游客需求分析

1. 国内游客总体需求状况

（1）观光游览是游客来罗城旅游的主要目的

罗城的自然山水景色不亚于桂林漓江，完全可以满足游客对自然景观的审美需求。尽管可以肯定地说，如果游客游完武阳江、剑江—天门以及高山草甸景区后，一定会交口称赞、口碑极佳，但是，在这种口碑能够广泛流传之前，将山水观光作为罗城的主打旅游宣传品牌是不明智的——因为广西有太多美丽的岩溶山水风光了，以至于再以山水招徕游客，很难产生良好效果。所以，罗城必须以神秘仫佬族风情、浪漫爱情、户外运动天堂、南方罕见的高山草甸等特色旅游资源为营销口号。但是千万不要忘记，罗城旅游产品的核心是武阳江、剑江—天门风光，缺了这个核心，罗城的旅游产品难以满足观光游客的基本需求。

（2）特色文化旅游产品将成为罗城旅游需求增长的亮点

首先是神秘的、排他性的仫佬族特色风情文化，国内许多人可能从来也没听说过仫佬族，故而仫佬族博物馆展示的独特风情，其走坡节、依饭节的浪漫，将会成为罗城观光旅游的绝妙补充物，如果挖掘得力、有资金投入，能按原来设想打造一个活生生的仫佬族风情屯，增加一台仫佬族风情演艺来弥补罗城旅游夜生活的贫乏，仫佬族特色风情文化将成为罗城特色旅游的最大亮点。

2. 国内游客需求趋势

（1）罗城自然山水如此醉人，旅游者对罗城旅游的休闲度假产品需求将越来越强烈，进而就会引发旅游房地产热；

（2）罗城——浪漫之城的口号一旦深入人心，游客就不会满足于仅仅观光游览武阳江景区（情人山景点）、红豆相思林、玫瑰园、野生毛葡萄园等自然景点，也不会满足于参加原始的走坡节，游客旅游的目的是追求美的享受，这就要求罗城开发出银色、红色、绿色、金色等浪漫的文化内涵，包括美丽的传说、带有哲理的谚语与思考、从竹绣球开发出来的夸张想象与纪念信物等；

（3）旅游者对旅游产品的个性化要求增加，尤其是对饮食服务和住宿服务，要求住仫佬族特色的度假村、吃具有仫佬神韵的民族餐、买仫佬特色或地方特色的旅游纪念品等；

（4）旅游者对罗城的认知度极低，这就意味着罗城旅游的兴旺在初期有赖广告与旅行社的推广招徕。但是到了旅游开发的中期阶段，游客对旅行社服务的依赖性将减少，散客和自驾车旅游者、外国旅游者的比例将逐年上升；从而自驾车营地、中英文详细路标的制作、电子商务信息的传播平台的打造等都会被提到议事日程上来。

（二）罗城入境游客需求分析

1. 入境旅游者的总体需求状况

（1）入境游客来中国旅游的主要目的一是寻根，华侨及外籍华人、港澳台同胞寻中华民族之根；欧美外宾寻世界文明之根；二是观光，求奇求异，一句话：追求精神上美的享受，而他们对接待条件的高标准要求意味着也追求物质上的享受。

（2）入境背包游客及攀岩等户外运动爱好者对旅行社的需求程度低；喜欢借助自行车自由地在乡间背包旅行；

（3）入境游客喜欢当地居民的好客态度；有较强的与旅游社区居民交流的愿望，但限于语言障碍，无法进行；

（4）入境团队对住宿设施的卫生、隔音等硬件要求较高；对食谱有不同民族的特色要求。

2. 入境旅游者的需求趋势分析

（1）观光仍是入境游客的主要旅游目的，罗城自然风景区仍是入境游客的主要观光地；

（2）入境团队时间均在计划之内，一地停留时间有限，不能任意延长，因此这种情况下，游客大多来自旅行社组织的观光型旅游团；但是如果能通过电子商务、口碑等因素大量引进背包散客，对于度假旅游、休闲旅游、民族文化旅游的需求就会增长；

（3）入境游客对少数民族风情有极高的兴趣，强化罗城的仫佬族特色风情产品，将增加罗城旅游观光产品对入境者的魅力；

（4）随着罗城旅游的开发，入境旅游人数和旅游外汇收入将继续增长。

三、旅游客源市场目标定位及预测

（一）区域定位

1. 国内客源市场定位

（1）一级市场

罗城的核心客源市场主要集中在柳州、南宁、大桂林旅游圈和桂东、桂南各城市；广东珠三角地区、河池。

柳州和南宁、桂林三地是广西的GDP排列前三位的地区，在广西范围内，相对于广西其他城市，人们的生活水平较高，且到罗城的交通方便，距离较近，是罗城重要的客源市场。其次，贵港和玉林也是广西生活水平较高的地区，值得进一步开发。

广东省是中国旅游的第二大客源地，也是中国旅游市场的主要客源地。广东省是中国经济最早发展的省份之一，居民收入消费水平高，出游经验丰富，品位高雅，特色鲜明的主题旅游成为其主流，注重旅游活动的内涵。旅游不仅仅是休闲的方式，更包含休闲性和教育性，旅游文化品位的上升等。相对其他省市的游客而言，广东旅游者更喜欢探索新的旅游景点，有强烈的好奇心，敢为天下先，无论是国内游还是国外游，很多热门目的地的开拓者都是广东旅游者，罗城作为一个新开发的地点，必定吸引着众多的广东旅游者一探究竟。另外，广东不仅是重要的旅游地，而且可以与广东旅行商和旅游企业建立良好的合作关系，来分流广东的部分游客；同时，广东也是重要的旅游消费市场，具有各类旅游消费尤其是自驾车旅游的需求和优势，是罗城最重要的客源市场。

从交通条件来说，罗城仫佬族自治县位于广西西北部，河池市东部，罗宜、罗融二级公路与宜柳高速公路相连，直达柳州、桂林、南宁，便利的交通条件为罗城的旅游市场打下了良好的基础。广西乃少数民族自治区，各民族、各城市之间有众多融会贯通之处，文化差异小，容易接受本地的区域文化。另外，由于罗城的旅游开发处于初级阶段，景点开发、旅游基础设施建设尚不完善，旅游影响力不大，以现有条件达不到接纳高层次、高要求旅游者的标准，因此，将罗城的一级市场定在广西壮族自治区内的城市，是使罗城各项旅游设施逐步适应罗城旅游市场发展的过程。

（2）二级市场

罗城在二级客源市场为湖南、贵州等周边省份及广西其他县市；上海、浙江、江苏等长三角地区和北方市场。

湖南位于广西北部，与广西接壤，湖南优越的区位因素是其成为罗城旅游客源重要市场的首要条件。近几年来，湖南的经济发展较快，其中，长沙的居民消费水平最高，远高于全国的平均水平。罗城作为湖南周边的旅游地，是湖南旅游者不可忽视的旅游目的地之一。湖南旅游业着重开发入境市场，全力促进港、澳、台市场稳定增长，重点突破日本、韩国市场，大力发展入省游，积极促进省内游，联合推广跨省游。

贵州是中国西南地区的五大省份组成部分之一，与河池交界，罗城毗邻贵州省与广西壮族自治区交界处，焦柳铁路主干线和黔桂铁路支线——岔罗铁路经过罗城仫佬族自治县县境，交通便利，具有地缘优势，旅游市场潜力不言而喻。

长三角地区是中国三大主要客源地之一，经济最为富裕，游客消费水平在国内最高，与广西之间交通便捷，每年向广西输送的游客人数仅次于珠三角。只要将桂林的部分上海团、江浙团旅游线往南延伸一点，就可以对罗城旅游经济产生极大的正面效应。

（3）三级市场

三级市场分为国内其他经济发展较快的一线城市，如重庆、武汉等长江中上游发达城市。

东部沿海城市和北京也是罗城重要的客源市场，这些地区居民的生活水平高，对旅游的需求在不断地增长，出游率较高，是中国出游居民中的主力军。另外，这些地区多处于吴越文化区、中原文化区，两者均为汉文化区，是中国传统文化的两个中心，与广西的越西文化差异很大。文化差异和地理差异拉开审美距离，从而对游客产生较强的吸引力，因而这些地区游客多流向广西、云南和贵州三个少数民族地区。从消费的趋势看，目前东部沿海地区的住宅、汽车、计算机、旅游、文化休闲产品和休闲服务等正成为其主要的消费热点。而中西部地区，特别是城市化水平比较低的地区，传统消费仍是主流，新的消费热点并不明显。由于东部地区在居民收入水平、商品可选择范围、消费观念、消费环境以及信贷消费等方面都具有明显优势，因而东部消费增长依旧快于中西部地区，这些东部城市将成为南方重要的客源市场。

在这一市场上罗城存在很多竞争对手，知名度比罗城高的景点都将成为罗城的竞争对手。另外，在三级市场上，建立良好的旅游形象至关重要，口碑的好坏很大程度上影响了罗城的市场吸引力。

综上所述，根据罗城的区位条件、资源禀赋及旅游发展阶段，罗城的临近区域和粤湘黔三省是核心目标客源市场，是市场开拓的重点。

2. 入境旅游客源市场定位

（1）一级市场

越南、新加坡、马来西亚和港、澳、台市场。

近几年，中国—东盟经济合作日趋紧密，泛北部湾经济区发展蒸蒸日上，广西作为与东盟一衣带水的省份，为中国和东盟的经济发展做出了重大的贡献。

越南与广西最近，离罗城不远，实行改革后，经济也蒸蒸日上，可以定位为重要的入境目标客源市场。

更重要的是新加坡、马来西亚旅游团，由于这两国每周均已有 7 晚 8 天在南宁中转的广西区内旅游团在运转，而且其旅游路线大多是南宁—巴马—柳州—桂林—阳朔—南宁，要在柳州住一夜观看百里柳江夜景与鱼峰山，如果营销得法，罗城完全可以取代柳州成为巴马与桂林间的新马团的过夜地。

港澳台距离广西较近，一直是广西的主要入境客源市场，罗城有着良好的自然和人文资源，可将三地的同胞作为重要的入境目标市场。

（2）二级市场

韩国、日本、法国、以色列、美国。

由于日本、韩国、美国来华旅游的人数在入境外宾客流中名列前茅，自然是争取的重要对象。其中，日本团来巴马旅游的前景最为可观，因为日本本身就是一个贯穿着长寿文化的国度，日本国家电视台几次播放巴马世界长寿乡的专题片。而目前所有的日本团都已将路线从巴马延伸到东兰县的月亮河景区，如果将巴马、罗城、桂林永福长寿乡编成一条旅游线，在日本推广不是没有可能性。

韩国旅游团酷爱张家界，一般先到桂林，经柳州的枝柳铁路转赴张家界，如果在柳州下车先游罗城一日，似乎也很合理。由于韩国游客对桂林漓江印象不理想（原因往往是韩国团的漓江游览线仅仅是从竹江码头游到冠岩就原地转回，没有游览漓江最精华的地段），用武阳江取代漓江游览的可能性取决于营销功力与价格因素。

受法国名模的影响，法国团习惯上从桂林出发游览三江侗族自治县；而以色列团也常去龙胜、三江，这就为罗城—三江—龙胜—桂林线的开辟留下了机遇；罗城的攀岩线路主要是美国攀岩运动员与俱乐部踩线定点的，这些美国人常驻阳朔，他们对罗城的攀岩条件非常欣赏，通过他们，吸引阳朔众多欧美背包客前来罗城背包旅游、户外运动的可能性相当大。

（3）三级市场

其他外国市场，特别是澳大利亚、新西兰、印尼、菲律宾、加拿大与其他欧洲国家。当然，由于欧美国家多数旅游团在中国的旅游线路基本定型成熟，几乎没有到口岸城市及北京、西安、桂林、香港以外的城市去的时间空间，所以，罗城对三级市场欧美国家的营销应以电子商务网上招徕散客及大公司素质拓展团为主。

（二）客源类型定位

根据潜在游客的人口统计因素的调查分析，罗城的潜在客源市场的类型定位为：

1. 旅游客源市场类型定位

自然风光观光旅游客源市场、特种旅游客源市场、休闲度假旅游客源市场、民族文化旅游客源市场和修学旅游客源市场。

2. 消费层次定位

以中低档为主。其中，低档消费以本地市场为主，中档消费以休闲度假、观光游览为主，高档消费以特种旅游游客为主。

3. 旅游方式定位

散客与团体并重。散客包括自助式旅游、自驾车旅游以及外国旅游者入境旅游。本来新开发的县级旅游应以散客为主，但是罗城与巴马一样，在河池市的各县中由于旅游资源当属一流，口碑良好，特色旅游品牌效应明显，价格利润空间大，引进的开发参与者在旅行社界拥有良好的人缘关系与大量客户，因此只要有政府的支持、有实力的开发商，广告、优惠政策到位，在2~3年内就会有旅游团队先后前来（例如：巴马，国家特级贫困县，地理位置弱于罗城，3年前团队旅游接待几乎是零，现在已是年接待量120万人次，团队与散客各占半壁江山，这是刚开始启动旅游时许多人不敢想象的。罗城的自然风光、地理位置与旅游界人缘关系均强于巴马旅游启动时的状态与条件，巴马做得到的，罗城也应做得到）；但是由于全国乃至世界旅游发展的趋势是旅行社组织团队的功能将会逐渐向提供异地服务转化，全包价旅游会减少，小包价旅游会增长。故而散客、自驾车客、户外运动爱好者通过电子商务平台来到罗城的可能性将会大增，罗城将来的散客、自驾车客源会与旅行社团队平分秋色，甚至会超过团队游客源。

4. 旅游者职业定位

自然风光旅游、民族文化旅游指向大众游客，休闲度假旅游指向收入较高的私营企业家、白领阶层、公务员等事业单位职员，特种旅游指向外国及港澳台旅游者，修学旅游指向在校师生和专业人士（见表 6–8）。

表 6–8　罗城仫佬族自治县旅游客源市场类型定位

层次	定位
旅游客源市场类型	自然风光旅游客源市场、休闲度假旅游客源市场、民族文化旅游客源市场、特种旅游客源市场和修学旅游客源市场
消费层次	以中低档为主。其中，低档消费以本地市场为主，中档消费以休闲度假、观光游览为主，高档消费以特种旅游游客为主
旅游方式	团队、自驾车、散客并重，因客源地而异。散客包括自助式旅游、自驾车旅游以及外国旅游者入境旅游
旅游者职业	自然风光旅游、民族文化旅游指向大众游客，休闲度假旅游指向收入较高的私营企业家、白领阶层、公务员等事业单位职员，特种旅游指向外国及港澳台旅游者，修学旅游指向在校师生和专业人士

（二）游客规模及主要旅游经济指标预测

1. 市场预测的依据

全国及广西、河池和其他周边县域旅游发展的形势和旅游消费趋势；

河池市旅游“十二五”发展规划（2011—2015）；

河池市旅游发展总体规划；

广西旅游业发展“十二五”规划纲要；

主要客源地的人口、经济发展情况；

相似县域（巴马、龙胜）旅游发展情况类比。

2. 预测方法

制约游客规模的因素很多，既有国内外政治因素、社会经济和自然环境因素，也有以旅游者为主体的社会人口学特征等综合因素。因此，在预测游客规模时，主要考虑如下几种因素：中国、广西壮族自治区、河池政府发展旅游业的方针政策及罗城仫佬族自治县在国内外旅游市场销售中的竞争力；

罗城仫佬族自治县旅游景区（点）的开发建设速度和接待能力；旅游景区（点）旅游资源质量、优势及开发旅游的制约性因素；国内外游客需求发展趋势、休假制度及旅游地生命周期规律；客源地的社会经济状况及相关旅游景区（点）现有年游客流量及开发建设管理经验等。

3. 市场预测

据罗城仫佬族自治县旅游局统计，2007 年总接待人数约 13.6 万人次，直接或间接收入约 7650 万元；2008 年总接待人数约 19.22 万人次，直接或间接收入约 10700 万元；2009 年总接待人数约 26.22 万人次，直接或间接收入约 14750 万元；2010 年游客接待达到 33.0 万人次，旅游收入达到 2.02 亿元，2012 年游客接待将达到 40.7 万人次，旅游收入将达到 2.91 亿元。

以 2008 年作为指标体系预测的基准年（入境旅游未做统计），鉴于罗城是广西壮族自治区和河池市旅游开发的后来者，随着经济发展形势向好，国家加快发展旅游业，周边旅游市场的深入开发和旅游业的蒸蒸日上，以及罗城自身旅游资源的开发和旅游产品创新营销渠道的试行，综合以上的市场预测依据和客源市场分析，在罗城旅游加强产品建设和大力开展宣传、推广、促销等活动的前提下，预计罗城 2012 年具体目标为：接待入境旅游者 0.18 万人次，旅游外汇收入 81.2 万美元；接待国内旅游者 40.7 万人次，增长 21%，国内旅游收入 2.91 亿元，增长 42%。具体目标如下：

（1）近期：2012—2015 年

国内旅游人数年均增长达到 21%，到 2012 年达到 40.7 万人次；国内旅游人均花费年均增长 16.7%，到 2012 年达到 714 元 / 人；国内旅游收入年均增长 42.0%，旅游收入达到 2.91 亿元。

国际入境旅游人数年均增长达到 28%，到 2012 年达到 0.18 万人 / 年；入境旅游者人均花费年均增长达到 15.6%，到 2012 年达到 451 美元 / 人；入境旅游收入年均增长 50%，旅游收入达到 81.2 万美元。

（2）中期：2016—2020 年

国内旅游人数年均增长达到 13%，到 2020 年达到 65.2 万人次；国内旅游人均花费年均增长 8.2%，到 2020 年达到 997 元 / 人；国内旅游收入年均增长达到 22.4%，到 2020 年达到 6.54 亿元。

国际旅游入境人数年均增长达到 16%，到 2020 年达到 0.31 万人 / 年；入境旅游者人均花费年均增长达到 9.1%，到 2020 年达到 633 美元 / 人；入境旅游收入年均增长 25%，到 2020 年达到 196.4 万美元。

（3）远期：2021—2025 年

国内旅游人数年均增长达到 9%，到 2025 年达到 100 万人次；国内旅游人均花费年均增长 3.3%，到 2025 年达到 1183 元 / 人；国内旅游收入年均增长达到 13.2%，到 2025 年达到 11.83 亿元。

国际旅游入境人数年均增长达到 11%，到 2025 年达到 0.52 万人 / 年；入境旅游者人均花费年均增长达到 6.2%，到 2025 年达到 847 美元 / 人；入境旅游收入年均增长 18%，到 2025 年达到 440.1 万美元（见表 6–9、表 6–10、表 6–11）。

表 6–9　2008—2025 年罗城仫佬族自治县旅游人数与预测

指标／年份	入境旅游		国内旅游		合计
	旅游人数（万人次）	年增长率（%）	旅游人数（万人次）	年增长率（%）	旅游人数（万人次）
2008	0.08		19.2		19.28
2009	0.10	27	26.1	36	26.20
2010	0.14	28	33.0	27	33.14
2012	0.18	28	40.7	21	40.88
2020	0.31	16	65.2	13	65.51
2025	0.52	11	100.0	9	100.52

表 6–10　2008—2025 年罗城仫佬族自治县主要旅游经济指标与预测

指标／年份	入境旅游		国内旅游		合计
	外汇收入（万美元）	年增长率（%）	旅游收入（亿元）	年增长率（%）	旅游总收入（亿元）
2008	29.93		1.05		1.07
2009	36.10	25.3	1.45	38.1	1.47

续表

指标 年份	入境旅游		国内旅游		合计
	外汇收入（万美元）	年增长率（%）	旅游收入（亿元）	年增长率（%）	旅游总收入（亿元）
2010	54.6	51.2	2.02	39.3	2.06
2012	81.2	50	2.91	42.0	3.44
2020	196.4	25	6.54	22.4	6.67
2025	440.1	18	11.83	13.2	12.12

【注：按 1 美元 = 6.6240 元人民币的汇率计算】

表 6-11　2008—2025 年罗城仫佬族自治县旅游消费与预测

指标 年份	入境旅游		国内旅游	
	旅游花费（美元 / 人）	年增长率（%）	旅游花费（元 / 人）	年增长率（%）
2008	323		546	
2009	361	11.7	555	1.6
2010	390	8.0	612	10.2
2012	451	15.6	714	16.7
2020	633	9.1	997	8.2
2025	847	6.2	1183	3.3

第三节　旅游业发展战略规划

一、指导思想

以科学发展观为统领，依托资源与文化优势，以市场需求为导向，以“一城两江带青山”为总体布局，以“打民族品牌、推养生旅游、导浪漫大戏、舞山魂水魄”为总体思路，推进旅游业的健康发展。以产品开发为中心，以旅游项目建设为重点，切实加大旅游投入，狠抓基础设施建设，积极推进招商引资，提高服务管理水平，全面提升旅游产业素质。以“仫佬神韵，山魂水魄”作为总的旅游形象，突出“原生态、文化、特种”三大旅游特色，切实加强市场宣传，全力打响中国特种旅游目的地品牌。

大力推进“商旅旺县、文化兴县”的发展战略，按照“大旅游、大市场、大产业、大发展”要求，真正高规格推动、高品位规划、高标准保护、高水平开发、高起点建设、高强度宣传、高质量发展，形成政府主导、市场主体、企业运作、全民参与的良性循环，打造一批旅游城镇和旅游特色景区，实现旅游富民目标，促使旅游业持续健康快速发展。

二、旅游业发展战略

（一）实施“旅游带动”发展战略

将旅游产业作为国民经济发展的支柱产业培育发展，利用旅游综合辐射带动功能，走旅游带动农林工商等相关产业发展之路。

（二）实施“文旅结合”发展战略

实施“仫佬文化振兴”工程，以旅游为载体，建设中国仫佬文化城、仫佬民族风情村、仫佬文化研究中心等；实施“廉政文化精品工程”，深入挖掘“一代廉吏”于成龙等人文资源，以成龙湖公园为主体景观和重要平台，筹建于成龙纪念馆，创办“中国罗城廉政文化节”和“全国廉政教育示范基地”。打好民族风情牌，加快建设“一城两江带青山”发展战略，打造仫佬神韵原生态休闲度假文化旅游基地；打好人文景观牌，建成区内著名的历史人文景观旅游基地；打好绿色生态牌，建成广西知名的特种休闲旅游目的地。

（三）实施“重点推进”发展战略

——重点推进以仫佬族文化，仫佬文化新城、仫佬族民族文化旅游村、崖宜仫佬族风情广场、仫佬风情大型文化演艺、走坡节、国家非物资文化遗产依饭节、仫佬族特色民族餐饮、文化旅游商品、文化娱乐为主的构成文化旅游项目；

——重点推进以会议旅游、会展旅游、高端宾馆、度假村（山庄）、养生健康为主的构成附加值高的新兴旅游项目。

——重点推进以野生毛葡萄、休闲农业、特色农产品种养、特色农产品深加工、九千万矿泉水构成为主的休闲农业旅游项目；

——重点以旅游景区、旅游线路、特种旅游、主题公园为主的构成景区类旅游项目。

三、旅游业发展定位

（一）产业地位与功能定位

1. 旅游产业地位定位

罗城仫佬族自治县经济发展的支柱产业，第三产业发展的龙头。

2. 旅游产业功能定位

将旅游产业发展作为带动文化产业、房地产业、高科技产业、农业、林业等相关产业的龙头；是实现农业产业结构调整、传统农业向现代休闲农业产业转型的关键产业；是改善县域生态环境、协调生态环境保护与县域经济发展矛盾，实现生态环境保护与社会经济发展、产业富民三重发展目标的生态适应性产业。

（二）发展方向定位

1. 总体方向定位

中国唯一的仫佬族文化旅游中心；中国民族生态文化名城；中国原生态休闲度假文化旅游基地；广西知名的特种休闲旅游目的地；中国文化旅游名县，广西旅游强县。

2. 阶段性产业定位

近期（2012—2015 年）：旅游产业是罗城仫佬族自治县国民经济的富民产业、是实现产业结构调整、保护生态环境、解决人地矛盾、提高土地利用价值、创造就业机会，传承和保护民族文化、促进民族地区社会经济发展的关键性产业。

中期（2016—2020 年）：旅游产业成为国民经济发展的主导产业、县域良好形象塑造的形象产业、第三产业发展的龙头带动产业。

远期（2021—2025 年）：将旅游产业培育成为国民经济发展的支柱产业、

带动农业和工业发展的龙头产业。

四、旅游业发展的目标体系

（一）旅游经济产业发展总目标：

规划期内总体产业发展目标为旅游业总收入占全县 GDP 的 28% 以上；旅游产业税收占全县税收的 18% 以上；旅游就业占全县就业的 32% 以上。

（二）旅游业发展指标

旅游业发展经济指标预测（见表 6–12）：

表 6–12 旅游业发展经济指标预测表

期限	年限		旅游人数年均增长率（%）	游客接待量（万人次）	人均花费增长率（%）	人均花费	旅游收入年均增长率（%）	旅游收入
近期（2012—2015 年）	2012 年	国内	21	40.7	16.7	714 元	42.0	2.91 亿元
	2015 年	入境	28	0.18	15.6	451 美元	50	81.2 万美元
中期（2016—2020 年）	2020 年	国内	13	65.2	8.2	997 元	22.4	6.54 亿元
		入境	16	0.31	9.1	633 美元	25	196.4 万美元
远期（2021—2025 年）	2025 年	国内	9	100	3.3	1183 元	13.2	11.83 亿元
		入境	11	0.52	6.2	847 美元	18	440.1 万美元

五、战略布局

（一）空间布局规划

根据罗城仫佬族自治县旅游区的功能划分以及开发的侧重点、开发的主题、开发的方向，罗城仫佬族自治县旅游开发布局的战略框架具体可概括为：

"11234"战略，即一个旅游中心、一个旅游基地、两条县域旅游精品线路、三条交通廊道、四处旅游营地。

1. 一个旅游中心

打造全国唯一的仫佬族文化旅游中心。罗城是全国唯一的仫佬族自治县，具有深厚的仫佬族文化底蕴，通过以"打民族品牌、推养生旅游、导浪漫大戏、舞山魂水魄"为旅游发展思路，打造全国唯一的仫佬族文化旅游中心。

"打民族品牌"，罗城是中国（世界）唯一的仫佬族自治县，依饭文化被列入第一批国家级非物质文化遗产名录并受到保护。越是民族的就越是世界的，仫佬风情旅游是罗城特色的招牌。

"推养生旅游"，养生旅游是优项选择，是对河池市"长寿之乡 养生河池"的支撑。结合仫佬族养生文化和现代养生理念，推出罗城野生毛葡萄、红豆等特色植物养生旅游，打造罗城养生旅游品牌。

"导浪漫大戏"，依托罗城有500多亩连片的水上相思林、月下老人之称的月亮山、男女恋爱的民族传统节日——仫佬族走坡节和壮族三月三歌圩、象征浪漫之酒的野生葡萄酒以及万亩野生毛葡萄、千年一吻的情人山等，引导出崭新的浪漫爱情主题旅游元素，开拓"浪漫爱情之约"特种旅游，力争在激烈的旅游市场竞争中异军突起。

"舞山魂水魄"，即以罗城民族文化为特色，以文化包装策划自然景观和山水旅游产品，融入怀群—剑江旅游区（含天门、高山草甸景区）、怀群—剑江旅游区、武阳江旅游区等景区中，将其规划为全县旅游发展的重点，重点开发、重点投入、重点建设、重点营销。

2. 一个游客服务集散基地

罗城仫佬族自治县旅游资源基本上分布在以县城为中心的半径100公里之内，为了更好地保护好县内良好的生态旅游资源，规划完善县城的软硬件旅游设施，正式建立游客服务集散基地，发挥其作为全县旅游的集散和服务中心作用。

3. 两条县域精品旅游线路联动

武阳江山水旅游线：主要景点是武阳江两岸秀丽山水、水上红豆相思林、米椎林、影视拍摄基地、月亮山，可延伸到青明山林场。

剑江—天门奇观旅游线：主要景点有成龙湖、于成龙廉政公园、仫佬族风情园、红七军佛子坳战役遗址、剑江镜影诗画、剑江峰林、剑江月牙坝、天门奇观、卡马水库、才龙瀑布、高山草甸等。

4. 三条旅游交通廊道

东北交通廊道：罗城仫佬族自治县县城—小长安—融水—三江—龙胜—桂林—贺州—广州。东部旅游廊道担负着与大桂林旅游圈客源接轨，引入珠三角这一中国主要客源地客源的全部重任，同时，桂林是一个年接待游客量2000万人次以上的国际旅游城市，广州、深圳是中国四大入境口岸的半壁江山，东部旅游廊道连接的桂林、广州不仅是客源地，还是罗城将来最重要的中外游客中转站。运作成功，罗城将成为珠三角度假的后花园。游客及旅游团可以在此廊道上根据时间长短与经济状况选择若干处游览点到达罗城，游览后从宜州—柳州—（桂林）—（广州）返回，形成环线。

东南交通廊道：罗城仫佬族自治县县城—四把—宜州—柳州—来宾—南宁—北海—湛江—茂名—阳江。这条廊道将罗城游客服务集散中心与广西工业中心、广西主要客源地柳州、南宁与北海、粤西连接起来，还可辐射广西另一重要客源地玉林与海南，通过玉林与广州间的高速也可与珠三角相连。南宁还是东盟各国及全国各省省会航空游客进入广西的重要中转站，而粤西的湛江、茂名传统上是桂林、巴马的重要客源地，经常向桂林、巴马发送旅游专列。罗城通过这条廊道与柳州、南宁、玉林三大客源地，与经济高度发达的粤西及各省省会连接起来，与东盟各国连接起来，必定会产生重大经济效益。东南廊道将是罗城旅游开发的龙头廊道。

西部交通廊道：罗城仫佬族自治县县城—四把—天河—怀群—兼爱—环江—金城江—南丹—贵阳（或荔波机场、著名的大小七孔景区）。西部旅游廊道会将现已运转的贵州—桂林，将来的贵州—广州游客引到罗城，成为罗城客源的重要补充。

5. 四处户外运动—度假休闲营地

宝坛原始森林探险营地：位于九万大山原始森林区，这里山高林密、峡谷幽深、茂林修竹、古木参天、飞泉瀑布、流水潺潺、云海奇景、变幻莫测，动植物资源非常丰富，自然景观秀丽，适合探险旅游爱好者安营扎寨。

青明山庄度假营地：这里的国有林场已修建了林地餐厅、泳池、观景亭，莽莽大山、清新氧吧，青明山是度假休闲的良好营地。事实上，已有不少周边的市民来到青明山林场度假休闲。经过重新策划、丰富项目的青明山有可能成为柳州、河池、来宾三市的会议旅游、度假旅游热点。

野马滩野炊、露营营地：野马滩河汉分流、林秀树茂，春天层层叠翠，秋天红叶似火，草柔适合“驴友”露营，地广聚众多单位野炊。这是一个一流的户外运动营地，提供后勤支持，修好山谷公路，野马滩将成为回归大自然的“驴友”最佳营地。

月亮山攀岩运动营地：月亮山不光形似明月，在武阳江山水旅游线中为停车远眺奇观，而且山壁陡峭、石质坚硬、高度合适，是攀岩运动的最佳地点，2010 年罗城攀岩旅游节组织的中外攀岩比赛，开辟了标准攀岩线路，月亮山攀岩运动营地已经初见雏形。

（二）旅游区划分

根据罗城仫佬族自治县旅游资源禀赋、景观结构特征、资源特色和今后的开发主题，为了便于经营管理，在遵循景观完整性、主题差异性的原则下将罗城仫佬族自治县旅游资源开发布局划分为“一城两江带青山”。

1. 一城

县城是全县的旅游交通中心，随着旅游的发展，县城将担负起全县的旅游接待任务，通过县城基地的带动促进全县旅游的大发展；同时，县城也是仫佬族文化集中展示地，以仫佬文化城为中心的，包括仫佬族博物馆、仫佬族凤凰城、葡萄酒城、成龙湖仫佬族新村、月亮山景区、万亩葡萄园等作为民族文化展示的重要载体。

2. 两江

两江是指怀群—剑江和小长安的武阳江旅游区。

怀群—剑江集合了天门景区、仫佬神韵百里画廊景区、才龙瀑布、高山草甸等景区。怀群—剑江奇山秀水、田园风光优美、喀斯特地貌景观旖旎、乡村景观秀丽，是罗城最具有开发价值的旅游带之一。

武阳江则是以浪漫资源为主要特色，集合了水上相思林景区、米椎林景区、崖宜风景区等。武阳江旅游带的各个景区都融合了很多具有浪漫色彩的旅游资源，可以打造成为罗城浪漫之旅的重要旅游带。

3. 青山

青山狭义指青明山，广义指九万大山。青明山旅游区是罗城仫佬族自治县最高的山，是九万大山的组成部分，生态环境良好，青明山的野马滩、原始森林瀑布景区、生态旅游观光园等景区，经过整合可以打造成为罗城旅游的一个知名品牌。

六、开发步骤

（一）近期（2012—2015 年）：开发建设期

确定旅游开发的战略指导思想和目标，按照"一城两江带青山"的整体布局，编制重点建设景区景点（武阳江、剑江—天门、高山草甸、青明山、成龙湖、仫佬族神韵风情园、县城沿河步行街）详规与工作时间表，进行环境评估。

成立罗城旅游开发总公司，一手抓仫佬族民俗文化开发工作，筹建仫佬族神韵风情园；一手抓罗城游客服务集散中心与武阳江景区、剑江—天门景区的征地、回购景点、交通通畅工作。

招商引资建景区、建酒店、建定点餐厅、建旅游洗手间，确定企业开发主体；理顺开发企业与旅游开发总公司之间的关系，完成景区建设一期工程；建立旅游开发总公司麾下的旅行社（初期不宜放开旅行社，以免产生削价竞争、负利润接团等市场混乱），市场调查，市场细分，确定营销目标市场；政府做罗城形象广告宣传，企业做游客招徕组团广告；依靠两广与罗城有渊源的旅游界人士开展营销工作。

一方面，抓好旅游产品、营销渠道、产品价格、电子商务、交通票控制等现代营销五要素，力争在最短的时间里引入旅游团队与自驾车散客；另一方面，狠抓景区管理、接待服务质量以确保良好的口碑，以质量保证营销工作的顺利开展。最后，要同时抓好仫佬族特色城乡风貌立面改造，抓好爱国卫生运动、生态环保绿化工程，进行从领导干部到城乡居民、景区农民的旅游意识教育、旅游法规宣传，以确保罗城的旅游氛围、旅游安全，确保游客在罗城能有一个舒适的环境，获得美的享受，从感官上感受到仫佬族自治县的特殊神韵。

要逐步建立起与桂林国际旅游城市、北部湾国际旅游中转地接轨的旅游业经营体制。综合性的旅游企业与专业性的旅游企业相配合，政府主导、市场调控与企业自主运作相结合，构建起规范经营、有序竞争的旅游市场经济体制。

罗城的初期营销工作在区内应首先依靠邻近的柳州、河池、来宾三市及周边县过渡，以柳州为主；以单位春秋游、自驾车客源为主；第二步是南宁、桂林、玉林、北海、贺州市场，以南宁、桂林为主；区外在2~3年内，营销重点只能是珠三角与粤西、贵州，特别是广州、东莞、深圳、湛江、茂名、贵阳五市。客源目标是旅游团队与自驾车游客。

由于初期罗城的软硬件均离涉外要求甚远，除攀岩特种旅游、少量欧美大公司的素质拓展训练营与通过电子商务或阳朔市场招徕的背包外国游客之外，不宜开展入境团队的营销工作。

（二）中期（2016—2020年）：快速发展期

在全县重要旅游资源基本得到开发的基础上进一步完成全县旅游总体规划与策划的要求。此阶段要求打响“仫佬神韵”与“山魂水魄”两大旅游品牌。要联手宜州、环江打造河池市旅游整体布局中的民族风情环，要主动融入定位为广西三大国际旅游目的地之一的红水河旅游圈，争取成为红水河旅游圈中的重要一环，按照河池市旅游规划，像宜州、巴马、南丹一样进入河池市核心旅游圈。条件成熟时打造一台以浪漫风情为主题，以仫佬族民俗为素材、以美丽山水为背景的大型实景演艺，以解决旅游团队夜生活贫乏的老问题，增加旅行社、导游、司机与本县的经济收益。

随着县内外公路高通网络更加舒适畅通，顺应大量客源涌进的市场需求，此阶段可以考虑组建自己的旅游车船公司，既可以增加就业、带动本县经济，又可为旅行社节省成本，丰富罗城营销的优惠政策。

中期阶段的目标是：旅游团队接待衡量标准的六大基本要素（食、住、行、游、购、娱）得到全面协调发展，并富有罗城特色。罗城成为令人向往的运动乐园、户外休闲家园、文化体验营。罗城仫佬族自治县县城成为卫生清洁、环境优美、风景宜人、服务功能齐全的旅游城镇。

中期的营销重点要在巩固原先客源的基础上增加对周边的湖南、重庆、云南、四川以及与广西之间交通直达又富裕的上海、杭州、温州、南京等长三角旅游圈以及武汉、郑州、西安的营销工作。这些省市每年均有大量游客、专列来往于桂林、南宁、巴马。营销重点是旅行社团队与湖南、贵州的自驾车客、通过电子商务网上招徕的自助散客。

中期可以尝试开拓境外市场，第一步应是港澳台与越南、新加坡、马来西亚团队；第二步是日韩团队。应继续通过电子商务网上招徕境外散客。

（三）远期（2021—2025 年），优化提升期

旅游业协调、可持续发展，形成质量型旅游发展局面，全面完成规划与策划的总体要求，做到城在景中，景在画中，主题节庆季季有，旅游团队天天游，自驾车流满县跑，青山绿水依样绿。武阳江与剑江—天门景区要申报国家 4A 旅游景区，青明山要申报国家 3A 旅游景区；于成龙廉政公园要建设成为全国廉政示范基地，月亮山攀岩活动要与阳朔并驾齐驱。此阶段最终目标要使罗城仫佬族自治县达标成为中国优秀旅游县和中国旅游经济强县。

拥有了较强的知名度与品牌效应后，此阶段在营销方面，可以进军中国三大客源地的最后一处——北京、天津、山东等环渤海湾旅游圈，可以外联福建、辽宁与擅长发旅游专列的中国铁路旅游联盟；甚至可以尝试欧美市场。电子商务网上招徕更是可以面向全国、全世界。

七、旅游业发展战略措施

（一）整合发展，突出旅游主题特色，塑造罗城旅游品牌

发挥文化优势和旅游资源优势，整合打造以“仫佬神韵 山魂水魄”为品牌的主题旅游，以剑江、武阳江为核心的山水文化品牌，以青明山为中心的绿色旅游，打造县城旅游集散中心和文化旅游基地，构建三大旅游圈对接的旅游通道。

（二）实现规模效益，突出旅游特色

以大手笔打造大型旅游项目，突出主题和特色，以特色吸引力强的项目带动景区甚至旅游目的地的发展，以此提高罗城旅游的知名度和吸引力，加快旅游经济的发展势头。

（三）加大投入，完善交通服务网络，构建旅游集散中心

加大基础设施建设资金投入，完善以罗城仫佬族自治县县城为集散中心的到各个景区景点的路网建设，配合相关高速公路和铁路经过罗城的建设，构建连接南宁、桂林、柳州、金城江的立体交通网络，打造罗城旅游集散中心。

（四）强化领导机制，加强组织协调

积极发挥罗城仫佬族自治县旅游发展领导小组的作用，建立工作例会制度，统筹协调解决发展中的重大事项和重点、难点问题，充分发挥旅游局的职能作用，推进全县旅游工作的开展，统筹县、乡（镇）旅游业的发展。

（五）加大财力和政策支持力度，扶持旅游发展

旅游、财政等部门应积极争取国债和中央预算内基本建设资金用于旅游基础设施建设。建立旅游发展的专项基金，增强政府资助发展旅游业的导向作用。加强旅游资源保护、旅游宣传促销、旅游人才培训、旅游项目前期工作等的资金扶持。制定旅游发展的税费价格、市场准入、土地使用、旅游商品开发、投融资等方面的优惠政策。在政策和财力上积极扶持旅游业的发展。

（六）加强宣传促销力度，打造罗城旅游大品牌

充分发挥舆论阵地的宣传作用，宣传罗城仫佬族自治县旅游发展思路、举措和优惠政策措施，通过报纸、杂志、电视、网络广告等信息途径宣传罗城，推介罗城旅游，通过请进来、走出去、旅游营销联盟等方式加强罗城旅游的促销，促进罗城旅游业持续健康发展。

第四节　旅游产品与重点旅游区规划

一、旅游产品体系规划

（一）旅游产品系列定位规划

罗城仫佬族自治县重点开发文化旅游、生态观光旅游、养生旅游和特色体验旅游四大旅游产品，形成拳头旅游产品、重点旅游产品和专项旅游产品

三大层次关联的旅游产品谱（见图 6–2）。

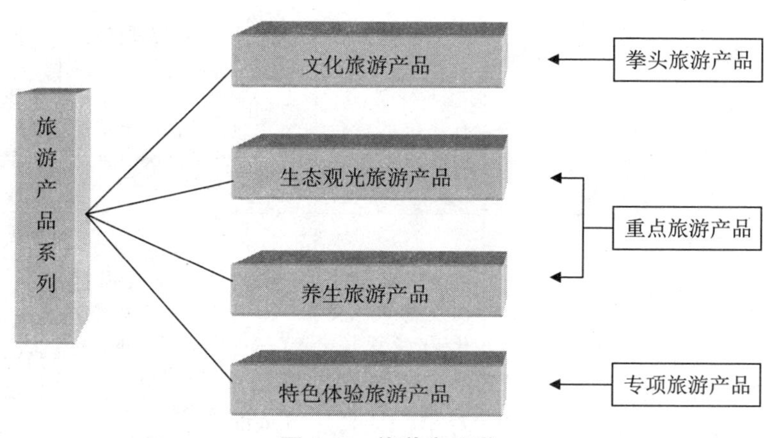

图 6–2　旅游产品谱

（二）旅游产品开发规划

从旅游产品范围、开发现状、产品优势、市场效应、产品劣势、开发导向六方面对罗城未来开发旅游产品进行了分析，综合评估罗城旅游产品开发的现状以及发展态势如下（见表 6–13）：

表 6–13　罗城仫佬族自治县旅游产品开发

定位	产品亚类	范围	开发现状	产品优势	市场效应	产品弱势	开发导向
文化旅游产品	仫佬族民俗风情	仫佬新城	规划中	以仫佬族为代表的资源，具有中国乃至世界的唯一性	高、中、低端市场	在全国范围内名气不够高	挖掘民族本土文化内涵，塑造产品个性，提高产品名气，创品牌效应
	“仫佬风情大舞台”	成龙湖	未开发	提炼、抽象仫佬族文化精华，展示神秘且博大精深的仫佬族文化	高、中、低端市场	非物质化，在全国范围内名气不够高	挖掘民族本土文化内涵，塑造产品个性，提高产品名气，创品牌效应

续表

定位	产品亚类	范围	开发现状	产品优势	市场效应	产品弱势	开发导向
文化旅游产品	仫佬节庆	集中在以县城为核心的主要旅游乡镇	初步开发	有一定的特色旅游资源	高、中、低端市场	产品容易重复失去吸引力	紧密结合观光、特种等产品体系开发特色节庆
	历史文化观光、特色文化体验	东门镇、四把镇、小长安镇、龙岸镇	尚未开发	历史悠久，文化内涵深厚，以于成龙县令旧址、古庙、旧城遗址为代表的历史文化和以开元古寺代表的宗教文化	大众市场	部分破损严重，产品物化不够，部分乡镇交通可达性不高，部分产品依赖的文化本底经历断档已衰败，重建的本底资源质量不高、差强人意	保护性开发，修复恢复原貌，增加物化产品，提高产品内涵，挖掘文化深度，改造交通网络；重建、恢复文化本底，重质重量，提炼挖掘文化深意，进行深度开发
	历史文化名人	全县各区	尚未开发	以刘三姐出生地、于成龙、韦一平、李德山、周钢明、曾敏之、刘名涛、潘琦、鬼子、包玉堂、常剑钧等为代表历史、文化名人	大众市场	非物质化，策划难度较大	发挥名人品牌效应，融入文化创意，打造名人品牌
	廉政文化	县城	初步开发	以于成龙廉政文化为基础，顺应国家反腐倡廉形势	中高端市场	需要大力推广	顺应历史潮流，打造名人品牌
生态观光旅游产品	喀斯特生态观光	武阳江、剑江等县境内所有的景区景点	初步开发	部分产品资源品位较高	大众市场	全国范围内名气仍待提升	宣传造势，丰富产品内涵，提高附加值，增加体验因子

续表

定位	产品亚类	范围	开发现状	产品优势	市场效应	产品弱势	开发导向
文化旅游产品	生态休闲旅游；农家乐度假民居	青明山休闲度假山庄、东门镇、四把镇、宝坛、纳翁、乔善乡，龙岸、黄金、小长安等乡镇	青明山初步开发；其他正待开发	所依托的九万大山、农业生态、葡萄园等生态资源具有较高的开发价值	高、中、低端市场	青明山较远，产品个性不鲜明；其他缺乏策划与旅游开发基础设施	挖掘特色，塑造产品个性
养生健康旅游产品	生态养生	水上相思林	初步开发	以植物保健为主	大众市场	缺乏必要的基础设施和人才资源以及文化创意	融入文化创意，策划浪漫之旅、浪漫之城
	运动养生	情人山	初步开发	以运动为主	大众市场	缺乏必要的基础设施和人才资源以及文化创意	融入文化创意，策划浪漫之旅、浪漫之城
	生态文化旅游	婚纱摄影基地	未开发	以浪漫爱情文化、景观为主	中高端市场	缺乏必要的宣传和人才资源以及文化创意	融入文化创意，策划浪漫之旅、浪漫之城
	健康旅游	红豆一条街	尚未开发	以健康产品为基础	大众市场	缺乏必要的基础设施和人才资源以及文化创意	融入文化创意，策划浪漫之旅、浪漫之城
	生态养生旅游	生态葡萄城	尚未开发	在公路沿线、旧县城全城分层种植野生毛葡萄，打造以植物养生为主题的产品	中高端市场	需要各单位、全民提高打造生态城市的意识；葡萄在冬季叶子会枯萎，不能常绿	宣讲普及提高各级领导与城镇居民的意识；间种紫藤等冬季常绿的藤蔓植物

续表

定位	产品亚类	范围	开发现状	产品优势	市场效应	产品弱势	开发导向
特色体验旅游产品	攀岩	月亮山景区	尚未开发	纯自然生态，产品资源品位较高	高、中端市场	投资量小	国际著名的攀岩基地
	自驾车、汽车越野露营	野马滩景区	少量自发前往	以野马滩为代表的原生态型观光产品品位高	中、低端市场	旅游产品附加值较高	丰富产品内涵，提高附加值，建设汽车营地
	宗教	凤凰山多吉寺白马娘娘庙	初步开发	纯自然生态，产品资源品位较高	高、中端市场	投资量中	一方面新建白马娘娘庙，展现仫佬族神奇传说秘境；另一方面精化多吉寺佛教主题园，开发出“宗教朝拜+宗教养生+宗教表演+佛教饮食+宗教观光旅游”的复合型旅游产品。
	民族村寨旅游	东门镇、四把镇、小长安等处具有开发价值的旅游村寨及农家乐型民居旅社	尚未开发	产业背景优势	高、中、低端市场	产品吸引力不够	提高产品附加值，丰富产品体验形式与内涵

（三）旅游线路规划

1. 规划原则

（1）多型线路原则

根据游客对旅游方式、旅游对象、旅游目的以及旅游消费结构、旅游消费水平、旅游日程的选择，设计多种不同形式的旅游线路，尽可能地满足不同层次游客的旅游需求。

（2）环形线路原则

线路的组织设计应符合游客的决策行为和空间活动规律，以环形游线为最佳，尽量避免或少让游客走回头路。

（3）景点高潮原则

线路设计要体现线短景多、特色明显的宗旨，根据游客的心理，组织具有不同主题特色的景观空间序列，保证游客在旅途过程中可游览两三个重要的景区景点。

2. 规划思路

罗城仫佬族自治县旅游线路的组织设计既要考虑将县域内的旅游资源、景区景点组成环线，又要考虑与周边市县、柳州市、桂林市、南宁市以及广西区内其他市县、广东、湖南、贵州等地的旅游景区景点串联成线，纳入黔东南—广西—广东的跨省旅游线路中，接受外围知名旅游区（点）的辐射和客源分流。

根据罗城仫佬族自治县旅游资源的空间分布特征、景区景点项目的设置分布、旅游交通状况和旅游资源类型特点，县域内的线路分为两条主线、八条环线。规划的旅游线路有主题旅游线路、日程旅游线路和外围旅游线路。

3. 旅游线路规划

（1）县内精品旅游线

①山水奇观主线

成龙湖—剑江峰林—剑江古榕—剑江天门—高山草甸—野生毛葡萄园

②浪漫之旅主线

月亮山远眺—舟游武阳江—米椎林—水上相思林—青明山林场

（2）醉美罗城一晚两天游（常规旅游线路）

第一天：抵达罗城入住酒店；午餐后驱车远眺月亮山，探秘水上红豆相思林，舟游武阳江，在米椎林上岸小憩，返城；晚饭后参观仫佬族文化博物馆，自由活动观赏县城，品味小吃。可组织徒步运动爱好者夜走成龙湖环线。

第二天：早餐后驱车游览成龙湖，车游剑江（在剑江峰林、月牙坝与剑江古榕处停车照相），乘竹排穿越天门奇观，中餐后驱车游览高山草甸牧场，15点左右告别罗城，返回温暖的家。

（3）驴友罗城两晚三天游（户外运动旅游线路）

第一天：驱车抵达罗城；午餐后，驱车直奔野马滩露营，开篝火晚会；宿帐篷；

第二天：驱车游览青明山林场，泳池戏水，品尝山珍风味餐；下午驱车小长安，舟游武阳江，探秘500亩红豆相思林；晚上驱车月亮山，登山赏明月；电筒夜行军下山，县城排档吃完夜宵后，举行环成龙湖星月竞走大赛；夜宿县城。

第三天：驱车怀群，徒步剑江沿岸，舟游天门；中饭后驱车返乡。

此外有关罗城符合市场需求的旅游团队线路编排还有：

柳州—罗城—融水民族风情线三晚四天游

寻邓小平革命足迹百色—巴马—东兰—罗城三晚四天游

刘三姐专线桂林—宜州—罗城—柳州四晚五天游

新加坡—马来西亚大巴团广西旅游新线路：

南宁—巴马—罗城—桂林—阳朔—南宁七晚八天游

二、重点旅游区概念性规划

（一）仫佬文化城旅游区

1. 仫佬文化城旅游区范围

仫佬文化城旅游区包括成龙湖景区、仫佬族民族文化村、凤凰城、葡萄酒城、仫佬族新村、县城集散中心、罗城公园、罗城烈士纪念碑、罗城仫佬族博物馆、月亮山景区等。

2. 旅游功能

仫佬文化城旅游区定位为文化展示中心、全县旅游集散中心、旅游信息中心、国家级文化产业示范基地、原生态国际攀岩基地。

3. 整合规划

县城城郊的四把镇现在还保存着大量仫佬族文化特色，县城的博物馆收藏着反映罗城历史文化的各种文化资源，成龙湖环境优美、湖面宽阔，县城还保存着较为有特色的建筑和古街等。同时，开发月亮山，规划为国际攀岩基地。规划将这些资源进行整合，统一进行规划开发，以增强县城旅游吸引功能和整体旅游品牌效应。

4. 规划思路

（1）规划在凤山与凰山之间设计罗城民族生态文化旅游城，建设凤凰城，开发具有仫佬族风格的凤凰古街、景观房产、水景、鼓楼、风雨桥、大型人造瀑布、白马娘娘庙等文化项目；设计葡萄酒城，打造中国野生毛葡萄酒之乡，开发葡萄酒文化博物馆、仫佬族酒文化展示馆、葡萄酒创意园、葡萄养生基地等项目；创建仫佬新村，设计仫佬族博物馆、民风民俗展示馆、以仫佬族文化为依托的大舞台和民族文化演艺、民族工艺品全程生产基地等项目。完善成龙湖的休闲功能，增加园林景观和文化景观，并规划仫佬族非物质文化展示基地，在成龙湖集中展示罗城非物质文化遗产。

（2）规划将四把镇靠近县城的几个村落全部作为仫佬族生态博物馆，按照生态博物馆的设计要求进行策划开发，并作为罗城仫佬族原生态文化展示基地。

（3）完善县城的交通设施建设和博物馆、公园、商业步行街、酒店、餐饮等服务设施和文化设施建设。

（4）以万亩毛葡萄为基础，规划建设葡萄大庄园，开发葡萄酒酒庄、酒堡、葡萄文化园等葡萄养生健康旅游产品。

（5）月亮山景区除了修建必要的游道之外，不应进行过多的人为建设项目，应保持地形地貌的原始性和原生态。规划为专业性、业余性、娱乐性、体验性、表演性等不同类型的攀岩基地，建设国际专业的户外攀岩基地、户外攀岩培训与娱乐体验项目（户外拓展训练区）、月亮山户外休闲欢乐谷等项目以及举办国际攀岩节，将其打造成为罗城特种旅游的核心品牌。

（二）怀群—剑江旅游区规划

1. 资源特色

怀群—剑江旅游区主要资源包括喀斯特地形地貌、田园风光、剑江风光以及乡村景观，著名的景点有天门、仫佬神韵百里画廊、骆驼迎客、仫佬神韵“世外桃源”、才龙瀑布、孔雀开屏、秀才看榜、高山草甸等。

2. 功能定位

怀群—剑江旅游主要作为观光游览、户外运动、乡村旅游、休闲度假景区。

3. 地位定位

罗城仫佬族自治县旅游发展的龙头景区，国家5A级旅游景区，罗城山水观光旅游品牌景区。

4. 规划思路

（1）规划将整个剑江作为一个旅游区进行整合开发，成立旅游投资公司对其进行包装推广，打造成为罗城仫佬族自治县最大的山水观光旅游区和最具有影响力的旅游景区。

（2）规划把怀群建设成为旅游小镇，按照旅游功能要素对怀群镇进行规划，成为怀群—剑江的旅游集散基地和特色旅游城镇。

（3）整合剑江流域各个旅游景区景点，以喀斯特镜影诗画、田园风光、月牙堤坝、千年古榕作为主要吸引力，开发休闲、度假、乡村、观光旅游产品。

（4）完善旅游区内外交通线路设施建设，融入文化创意，开发文化旅游产品，增强旅游区进入性和文化内容，提高旅游区市场竞争力。

（5）按照5A级旅游景区标准，对旅游区的各个旅游要素进行配套建设，完善旅游区住宿、餐饮、电信、游览、安全、购物、景观等要素建设。

（6）划定高山草甸保护区，严禁乱搭乱建，保持其独特的原生态外貌；改造草甸中的小村建筑，使其带有仫佬族风格；在原有水牛群的基础上，增添山羊、马群放养；修复被洪水冲坏的通往高山草甸的公路，增添道路安全护墩；

（7）依托万亩毛葡萄园，扩大种植规模，建设融葡萄园、葡萄酒厂、葡萄酒文化展示、葡萄酒展销、葡萄采摘体验为一体的罗城毛葡萄酒城，与旧县城改造成的生态葡萄城遥相呼应，建成一个保健养生基地。

（8）鉴于剑江本身容客量有限，在客源市场兴旺后，将卡马水库坝首一带修建成旺季休闲分流区。

（三）武阳江旅游区规划

1. 资源特色

武阳江发源于九万大山原始森林，以山水资源著称，已初步开发的景区景点有小长安崖宜风景区、月亮山、米椎林景区、水上相思林等。

2. 功能定位

武阳江具有很多与浪漫爱情有关的景点，包括千年一吻、竹绣球、红豆、米椎林树洞（生命之门）等。因此，规划以浪漫爱情文化和运动养生为主题，将该旅游区定位为“浪漫之旅”。

3. 地位定位

规划该旅游区为国家 4A 级旅游景区、文化旅游品牌景区。

4. 规划思路

（1）规划整合武阳江流域旅游资源，作为一个旅游区整体进行统一规划建设，打造成为罗城第二大旅游区。

（2）规划结合旅游区的景点，融入浪漫爱情文化，打造成为具有浓厚的浪漫爱情色彩的主题景区。

（3）加强对旅游区文化的包装策划，将文化融于山水景观当中，同时，突出竹绣球、米椎林树洞等神奇景观主题。

（4）建立社区参与旅游发展的机制，协调好各个相关利益者关系；完善旅游区的基础设施和服务设施建设。

（5）围绕“浪漫之旅”形象主题，策划一系列浪漫之旅的旅游产品，以提升旅游区的知名度和品牌影响力。

（6）水上相思林景区围绕“浪漫爱情”做文章，在保护好相思林的基础上，将其作为一个景区加以开发，结合水上相思林周边的喀斯特地貌，将其建设成为国家 4A 级旅游景区和运动养生基地。

（7）月亮山景区除了修建必要的游道之外，不应进行过多的人为建设项目，应保持地形地貌的原始性和原生态。规划为专业性、业余性、娱乐性、体验性、表演性等不同类型的攀岩基地，建设国际专业户外攀岩基地、户外攀岩培训与娱乐体验项目（户外拓展训练区）、月亮山户外休闲欢乐谷等项目以及举办国际攀岩节，将其打造成为罗城运动养生旅游的核心品牌。

（四）青明山旅游区规划

1. 规划范围

青明山旅游区规划范围包括野马滩景区、青明山庄园、青明山原始森林、宝坛自然保护区等。

2. 资源特色

青明山以森林景观和瀑布群为特色，空气质量优良，有“天然氧吧”之称。

3. 旅游功能

依托青明山良好的生态环境，发展生态旅游、观光旅游、休闲度假旅游和生态养生旅游。

4. 规划思路

（1）将野马滩景区规划为罗城最大的汽车旅游营地，作为汽车爱好者和户外爱好者体验景区，并加强野马滩景区住宿、餐饮、汽车服务等设施建设，将野马滩附近的村寨规划为旅游村庄，为游客提供住宿、餐饮等旅游配套服务。提高野马滩四周山体的林相景观，开展汽车运动旅游项目。

（2）规划完善青明山庄园的休闲功能，丰富果场的农副产品种类，增加旅游体验项目，将其建设成为全国农业旅游示范点和国家 4A 级旅游景区。

（3）青明山原始森林景区重点开发野牛瀑布群、天然泳池场、原始森林氧吧、森林浴场、森林探险、生态养生等旅游项目，将其建设成为 4A 级旅游景区。

（4）青明山与武阳江在地理位置上相邻，因此，规划该两大旅游区作为一个客源共享、主题互补、产品互补、品牌共享的主题旅游区进行打造。

（5）宝坛自然保护区规划作为生态旅游示范基地。

（五）罗城八景（十景）命名

仫佬神韵——仫佬族新村

天门剑魂——剑江天门（天门威武，显剑之魂）

鸳江烟雨——武阳江（醉美武阳江以清江烟雨为最，武阳江因核心景点情侣峰传奇又名鸳鸯江）

摩天草甸——高山草甸（摩天寓意山高）

南国情海——红豆相思林

林海千嶂——青明山（九万大山林海千山）

龙湖清风——成龙湖（廉吏于成龙两袖清风）

红叶金秋——野马滩（野马滩金秋红叶似火）

攀月仙缘——月亮山（月亮寓意牵线月老，月亮山为攀岩胜地）

歌仙寻根——刘三姐出生地

第五节　文化旅游开发与保护规划

一、文化旅游资源与开发现状

由于罗城仫佬族自治县旅游业目前处于开发的起步阶段，因而在旅游文化上还没有形成能够表现丰富历史文化内涵与特色的、完整的旅游文化产品体系。旅游文化现状与县域文化现状完全相同，还没有为适应旅游发展而开发的文化项目。但是罗城仫佬族自治县有着丰富的旅游文化开发资源。主要为如下四个方面：

（一）仫佬族文化特色浓郁

罗城也是全国唯一的仫佬族自治县，具有浓郁的民族风情和独特的民族传统节日、活动，其中“依饭节”“走坡节”“坐夜歌”“舞草龙”“打老庚”“抢粽粑”“抢竹球”“抢花炮”“斗鸡”“烽火球”“竹球”“竹连球”“打竹筒”“打草球”等传统文体活动独具一格，极富娱乐性和参与性。“依饭节”是仫佬族人民庆祝丰收的独特节日，2006 年被列入国家首批非物质文化遗产保护名录。

（二）历史名人较多

罗城人杰地灵，人才辈出，是歌仙刘三姐的出生地和“一代廉吏”于成龙初仕之地，黄花岗七十二烈士李德山曾经在此居住并开展新民主主义革命事业，这里是红色革命英雄韦一平的出生地，近现代走出了著名作家周钢鸣、曾敏之、刘名涛、潘琦、鬼子，著名诗人包玉堂，著名剧作家常剑钧等。此外，在各艺术门类均有拔尖人才，拥有一批在全国有影响力的书画、摄影家。

（三）民族、民俗文化丰富

罗城仫佬族自治县有汉、仫佬、壮、苗、瑶、侗六个世居民族，据2004年年底统计资料显示，全县总人口362227人，其中汉族95294人，占26.3%，少数民族266933人，占73.7%。各族有着丰富的民族、民俗文化及节庆活动，如依饭节、走坡节、春节、元宵节、二月社、三月三，牛魂节、端午节、六月六、七月七、中元节、中秋节、重阳节、冬至节、“送灶”节、除夕等活动；还有丰富的多彩民间歌舞：《依饭舞》《锡角舞》《花灯舞》《索乐》《长斧舞》《竹梆情》《仫佬族婚俗表演》等。

（四）丰厚的旅游文化

罗城仫佬族自治县境内有野生毛葡萄酒传统酿制法、多吉古寺、开元古寺、仫佬三十六神傩面、陶艺、古朴的煤砂陶器、仫佬族草编、刺绣、歌圩、博物馆、民族广场以及各族的宗教、服饰、歌舞、礼仪、建筑等民俗文化。

目前，罗城2009年举办了中国罗城首届仫佬族依饭文化节、2010年举办了广西罗城攀岩旅游节和第五届罗城红豆情人节。通过节庆，弘扬了罗城深厚的人文文化，丰富了旅游内容。

二、文化旅游开发的基本原则

（一）遵循和贯彻中国少数民族文化政策，在旅游文化的开发过程中突出展示弘扬仫佬族文化。

（二）在旅游文化的开发过程中强调民族文化特色与地域文化特色的表现，以鲜明的地方文化特色魅力创造旅游文化品牌。

（三）在旅游文化的项目开发过程中努力做到知识性、审美性、娱乐性三者的结合，寓教于乐。适应当代人的文化需求特征，在旅游文化项目中使旅游者有更多的参与机会；在参与过程中接触民族与地域文化，在参与过程中展现旅游者自身才干。

（四）在旅游文化项目开发中坚持文化项目与景观游览、休闲度假项目有机结合的原则，并形成完整的旅游线。

三、文化旅游开发思路

1. 建设全国唯一的仫佬族文化旅游中心

通过挖掘、整理仫佬族特色文化，策划开发仫佬族民族文化旅游村、仫佬族生态博物馆、仫佬族歌舞展示、仫佬族节庆、民族体育竞技、城乡风貌改造融入仫佬族文化元素、餐饮、仫佬族养生保健等旅游项目，以仫佬族文化包装景区景点，突出“仫佬神韵”主题旅游形象，加强仫佬族文化研究，将其建设成为全国唯一的仫佬族文化旅游中心和原生态文化研究基地。

2. 突出浪漫爱情文化

通过设计“浪漫之城”旅游形象以及开发“浪漫之旅”武阳江旅游区、葡萄酒红酒酒堡、野生毛葡萄酒文化大庄园、水上相思林、月亮山（月下老人）、睡美人、刘三姐出生地、壮族歌圩、仫佬族走坡节、红豆之约之旅主题旅游项目或旅游产品，突出罗城的爱情文化。

3. 人文与自然有机融合

以观光、休闲度假项目为依托，开发民族民俗活动和具有地域文化特色的歌舞、宗教、祭祀、节日文化项目，丰富旅游活动内容，使二者相得益彰。

4. 发展文化产业

将山水风光、生态景观、古村落等的观光游览与历史文化遗址的观赏、民间传说故事、群众节庆与日常社会经济活动中发掘有旅游观赏性的文化内容，大力发展文化产业。

四、文化旅游开发

（一）文化旅游开发策略

1. 以文促旅策略

凭借罗城是全国唯一的仫佬族自治县优势，在四把、成龙湖、县城博物馆等集中开发仫佬族文化旅游项目，继续策划开发仫佬族依饭节，开发仫佬族的竹球、抢粽粑等民族体育竞技项目；包装策划开发仫佬族饮食、歌舞、礼俗、祭祀等文化旅游项目。

2. 文旅结合策略

在万亩葡萄园、武阳江等旅游景区开发以爱情为主题的旅游景区，突出红酒的浪漫性和武阳江爱情文化主题。包装策划一系列以浪漫、爱为主题的旅游促销活动、旅游参与性项目、旅游节庆、旅游文化活动等旅游项目。

3. 文化取胜策略

利用罗城的文化名人及历史名人，开发与名人有关的学术论坛、艺术展、名人旅游促销活动等旅游项目，以发挥名人效应。

4. 以旅游养文策略

在武阳江、剑江、青明山、成龙湖等旅游区，根据实际情况丰富景区中的开发规模不大、观赏性强的民族文化表演或开发参与性文化活动内容。

开发罗城公园多吉古寺、天河县城旧址、乐登桥、开元古寺等古寺以及历史遗址遗迹旅游；继续策划开发国际攀岩节、仫佬族依饭节、红豆情人节。

结合传统节日，开发罗城各民族传统节庆，丰富旅游节事内容。

（二）文化旅游项目规划

1. 仫佬风情园项目规划

（1）“仫佬族节庆长廊”

仫佬族节庆长廊主要分为民族节庆展区和参与体验区两个部分。

设立专门的民族节庆展区，一方面为每年的民族节庆保留珍贵的资料，另一方面为旅游观光者提供直观形象、全面细致地展示平台。

参与体验区是模拟化、立体化的节庆展示，游客可以亲身感受和体验仫佬族的各项节庆仪式活动。每逢大节尤其是依饭节庆典，游客还可以身临其境地参与草龙舞、抢粽粑、仫佬竹球、台阁顶马、猫狮表演等民俗项目。

（2）“仫佬族服饰风情街”

仫佬族服饰风情街主要分为民族服饰展区和参与体验区两个部分。

民族服饰展区用来介绍和展示仫佬族服饰本源和发展历程，选取各个时代最具代表性的服装和饰品的样本陈列，并配有中英文文字解说，形象直观地体现仫佬族的特色服饰。

参与体验区的第一部分为穿戴仫佬族民族服饰和饰品。比如：女子穿绲边的大襟短衣，宽身阔袖，配绣花筒裙或长裤，束青布围裙，裙带上织有几何纹，喜欢佩戴各种金银饰品；年老妇女可以在腰上束青色围裙，系带用黑白相间的棉线织出精致的几何图案，裙边用抽纱拧线编成网状花纹，朴素而雅观。仫佬族自制的布鞋有“云头鞋”“猫头鞋”“单梁鞋”“双梁鞋”四种样式，具有结实耐穿、保暖、防潮、抗湿的特点。第二部分为体验仫佬族染布和制衣的过程。仫佬人自种棉花和蓝靛，自织土布，自染。游客可以了解和参与染布的部分过程，比如，将布放进染缸，用蓝靛水浸泡，着色均匀之后捞起，用米汤、薯莨、牛皮胶糊面，晾干后，用石磙滚化或棒槌敲打，布料闪闪发亮、美观大方、经久耐用，游客可以将自制的土布买下，也可以制成仫佬族的民族服饰留做纪念。

（3）“仫佬族生活体验区”

仫佬族生活体验区分为民居体验区和仫佬族美食园。

民居体验区主要参观和体验仫佬族的泥墙瓦顶平房和屋内专烧煤的地炉。

仫佬族美食园为游客提供仫佬族的特色美食和民族保健养生产品，游客也可以亲手学习和制作仫佬族家常菜。比如，制作五色糯饭、白焖肉、狗舌糍粑、重阳酒等，尤其是斗糍粑的制作过程颇为有趣，青壮年男子摆开架式，高举“丁”字形椰锤，一上一下把糯米舂溶，一日糯米饭舂溶后，青壮年妇女便取出来做成馍饼，先放在用鸡蛋黄或茶油抹过的大簸箩里，然后移到芭蕉叶上晾干，印盖花纹图案，游客们可以于玩耍中体验和学习。

（4）“仫佬族民歌台”

仫佬族文化城首先需要选定一首仫佬族民歌或请音乐人制作一首民歌作为主题曲，内容贴近仫佬族人的生活方式和思想内涵，并且朗朗上口便于传唱。

仫佬族民歌台定期举办民歌大赛，从大众中挑选出每年的“歌王”和“歌后”，并设定仫佬族民歌擂台，观光者可以参与挑战 PK，获胜者可以得到仫佬族文化园主题曲的精美 CD。

（5）“民族体育馆”

民族体育馆主要用来为游客展示仫佬族民族体育活动项目，游客可以学习和参与仫佬族的体育项目，并且有专人传授源于仫佬族民间牧牛活动的舞蹈《竹梆情》。青年男女们用竹梆敲奏各式各样美妙动听的乐曲，相互吸引、相互嬉戏，竹梆声声、笑声阵阵、传遍山野、响彻云霄。

2. 中华廉政文化公园项目策划

（1）生态公园

在绿化布局上遵循适地适树、适树适林原则，发展特色树种，选取观赏价值高的植物，尽可能选用大树移植，尽可能快的达到规划效果，创造一片绿树、一碧清水、一片蓝天的景观特征，注重景观林、背景林、草坪、湿地植物，道路绿化、湖畔绿化，入口花带的种植。

根据景区的地质地貌进行绿化，因地制宜地种植适合本地生长的植物为主，通过绿化达到含养水土、调节气候的作用，由于本景区是一个湿地系统，植物在净化过程中起到十分重要的作用，所以需用本地植物和已在本地引种成功的树木，辅以一些景观树（柳叶榕、垂叶榕等），水生植物（水烛）等，形成多层次的层面，对石灰岩山地首先采取封山育林措施，以及使用人工播种的办法，如人工散播杜鹃花种、扦插的手法种植高山杜鹃，使植物尽可能地多样化，形成绿化、彩化、香化，如山脚可种些竹林、李树、梅花、桃花、棕榈、红枫树、柳树、旅人蕉等以及不同时节开花的树种，增强可观性。

（2）“爱的起跑线”

“爱的起跑线”分为两个部分：第一部分是公益性活动，护栏的间距是成年人的一步，赋予它的象征意义就是爱的起跑线，情侣或新婚夫妇可以坚持走好每一步来表达对爱情或婚姻的美好期望；第二部分是商业活动，在成龙湖边设置情侣自行车或双人自行车，情侣们可以骑单车环湖观光，同时，有摄影师随行，拍摄下单车观光的整个过程和美好的瞬间。

（3）水上游乐城

根据成龙湖的面积和水量引进部分水上游乐设施，具体设施分儿童游乐项目和情侣游乐项目，以小型项目为主，可以吸引罗城及周边客源。同时，湖周边可以增设部分儿童水岸游乐设施以及简单小巧又投资小的玩乐活动，以罗城仫佬族自治县县城居民为主要客源。

（4）环成龙湖自行车大赛

参照环青海湖自行车大赛的模式，每年秋季举办环成龙湖自行车大赛，罗城仫佬族自治县政府成立专门的组委会对具体事宜进行策划与组织。在全区招募志愿者，每次大赛的赞助商都拥有冠名权。

3. 红豆文化大观园项目策划

（1）“红豆林风情之旅”

水上红豆林是广西面积最大的红豆生长地，空气中富含对人体有益的负氧离子，并且拥有上百种名贵中草药，林间溪水潺潺、鸟鸣花香、幽静深远，堪称真正的世外桃源。游客可以亲身穿越红豆林，感受别样的红豆风情，亲手拣摘红豆，亲自为爱人献上最珍贵的爱意。穿越水上红豆林的过程有向导全程陪伴和讲解，游客在游览红豆林的同时更是一种对爱的重新感受和思考。

（2）“浪漫红豆诗会”

文人墨客们曾用他们的笔生动地描绘了红豆，表达了红豆中隐喻着的中国传统相思文化，而对于现代人又有全新的对爱情的理解和诠释，因此，在红豆林边举行“浪漫红豆诗会”，既可以为游客提供展示文学才华的机会，同时，在诗情画意中表达爱意又是最浪漫的选择。诗会可以为游客在此以红豆为题写下的诗句进行现场装裱，并且在周年庆典时结集出版免费寄送给作者。

（3）“爱之初体验”

红豆的传说已成过去，但人们对于爱情这个永恒话题的探讨仍然在延续。对于城市里生活节奏逐步加快的男男女女，同样有着类似相思之苦的爱情经历，“爱之初体现”就是让一切回到本源，让爱在红豆的见证下恢复最原始、最浪漫唯美的一面。情侣们相互为对方挑选红豆并亲自为对方佩戴来表达心中最神圣的爱情。有情人还可以提前预约在红豆林举行结婚仪式，让红豆见证美满的姻缘，一切从最至真至纯的体验出发（见表 6–14）。

表 6–14　红豆文化爱情象征意义

红豆颗数	意义	红豆颗数	意义
1 颗	一心一意	7 颗	我偷偷地爱着你
2 颗	相亲相爱	8 颗	深深歉意请你原谅
3 颗	我爱你	9 颗	永久地拥有
4 颗	山盟海誓	10 颗	全心投入地爱你
5 颗	五福临门	11 颗	我只属于你

续表

红豆颗数	意义	红豆颗数	意义
6 颗	顺心如意	99 颗	白头到老，长长久久
7 颗	我偷偷地爱着你		

（4）“七夕红豆相思节”

可以想象牛郎、织女分居两地，但以红豆寄相思，把传统的民俗节日七夕和红豆融为一体，举办“七夕红豆相思节”是十分贴切的。随着西方的情人节越来越受到中国年轻人的青睐，玫瑰与巧克力也随之变成情侣们最时尚的信物，中国传统的节日与中国传统的爱情信物正逐渐受到冲击和挑战。因此，七夕红豆相思节一方面可以宣传和推广红豆及红豆制作的各类特色产品，另一方面可以唤醒国人弘扬自己的民族文化，重视自己的传统民族节日。

（5）“红豆工艺品长廊”

红豆，又被人们当作“吉祥压邪”之物，人们将殷红似火、光鉴玲珑的红豆，嵌在戒指、手镯、项链等贵重饰物上随身佩戴，祈求幸福。红豆不仅仅被当作爱情的信物，许多人还借红豆寄托对祖国、对故乡和亲朋的眷念之情。水上红豆林借助地利优势，在红豆林附近建成红豆工艺品长廊，为游客尽可能多地提供红豆饰品和旅游纪念品，满足游客需求的同时也带动当地相关产业的发展。

4. 月亮山国际户外运动基地项目策划

（1）园区项目内容

该园区建设内容包括“一地二区一谷”：国际专业户外攀岩基地、户外攀岩培训与娱乐体验区（户外拓展训练区）、月亮山户外休闲欢乐谷。

（2）园区分区域功能设置

①国际专业户外攀岩基地：专为国内外专业户外攀岩比赛或专业训练而设置的标准功能区。

②户外攀岩培训与娱乐体验区（户外拓展训练区）：专为非专业或娱乐体验式攀岩以及初级户外攀岩训练活动而设置的功能区。

③月亮山户外休闲欢乐谷：专为国际户外攀岩基地设置的配套性户外主

题休闲娱乐功能区（见表 6–15）；

表 6–15 罗城月亮山国际户外攀岩基地园区项目投资估算表

序号	园区项目内容	建设要素	投资额度（万元）	备注
1	国际专业户外攀岩基地	国际性专业户外攀岩设施、装备等	300	目前已由罗城政府初步建成
2	户外攀岩培训与娱乐体验区	人工攀岩设施、其他户外拓展训练设施、其他娱乐设施等	200	
3	月亮山户外休闲欢乐谷	酒吧、洗浴、娱乐设施、商铺、住宿等	1000	
4	配套基础设施建设	园区办公室、道路交通、公厕、水电、广场、游憩设施、园林改造、安保等	1500	从县级路到月亮山下的交通设施另由县政府拨款实施
5	投资总额		3000	

5. 天门山仫佬部落项目策划

（1）“小桂林”自然风光一线游

“小桂林”自然风光一线游即是将剑江、天门、五指山、千年古榕、秀才看榜、孔雀开屏、双姑抱颈、情人山等景点串联成一条旅游线路，对景点之间的交通合理安排形成最便捷、最省时的线路。部分景点是重点，设置门票和服务项目，部分景点可采用车游的方式。

（2）“剑江—天门影视基地”

剑江的自然风光十分独特，可以满足许多影视剧的外景需要，建立影视基地主要是从长期规划和文化产业的角度来考虑的。改变现在被动等待的局面，加大宣传力度吸引摄制组，制定具体的使用协议和风险预案保障产业化的运作方式。

（3）“剑江—天门艺术家联盟”

目前，剑江风光已经吸引了部分摄影家和摄影爱好者，但主要是自发组织、自娱自乐，因此，建立有组织、有规模的联盟非常有必要。同时，为进一步扩大剑江的知名度和影响力，除了摄影家联盟外，可以相继引入画家联盟、音乐家联盟、文学家联盟，从各个角度将剑江风光进行艺术地描绘，并举办商业活动。

（4）“剑江—天门户外探险之旅”

2010 年 9 月举行第一届攀岩节已经将月亮山的形象做了一个很好的展示，但剑江沿岸的自然资源还有很多尚未开发，定期组织户外探险活动或自驾游活动，设置野外宿营基地，聘用专业的教练和救生人员。

6. 罗城山野葡萄酒庄项目策划（见表 6–16）

中国仫佬山野葡萄观光种植园：800 亩

葡萄酿酒车间及酒窖：200 亩

酒店及休闲娱乐园：350 亩

中国仫佬山野葡萄酒文化园：100 亩

其他基础设施建设（职工宿舍、停车场、公厕等）：50 亩

设计风格：大自然田园式的山野风格 + 仫佬族的古老与时尚

表 6–16　中国仫佬山野葡萄酒庄建设投资估算表

序号	项目内容	项目面积（亩）	投资概算（万元）	备注
1	酒庄土地收购	1500	1500	由政府征用
2	中国仫佬山野葡萄观光种植园	800	1500	可由土地使用农户入股
3	葡萄酿酒车间及酒窖	200	4000	可与原有设施兼并再利用
4	酒店及休闲娱乐园	350	5000	
5	中国仫佬山野葡萄酒文化园	100	800	
6	其他基础设施建设	50	200	
7	投资总额		13000	

7. 罗城玫瑰文化谷旅游项目策划

（1）项目内容

本项目可规划玫瑰种植面积 1 万亩，估算总投资为 1780 万元。以公司 + 基地 + 科技 + 文化创意的产业模式，利用 3 年时间建设完成。

种植加工建设内容包括：公司 200 亩玫瑰采穗圃建设，公司 800 亩育苗基地建设，公司 1000 亩高产种植示范基地建设；农户 8000 亩种植基地建设。

玫瑰加工及结合玫瑰项目进行的旅游、文化创意产业、休闲地产开发等（暂不预算）。

（2）种植 1 万亩玫瑰项目投资

经估算，种植 1 万亩玫瑰估算总投资为 730 万元，其中：

引种费投入 300 万元：按大田每亩种植 666 株玫瑰苗计算，种植 1 万亩需要 666 万株一年生玫瑰苗木；若三年内种植完毕，需要一年生玫瑰种苗 10 万株，方可在三年内扩繁出 660 多万株种植苗。

苗木生产费投入 350 万元：按扦插培育一年种植苗、每株综合生产成本近 0.5 元计算，需苗木生产费 350 万元。

大田种植费投入 80 万元：按每栽植一亩综合成本 800 元计算（含苗木费、人工费、肥水电费），公司 1000 亩示范基地种植投资 80 万元。

农户 8000 亩种植基地建设，以农民自家土地、栽植、管理投工投劳等不计算公司投入。

（3）玫瑰项目创新及盈利模式

项目创新：

①以玫瑰花卉为原料、为景观、为产品、为文化的综合产业项目并形成加工园区、主题园区。将农业、加工业、旅游业、酒店餐饮业、娱乐业、服务业等经过文化创意的有机结合，形成全新产业。

②以高效生态特色农业为基础，以加工业为主线、以玫瑰文化演绎为主要内容的可持续发展的一、二、三产多业关联型和区域带动型项目，解决多产业价值提升，实现一举多得、多方共赢。

③挖掘玫瑰丰富的东、西方文化内涵，打造“玫瑰之都”“浪漫之城”。为确立本城市、本地区“浪漫和谐、团结进步”大定位贡献特色产业、特色生态、特色文化、特色景观、特色品牌。

盈利模式：

第一盈利点——以“玫瑰文化节”为节点，吸引八方游客纷至沓来，将玫瑰鲜花销售和玫瑰观光游、婚庆游、特色浪漫之旅等作为第一个盈利点。

第二盈利点——玫瑰花深加工形成玫瑰精油、玫瑰化妆品、玫瑰保健品、食品、酒水饮料等系列产品，形成第二个盈利点。

第三盈利点——通过附属产业的“N 个功能区”，带动玫瑰产品深度体验及玫瑰创意文化活动中的二次动态销售，形成丰富多彩的销售节点。

（4）万亩种植加工区和玫瑰文化区进行项目规划

①种植加工

种植资源圃——200 亩玫瑰采穗圃建设；

育苗圃——200 亩大田育苗区建设（含冬暖式大棚）；

高产示范区——1000 亩高产种植示范基地建设；

大面积种植区——8000 亩公司 + 基地 + 农户大面积种植；

玫瑰加工厂 ——100 亩精油提炼厂、药品保健品厂或化妆品厂等。

②玫瑰文化创意

玫瑰主题公园区——300 亩国内外上千种玫瑰展示区、玫瑰爱情文化演绎展示区、玫瑰节庆活动区、玫瑰婚庆服务区等；

玫瑰餐饮服务区——100 亩玫瑰餐饮服务设施等；

休闲度假区——100 亩度假、娱乐、美容、养生区等。

五、民族文化旅游影响及民族文化保护规划

（一）影响的评估

1. 正面影响

①自力更生能力增强，地方经济更巩固；

②当地社区及其文化得到更高的尊重；

③旅游收入对文化资源的再投资；

④民族民俗文化及游客光顾的民俗旅游村寨的文化传统得到加强；

⑤提高跨文化的理解和宽容度；

⑥旅游收入用于基础设施建设；

⑦地方就业增加；

⑧语言技巧得到提高；

⑨生活质量得到提高。

2. 负面影响

①多数社区失去了本地人所熟悉的舒适性；

②旅游者过多已威胁到稀有资源的保护；
③地方社区对旅游业过于依赖；
④游客行为欠妥或缺乏文化敏感性；
⑤不健康的娱乐活动；
⑥无规划或低水准规划的旅游基础设施；
⑦经济效益的不平衡，造成社会问题；
⑧过多的参观压力对民族文化会产生影响；
⑨旅游加速了其他变化的进程；
⑩对文化资产和观念的专利失去控制。

（二）民族文化管理的原则与要求

1. 民族文化管理的原则

①以国家级和省级规划为基础原则；
②让社区更多参与规划原则；
③知情选择原则；
④影响和可行性研究原则；
⑤社区利益与文化资源的再投资原则；
⑥原汁原味和可持续开发原则；
⑦教育游客尊重文化原则。

2. 民族文化管理的要求

①需要制定新的管理和保护民族文化的法令；
②需要改进现有涉及民族文化管理规划的政策和法律；
③需要采取措施让当地社区参与保护和管理；
④需要改变旅游规划和民族文化管理的方向；
⑤需要认识到监测旅游的民族文化影响；
⑥需要保证游客获得优质旅游体验且不会对今后造成负面影响；
⑦急需提高与旅游和文化管理相关的各级政府官员的管理技能；
⑧需要提高公众对民族文化和旅游的影响；
⑨需要更深入地研究民族文化资源；
⑩需要保证旅游收入再投资到文化资源的管理和当地社区的发展；

⑪需要准备民族文化遗产申报单位的准确资料并制定相应的管理政策。

（三）民族文化开发战略与方针

1. 制定保护民族文化资源的条例

制定新的民族文化资源保护条例用以说明和保护少数民族文化社区重要的有形及无形资产，并新设一部门或民族文化遗产保护单位来协助执行此条例。

2. 建立合作关系

需要一项政策来保证文化局和旅游局之间更紧密地合作关系。此政策旨在创造以下这种合作关系：

①促进和实施新政策及有关方针推进旅游可持续发展；

②促进民族文化旅游和可持续性在各级政府与重要旅游利益相关者之间形成网络；

③定期评价、回顾这些政策的效率；

④定期联系民族文化社区和非政府民族文化主管部门。了解这些政策和方针的贯彻情况。

3. 人、财、物的保证

兼为文化旅游景观的民族文化遗产资源应得到更多的人力、财力、物力以进行持续的管理和保护，包括制订新的总体规划和实施维护保护计划。

（四）管理规划

每一个具有市场吸引力的文化遗产景点和保护单位都应有恰当的管理规划，除了保证按规划实施外还要定期监测。文化遗产资源管理规划主要由如下部分组成：

①对文化资源及相关工作的研究；

②了解文化遗产的文化重要性和文化价值，收集有关消息并做记录；

③评估其文化重要性并写出有关说明；

④确认文化重要性赋予的责任；

⑤收集未来影响文化遗产资源的其他因素的消息；

⑥制定政策、确认保持文化价值的几种方案；

⑦写出政策说明；

⑧根据政策提出文化遗产资源管理的建议，包括维修、重建、展示、讲

解、游客管理和定期维护等措施；

⑨实施建议并进行监测，审查其有效性。

（五）咨询利益相关者

旅游规划和景点管理计划要求实施的政策应听取更多咨询利益相关者意见，尤其是当地社区和地方传统文化保持者的意见。基本利益相关者咨询步骤如下：

①明确要解决的问题，如开一个村寨搞旅游；

②为利益相关者的参与确定目标；

③明确哪些利益相关者参加规划和开发过程；

④根据目标和形势选出实用的咨询和参与办法；

⑤尽量提高可能性和机会使利益相关者参与；

⑥决定实施程序时间表和人、财、物等资源；

⑦按原定目标检查具体决定，必要时做修改；

⑧决定并建立参与者反馈机制；

⑨按时间表执行程序；

⑩评估该程序并修改完善，供下次需要时使用。

（六）加强民族文化、艺术、旅游开发和管理的一体化

罗城目前的民族民俗旅游开发，应将民族文化、遗产和旅游的开发与管理的一体化政策的制定和实施应列入规划中。如文化遗产、饮食文化、服饰文化、民间手工艺、建筑艺术、民间歌舞艺术、民俗风情等。

①对民族文化、艺术遗产进行研究，并登记造册做好如实记录。

②制定一个优先行动计划作为民族文化遗产资源规划开发的一部分，为保持和管理文化遗产资源而作的文化重要性评估是计划提出建议的根据。

③对民族文化尚未挖掘但应研究的地区，应把它们在地图上标出来。

④对所有登记在册的民族文化资源地区采取措施更新功能之前，应保证对它们进行预先的可行性研究。包括一套政策和建议。

⑤对民族文化、艺术的旅游开发，应使用各级部门中具有专业技术和受过专门培训的有关专家人员。

⑥对民族文化、艺术的开发、表演、展示和促销实施配套方案，方案应

考虑到如何营造氛围而使游客得到更满意的体验。

（七）在地方开发、生产民族手工艺品

应制定一项政策支持地方生产既适合大众旅游市场又适合特殊兴趣旅游市场的本民族手工艺品生产，并应由工艺品专家为全县作一项有关手工艺品设计、生产和销售的专门研究。

①在传统技术濒于失传的地区，按游客需求复兴工艺品生产。

②保持工艺品的纯正性，在保持社区对专利权控制的同时，允许针对大众旅游市场留有一些改变余地。

③需要民族文化部门和任何相关工艺品协会协调，制定正宗的产品质量标准和鉴定方法，使游客可根据产品上的特殊标识辨别。

④需要保持公道的价格水平，并有措施保障产品零售的大部分收入返回到生产者手中。

⑤组织手工艺展示，其中一些环节具有参与性，游客可观看工艺品制作程序，了解它们是如何制成的。

（八）改善民族文化展示方法

在县城或其他有可能的地方，在条件允许的情况下，建设民族文化博物馆、民族民俗生态展览馆，并充分利用当代展览和教育技术，进行展示。

（九）对民族文化旅游项目的有效管理

1. 能力塑造

提高各级参与人员的素质，以不对文化资源或景观产生不利影响的方式来思考问题，规划和开发的能力是至关重要的，需要以下领域的专门知识和技术：

①地方级和区域级文化的旅游规划和管理；

②旅游为其所用的文化遗产资源制定景（区）点管理规划；

③培训主要的当地人或村民管理小旅游生意；

④资源管理、展示和讲解；

⑤县级博物馆管理、游客信息、材料的保护和收藏品管理；

⑥方便利益相关者的协商和参与。

一般而言，需要总体培训，确保涉及文化旅游规划、开发和管理的所有

人员具备更强的文化敏感性和对可持续原则的更好理解。

2. 监控文化变化速度与旅游影响

区域级和地方级旅开发和景区旅游总体规划中，监控影响的措施应到位，必要时提供所需的培训和帮助。应该由独立机构如桂林工学院、桂林旅专和广西师大在一些地方进行社会文化调查研究，连续几年评估变化速度是否被超过，确认发生的旅游影响类型和强度，并基于调查结果提出建议，改变即将实施的战略。

3. 获取可持续民族文化管理的支持

①制订区级和区域级的民族文化公众意识计划；

②制订社区民族文化意识计划；

③计划内容应针对文化遗产的相关群体；

④应经常利用县博物馆和其他文化景点进行宣传，提供文化资源保护和教育信息；

⑤为当地编制学校教育的整套资料，提供准确、简洁的文化遗产资源信息；

⑥可举办一些民族文化日或文化周。

4. 制定和倡导游客文明行为规范

行为规范应该简明扼要，可以在销售、景点和教育信息中广为宣传，并包含以下原则：

①所有旅游者应尊重当地文化和文化遗产资源，尽量减少游客对它们的影响；

②旅游者在游览一些真正景观之前，要了解是否应该检点行为；

③游客不应该把当地社区成员看作商品，以免冒犯他人隐私和当地禁忌习俗；

④切忌从景区（点）顺手牵羊带走任何物品作为纪念或毁坏东西；

⑤游客在景区（点）应遵守导游员和标示牌传达的正确行为。

5. 制定文明东道主规范

大多数地区应该宣传和遵循文明东道主规范，让游客在游览时，接受接待服务时才不会感到异样和不安。

①确保在景区（点）向游客清楚、充分宣传正确的行为信息，并促使他

们遵守行为规范；

②确保向游客提供关于景区（点）的正确有趣和富有教育意义的信息，且信息对社区的文化价值也能充分反映；

③当地社区成员在同样情形下期望得到的礼遇也同时给予游客；

④认真确保游客接待设施符合游客需要；

⑤认真确保游客普遍获得舒适、安全、丰富的见闻和难忘的体验。

6. 旅游收入投入到民族文化管理与维护上

每个城镇或乡村都应制定政策，确保部分旅游收入返回到吸引游客的资源上。

①游客进入城镇或景区（点）时交门票费，门票收费应在指定地点，并应成为定期检查的法定专款，用于民族文化遗产的保护和培训相关项目；

②对接待服务、文化旅游包价或手工艺品等销售收入征税，并汇集为定期检查的法定专款，用于民族文化遗产的保护和培训相关项目；

③以上描述的文化基金只能发放给希望宣传、提高和维护民族文化资产的文化价值的遗产地经理、非营利社区和文化遗产保护组织和地方政府；

④文化旅游的合作双方应该重审这些方案。

7. 旅游经营者支持民族社区

旅游领域的经营者应该承担以下义务：

①雇用和培训地方员工，特别是演员；

②使用本地农产品；

③提供其他本地商品和服务；

④销售本地艺术品和工艺品；

⑤雇用本地生意人和手工艺者包装并维护文化遗产景观；

⑥为法定文化遗产基金捐助回馈帮助保护和社区培训项目；

⑦制定以上措施的目标，监控进展。

第六节　旅游形象与旅游营销策划

一、旅游形象策划

（一）旅游形象总定位

仫佬神韵　山魂水魄

1. 仫佬神韵　定位依据

罗城是少数民族自治地区，也是中国（世界）唯一的仫佬族自治县。罗城民族文化历史悠久，古老神秘，灿烂辉煌，特别是依饭文化，在仫佬族传统文化中负载着特殊的意义。依饭文化历经几百年风雨的洗礼，已被列入第一批国家级非物质文化遗产名录，并受到保护。

罗城山奇水美，风物含情，是大自然绝美的画廊。清波如镜的武阳江、山如剑排的怀群风光、人间仙境般的水上相思林、云天相接的高山草甸、诗情画意的野马滩，都是人间的仙境。

该定位的前半部分打民族品牌、唱文化大戏，“不一样的山水，不一样的民族”；后半部分写山水文章，“不一样的山水，不一样的仙境（境界）”。

2. 山魂水魄　定位依据

罗城有500多亩连片的水上相思林、县内还有很多相思树，有壮族传情信物竹绣球，有月下老人之称的月亮山、有男女恋爱的民族传统节日——仫佬族走坡节和壮族三月三歌圩、有象征浪漫之酒的野生葡萄酒以及万亩野生毛葡萄、有千年一吻的情人山、有众多的乳状山、有成片的生命之门的米椎树、有阴阳和谐的天门、还有很多充满诗情画意的山歌、情歌以及诸如兼爱等地名，这些旅游资源构成了以山魂水魄为主题的旅游形象元素。以此作为全县的定位，符合罗城旅游业定位为“原生态休闲度假旅游目的地”这一战略定位。

针对追求浪漫是现代人的永恒主题这一消费倾向，确定罗城整个县的旅游形象及其口号：仫佬神韵 山魂水魄——罗曼蒂克之城。

（二）旅游广告词策划

1. 主推宣传口号

仫佬神韵　山魂水魄——罗曼蒂克之城

2. 可供选择的宣传口号

A.

探仫佬神韵、吻浪漫红豆、舞山魂水魄

B.

本色罗城：

走进仫佬　感受神韵

不一样的民族　非同凡响的绝唱

绿色罗城：

醉咏山水　感受生态

不一样的山魂　诗情画意的水韵

红色罗城

情染红豆　感受相思

不一样的亲吻　月夜“走坡”的浪漫

胆色罗城：

月揽九天　感受广寒

不一样的攀岩　英雄好汉的邀约

二、旅游营销规划

罗城仫佬族自治县旅游市场营销规划上，包括以下两个部分：

（一）构建旅游市场营销信息系统

从规划开始实施起，充分发挥政府主导型产业的特色与优势，由旅游行政管理部门和旅游企业协会共同构建起罗城仫佬族自治县的旅游市场营销信息系统。包括如下 3 个方面：

1. 罗城仫佬族自治县旅游信息数据库

及时收集、整理、分析本县旅游游资源、旅游企业、市场的各类信息，并建立相应的统计模型、决策模型。

2. 罗城仫佬族自治县旅游产品信息系统

收集并整理、分析全县旅游产品及新开发产品的全面信息，以及这些旅游产品的县外同类产品市场竞争力比较的相关信息，国内外同类旅游产品发展趋向信息。

3. 罗城仫佬族自治县旅游销售管理信息系统

为全县旅游销售部门提供较全面的市场统计信息、辅助其销售和促销管理，进行销售影响因素分析和销售预测。

（二）旅游市场促销策略与规划

1. 旅游市场促销策略

（1）充分借助广西区内的柳州、宜州区已有的知名度和美誉度，依托柳州、宜州区旅游市场营销的现有成果进行罗城仫佬族自治县旅游产品的市场促销。

（2）将罗城仫佬族自治县旅游优秀产品与柳州融水、三江等县的旅游产品捆绑促销，借助柳州——桂林——黔东南这一国际民俗风情旅游线路的市场营销实力扩大罗城仫佬族自治县旅游促销力量。

（3）将商业促销手段与建立良好的旅游公共关系并重，全面提升罗城仫佬族自治县旅游业的整体形象，提升罗城仫佬族自治县重点旅游景区、景点的知名度。

（4）从规划实施起将网上促销和电子商务的开展作为旅游市场营销的重要手段，使罗城仫佬族自治县旅游市场促销从开始就走上现代科技之路。

2. 广告促销

广告是高效的旅游促销工具，根据目标市场的性质，以及广告形式与营销效果的性价比，合理地选择电视、电台、出版物、影音制品、报刊，城市和交通要道路牌广告，商场、饭店、公共设施中的 POP 广告等为罗城仫佬族自治县旅游产品进行促销。应注重广告效应的反馈，即时中止无效或效益不高的广告。

3. 旅游宣传促销材料

县旅游管理部门组织设计制作全县旅游宣传促销材料，企业也应重视自身旅游宣传促销材料的设计制作与发放。旅游宣传促销材料不但应设计制作精美，更应真实反映罗城仫佬族自治县旅游资源与旅游服务的长处与魅力，突出特色；在内容与形式上适应当代旅游者的心灵需求。

4. 网络促销

积极借助广西旅游在线等官方及非官方旅游网络做好罗城仫佬族自治县旅游促销宣传。在规划建设中期创建罗城仫佬族自治县旅游网站，运用互联网开展网络促销。积极鼓励旅游企业在条件具备后开展电子商务。

5. 建立良好的旅游公共关系

旅游公共关系是为树立和维持罗城仫佬族自治县旅游业与公众的良好关系，建立、维护、改善旅游企业和旅游产品的形象而设计的一系列沟通技巧。这对旅游促销扩大市场影响有着比广告、网络促销更节约、影响范围更大的效果。

建立与各级电视台、广播电台、报刊等新闻媒体的良好关系，依靠他们的支持扩大罗城仫佬族自治县旅游的知名度与美誉度；做好旅游产品的公共宣传，积极参与广西和河池、柳州的各种节庆活动吸引旅游者到罗城；各旅游企业应积极参与各种公益活动，赢得社会的美誉，提高旅游企业的形象地位。

6. 人员推销的设计与管理

罗城仫佬族自治县旅游业人员推销队伍的设计包括：确立推销队伍的目标，制定推销人员的工作策略，调整和完善推销队伍的结构，合理安排推销队伍的规模。

旅游业人员推销队伍的管理主要包括：建立推销人员招聘、挑选的规范，建立并实施完善的旅游管理人才的培训制度；确立全县旅游推销人员的规模。

7. 摄影营销

依托罗城丰富的旅游资源，不定期举办反映罗城风光、风土、人情、景观的摄影节和摄影比赛，借助摄影手段进行网络、媒体、学术论坛等摄影作品营销罗城。

8. 节事活动营销

节事活动营销是旅游目的地常用且行之有效的营销手段，通过独具特色的节事活动，可以快速地提升旅游目的地品牌与知名度。罗城可以依托攀岩节、依饭节等节事活动，对罗城的旅游进行整合营销。

案例思考：1. 民族地区县域旅游产业规划包括哪些方面？ 2. 县域旅游规划中，文化旅游如何规划？ 3. 民族地区中县域旅游规划如何实现“多规合一”？

案例实训：1. 参考中华人民共和国国家标准《旅游资源分类、调查与评价》（GB/T 18972—2017）调查分析某个县域旅游资源，并对其进行评价，撰写一份旅游资源调查评价报告。

案例延伸知识：查询并了解“多规合一”相关知识；查询并了解民族文化旅游经典案例。

参考文献

一、旅游理论

1. 吴必虎，俞曦．旅游规划原理［M］．北京：中国旅游出版社，2010.

2. 谢彦君．基础旅游学（第 4 版）［M］．北京：商务印书馆，2015.

3.（美）因斯克谱 著:《旅游规划：一种综合性的可持续的开发方法 》，张凌云 译［M］．北京：旅游教育出版社，2004.

4.［澳］A.J. 维尔（A.J. VEAL），甘露，卢天玲，金培译．旅游与休闲研究方法导论（第 4 版）［M］．北京：清华大学出版社，2020.

5.［英］斯瓦布鲁克，［英］霍纳 著:《商务旅游》，程尽能等 译，旅游教育出版社，2004.

6. 许凌．旅游管理基础（第三版）［M］．北京：科学出版社，2020.

二、旅游技能与人文素养

1.［英］斯蒂芬·威廉斯，［美］刘德龄．旅游地理学（第三版）．张凌云译，商务印书馆，2018.

2. 戴学锋，廖斌．全域旅游理论与实践［M］．北京：中国旅游出版社，2021.

3. 谢彦君，王宁，马波，肖洪根，保继刚 . 旅游学纵横［M］. 北京：商务印书馆，2021.

4.［英］约翰·特赖布 . 赖坤，张骁鸣，等译 . 旅游哲学——从现象到本质［M］. 北京：商务印书馆，2016.

5. 王金涛 . 旅游小镇综合设计［M］. 南京：江苏科学技术出版社，2019.

6. 石培华，翟燕霞，李中 . 全域旅游发展的中国模式［M］. 北京：中国旅游出版社，2020.

7. 丁雨莲，陈浩 . 乡村旅游地碳中和理论与实［M］. 北京：科学出版社，2018.

8. 潘宝明 . 中国旅游文化（第四版）［M］. 北京：中国旅游出版社，2020.

9. 谢彦君 . 旅游研究方法［M］. 北京：中国旅游出版社，2018.

10.［英］李约瑟，［英］柯林·罗南 . 江晓原主持，上海交通大学科学史系译 . 中华科学文明史［M］. 上海：上海人民出版社，2019.

11. 葛兆光 . 中国思想史（三卷本）［M］. 上海：复旦大学出版社，2013.

12.［英］加文·杰克，［英］艾利森·菲普斯 . 王琳，匡晓文，译 . 旅游与跨文化交际［M］. 北京：商务印书馆，2020.

13. 苏秉琦 . 中国文明起源新探［M］. 北京：生活·读书·新知三联书店，2019.

14.［美］斯塔夫里阿诺斯 . 吴象婴，梁赤民，等译 . 全球通史：从史前到21世纪上、下册（第7版新校本）［M］. 北京：北京大学出版社，2020.

15.［美］杰里·本特利，赫伯特·齐格勒 . 新全球史：文明的传承与交流（第五版）上、下册［M］. 北京：北京大学出版社，2014.

16.［以色列］尤瓦尔·赫拉利 . 林俊宏译 . 人类简史，今日简史，未来简史（三部曲）［M］. 北京：中信出版社，2014、2016、2018.

17. 李海峰 . 旅游政策与法规（第3版）［M］. 北京：清华大学出版社，2020.

18. 余源鹏 . 旅游度假区开发宝典［M］. 北京：化学工业出版社，2020.

19. 希拉里·迪克罗，［加］鲍勃·麦克彻 . 朱路平译 . 文化旅游［M］.

北京：商务印书馆，2017.

20. 蒲波，杨启智，刘燕 . 康养旅游：实践探索与理论创新［M］. 成都：西南交通大学出版社，2020.

21. 李享 . 旅游统计学［M］. 北京：中国旅游出版社，2016.

22. 陈来生 . 旅游创意与专项策划［M］. 天津：南开大学出版社，2013.

23.［印］利皮卡·考尔·谷连妮，［印］赛耶帝·阿曼德·里兹万 . 陆春华，余忠稳，译 . 旅游企业社会责任［M］. 北京：商务印书馆，2020.

24.［英］霍洛韦 . 修月祯，等译 . 旅游营销学（第四版）［M］. 北京：旅游教育出版社，2006.

25. 王柯平 . 旅游美学导论［M］. 北京：旅游教育出版社，2011.

26.［英］霍尔，［英］佩奇 . 周昌军，何佳梅，译 . 旅游休闲地理学：环境地点空间（第 3 版）［M］. 北京：旅游教育出版社，2007.

27. 刘锋，高炽海 . 旅游综合体建设的理论与实践［M］. 南京：东南大学出版社，2015.

28. 石美玉，王玮，孙梦阳，荆艳峰 . 旅游营销策划（六卷）［M］. 北京：中国旅游出版社，2020.

29. 郭艳萍，吕继红 . 中国民俗旅游［M］. 北京：中国旅游出版社，2016.

30. 原群 . 旅游规划实战案例集锦［M］. 北京：旅游教育出版社，2016.

31. 北京巅峰智业旅游文化创意 . 旅游创新开发：巅峰案例［M］. 北京：旅游教育出版社，2017.

32. 葛成飞 . 旅游文学［M］. 北京：中国商业出版社，2020.

33. 李鹏，等 . 旅游标准化理论研究与实践［M］. 北京：中国旅游出版社，2013.

34. 陈琴，张述林，等 . 旅游景观规划设计研究［M］. 北京：科学出版社，2021.

35. 张晓萍，光映炯，郑向春 . 旅游人类学（第 2 版）［M］. 北京：中国人民大学出版社，2020.

36. 中国旅游协会 . 中国服务：旅游产品创意案例及工匠精神案例［M］.

北京：五洲传播出版社，2020.

37. 戴斌 . 旅游改变世界［M］. 北京：旅游教育出版社，2016.

38. 张维贵 . 旅游与国土资源管理探索［M］. 成都：西南交通大学出版社，2019.

39. 李展 . 旅游写作实务［M］. 北京：北京大学出版社，2011.

40. 阳宁东 . 旅游真实化：民族旅游中的“真实再造”问题研究［M］. 北京：科学出版社，2018.

41. 杨彦峰，吕敏，龙飞，刘丽敏，张彩虹 . 乡村旅游：乡村振兴的路径与实践［M］. 北京：中国旅游出版社，2020.

42. 许义 . 新旅游：重新理解未来 10 年的中国旅游［M］. 北京：中国旅游出版社，2021.

43. 袁健 . 旅游设计技术教程南［M］. 北京：中国旅游出版社，2014.

44. 张朝枝，陈钢华 . 旅游目的地管理［M］. 重庆：重庆大学出版社，2021.

项目策划：段向民
责任编辑：赵　芳
责任印制：孙颖慧
封面设计：武爱听

图书在版编目（CIP）数据

民族旅游新业态规划案例教程 / 陆军著. -- 北京 : 中国旅游出版社, 2023.3

ISBN 978-7-5032-7027-7

Ⅰ. ①民… Ⅱ. ①陆… Ⅲ. ①民族文化—旅游业发展—中国—教材 Ⅳ. ①F592.3

中国版本图书馆CIP数据核字（2022）第154581号

书　　名：民族旅游新业态规划案例教程

作　　者：陆军　著
出版发行：中国旅游出版社
（北京静安东里6号　邮编：100028）
http://www.cttp.net.cn　E-mail:cttp@mct.gov.cn
营销中心电话：010-57377103，010-57377106
读者服务部电话：010-57377107
排　　版：北京旅教文化传播有限公司
经　　销：全国各地新华书店
印　　刷：三河市灵山芝兰印刷有限公司
版　　次：2023年3月第1版　2023年3月第1次印刷
开　　本：720毫米×970毫米　1/16
印　　张：23.25
字　　数：350千
定　　价：59.80元
I S B N　978-7-5032-7027-7